£ 28€

14

Stephan Reimertz
Max Beckmann

Stephan Reimertz

Max Beckmann

Biographie

Luchterhand

1 2 3 4 5   06 05 04 03

© 2003 Luchterhand Literaturverlag, München
in der Verlagsgruppe Random House GmbH
Satz: Filmsatz Schröter, München
Druck und Bindung: Clausen & Bosse, Leck
Alle Rechte vorbehalten. Printed in Germany
ISBN 3-630-88006-1

Auf der Suche nach der Heimat, aber er hatte sein
Daheim auf dem Wege verloren – so sterben alle
wahrhaft großen Könige des Lebens.

MAX BECKMANN, Januar 1943

Inhalt

Vorbemerkung 11

I. Kindheit und Jugend
1884–1905

1. Geburt und Familie 17
2. Ein schlechter Schüler 20
3. Ein ausgezeichneter Student 29
4. Der Einsame vom Montparnasse 37
5. Die dunklen, wilden Jahre 40

II. Frühe Meisterschaft
1906–1914

6. Der erste große Erfolg 53
7. Zwischen Paris und Florenz 61
8. Secessionen und Katastrophen 69
9. Am Vorabend des Krieges 86

III. Der Krieg des Künstlers
1914–1924

10. Sanitäter an der Ostfront 99
11. Der Tod in Flandern 105
12. Der Krieg geht weiter 117

13. Die berüchtigten zwanziger Jahre 139
14. Lockerungsübungen I 146

IV. Jahre des Ruhmes
1925–1933

15. La belle et la bête 165
16. Die neue Klassik 185
17. Der große Beckmann 201
18. Pariser Lehrjahre 213
19. Linie und Schatten 229
20. Die Uhren gingen schon anders 234

V. Persona non grata
1933–1937

21. Eine Welt der Klarheit und des Friedens 253
22. Wie von einer Bombe getroffen 262
23. Er haßte die Tyrannei 269
24. Alle meine Frauen 278
25. Das Schweigen der leeren Mitternacht 289
26. Erstaunt, ja ratlos 294
27. Die letzte Ausstellung 300

VI. Exil in Amsterdam
1937–1940

28. Visionen auf dem Tabakspeicher 307
29. Krallen, die nach dem Herzen greifen 314
30. Melancholie des Exils 320
31. Form macht frei 331

VII. Der Gefangene
1940–1945

32. ... daß hinfort keine Zeit mehr sein soll 341
33. Den Erynnien entgeht er nicht 348
34. Alles um euch zu unterhalten 358

VIII. Aufbruch nach Amerika
1946–1950

35. Lockerungsübungen II 371
36. The Spirit of St. Louis 379
37. Beckmannesk 391
38. Ein aristokratischer Mythos 401

Zeittafel 423
Nachwort 428
Quellenverzeichnis 430
Literatur 451
Photonachweis 457
Danksagung 458
Personenverzeichnis 460
Verzeichnis der in diesem Buch genannten Werke
Max Beckmanns 474

Vorbemerkung

Am 10. Mai 2001 versteigerte Sotheby's in New York Max Beckmanns 1938 vollendetes Selbstbildnis mit Horn aus dem Nachlaß von Stephan Lackner. Nach einem Gefecht von acht Interessenten erhielt ein Gebot von 22 550 750 Dollar den Zuschlag. Damit wurde der obere Schätzpreis von zehn Millionen Dollar mehr als verdoppelt, das Bild zum teuersten deutschen Kunstwerk der Geschichte. Die Regel, wonach Kunst als Kapitalanlage auf die Dauer eine unterdurchschnittliche Performance zeigt, war wieder einmal außer Kraft gesetzt.

»Übrigens sind Beckmann Aktien sehr gestiegen«, hatte der Künstler selber schon einmal in den zwanziger Jahren bemerkt. Damals erzielten sieben seiner Radierungen auf einer Berliner Auktion das Siebenfache des Schätzpreises.

In der Folge der Auktion im Mai 2001 zog in New York auch die Nachfrage nach anderen Werken deutscher Kunst des zwanzigsten Jahrhunderts stark an; eine Entwicklung, an der allein überrascht, daß sie so spät einsetzte. Denn eine Ermüdung angesichts des französischen Impressionismus, Nachimpressionismus und der École de Paris war in den Vereinigten Staaten schon seit Jahren zu beobachten, nicht allein auf dem Kunstmarkt.

In den letzten Jahren ist weltweit dem Werk Max Beckmanns soviel Aufmerksamkeit zuteil geworden wie nie zuvor. Ausstellungen im New Yorker Museum of Modern Art (1995, Graphik) und im Guggenheim Soho (1996), den großen Museen von Rom (1996), Valencia (1996), Madrid (1997), Zürich (1998), St. Louis (1998/99) und München (2000) wurden vom Publikum gestürmt. Allein die Stuttgarter Beckmann-Ausstellung im Winter 1994/95 konnte hunderttausend Besucher begrüßen. In Spanien und Italien wurde der Künstler zum ersten Mal einer größeren Öffent-

lichkeit präsentiert. Im Spätsommer 2001 fand im Centre Pompidou in Paris eine Beckmann-Retrospektive statt.

Nach der New Yorker Versteigerung nannte man das Selbstbildnis mit Horn »Die Ikone des zwanzigsten Jahrhunderts« – der Rekordpreis erhöhte auch die kunsthistorische Bedeutung. Das Werk fand seinen Platz in der »Neuen Galerie«, die Ronald S. Lauder im November 2001 als Museum für deutsche und österreichische Kunst in der Upper East-Side an der Ecke Fifth Avenue / 86th Street gründete. Beckmann kehrte an den Central Park zurück.

»Max Beckmann«, so sagte mir der Kunsthändler Richard Feigen, der das Bild im Auftrag von Lauder ersteigerte, »ist der größte Künstler des Jahrhunderts in Deutschland – und vermutlich auf der Welt.«

Im alten Pompeji war das Beste, was man über einen Menschen sagen konnte: Er hat seinen Daumenabdruck hinterlassen. Max Beckmann hat seiner Zeit ein Bild ihrer selbst gegeben, dessen geistige und künstlerische Bedeutung ihn in eine Reihe mit den Meistern stellen. Wie Rembrandt, Rubens, Goya und Cézanne ist Beckmann der Daumenabdruck auf einem Jahrhundert.

In einer Zeit, da die gegenstandslose Kunst bereits weit in bislang unsichtbare Welten vordrang, haben Künstler wie Beckmann, Klee und Picasso versucht, noch einmal den Menschen und den Gegenstand zu analysieren und in ihrer Vielfalt, Schönheit und Hinfälligkeit zu zeigen. Max Beckmann hat zudem in seinem großformatigen Jugendwerk, seinen graphischen Mappen des Nachkriegs, vor allem aber in neun Triptychen der dreißiger und vierziger Jahre ein letztes Mal die Große Erzählung gewagt.

Sowohl was die Größe der Katastrophen als die der künstlerischen Leistungen angeht, schlägt die Waage des zwanzigsten Jahrhunderts weit zu seiner ersten Hälfte aus. Sie war nicht nur die Epoche des Malers, sondern auch die des Anstreichers. Beckmann stand mitten in jenem Kontrast von Licht und Schatten, und er hat, als theologisch interessierter Laie, vom Kampf zwi-

schen Gut und Böse wie kein anderer Maler der Moderne Zeichen gegeben – in der geheimen Botschaft seiner Kunst.

Ein geniales Werk zeichnet sich vor allem dadurch aus, daß es mit den großen Vorbildern auf derselben Augenhöhe steht, daß es ihr Erbe aufnimmt und ein Stück in die Zukunft trägt. Es unterscheidet sich von anderen aber auch in seiner Frische und – um es mit einem Wort von Benedetto Croce zu sagen – seinem Vermögen, jeder Epoche eine neue Seite zuzuwenden.

Neapel, Palazzo Gerolomini
Januar 2003

I. Kindheit und Jugend

1884–1905

1. Geburt und Familie

Max Beckmann wurde am 12. Februar 1884 in Leipzig geboren.

Er war das dritte Kind von Antoinette, geb. Düber, (1856 bis 1906) und Carl Beckmann (1838–1895). Sein Bruder Richard war sechzehn, die Schwester Margarethe fünfzehn Jahre älter.

Beide Eltern waren Protestanten lutherischen Bekenntnisses und stammten aus dem Braunschweigischen: Die Mutter, der Humor und Erzähltalent nachgesagt wird, von dem Brauereibesitzer und Stärkefabrikanten Johann Heinrich Düber aus Königslutter, der Vater von dem Rademachermeister und Gastwirt Heinrich Beckmann aus Helmstedt.

Die Beckmanns waren ein ostfälisches Bauern- und Bürgergeschlecht. Dank der Bodenständigkeit der Sippe kann man die Ahnen des Künstlers weit zurückverfolgen. Erst im vierzehnten Jahrhundert verliert sich ihre Spur. Fast alle lebten sie im alten Fürstentum Braunschweig-Wolfenbüttel. Auffallend ist der Kinderreichtum dieser Familie, die mit dem Patriziergeschlecht Horn und den Honoratioren der Hansestadt Braunschweig vielfach verwandt und verschwägert war. Unter Beckmanns Vorfahren finden sich vor allem Handwerker und Bauern, aber auch Ärzte und Geistliche.

Max Beckmanns Großvater Johann Heinrich Düber, der Vater seiner Mutter Antoinette, war Bürger von Königslutter, wohnte dort am Markt und wirkte fünfzehn Jahre lang als Stadtverordneter. Er galt als ein Herr, der seine Untergebenen sehr menschlich behandelte. Beckmanns erste Frau Minna Tube vermutete, ihr Mann müsse seine vielfach bewiesene Noblesse von diesem Großvater geerbt haben, der fünf Jahre vor seiner Geburt gestorben war.

Auch ein Kriegsheld findet sich in der Familie. Beckmanns Ur-großvater väterlicherseits, Heinrich Jacob Elias Düber, nahm als Sergeant bei den Totenkopf-Husaren unter dem sogenannten Schwarzen Heldenherzog Friedrich Wilhelm von Braunschweig an den Befreiungskriegen teil, kämpfte vor Waterloo und starb in hohem Alter als wohlhabender Mann.

Beckmanns Vater Carl besaß eine Mühle in Helmstedt, verkaufte sie, wurde Getreidehändler und ging als Mühlenmakler nach Leipzig. Die sächsische Messestadt war der Mittelpunkt des deutschen Rechts- wie Verlagswesens und neben Dresden das kulturelle und industrielle Zentrum Mitteldeutschlands. Carl Beckmann war ein Mann mit guten botanischen und chemischen Kenntnissen, einem großen Freiheitsbedürfnis und viel Phantasie. In den Gründerjahren brachte er es als Erfinder und Unternehmer zu einem Vermögen.

Die Beckmanns waren eine Familie der selbständigen Mittelschicht. Unternehmungsgeist erfüllte auch Beckmanns Vater Carl. Er war der erste seit Menschengedenken, der die Heimat verließ und in die Großstadt zog. So steht Carl Beckmann zwischen dem traditionalen Milieu seiner Vorfahren und dem individualisierten, in dem sein Sohn Max schon bald leben sollte.

»Daß ich am 12.2.84 in der Nähe des Schwansees zu Leipzig geboren bin kann ich nicht unterschlagen«, scherzte der Maler. Max Beckmanns Kindheit und frühe Jugend sind wenig dokumentiert. Die frühe Kindheit verbrachte er an seinem Geburtsort Leipzig, betrachtete ihn später »allerdings nicht als meinen wesentlichen«. Doch Großstadtszenen prägten sich ihm ein, und noch gegen Ende des Ersten Weltkriegs bekannte er sich ausdrücklich zum urbanen Künstlertum:

»Bauern und Landschaft ist sicher auch etwas sehr Schönes und gelegentlich eine schöne Erholung. Aber das große Menschenorchester ist doch die Stadt.«

Bauern und Landschaft sollte der kleine Beckmann zur Genüge kennenlernen. Nach den ersten Schuljahren in Leipzig besuchte er den Unterricht auf einer Landschule in Pommern. Seine Schwester Margarethe Beckmann (1869–1940) war das einzige Mädchen zwischen zwei Jungen. Als Zwanzigjährige heiratete sie den Apotheker Carl Luedecke und folgte ihm etwa 1892 ins pommersche Falkenburg. 1905 malte Max Beckmann ein Portrait seiner Schwester, erzählte jedoch, er habe sich nicht gut mit ihr verstanden. Sie wollte ihn erziehen und erschwerte ihm damit die Kindheit, die ohnehin nicht einfach war, wie er später Minna Tube gestand. Als Achtjähriger mußte er ein halbes Jahr bei der Schwester in Falkenburg verbringen und auf eine der mindestens fünf Schulen gehen, die er besucht hat, bis seine Laufbahn als Schüler ein jähes Ende fand.

»Trotzdem viel da gräßlich war, ich meine im Haus meiner Schwester«, so erinnerte sich der Maler nach dem Ersten Weltkrieg an die Falkenburger Zeit, »habe ich doch meine intensivsten Erinnerungen an die Einsamkeit der großen Wälder die da oben sind und die Seen und an die Mittagshitze der weißen staubigen Chausseen die zum Walde führten. [...] Es ist ja etwas Merkwürdiges um diese Jugendzeit. Ich war damals namenlos allein.«

Unterdessen beherrschte die Familie in Leipzig eine gewisse Unruhe. Mehrmals wechselte man innerhalb der Stadt die Wohnung, und am 21. Februar 1895, kurz nachdem Beckmann elf Jahre alt geworden war, zogen Beckmanns in die Hansestadt Braunschweig und damit zurück in die Heimat der Familie. Im November 1895 starb der Vater. Max Beckmann behielt ihn in guter Erinnerung.

»Er war ein recht vernünftiger Mensch«, schrieb er noch ein Vierteljahrhundert später, im Juni 1921, über seinen Vater.

2. Ein schlechter Schüler

Der Onkel Friedrich Beckmann, zugleich Bruder seines Vaters und Ehemann der Schwester seiner Mutter, wurde zum Vormund bestellt. Er schickte den Jungen auf die »Jahnsche Realschule«, eine Höhere Lehranstalt in Braunschweig.

Als Max Beckmann 1923 auf vier Seiten sein Leben rekapitulierte, bemerkte er: »In Braunschweig zeichnete ich mich in der Schule dadurch besonders aus, daß ich in den Stunden eine kleine Bilderfabrik errichtete, deren Erzeugnisse von Hand zu Hand gingen und manchen armen Mitsklaven über sein trübes Schicksal auf einige Minuten hinwegtäuschte. In dieser Zeit hatte ich meine ›großen Passionen‹. Ja, ich war sehr verliebt und machte meiner Cousine die 18 Jahre war ernsthaft einen Antrag.«

Welcherart die Zeichnungen waren, die der kleine Beckmann anfertigte, hat er später in seinem autobiographisch-symbolischen Triptychon *The Beginning* angedeutet. Der rechte Seitenflügel gestattet dem Betrachter einen Blick in das Fenster einer Schulstube. Ein Knabe von der letzten Bank reicht seinen Mitschülern ein Blatt mit einer üppigen Schönen weiter.

Der angehende Maler, der in der Schule nicht aufpaßt und unter der Bank nackte Frauen zeichnet – das ist seit der Antike ein bekanntes Motiv der Künstlerliteratur und kommt noch in Thomas Manns Novelle *Der Wille zum Glück* von 1896 vor. Die Schulerlebnisse des halbwüchsigen Paolo Hofmann lesen sich wie ein Begleittext zum rechten Flügel des Triptychons *The Beginning*:

»In der Religionsstunde nämlich schritt plötzlich der betreffende Oberlehrer mit einem lähmenden Blick auf ihn zu und zog unter dem Alten Testament, das vor Paolo lag, ein Blatt hervor, auf welchem eine bis auf den linken Fuß vollendete, sehr weibliche Gestalt sich ohne jedes Schamgefühl den Blicken darbot.«

Der Tod des Vaters mag, wie zehn Jahre später der Tod der Mutter, bei Max Beckmann einen Gestaltungsschub ausgelöst haben. Das erste überlieferte Aquarell malte der Knabe 1896, im

Todesjahr des Vaters, nach dem Grimmschen Märchen vom Hirtenbüblein, das die drei Fragen löst und vom König an Sohnes Statt angenommen wird.

Die Datierung des ersten Selbstportraits ist nicht verbürgt; Beckmann wird etwa fünfzehn Jahre alt gewesen sein, als er es malte. Das einfache Bildnis eines pausbäckigen, noch ganz ungefestigten blonden Jungen vor dunklem Hintergrund eröffnet eine lange Reihe von 39 überlieferten Selbstportraits und zwei Dutzend Figuren mit selbstbildhaften Zügen allein unter Beckmanns Gemälden; nicht gerechnet die gezeichneten Selbstbildnisse. Zusammengenommen bilden sie Max Beckmanns Autobiographie. Freilich wuchs dieser Künstler in der Zeit jener repräsentativen Neorenaissance- und Jugendstil-Selbstbildnisse auf, wie sie ein Franz von Lenbach, ein Wilhelm von Kaulbach, ein Franz von Stuck malten. Auch Max Beckmanns Selbstportraits schließen das Repräsentative ausdrücklich ein. In der Wahl des Genres, in der klassischen Ausführung wirkte bis in das Todesjahr des Künstlers der repräsentative Anspruch des späten neunzehnten Jahrhunderts weiter. Zugleich aber sollte er diese Arbeiten wie für sich selbst schaffen. Ihr analytischer Charakter ist nicht zu übersehen. Wie August Strindberg in seinen photographischen Selbstportraits hat Max Beckmann sich hier selbst befragt und ergründet.

Der Blick nach innen schnitt ihn indes nicht von der Außenwelt ab. Der Knabe Beckmann interessierte sich für fremde Welten, und er soll sich sogar als Steward auf einem Amazonasdampfer beworben haben. Die Enge der Braunschweiger Realschule machte ihm zu schaffen. Es kam zu Konflikten mit den Lehrern. Bald wurde er auf eine Lehranstalt im achtzehn Kilometer entfernten Städtchen Königslutter geschickt, von wo die Mutter stammte. Aber auch dort bekam er bald Schwierigkeiten. Sein Vormund Friedrich Beckmann war erzürnt und schulte den Jungen ein zweites Mal um. Er schickte ihn auf ein kleines Pensionat, das im Hause eines evangelischen Pfarrers im Wald bei Gandersheim im Harz untergebracht war, etwa sechzig Kilometer von Braunschweig entfernt. Aber auch auf dieser Schule hielt es Beckmann nur ein paar Monate aus. Wie Pablo Picasso, Max Liebermann und viele andere Künstler, Schriftsteller und Wissenschaftler hat er die Schule gehaßt.

Im Pfarrhaus bei Gandersheim mußten die zwölf bis vierzehn Schüler hungern und frieren. Als Beckmann von seiner Tante ein Paket erhielt, bedankte er sich überschwenglich.

»Hier war allgemeine Freude ich habe die Apfelsinen und Bonbons <u>sämtlich</u> verteilt, so daß ich eigentlich nichts bekommen habe.«

Der Schulmeister, Pastor Richard Diestelmann aus Celle (1853 bis 1925), galt nicht nur in seiner Familie als Tyrann und Choleriker. Jeden Tag schlug er die Schüler, unter denen auch seine Söhne waren. »Wenn einer seiner sieben Söhne etwas ausgefressen hatte, verwamste er gleich alle«, erzählte der Enkel Dieter Diestelmann. »Nur Ilse blieb verschont.« Der Tochter Ilse Diestelmann hat Beckmann 1899 eine Ansichtskarte aus Braunschweig geschrieben.

Diese Karte ist kürzlich zusammen mit einer handgeschriebenen Loseblattsammlung mit dem Titel *Extrablatt der Ahlshäuser Zeitung* aufgetaucht. Die Blätter tragen die handschriftliche Ergänzung: »Erinnerungen an Ahlshausen, wo neben den Kindern des Hauses zeitweise Haushaltsschülerinnen als Pensionärinnen weilten.«

Thomas Döring vom Braunschweiger Kupferstichkabinett erforscht Beckmanns Jahre in Niedersachsen und bezieht einige der satirischen Kommentare der Schülerzeitung, in der häufig der Name Max fällt, auf den jungen Beckmann.

»Leere Tonnen geben großen Schall! sagte Max, da nannte er sich genial!«

»Morgen, morgen, nur nicht heute, sagte Max, da legte er das französische Vokabelbuch beiseite.«

»Ich habe mich nie mit Kleinigkeiten abgegeben, sagte Max, da malte er historische Gemälde, ohne geschichtliche Persönlichkeiten und Geschichtszahlen zu kennen.«

Die Schülerzeitung enthält auch ein Kapitel »Berühmter Künstler« oder »Worin besteht die Genialität?« Darin heißt es unter anderem:

Genial ist ein junger Mann, wenn er mit möglichst ungekämmten Haaren, ungewaschenen Händen, ungebürstetem und fleckigem Zeuge herumläuft und mit der Zurschautragung dieser äußeren Eigenschaften möglichste Trägheit bei Erlernung positiven Wissens, Oberflächlichkeit im Urteil und selbstüberzogene Sicherheit im Urteil über andere verbindet. [...] Es empfiehlt sich dabei noch, daß er alle Bücher, deren er habhaft werden kann, mit Schmiererein verkleckst, die er als Proben genialischer Kunst selbst anstaunt, und daß er sich selbst frühzeitig als kleiner Gott anhimmelt und bewundert, der Wunderwerke der Schöpfung zu Tage bringen kann.

Mit Wut und Spott überstanden die Schüler die Zeit bei dem strengen Pastor Diestelmann. In den 1901 erschienenen *Buddenbrooks* ist nachzulesen, daß es auch den Schulkindern eines städtischen Gymnasiums wie dem Lübecker Katharineum nicht besser erging. In seinem frühen Roman erzählt Thomas Mann, wie der Wind, der den Schülern ins Gesicht wehte, nach dem Deutsch-Französischen Krieg und Bismarcks Reichsgründung selbst in der freien Hansestadt Lübeck rauher wurde. Von der preußischen Schulreform unter Hardenberg und Stein war am Ende des Jahrhunderts nicht mehr viel übrig.

Doch wie später im Exil in Amsterdam unter deutscher Besatzung ließ sich Max Beckmann auch als Knabe in der Schule nicht vom Zeichnen und Malen abhalten. Das älteste überlieferte Schriftstück von seiner Hand stammt aus dieser Zeit. Es ist eine Postkarte an die Mutter in Braunschweig, auf den 26. Februar 1899 datiert; sie wurde vor einiger Zeit bei Sotheby's versteigert.

Die Hälfte der Karte nimmt ein Pferdekopf ein. Als kleines Aquarell ausgeführt, vereinigt er barocke, emblematische und

Jugendstilelemente. Das Roß ist gezäumt und wiehert. Obwohl man nur den Kopf sieht, erkennt man, daß es von links nach rechts trabt, auf die Worte an die Mutter zu.

Der gerade Fünfzehnjährige zeigt eine erhebliche Sicherheit der Strichführung und Schattierung, und er ist sich dessen bewußt: »Ich glaube, das Bild ist mir ganz gut gelungen« – mit solchem Understatement sollte er auch später seine Produktion kommentieren. Die wenigen Worte verraten einiges über sein Verhältnis zur Mutter. Er versichert ihr, er übe sich in der Handschrift. Zugleich baut er offenbar schon seinem Wunsch vor, Künstler werden zu dürfen.

Aber warum wählt Beckmann einen Pferdekopf zur Illustration der Postkarte? Die Welt der Wappen lag im Erfahrungshorizont des Kindes. Viele Kinder sind im neunzehnten Jahrhundert in Wappen und Flaggen, in Heliogravüren, in Bild- und Jubiläumsbänden mit goldgeprägten Einbänden der bildenden Kunst zum ersten Mal begegnet. Ja, es gab Künstler der Moderne, man denke nur an Balthus, die der phantastischen Bilderwelt der Holzstiche in alten Kinderbüchern nie entronnen sind.

Zudem kann man aus dem Pferdekopf eine geheime Botschaft lesen. Der Knabe versagt sich jede Klage über die Verhältnisse im Internat. Aber er vertraut sie einem Pferdekopf Falada an, der wie im Grimmschen Märchen von der Gänsemagd ein offenes Ohr für alle Sorgen hat. Noch 1919 wollte er »Kinder in Schaukeln und Kinder auf den großen Holzpferden, die erregten Kinderaugen hinter den glotzenden gläsernen Pferdeaugen« malen, die er in einem Vergnügungspark in Frankfurt sah.

Eine Schaukel bestimmte noch im selben Nachkriegsjahr das *Frauenbad* und 1922/23 das hochformatige Gemälde *Das Trapez*: Die Schaukel zeigt den Irrsinn der Welt, ihren schwankenden Boden; zugleich ist sie ein Sujet, das ein Gemälde dynamisiert. Das Schaukelpferd findet sich erst nach dem Zweiten Weltkrieg im Mittelbild des symbolisch stark befrachteten Triptychons *The Beginning*. Es ist das Zentrum der gesamten Komposition, vereinigt die ikonographischen Traditionen der Pferdedarstellung mit denen der Schaukel und tritt zudem mit den umlagernden Figuren wie der Verführerin, dem Clown, dem Gestiefelten Kater, der alten weisen Frau und der Figur eines weisen Mannes oder Lehrers in Beziehungen, die vielfältig zu deuten sind. Auch die Seifenblasen sind in diesem Triptychon wieder da; in ihrer Größe nähern sie sich hier allerdings der Glaskugel an. Vergleicht man die frühesten Zeichnungen mit den Werken der Reife, zeigt sich, daß es immer dieselben Motive waren, die Beckmann ein Leben lang beschäftigt haben und in seiner Kunst in die unterschiedlichsten Zusammenhänge eingetreten sind.

Auf der frühen Postkarte jedenfalls hat der kleine Beckmann die Situation des Künstlers im Knabenalter sowohl inhaltlich als auch formal zum Ausdruck gebracht. Die entscheidenden Merkmale des künstlerischen Selbstverständnisses und der Selbstpräsentation, wie sie auf den Künstler der Jahrhundertwende überkommen waren, sind in wenigen Strichen und Worten formuliert.

Auch sein Konservatismus deutet sich schon an. Nicht künstlerisches Aufbegehren steckt hier in den Anfängen, sondern ein altmeisterlicher Gestus, wie ihn die berühmten Zeitgenossen Wilhelm Leibl, Max Liebermann, Anton von Werner und Franz von Stuck pflogen, die am Ende einer Tradition europäischen Meistertums in der Kunst standen.

Beckmanns weitere Zeichnungen aus den Briefen an die Mutter verraten, wenn nicht den angehenden Künstler, so doch in ihrem Anekdotenhaften den Erzähler. Allein wie er die Hosen am Kleiderrechen skizziert, zeigt jenen spezifisch niederdeutschen Witz, den Beckmann sein Lebtag bewahren sollte. Es könnten die Hosen von Max und Moritz sein.

Seinen trockenen Humor sollte der Maler auch später in ärgster Bedrängnis nicht verlieren; er wurde zur Kehrseite seines düsteren Weltbildes. Sein Spott, der sich zum Grinsen und bitteren Gelächter steigern konnte, entspricht der norddeutschen Diktion seiner Schriften. Der niedersächsische Humor schlägt nur allzu leicht ins Dämonische um, wie man es auch bei Wilhelm

Busch beobachten kann oder bei Beckmanns Zeitgenossen, dem Schriftsteller Karl Jakob Hirsch. Sein Roman *Kaiserwetter* gibt die Schrecken des Kaiserreichs und der Weimarer Republik Ende der zwanziger Jahre einem Gelächter preis, das einem oft im Halse steckenbleibt.

»Niedersächsische Poeten, wie Raabe, Busch, Reuter«, so der Hannoveraner Ernst Jünger, »spielen vielleicht eine größere Rolle in der Dämonologie als in der Literatur.«

Auf mehreren Skizzen zeigt sich, daß Beckmanns künstlerischer Ehrgeiz in der Internatszeit schon weitgehend ausgebildet war. Der angehende Künstler versah einen Brief mit einzelnen Skizzen, aus denen sich der Empfänger das Zimmer zusammensetzen konnte, in dem Beckmann im Internat hauste. Die Kunst, den Raum in seine figürlichen Bestandteile zu zerlegen, um ihn als geistig verdichteten Raum wiederaufleben zu lassen, sollte der Künstler in den kommenden Jahrzehnten mit großer Virtuosität zur Meisterschaft entwickeln.

Der Schüler legte ein Skizzenbuch an. Er zeichnete, wo er ging und stand, und besuchte in Braunschweig die Sammlung des Herzoglichen Museums, die über Werke von Rembrandt, Rubens und den beiden Cranachs verfügt.

Aus jener Zeit ist ein Wunschzettel von seiner Hand überliefert: »Ein großes Werk über die Geschichte der Malerei (von Mutter); Geschichte der deutschen und italienischen Malerei im allgemeinen Wissen der Gegenwart (von mir). Velázquez, eine Künstler Biographie (von Sch. Wittig). Raphael, Michelangelo, Rembrandt (von Richard). Vermeer, Tizian, Leonardo da Vinci, Lenbach (von mir). Das Geld hierzu bekomme ich aus verkauften Schulbüchern.«

Wenn diese Liste auch nicht genau zu datieren ist, zeigt sie doch ein frühes und außerordentlich breites Kunstgeschichtsbewußtsein. Tatsächlich werden hier schon einige der kunsthistorischen Themen angeschlagen, die den Maler bis zu seinem Tod beschäftigten. Max Beckmann besuchte sein Leben lang Museen und Galerien und hielt auch seine Studenten dazu an.

Das deutsche Bürgertum spiegelte sich in Künstlerpersönlichkeiten der Renaissance und des siebzehnten Jahrhunderts, dargestellt in repräsentativen Bildbänden und Monographien. Herman Grimms *Leben Michelangelo's* von 1860/63 oder Carl Justis *Velázquez und sein Jahrhundert* von 1888 erlebten – nicht anders als seine darauf folgenden Bücher über Murillo und Michelangelo – bis ins zwanzigste Jahrhundert hinein unzählige Auflagen. Maler- und Dichterfürsten wie Franz von Lenbach und Paul von Heyse versuchten, sich gegenseitig im Luxus zu überbieten, und gaben damit einerseits dem Bürgertum des hochindustrialisierten Zeitalters eine ästhetische Legitimation, andererseits ein Gegenbild seiner selbst. Man erkannte diesen Künstlertypus an seinen großen Werkstätten, an der Bildung von Schulen, an oft ausladenden Formaten und der erhabenen Thematik seiner Bilder, am repräsentativen, oft fürstlichen Lebensstil. Diese Figur eines

künstlerischen Bürgerkönigs ist an die Existenz eines handel-
treibenden Bürgertums gebunden und wurde nach dem Zweiten
Weltkrieg mit dem Aufkommen der Massengesellschaft hin-
fällig.

In der deutschen Tradition war es vor allem Albrecht Dürer,
der, in Italien geschult, die Figur des Künstlers innerhalb der
Honoratiorengesellschaft einer deutschen Reichsstadt etablierte. Die jahrhundertelange Dürer-Rezeption betonte nicht allein
die hypnotischen zeichnerisch-emblematischen Fähigkeiten dieses
Künstlers, seine Ausschöpfung der ganzen Spannweite der graphischen Möglichkeiten und die damit verbundene frühe Verbreitung
seiner Kunst, sondern immer auch die gesellschaftliche Stellung,
die er seinem Genie zu verschaffen wußte.

Mit der Gegenwart dieser Tradition sah sich der Schüler Beckmann konfrontiert, als er den Entschluß faßte, Künstler zu werden. Die Vorstellung vom modernen Künstler, wie erst Beckmanns
Generation sie entwickeln sollte, steckte noch in den Anfängen.
Ein abgebrochener Schulbesuch war jedoch typischer Bestandteil
der Geniebiographie, der sich bis ins einundzwanzigste Jahrhundert hinein gehalten hat.

Betrachtet man die beiden Selbstbildnisse, die Beckmann noch
als Schüler gemalt hat, so fällt auf, wie der repräsentative Anspruch der zeitgenössischen Portraitkunst eines Makart oder Lenbach schon auf diesen Blättern zugunsten einer kritischen Selbst-
befragung zurückgedrängt wird.

Die kleine Malpappe, auf der ein knochiger Knabe im Profil
seinen Seifenblasen nachschaut, deutet auf eine ungewöhnlich
frühe Kenntnis der kunsthistorischen Tradition dieses Vergäng-
lichkeits-Motivs (von den Niederländern und Murillo bis zu
Manet) hin. Auch die Selbstironie dieses Halbwüchsigen überrascht. Besonders die untere Gesichtshälfte ist sprechend: Die
Willenskraft im vorspringenden Kinn ist von einem Lächeln zu-
rückgenommen, das den Mund umspielt.

Wille versus Ironie: In diesem Jugendwerk steckt schon der
ganze Beckmann. In der Konfrontation mit den Stilleben aus den

letzten Wochen vor seinem Tod zeigt sich, wohin dieser Blick sich wenden sollte: Hinter die Kulissen des Lebens. In einer Komposition wie *Backstage* (auch *Hinter der Bühne*) von 1950 ist die Welt abgeschminkt, die Illusionen sind ausgeschaltet wie eine Theaterbeleuchtung. Was bleibt, sind ein paar Versatzstücke, die niemand mehr benötigt und die nur mehr die malerische Komposition zusammenhält.

Im Winter 1899, der Schüler Max Beckmann mußte wieder einmal frieren, packte er nachts, als alle schliefen, seine Sachen und lief aus dem Internat in Gandersheim davon. Durch den verschneiten Wald wanderte er zum Bahnhof und fuhr zur Mutter nach Braunschweig. Damit war seine Schulzeit beendet.

3. Ein ausgezeichneter Student

Bei seiner Mutter, die nach dem Bericht von Beckmanns erster Frau Minna Tube eine hübsche, blonde, liebenswürdige und auf gute Manieren bedachte Dame war, konnte Max Beckmann stets seine Wünsche durchsetzen. »Sie hatte ihn nie verstanden, aber natürlich doch sehr geliebt«, glaubte Minna Tube. Wie aber stand es mit dem Vormund Onkel Friedrich, einem Bauhandwerker? Nach schweren Auseinandersetzungen ließ er sich schließlich von seinem Neffen zeichnen: »Mal mir mal!«

Der Onkel erkannte sich in der Zeichnung wieder und kapitulierte. Beckmann wurde nicht wieder auf die Schule geschickt. Er durfte die Kunstakademie beziehen.

Eine Malschule oder Kunstakademie verlangte damals kein schulisches Reifezeugnis. Erst nach dem Zweiten Weltkrieg stellte der Staat diese Barriere auf und unterbrach damit die jahrhundertealte handwerkliche Ausbildungstradition des Künstlerberufes. Die Akademisierung des Künstlertums sollte katastrophale Auswirkungen zeigen.

Max Beckmann trat noch wie die Alten Meister seine Lehrzeit als Halbwüchsiger an. Im April 1900 fuhr er, begleitet von seiner Schwester, nach Dresden, um sich an der Königlichen Akademie der Bildenden Künste zu bewerben. Dort fiel er durch die Aufnahmeprüfung. Er sollte eine Venus aus Gips abzeichnen und lieferte statt dessen eine eigene Komposition ab, die die Figur einbezog.

Beim zweiten Versuch schaffte er es. Am 21. Juni desselben Jahres nahm ihn das Professorenkollegium der Großherzoglich-Sächsischen Kunstschule in Weimar auf. Die Schule war jünger als die Königlichen Akademien von Dresden, Berlin, Breslau, Kassel oder München. Erst 1860 hatte sie Großherzog Carl Alexander von Sachsen-Weimar gegründet. Im Oktober 1900 wurde der Kunstschüler Max Beckmann offiziell zugelassen. Zunächst zur Probe besuchte er die obligatorische Antikenklasse, zeichnete ein Jahr lang nach Gipsabgüssen und erhielt sein erstes Diplom.

»Übrigens habe ich ein Jahr lang ›Antike‹ gezeichnet«, betonte er später, als andere Künstler begannen, sich auf ihre mangelnde technische Ausbildung etwas zugute zu halten. Wie Picasso war Beckmann auf sein solide erworbenes Können sehr stolz. Er befürwortete Kunstakademien, lehnte aber jedes Dogma ab. Sein amerikanischer Meisterschüler der Jahre 1947/48, der 1921 geborene Walter Barker, bemerkte später: »He was a very fine academic person; he studied the traditions, especially Rembrandt. He was an excellent draftsman; his anatomy was perfect. He had a perfect understanding of human structure.«

Die Weimarer Kunstschule genoß einen guten Ruf. Sie galt als liberal und fortschrittlich. Die Studenten konnten sich die Lehrer selbst aussuchen, und feste Klassen gab es nicht. So wechselte Beckmann auf eigenen Wunsch nach einem Jahr in die Naturklasse von Frithjof Smith.

Max Beckmann pflegte ein Leben lang die Erinnerung an seine Anfänge und reflektierte immer wieder die verschiedenen Phasen seiner künstlerischen Entwicklung. 1926 versicherte er: »Ich bin durch die Natur (und nicht durch die Antike) zu einer neuen Form der Zusam[men]fassung des Wesentlichen gekommen.« Damals grenzte er sich gegen Neoklassizisten wie de Chirico ab.

Er betonte mit dieser Bemerkung zugleich seinen persönlichen Weg zur Abstraktion, der weniger über die Vereinfachung antiker Formen als die Verdichtung von Naturformen geführt habe. Den Übergang vom Eindruck der Natur zum künstlerischen Ausdruck faßte er in der Mitte seines Lebens in einer Notiz zusammen: »Die Ansätze zum Rhytmus sind in der Natur vorhanden, man muß sie nur vollenden.« Und kurz vor seinem Tod riet er seinen Schülern: »Lernen Sie die Formen der Natur auswendig, damit Sie sie verwerten können wie Noten in einem Musikstück.«

Beckmanns erster und einziger Lehrer, der an der Münchner Akademie ausgebildete Landschaftsmaler Frithjof Smith (1859 bis 1917), malte Portrait und Genre nach Leiblscher Art. Als Künstler war er nach Meinung von Minna Tube schon »etwas festgefahren«. In ihren Erinnerungen charakterisierte sie Smith, der auch ihr eigener Lehrer war, nicht ohne Spott:

»Frithjof Smith war ein großer, etwas dicker blonder Norweger, der seine Möglichkeit, nach München zu gehen und Maler zu werden, dem Bankrott seiner Firma zu danken hatte; er hatte das Inventar aufgenommen und damit genug Geld verdient. In München hatte er großen Erfolg, hatte sich verheiratet mit der Tochter einer Malerin, die ihn sehr protegierte, und hatte sich dann etwas früh mit seinem Erfolg begnügt. Er war Professor an der Akademie in Weimar, liebte den Alkohol.«

Smith war ein *bohémien bourgeois* zwischen Akademie, freiem Künstlertum und Kleinbourgeoisie. In diesem Milieu existierten Tausende von Künstlern seit dem frühen neunzehnten Jahrhundert; nicht alle sind unbekannt geblieben.

Die Methode seines Lehrers Smith, eine Komposition mit Kreide auf der Leinwand vorzuzeichnen, behielt Max Beckmann ein Leben lang bei. Er legte damit zugleich die Fundamente für die plastische Figürlichkeit und das Prinzip jener schwarzen Umrißlinien, die um 1930 aus seinen Figuren hervorbrechen. Wie bei Picasso ist der kalligraphische Gestaltaufbau das Fundament von Beckmanns Kunst.

Smith' Methode wurde für Beckmann nicht nur zur Grundlage seiner Malerei, sondern auch seines Unterrichts in Frankfurt und den USA. Fast fünfzig Jahre später war Max Beckmann Lehrer an der Washington University in St. Louis. Walter Barker, der ab 1966 als Associate Professor of Arts an der University of North Carolina at Greensboro lehrte, erinnert sich:

»There's a great sweeping line that will move through a Beckmann, and when he taught us, very often, he'd go up to our canvases and dip his paint in black paint and draw great big slashing lines. We then tried to built a theme around that.«

Die meisten Kunstschüler in Weimar wohnten in einer Pension oder zur Untermiete. Der Student aus Braunschweig dagegen mietete nacheinander drei verschiedene Wohnungen: 1901 in der Wielandstraße 5 I, 1902 in der Henßstraße 4 I und 1903 in der Wörthstraße 38. Er legte in Weimar nicht nur die Grundlagen seiner späteren künstlerischen Entwicklung, sondern freundete sich mit Kollegen wie Eve Sprick, der späteren Frau des Malers Hans Meid, mit Wilhelm Giese und vor allem mit dem fünf Jahre älteren Ugi Battenberg an, der im selben Jahr wie er an die Kunstschule gekommen war.

Ugi Battenberg (1879–1957) ist nicht mit den Fürsten Battenberg verwandt, stammte jedoch aus einer bedeutenden Frankfurter Bürgerfamilie. Er war fünf Jahre älter als Beckmann und hatte zunächst in seiner Heimatstadt und in Paris studiert, bevor er von 1900 bis 1903 die Weimarer Kunstschule besuchte. Wie Beckmann sollte er im Ersten Weltkrieg als Sanitätshelfer dienen. Battenberg war der engste Freund, den Beckmann im Leben hatte. Er und seine Frau Fridel standen Max Beckmann bei, als er mitten im Krieg verstört in Frankfurt ankam. Beckmann hat Fridel und Ugi Battenberg auf Zeichnungen und im graphischen Werk ebenso festgehalten wie in einigen seiner malerischen Hauptwerke, darunter in der großformatigen *Auferstehung* aus den Jahren 1908/09, der *Synagoge* von 1919 und dem *Schauspieler*-Triptychon von 1941.

Auch mit Caesar Kunwald (1870–1946) befreundete sich der Kunststudent. Kunwald stammte aus Ungarn und ging später nach Frankreich. Von ihm sind Stilleben, Genrebilder und Portraits überliefert. Den Sommer 1907 verbrachten Beckmann und Kunwald am Vietzkerstrand bei Schlawe an der pommerschen Küste. Beckmanns Briefe an den Künstler bilden das älteste Konvolut in seinem schriftlichen Nachlaß. Hier zeigt er sich als anhänglicher Freund, der den Gedankenaustausch sucht und den anderen wiederholt zu antworten mahnt. Der vierzehn Jahre ältere Studienkollege erfüllt durchaus die Funktion eines Beichtvaters. Er war im selben Alter wie Beckmanns Bruder Richard, zu dem der Jüngere nie eine gute Beziehung aufbauen konnte.

Der Schulversager Max Beckmann erwies sich als ausgezeichneter Student. Das erste Jahr schloß er mit einem Diplom ab, am Ende des zweiten Studienjahres erhielt er ein Belobigungsdiplom für Zeichnen, am Ende des dritten und letzten Jahres eine Medaille für Malerei.

Die Erfolge stellten schließlich auch die Familie zufrieden. Im zweiten Studienjahr berichtete der Student seinem Freund Kunwald von einem Besuch in Braunschweig: »Alte Tanten waren entzückt von mir und würdige Onkel versicherten sich gegenseitig, daß aus mir vielleicht doch noch etwas werden könnte.«

Die Ölbilder aus seiner Lehrzeit hat Beckmann später zerstört. Jedoch haben sich im Besitz von Verwandten einige kleine Landschaften ebenso erhalten wie der Probedruck eines radierten Selbstbildnisses mit aufgerissenem Mund aus dem zweiten Studienjahr.

Es ist das älteste Selbstportrait in Beckmanns graphischem Œuvre und sticht von den beiden Selbstbildnissen beträchtlich ab, die er kurz darauf malte. Das Gesicht ist von oben halb verschattet, die Schraffur liegt wie ein Vorhang über dem Antlitz, zwingt zu genauerem Hinsehen und verleiht ihm damit – wie in Rembrandts frühem Selbstbildnis von 1629 – größte Anziehungskraft auf den Betrachter und gesteigerte Plastizität. Die Verhüllung enthüllt das Antlitz.

Der Mund ist wie zum Schrei geöffnet – man denkt an Beckmanns Ausruf: »Es lebe der Weltschmerz« vom Ende des Jahres 1902. Der Blick streift den Betrachter nur. Es ist, als erblicke der Künstler schon die Schreckenstableaus seiner graphischen Blätter der Nachkriegszeit, wage ihnen aber noch nicht ins Auge zu sehen.

Das Blatt ist aus zwei Gründen besonders interessant: Es beweist die vorzügliche technische Ausbildung, die Beckmann auch in den graphischen Techniken genoß, und es deutet schon die dramatischen Effekte an, die er mit seinem technischen Können erzielte.

Man hat hier ein reales Gesicht vor sich, dessen scharfe Kontur ungewöhnlich für einen Siebzehnjährigen ist. Beckmann muß mit einem Schlag erwachsen geworden sein. Eben noch hatte er sich als entlaufener Internatszögling der Mutter an die Brust geworfen. Nun erklärte er sich zusammen mit seinen Freunden Ugi Battenberg und Wilhelm Giese um drei Jahre älter, da seine Jugend ihm lästig war.

Im Fasching 1902, er ist noch keine achtzehn Jahre alt, erlebt man ihn plötzlich als jungen Mann mit bestimmendem Auftreten, der einer zweieinhalb Jahre älteren Frau, auf die er wie ein Siebenundzwanzigjähriger wirkt, den Hof macht – um sie vier Jahre später zu heiraten.

Minna Tube kam aus Altenburg, einer bedeutenden thüringischen Kleinstadt an der sächsischen Grenze. Sie war die jüngste Tochter des verstorbenen lutherischen Militäroberpfarrers D. Dr. phil. et theol. Paul Tube und besuchte eine der »Damenklassen«, die ausschließlich für Studentinnen eingerichtet, aber ebenso von den Professoren der Weimarer Kunstschule unterrichtet wurden. Die Geschlechtertrennung war offenbar eine Errungenschaft des neunzehnten Jahrhunderts. Noch im Jahre 1800 besuchte

Arthur Schopenhauer in Weimar eine »*Maler-Academie*, wo Mädchen und Knaben nach Gyps zeichneten«.

Mit ihrer Herkunft aus dem, wie sie sagte, »sehr idealistischen und kunstfreundlichen Pastorenhaus«, ihren beträchtlichen Malkünsten, ihrer späteren Karriere als Wagner-Sängerin und nicht zuletzt mit ihrer großen blonden Erscheinung entsprach Minna Tube einem deutschen Frauentypus, wie ihn sich germanophile Franzosen bis heute vorstellen. Minna berichtete, Max Beckmann habe ihr stets »ausgesprochene Hochachtung« erwiesen. Sie wußte von Anfang an, mit welch bedeutender Begabung sie es bei ihm zu tun hatte. Aber auch die Faszination, die der junge Mann für sie empfand, hielt über das Ende der Ehe hinaus an.

»Ja, ja. Sie hatte einen Hals, ich glaube ich werde nie wieder einen so feinen zarten Goldton sehen wie der ihrige hatte«, notierte der Absolvent der Kunstschule Mitte August 1903, kurz vor seinem Aufbruch nach Paris. »Und der Haaransatz, da wo der Kopf auf dem Rückgrad drauf sitzt, so etwas fabelhaft vornehmes.

Wenn sie ihre Haare auf dem Kopf trug, so als eine Krone, war sie das reizenste zarte Märchenprinzeßchen, was in Grimm oder Bechstein vorkommen konnte.«

Etwa zu der Zeit, da er seine spätere Frau kennenlernte, versuchte Beckmann, neben der Kunstakademie das sogenannte Künstler-Einjährige (Mittlere Reife) abzulegen. »Er bekam die Nachricht, durchgefallen zu sein, an dem Tage, an dem der Dichter Wilhelm von Scholz ihm das Du anbot aus Empfindung für seine Gleichberechtigung«, berichtet Minna Tube.

Der junge Künstler wiederholte die Prüfung kurz darauf bei einem Professor in Braunschweig, der sich über die Allgemeinbildung und Belesenheit des Prüflings ebenso überrascht zeigte wie über seinen Mangel an Elementarkenntnissen. Doch Beckmann hatte bestanden.

Was die Kunst angeht, kann man Max Beckmann einen Mangel an Grundkenntnissen indes nicht vorwerfen. Er sollte einer der besten Techniker seiner Zeit werden und als einer der wenigen modernen Maler eine Zeichen- und Maltechnik vom Rang der Alten Meister entwickeln; nicht zu reden von der Graphik. Eng verzahnt mit seiner technischen Raffinesse sind die beziehungsreichen Figurenerfindungen. Hier kam seine selbst für einen Künstler ungewohnt breite Belesenheit zur Geltung.

Dagegen besaß Max Beckmann weder ein direktes Vorbild, einen persönlichen Meister in der Kunst – wie ihn etwa Giorgione in Giovanni Bellini und Tizian in Giorgione fand –, noch einen geistigen Ziehvater. Auch gab es keinen famoso saggio der Vergangenheit, dem er nachstrebte. Jedoch blieb er nicht ganz auf sich allein gestellt. So soll ihm bereits in seiner Studienzeit der Dichter und spätere Präsident der Preußischen Akademie für Dichtkunst Wilhelm von Scholz (1859–1917) Anregungen zur metaphysisch-spekulativen Lektüre gegeben haben. Der Student las neben der Gnosis und Kant auch Goethe, Nietzsche, Prévost, Maupassant und Maeterlinck.

Der Berliner Scholz war Mittelpunkt der Bohème von Weimar, die sich abends in einer Künstlerkneipe traf und zu der Maler wie Christian Rohlfs gehörten. Weimarer Dichter wie Wieland, Herder, Goethe, Schiller und Jean Paul waren nur noch in ihren Gedenkstätten gegenwärtig. Dafür begann der im Jahre 1900 in Weimar verstorbene Friedrich Nietzsche, den Leuten die Köpfe zu verdrehen. Die Musik von Franz Liszt war lange noch nicht verklungen. Wilhelm von Scholz hingegen galt als Neoklassizist. Er betrachtete Beckmanns Arbeit mit Wohlwollen. Als er sein frühes Hauptwerk *Junge Männer am Meer* sah, bescheinigte Scholz dem Künstler Frühreife und hohe Begabung. Er war sicher, daß der junge Maler ausreichende Willenskraft besitze, um seinen eigenen Stil zu finden.

»Mit einer heftigen Ruhe«, schrieb Max Beckmann, kurz nachdem er die Kunstschule absolviert hatte, »übersehe ich schon jetzt mein ganzes Leben.«

4. Der Einsame vom
Montparnasse

»Ich glaube, daß ich alles erreichen werde, was ich will, alles.«
Vor- und Rückschau sind bei Beckmann Prinzip. Früh äußerte er
den Anspruch, eine Gesamtheit gestalten zu wollen. Nachdem er
sich während der Lehrjahre alle zeichnerischen, malerischen und
graphischen Techniken ebenso angeeignet hatte wie umfassende
kunstgeschichtliche und einige literarische Einblicke, sollten die
Wanderjahre ihn auf den letzten Stand der Kunst versetzen.

»1903 ging ich als entschlossener deutscher Jüngling nach
Paris.« Am 19. September 1903 brach er von Braunschweig auf
und richtete sich am Montparnasse ein. Er wohnte in der rue
Notre-Dame-des-Champs, zwischen dem Jardin du Luxembourg
und dem Friedhof Montparnasse, im Haus No. 86, einem 1880
gebauten Atelierhaus, in dessen oberstem Stock bis 1901 James
Whistler gelebt hatte. 1913 sollte Fernand Léger hier einziehen
und bis zu seinem Tode wohnen.

»Links von mir brennt ein braves Feuer und eine kleine Lam-
pe beleuchtet gerade den Brief hier in meinem riesengroßen Atelier«, schrieb Beckmann in einem seiner vielen Briefe an Caesar
Kunwald. In den sechs Monaten seines Aufenthaltes in Paris befand er sich meist »tout seul«. Er suchte weder Anschluß an die
Pariser Gesellschaft noch an die internationale Bohème, sprach
weder bei Paul Cézanne vor noch bei Claude Monet, Edgar
Degas oder Henri Rousseau. Auch mied er nach einigen Besuchen
die Académie Julien in der rue du Dragon in Saint-Germain-des-
Prés, wo Pierre Bonnard, Edouard Vuillard, Fernand Léger und
Marcel Duchamp studiert hatten, aber auch Lovis Corinth, Ernst
Barlach und Paula Modersohn-Becker, die Beckmann später als
größte deutsche Malerin bezeichnete.

Er ging jedoch täglich auf ein paar Stunden in die Académie
Colarossi, 10, rue de la Grande-Chaumière, die älteste private
Kunstschule am Montparnasse. Auch Hans Olde (1855–1917),

seit 1902 Leiter der Weimarer Kunstschule, hatte hier studiert. Neben den formalen Klassen wurden freie Kurse mit Modellstudien angeboten, die sich gerade bei ausländischen Künstlern großer Beliebtheit erfreuten; an einem dieser Kurse nahm 1904 auch Käthe Kollwitz teil.

Die »Société des Artistes Indépendantes«, zu der Pierre Bonnard, Henri Matisse, Edvard Munch und Robert Delaunay gehörten, zeigte in jenen Tagen eine Ausstellung in den Tuilerien. Beckmann sprach von »Les Indépendantes, die mich bewogen, den Impressionismus in meine süße Erinnerung und auf die Rumpelkammer zu stellen.« Solche Distanzierung von den unmittelbaren Vorgängern trifft man in allen Künsten an. Beckmann resümierte später: »Aus meinem ersten Aufenthalt in Paris 1903, wo ich für mich gearbeitet habe, stamte nur ein sehr starker Widerwille gegen die Hochfluth von Impressionistennachahmungen, die dort herrschte.«

Diese Abneigung verrät, wie schwer es ihm fiel, aus dem Schatten der französischen Malerei zu treten. Er malte Riesenbilder im Format von fünfeinhalb mal vier Metern, als könnte man die französischen Herausforderer durch Masse bezwingen. Er malte das Monumentalbild eines Reiters in der Schlacht – im pointillistischen Stil. Er zerschnitt es und pointillierte nie wieder. Ein Reiterbild erschien zwölf Jahre später an einem Scheideweg seiner Kunst; affresco.

Gebrochene Gigantomanie zeigte sich nicht nur in den Malversuchen, sondern auch in den ironischen Selbstkommentaren des jungen Mannes in Paris: »Wenn ich nicht im Café oder im Bett bin male ich Bilder von 5,50 × 4 m Größe. Kurz, ich benehme mich, wie es für einen genialen Menschen recht und billig ist.«

Er entwarf Möbel. Ein paar Fauteuils haben im Besitz der Familie die Zeiten überstanden. Er las viel Reclam-Hefte und ließ sie sich in Grün binden.

Vom 14. August 1903 bis in den Mai 1904 hinein hielt der junge Künstler in vier Heften Reflexionen, Träumereien und Lese-

eindrücke fest, aber auch Skizzen in Blei und Tinte, darunter zahlreiche schwungvolle Portraits voller Komik und Vorstudien für
das Gemälde *Junge Männer am Meer*.

Um ein Uhr nachts ging er mit hohem schwarzem Hut ins Café
und schrieb. Der Einsame vom Montparnasse hatte niemanden
zum Reden. Seine Briefe an den Freund Kunwald, manchmal auch
an Minna, ersetzen das Gespräch, wie die Briefe, die Vincent van
Gogh an seinen Bruder Theo schrieb.

Während sich im Widerspruch zur französischen Malerei in
den Skizzenbüchern klassizistische Männerleiber formen, erwähnt
er in einem Brief an den Freund »weibliche Hüften und Ge-
schlechtsteile u.sw. u.sw.«. Die Briefstelle läßt offen, ob es sich
dabei um Phantasie, Kunst oder Wirklichkeit handelt.

Zu Weihnachten machte er sich zu Minna Tube auf, die in
Amsterdam Malerei studierte und Alte Meister kopierte. Bei diesem ersten Besuch in Holland lernte Beckmann auch den Haag
und das nahe Seebad Scheveningen kennen. Unter den holländischen Malern bewunderte er (neben Terborch und Vermeer mit
ihrem technischen und malerischen Perfektionismus) schon damals vor allem Frans Hals, den größten Meister des lebendigen
Portraits. Dagegen stand er noch am Anfang seines Weges zu
Rembrandt, dessen Hauptwerke er erst in Berlin in Augenschein
nehmen konnte.

Das »Pflichtjahr in Paris« brach er Ende März ab. Er betrachtete es als einjährige Dienstzeit, die sich bei intelligenten Menschen auf ein halbes Jahr reduzieren lasse. Seinem Freund Caesar
Kunwald jedoch empfahl er in einem Brief mit Nachdruck einen
Aufenthalt in Paris, und der ungarische Maler ist später auch
hingefahren. Beckmann plante nun, über den Montblanc nach
Italien zu wandern. Einsamkeit und Mitteilungsbedürfnis begleiteten ihn auch auf diesem Weg. Über Fontainebleau führte der
Weg durch das Burgund und endete bereits am 13. April 1904
in Genf.

Max Beckmann hatte genug Landschaft gesehen und sehnte
sich wieder nach der Großstadt. Ein anderer, entscheidender Wink

entfachte wieder seine Lust zu malen. Am 17. April 1904 schreibt er an Caesar Kunwald: »Was meinen malerischen Styl anbetrifft, so fand ich hier in Genf bei Hodler fast alles das wieder was ich mir selbst in ziemlich schwierigen Kämpfen als meine zukünftige Sprache gebildet hatte. Nicht eben angenehm, denn da heißt es also wieder weiter.«

Er hatte Ferdinand Hodler in seinem Atelier in Genf besucht. Er begegnete bei diesem Künstler einer nicht-französischen, stark figurativen Malerei, die ihn auf seinem Weg zum Neoklassizismus förderte. Die Rhetorik und das trockene Pathos des Schweizers sollten ihm jedoch fremd bleiben.

Bei Hodler erreichte ihn eine Depesche. Die Mutter war erkrankt. Beckmann mußte zurück nach Braunschweig und sie von dort aus nach Berlin begleiten, wo sie eine gefährliche Operation zu bestehen hatte.

Auf der Fahrt über das Elsaß nach Frankfurt sah er in Colmar den damals noch wenig bekannten Isenheimer Altar, ein Eindruck, der lange in ihm wirken und nach dem Weltkrieg in seiner Malerei zum Ausbruch kommen sollte. Mitten im Krieg schrieb er einen Brief an den Berliner Museumsdirektor Wilhelm von Bode und schlug ihm vor, den Altar nach Berlin zu überführen, um ihn vor Kriegseinwirkungen zu schützen. Das Kunstwerk wurde 1917 in die Pinakothek nach München gebracht und dort bis Kriegsende ausgestellt.

5. Die dunklen, wilden Jahre

Abgesehen davon, daß Beckmann Nietzscheaner war, war er Anti-Nietzscheaner. Willensanspannung, Selbstüberwindung und -transzendierung und die Erlösung im Schein wuchsen sich bei ihm zu Lebensthemen aus. Für die Selbsterhebung und -vergottung des späten Nietzsche, die »Selbstverwirklichung« seiner

Nachfolger hatte er jedoch nur Spott übrig, »weil es mich langweilt immer das zu werden was ich schon bin«, wie er 1904 schrieb.

Er sinnt über Nietzsches Lehre der Ewigen Wiederkehr nach: »wenn man sich des eigentümlichen Humors der ewigen Wiederholung im Genuß wie im Schmerz in jedem großen wie kleinen Gedanken völlig bewußt ist, stört es einen nicht mehr.« Solche bejahte Tragik, erfüllt mit einem humanen Idiom, mit Humor und Lächeln sollte Beckmanns Sicht der Welt durch die Jahre bestimmen.

»Nur wenn man nichts anders will, als das was der Körper will, kann man vorwärts kommen«, notiert er Ende Oktober 1904. Da hatte er seine Paris-Reise schon absolviert. »Und man muß ihm überall hin folgen. Mag er nun krankes wollen, so soll man diese kranke Frucht gebären um von ihr los zu kommen, will er banales, so schaffe man es ruhig um sich nachher mit einem Aufschrei weiter zu gehen.«

Vom Oktober 1904 an wohnte er in Berlin und malte »Selbstporträts mit mehr oder weniger symbolischer Bedeutung«. Er war auch Maler in Worten. Das Fluidum, das er um die Jahrhundertwende mit seinem Pinsel bewirken konnte, verstand er auch mit der Feder zu erwecken. Ende Oktober 1904 beschrieb er eines seiner Bilder, das auf der Leinwand nicht überliefert ist:

Mich selbst in einem riesengroßen Raum, durch dessen schmales sehr hohes gotisches Fenster, man auf einen in Regen gehüllten, blattlosen Park sieht, dessen kahle violette Äste bis hoch über das Fenster ragen. Im Fenster stehen 6 Hyazinthengläser und in der Ferne sieht man einen weißen See. Am Fenster rollen Regentropfen, weit hinten am grauen Himmel ziehen eine Schnur Zugvögel und ich stehe unendlich klein in dem grauen kahlen Raum, an dessen Wände, dunkle Schatten streifen, in häßlichen Krümmungen und stolzen Gebärden wie alte Erinnerungen und neue Gedanken.

An der Ostsee, 1907

Im Jahr darauf malte er in Jütland ein Selbstportrait mit blondem Bart, in dem sich die spätere Vorliebe für ein schilfiges Grün ankündigt. Er versteht es, Licht zu entzünden, wenn auch mit kurzen Pinselhieben, die der Leinwand einen holzigen Charakter verleihen anstelle des schimmernd-geschmeidigen der Impressionisten. In dem weißlich leuchtenden Querformat ist der Kopf in die rechte Hälfte gerückt, der Blick in die schlichte Landschaft wird von einem Balken verstellt. Die Gigantomanie hat der Maler vorderhand hinter sich gelassen. Den Weg ins Freie hat er noch nicht gefunden.

Noch sieht man nicht den späteren großen Künstler. Man ahnt aber schon eine ungewöhnliche Kraft. Die römische Kunst schuf Abbilder, die griechische Wesensbilder. Beckmann war ein Grieche und sollte es bleiben.

Landschaft ist etwas Schönes, hat Beckmann gesagt. Dem antiken Menschen wäre es nicht in den Sinn gekommen, eine unbelebte Landschaft zu malen. Der moderne Maler fand in der Landschaft seine Seele, nachdem er sie vorher hineingelegt hatte. Beckmann war ein Landschaftsmaler. Mit zwanzig Jahren fuhr er an die Nordsee, um Landschaft und Meer zu malen. Er beschäftigte sich viel mit Meerstudien; Wasserlandschaften in Öl oder Mischtechnik sind schon unter seinen ersten Malpappen. Die Meerstudie von 1904 ist noch zeichnerisch-linear bestimmt. Die kühlen Farben der nordischen Seelandschaften begegnen dem Japonismus des neunzehnten Jahrhunderts. Auf Pappe hatte Beckmann eine ganze Serie zarter und eigenartiger japanisch beeinflußter Bilder gemalt, die jedoch im Zweiten Weltkrieg den Bomben und Diebstählen zum Opfer fielen und nicht dokumentiert sind.

Auf Anregungen eines Dänen namens Petersen, der ihm gelegentlich Modell stand, reiste der junge Maler im Sommer 1905 nach Agger an die Nordwestküste von Dänemark. Hier gelangen ihm frische, heftige Meerstücke, deren bewegte Pinselführung das Drama des Wassers bannt. Es entstand ein Photo, das ihn vor der Natur malend zeigt. In späteren Jahren verzichtete er auf Freilichtmalerei. Er wollte seiner Landschaftsmalerei jene Unmittelbarkeit, die sie in den frühen Jahren noch ausstrahlte, nun versagen.

Bereits am 28. April 1904 war er in Berlin eingetroffen und hatte auf der Suche nach einem Atelier auch das Studio von Edvard Munch besichtigt, das zur Vermietung stand, solange der Künstler in Norwegen war. »So ziemlich mein Gegenfüßler«, urteilt Beckmann über den berühmten Skandinavier, »denn der arme Kerl plagt sich noch zu viel mit Menschenschmerzen und Menschenleid, na ja ich weiß er muß, aber trotzdem. Fertig, logisch, ri[e]cht ein bißchen zu sehr nach Medizin, beinah Chloroform. Aber er ist anerkennungswert und ein ganz feiner Psychologe.«

Die Abwendung vom Psychologischen kam in Max Beckmanns erstem Hauptwerk einem neuen Klassizismus zugute. Übrigens bemerkte Munch, als er Beckmann später einmal traf: »Ach, ich kenne Sie doch, Sie saßen immer abends in der Closerie des Lilas, wo Sie den vielen Rotwein tranken.«

Seit September 1904 wohnte der junge Künstler in einem Atelierhaus in der Eisenacher Straße 103 in Berlin-Schöneberg, damals ein Viertel der kleineren Mittelschicht. Er will eine »Bilderfabrik errichten«. Er fühlt sich »vollständig allein« und »ohne Menschen mit ewentuell gleichen Interessen«. Er arbeitet, raucht und trinkt viel, liest Jean Paul, wie schon in Paris. Er ist voll innerer Unruhe und »Lebenshoffnungslosigkeit« und nährt Reisepläne. Er genießt es, auf der elektrischen Bahn hinten zu stehen und sich den kalten Nebel um den Kopf streichen zu lassen. Er ist »s[t]olzer Besitzer eines kettenlosen Rades mit Freilauf und Rücktrittbremse«, das er, begleitet von Freund Kunwald, nach Island mitnehmen will. »Denn es giebt keine größeren Reize als die der noch nicht gekannten Schönheiten.« Er philosophiert über die »angesamelten Samenteilchen« und hat eine Maîtresse namens Lisbeth Färber, die später nach Brasilien auswandert. Als er dann verheiratet war, befand er, die erste Zeit in Berlin sei »die dunkelste und wildeste Zeit meines Lebens« gewesen.

Nach den Worten von Minna Tube arbeitete Beckmann damals »wie ein Berserker, lebte ganz einsam und ging mit Riesenfortschritten auf sein Ziel zu«.

Seit den Wintertagen in Amsterdam hatte er die Freundin nicht gesehen. Im Herbst 1904 muß er sie wieder getroffen haben, denn zu Ostern 1905 schreibt der junge Künstler an Kunwald: »Frl. MT. Ja, ja alte Geschichten. Aufgewärmt mit neuem Kraftextrakt und neuer Begeisterung. Aber es geht. Es geht nun schon über ein halbes Jahr und wahrscheinlich für sehr, sehr lange.«

Im August 1905 konnte er seinem Freund Kunwald von der Verlobung berichten und verkündete zugleich: »Ich habe mein äußerliches Leben nun abgeschlossen und meine ganzen Erlebnisse werden sich nur noch innerlich abspielen.« Die »langweilige traditionelle Don Quijote Don Juanerie« sei nun vorbei. Ihm sei klar, »daß ich Minna Tube nicht nur lieb habe, sondern daß ich sie auch brauche für mein Leben« und »daß es kein schwiri-

44

geres geistiges Unternehmen giebt, als die Ehe zwischen zwei Menschen, die <u>nicht</u> in ihr verschmutzen wollen«.

In Berlin hatte er sich inzwischen eingelebt. Er fand dort nicht soviel Formgefühl wie in Paris, doch die Stadt erschien ihm lebendiger und nicht weniger reich an künstlerischen Anregungen. Als dritte Welle nach den Impressionisten und van Gogh erreichten um 1905 die Fauves aus Paris die deutsche Reichshauptstadt. Beckmann lehnte sie zunächst ab. Erst zwanzig Jahre später sollte er auf ihren Kolorismus in seiner Sprache antworten.

Mit zwei Freunden gründete er einen »Club der Gehirnakrobaten«. Einer davon war Franz Kempner, der später Staatssekretär bei Stresemann wurde. 1944 gehörte er zum Umkreis der Attentäter des 20. Juli und wurde vom Volksgerichtshof zum Tode verurteilt. Sein Sohn Robert B. Kempner trat als amerikanischer Ankläger bei den Nürnberger Prozessen auf. Beckmann hat Franz Kempner 1906 portraitiert und ihn drei Jahre später in einem großen Auferstehungsbild an den rechten Rand plaziert. Der dritte Gehirnakrobat war ein Dr. Voszberg. Er starb jung an Tuberkulose.

Der junge Künstler malte viel Portrait. Im Vorgefühl seiner frühen Meisterschaft notierte er im August 1905: »Man muß eben auch das gleichgültigste Gesicht malen können.« Jedes Gesicht war ihm Ausdrucksform des Lebens und also Mysterium. »Denn nur im Gefühl und im Genießen seiner Ausdrucksformen kann man der Welt mit ihren ewigen Rätseln nahe kommen und sie natürlich verstehen.«

In jener Zeit setzte sich Beckmann erstmals mit den Schriften des Kunstkritikers Julius Meier-Graefe auseinander, der im Jahre 1904 den ersten Band seiner *Entwicklungsgeschichte der modernen Kunst* veröffentlicht und sich darin für den Impressionismus eingesetzt hatte. Zwei Jahre später stellte Graf Kessler den Künstler dem Kunstkritiker persönlich vor.

Die Verbindung von Vitalität und Form war ein Thema, das Künstler, Dichter und das gebildete Publikum in den ersten Jahren des zwanzigsten Jahrhunderts beschäftigte. Dahinter mochte auch die Ahnung stehen, daß das Bismarcksche Staatsgebilde langsam aus dem Ruder lief, ja daß es nie die passende Fasson der deutschen Gesellschaft gewesen war.

Nicht allein die Abgrenzung gegen den Impressionismus und Nachimpressionismus, sondern auch ein Gefühl historischer Unsicherheit spricht aus dem Künstler, wenn er, wie im August 1905, postuliert: »Jedenfalls soll meine Poesie immer realen Boden unter den Füßen haben.«

Der junge Maler äußert das in einem Moment, in dem sein Leben fürs erste realen Boden unter die Füßen bekam. Die Beziehung zu Minna Tube festigte sich. Erste Erfolge mochten erhofft, ja erwartet sein; tatsächlich standen sie unmittelbar bevor. Der Tod der Mutter war unausweichlich. Bei allem Schmerz und aller Trauer stand eine Erbschaft zu erwarten. Beckmann sah Heirat und Wohlstand vor sich. Er arbeitete jetzt auch für den Erfolg.

Die Abstraktion mit allen ihren Konsequenzen, auch der Gegenstandslosigkeit, regte sich schon in den Köpfen. Beckmann erkannte die Direktheit und Qualität der sogenannten primitiven mittelalterlichen Meister. Seinen Weg zur eigenen Moderne fand er jedoch vor allem in der Auseinandersetzung mit den beiden Vaterfiguren der Kunst des zwanzigsten Jahrhunderts.

Im August 1905 bestimmte er seine künstlerische Position zwischen Cézanne und van Gogh. Dabei bewertete er Cézanne, den er auch nach dem Weltkrieg noch »meine größte Liebe« nennen sollte, höher als den Niederländer. »Ich halte <u>jedenfalls</u> Cezanne für den größeren [...] größe[r] auch als fertige abgerundete Persönlichkeit.« Das schreibt ein Einundzwanzigjähriger. Van Gogh dagegen ist für ihn ein »unterdrückter Phantast«, Cézanne »tiefer, dramatischer, ne[r]vöser und im tragischen viel gesteigerter als v. Gogh, der in einem allerdings riesig interessanten Übergangsstadium gestorben ist. Er war noch nicht fertig. Während Cezanne als eine riesige düster ganz Persönlichkeit dasteht ist bei van Gogh hauptsächlich der leidenschaftliche Wille dazu vorhanden.«

Er spricht von den Künstlern als Personen, meint aber ihre Malweise. Tatsächlich wollte er nicht weniger, als die charakteristischen Züge von Cézanne und van Gogh miteinander verbinden und über sie hinausgehen.

»Die Leistung Cézannes«, so betont Christian Lenz in seinem für die Beckmann-Forschung grundlegenden Aufsatz *Max Beckmann in seinem Verhältnis zu Picasso* von 1977, »bestand nicht etwa in der Abkehr von der traditionellen Perspektive und in der Reduzierung der Natur auf drei stereometrische Grundformen, sondern darin, daß er im Unterschied zu Impressionisten wie Monet, Renoir und Sisley den Dingen eine neue Gewichtigkeit und damit Verbindlichkeit gegeben hat, die beim Betrachter ein höheres Maß an Analogieverständnis bewirkt. In diesem Sinne hatte Cézanne nur drei Nachfolger: Picasso, Beckmann und Purrmann.«

Bald begann Beckmann, das flächige mit dem runden Gestaltungsprinzip zu verschmelzen, in der Abstraktion die Figürlichkeit zu bewahren und Lokalfarben mit raffinierten Mischungen zu kombinieren. Er wollte Cézanne und van Gogh überrumpeln und »doch auch noch einiges Intellektu[e]lle zu geben was die beiden nicht geben«.

Zugleich studierte er die Naturauffassung der Alten Meister. Er glaubte, durch alles hindurchgehen, alles selbst beherrschen zu müssen, um zu seinem eigenen Stil zu finden. Ein Künstler, der sich das kunsthistorische Repertoire nicht erarbeite, so Beckmanns feste Überzeugung, werde auch in seiner eigenen Arbeit nicht vorankommen. Dieser Professionalismus versetzte ihn später in die Lage, eine Version der modernen Malerei zu entwickeln, die von der Tradition bedingt war und, mehr noch, eine Modernität enthüllte, die in der Tradition immer schon gelegen hatte.

In einer Schulkladde mit schwarzem Wachstuchdeckel begann er 1905 ein Werkverzeichnis. Als No. 1 trug er dort ein: *Junge Männer am Meer*. Am Gründonnerstag 1905 konnte er Freund Kunwald nach längerer Briefpause berichten: »Ich habe ein großes

Bild gemalt. Fertig gemalt. Nakte Jünglinge am Meer. Etwas conventionell was? Aber ich glaube es sieht nicht sehr conventionell aus. Ich bin nicht gerade sehr begeistert davon, habe aber viel gelernt dabei.«

Nach langer Arbeit im Atelier in Berlin hatte Max Beckmann einen Weg gefunden, an die Erfahrungen aus Paris anzuknüpfen. Da lehnte das große Bild *Junge Männer am Meer* an der Wand. Die männlichen Figuren, die er in Paris auf die linierten Blätter seines Tagebuchs skizziert hatte, erschienen in dem neuen Gemälde wieder. Die nackten Leiber strahlen Freude, Härte und Schönheit aus. Beckmanns Werk verdichtet sich; das Gemälde *Junge Männer am Meer*, sein erster Erfolg, und das späte Triptychon *Argonauten*, in dem man sein Vermächtnis sehen kann, sind eng miteinander verwandt.

Auf den ersten Blick sahen die *Jungen Männer am Meer*, der lange angekündigte Schlag gegen den Impressionismus und seine Nachfolger, freilich wie eine neubelebte Version von Hans von Marées' *Männer am Meer* von 1874 aus. Freilich ist die Stimmung von Beckmanns großem Querformat eine ganz andere. Später distanzierte er sich von Marées' Kunst, weil sie sich mit seiner »ganz auch auf das gegenständlich individualisierte Leben gerichteten malerischen Lebensempfindung nicht verträgt«. Unbefangenheit, Elan und Straffheit von Beckmanns neuem Bild erinnerten bei genauer Betrachtung eher an die entfernt verwandte Komposition *Die Erziehung des Pan* von Luca Signorelli, die um 1488 datiert wird und die Beckmann im Kaiser-Friedrich-Museum zu Berlin sehen konnte, lange bevor sie 1945 einem Brand zum Opfer fiel.

Mit seinem frühen chef d'œuvre bewies Max Beckmann, daß ein indirekter, aber kühner Rückgriff auf die Alten Meister Ergebnisse von unzweifelhafter Modernität zeitigen konnte, sofern es sich nicht um oberflächliche Stimmungskopien, sondern um echte Belebung der alten Substanz handelte.

So wenig ein neoklassizistisches Bild wie *Junge Männer am Meer* angesichts von Beckmanns metaimpressionistisch-spätgrün-

derzeitlichem Frühwerk zu erwarten war, so sehr faßt es die Themen seiner jugendlichen Kunstanstrengungen zusammen: Figur
und Bewegung im Raum, Tektonik und Dynamik des Bildes,
menschliche Gestalt versus Natur.

Beckmanns erstaunliche Leistung bestand darin, seine diversen hochgespannten Ambitionen in einem Bild verschmolzen und
ein zugleich klassisches wie überraschend modernes Ergebnis erzielt zu haben, das an keiner Stelle gezwungen wirkt. Er wußte
es selbst: »Je stärker der Wille ist um so schwieriger ist er zu gestalten.« Die »Moderne« war das Transformationsmedium. Hier
begegneten klassizistische und impressionistische Tradition einer neuen Aufbruchsstimmung und einer formal-abstrahierenden
Figurengestaltung.

Auf eine Zeichnung von 1903, in der man eine Landschafts-
studie für die *Jungen Männer am Meer* sehen könnte, notierte
der Künstler: »Über das Ziel der Natur? = Sie hat keins, denn sie
ist Ziel.«

Übrigens wurde im Jahre 1905 in Westerland auf Sylt unter
der Bezeichnung »Freikörperkultur« (FKK) zum ersten Mal das
Nacktbaden gestattet.

49

II. Frühe Meisterschaft

1906–1914

6. Der erste große Erfolg

»Das war ein fabelhaftes Erlebnis.«
Minna Tube zeigte sich von den *Jungen Männern am Meer* beeindruckt. Auch ihr war deutlich, daß Beckmann ohne die widerstreitenden Gedanken und Gefühle angesichts der französischen Moderne nie zu seinem ersten großen Schritt in Richtung einer eigenen Version der modernen Kunst gefunden hätte. Wie für viele Künstler war auch für ihn Paris ein Befreiungsschlag gewesen.

»Ich habe schwer mit einer Lebensaufgabe zu ringen und kann daher nicht immer zu deinen Füßen liegen«, ließ der junge Künstler seine Verlobte wissen. Er stellte eine Bedingung: Wenn sie ihn heiraten wollte, mußte sie aufhören zu malen. Ein Genie im Haus war ihm genug, »denn ich kann mich nicht nach Deinem Willen ändern, sondern entwickle mich aus den Voraussetzungen meiner Natur«.

Damit erinnerte er an den berühmten Ausspruch des Malers Claude Lantier im ersten Kapitel von Zolas Roman *L'Œuvre*: »Wenn es um diese verdammte Malerei geht, würde ich Vater und Mutter umbringen.« Beckmann engte seine Frau ein, wie es damals üblich war. Wie die Romanfigur Lantier, die der Generation von Cézanne angehörte, lebte Beckmann in einem individualisierten Milieu, das bereits das Gegenteil der Bohème von Murger darstellte: Kein lustiges Künstlervölkchen, sondern Berufungsideologie und Leistungsprinzip – Beethoven plus Dampfmaschine. Der Künstler war im Laufe des neunzehnten Jahrhunderts vom Gegenbild zum Ebenbild des Bürgers geworden.

In Deutschland war auch Anfang des zwanzigsten Jahrhunderts noch zu spüren, daß Künstler und Dichter – ganz im Gegensatz zu ihren Kollegen in England und Frankreich – seit vielen Generationen vom höfischen Leben ausgeschlossen gewesen waren. Im Laufe der Zeit frönten sie in der Isolation einem anti-zivilisatorischen Affekt. In der Folge entwickelte sich eine Art Vulgärrousseauismus; jeder Musensohn fühlte sich als Original-genie, das von Manieren dispensiert ist. Selbst beim jungen Goethe bemerkt man dieses Motiv, und erst als er älter wurde, besann er sich eines Besseren. Am 26. Oktober 1813 äußerte der Dichter im Gespräch mit Metternich:

»Deutsche haben keinen Geschmack, weil sie keinen Euphe-mismus haben und zu derb sind. Es kann keine Sprache euphe-mistisch sein und werden als die, in der man diplomatisiert.«

Und auf Mephistos Vorhaltung: »Du weißt wohl nicht, mein Freund, wie grob du bist?« antwortet wenig verschämt der Bac-calaureus: »Im Deutschen lügt man, wenn man höflich ist.«

Viele deutsche Künstler fanden durchaus nichts dabei, mit an-gewiderter Miene die Kultur des Westens auszubeuten und ihre epigonalen Erzeugnisse zu Hause als deutschen Sonderweg zu verkaufen. Wie alle vom Protestantismus bestimmten Gesellschaf-ten entwickelt die deutsche zudem von Zeit zu Zeit einen laten-ten Fundamentalismus – ohne den man sich auch die moderne Kunst nicht vorstellen kann.

Nach dem vernichtenden Schlag gegen die römische Legion in der Schlacht im Teutoburger Wald im Jahre 9 n. Chr. verloren die Germanen den Anschluß an die civilitas – die in Europa nun einmal römisch ist.

Die ritterlich-aristokratische Hochkultur des zwölften und drei-zehnten Jahrhunderts erweckte das Land aus barbarischem Tief-schlaf. Die Blüte war jedoch von kurzer Dauer. Die Reformation mit ihrem anti-römischen Affekt, die Verrohung des ganzen Lan-des durch den Dreißigjährigen Krieg und jener Vulgärrousseauis-mus, der bis heute den deutschen Alltag durchdringt, entfremde-ten das Land der westlichen Zivilgesellschaft.

Der Schweizer Jean-Jacques Rousseau war ein Wegbereiter der Französischen Revolution. Er ist jedoch à la longue ohne Einfluß auf die französische Mentalität geblieben. In Deutschland dage-gen stießen seine antihöfischen, antizivilisatorischen Haßphan-

Auf dem Balkon seiner Schwieger-mutter, Minna Tube, Pariser Straße, Berlin 1905

tasien auf fruchtbaren Boden. Barbaren von alters her, griffen die Deutschen im Sturm und Drang und in der Romantik Rousseaus Verachtung der Gesellschaft und der Courtoisie ebenso auf wie seine Schwärmerei für die »Natur«. Mit Hinweis auf den Gegenspieler Voltaires konnte sich jeder soziale Egozentriker zum verfolgten Außenseiter stilisieren. So wurde der Genfer Philosoph nicht nur zum geistigen Vater der terreur, sondern auch zum Idol der Klasse der Beleidigten.

Rousseau, der seine eigenen Kinder ins Waisenhaus steckte, hielt jede Art von Zivilisiertheit und Rücksicht für Heuchelei und forderte statt dessen erbarmungslose »Authentizität« und Spontanität. Er predigte jene Weltfeindschaft, die Nietzsche später den Haß auf alles Wohlgeratene genannt hat.

Wie Tolstoj und Dostojewskij war auch Beckmann solcherart Fundamentalismus nicht fremd, und wie die beiden russischen Dichter war er durch seine Herkunft aus einem halbbarbarischen Land mit einer unausgegorenen Gesellschaft dazu prädestiniert. Aus der Frühzeit Beckmanns gibt es eine kuriose Anekdote: Als er die Mutter seiner Verlobten Minna zum ersten Mal besuchte, begrüßte er sie nicht, sondern schaute sich sogleich die Bilder an, die im Salon hingen.

»Seine ungewohnten Manieren mögen viel gegen ihn gearbeitet haben«, meinte Minna Tube.

Doch wie aus der Künstlerin während ihrer Zeit in Österreich sehr bald eine Grande Dame geworden war, so haben wir schon im vierzigjährigen Beckmann einen Weltmann der Kunst vor uns, und es war keineswegs nur geprahlt, wenn er im Jahre 1924 Nietzsches Forderung nach einem Guten Europäer in sich selbst erfüllt sah und verkündete: »Beckmann hat in Weimar, Florenz, Paris und Berlin seine Erziehung zum Europäischen Bürger in Angriff genommen.«

War auch Spekulation im Spiel? Spätestens seit 1920, erst recht seit den Frankfurter Bellissimo-Bildern, die er kurz darauf zu malen begann, hatte Beckmann begriffen, daß er nur als Europäer ein großer Künstler werden konnte – von den Chancen am Markt nicht zu reden.

Indes gehörte er nicht zu jenen Künstlern, die, wie etwa Otto Mueller, vom antizivilisatorischen Affekt vollkommen unberührt blieben. Früh begann er jedoch, den Vulgärrousseauismus zu überwinden. In sieben über sein Leben verteilten Stufen wuchs er zu einem führenden Mitglied der civil society heran.

Schon in seiner Jugend fand er Kontakte zu einem international orientierten Teil der deutschen Oberschicht, der sich in Personen wie dem Grafen Kessler verkörperte. Der Erste Weltkrieg entfremdete ihn der Katakombenkultur des nordosteuropäischen Fundamentalismus. In seiner zweiten Frau Quappi fand er eine Dame von vorzüglicher Herkunft mit kultivierten Umgangsformen und hervorragenden Fremdsprachenkenntnissen. Er gehörte zu jenen, die sowohl persönlich als auch künstlerisch von der Verwestlichung und Amerikanisierung Deutschlands während der Weimarer Republik profitieren konnten. Seine wiederholten und besonders Ende der zwanziger Jahre ausgedehnten Aufenthalte in Paris führten ihn in näheren Kontakt mit der westlichen Zivilisation. Nicht zuletzt das zehnjährige Exil in Amsterdam trug entscheidend zu seiner Offenheit und Weltläufigkeit bei.

»Eine gewisse aristokratische oder großbürgerliche Ambiance, eine kultivierte Atmosphäre war ihm, im Verkehr mit Menschen, ein Bedürfnis«, berichtete sein Freund Stephan Lackner über den Künstler, den er nach dem Zweiten Weltkrieg in Paris wiedertraf.

Schließlich war es Max Beckmann vergönnt, die letzten drei Jahre seines Lebens in den USA zu verbringen und eine freie Gesellschaft kennenzulernen, wo er sich als Gentleman zu Hause fühlen konnte.

Während der Künstler 1906 in Berlin mit dem graeco-germanischen Neoklassizismus der *Jungen Männer am Meer* auftrumpfte, der sich vor allem im Widerspruch entwickelt hatte und seinen Antipoden (Cézanne, van Gogh, Impressionismus und Nachimpressionismus) mehr verdankte als seinen Vorbildern (Marées, Signorelli), schlummerte das Europäisch-Universale schon in ihm, auch wenn es erst Jahre später, unter glücklichen historischen und persönlichen Umständen, zum Ausdruck kommen sollte.

Symptomatisch gestaltete sich seine Wiederbegegnung mit den französischen Impressionisten im Berliner Kunstsalon Cassirer.

Paul Cassirer und sein ein Jahr jüngerer Cousin Bruno hatten 1898 in Berlin einen Kunstsalon mit angeschlossenem Verlag gegründet. Beide galten als Streiter für den Impressionismus in Deutschland. Ihr Motto soll »Manet – Monet – Money« gelautet haben. Zwei Jahre nach der Gründung übernahm Paul, der dem Vorstand der Berliner Secession angehörte, die Kunsthandlung in der Viktoriastraße 35, Bruno den Verlag.

Beckmann studierte in Cassirers Galerie dreizehn der zwischen 1900 und 1904 entstandenen Eindrücke der Themse von Claude Monet.

»So etwas unglaublich schönes«, rühmte er. »Die raffinirtesten Feinheit der Luft und des Lichts mit einem Temperament gesehen. Klassisch.« Genauer ist Monets Kunststück nicht zu fassen. Mit scharfem Blick auf die Maltechnik des Unnachahmlichen entfernt sich Beckmann weit von Julius Meier-Graefes klischee-haft-rhapsodischen Vergleichen von Monet und Manet, die in jenen Jahren im Schwange waren.

Beckmann sah, daß er Monet auf dessen Terrain nie würde überflügeln können. Darum suchte er die letzten Reste des Impressionismus, die sich noch bis zum Weltkrieg in seinen Bildern finden, zu transformieren und in einen neuen Zusammenhang zu stellen. Die schillernde Lichtkunst des Franzosen war eine Herausforderung, der er in dem mit viel Fingerspitzengefühl gemalten Himmel der *Jungen Männer am Meer* etwas entgegensetzen wollte. Der Kontext, in den er dies Detail stellte, blieb freilich seine eigene Erfindung.

Um in Berlin bekannt zu werden, war Beckmann auf den Kunstsalon Cassirer angewiesen. Doch Paul Cassirer, »der Lümel«, wollte Beckmanns Arbeiten aus dem Sommer 1905 nicht ausstellen. Max Liebermann, der als »Petrus zum Cassirerschen Paradies« galt, saß auch in der Jury der Berliner Secession. Als Beckmann dort den lebensgroßen Akt einer alten Frau einreichte (Göpel, Verzeichnis der Gemälde, No. 47), sagte der Berliner Maler:

»Das Bild ist jroßartig, aber kömmer nich ausstellen.«

Auch die *Jungen Männer am Meer* lehnte Max Liebermann für die Berliner Secession von 1905 ab. Ein Jahr später jedoch konnte Beckmann auf der II. Ausstellung der Berliner Secession sein Debüt feiern. Außerdem wurden die *Jungen Männer* bei der III. Ausstellung des Deutschen Künstlerbundes angenommen. Der Ausstellungsvorsitzende Graf Kessler hatte sich dafür eingesetzt, Max Beckmanns »Nackte Jungen am Strande«, wie er das Bild nannte, zu zeigen. Für ihn war das Gemälde das interessanteste der ganzen Veranstaltung. Er erkannte die Anklänge an Courbet und Cézanne, aber auch an Luca Signorelli. Dabei lobte er vor allem die Eigenart und Einheit des Werkes. Auch das Sujet sagte ihm zu, wie ihm denn noch in den zwanziger Jahren nackte Jungen im Englischen Garten in München als wohlgefällig erschienen.

58

Graf Harry von Kessler (1868–1937) gehört zu jenen Aristokraten, die Deutschland besser repräsentieren, als es ist. Obwohl sein Adel allerneuesten Datums war – verliehen seinem Vater, einem Hamburger Bankier, die Mutter war Irin –, kann der liberale Grandseigneur als einer der ungewöhnlichsten Deutschen in Beckmanns Zeit angesehen werden. In England und Frankreich bestimmt dieser Typus die Gesellschaft, in Deutschland (dessen haute bourgeoisie bei weitem nicht den großen Einfluß auf das Kulturleben hat wie in westeuropäischen Ländern) ist er so selten, daß über den schillernden Grafen viele Gerüchte kursierten, unter anderem, er sei ein Sohn Wilhelms II.

Kessler war mit vielen Künstlern befreundet, darunter Rodin, Maillol, Hodler, Klinger, Munch und Ludwig von Hofmann. Hugo von Hofmannsthal half er bei der Arbeit am *Rosenkavalier* und an der *Josephslegende*, auch kommt er als Vorbild für den *Schwierigen* in Frage. Von 1902 bis 1906 war Kessler Direktor des Großherzoglichen Museums für Kunst und Kunstgewerbe in Weimar, 1903 Gründungsmitglied und später Vizepräsident des Deutschen Künstlerbundes. In Literatur und Politik hinterließ er als Gründer der bibliophilen »Cranach Presse« ebenso seine Spuren wie später als Mitarbeiter und Biograph Rathenaus. Vor allem aber war er der Autor eines bedeutenden Tagebuches. Tatsächlich kann er als der deutsche James Boswell angesehen werden, auch wenn seine Tagebücher bis heute nur zu einem kleinen Teil veröffentlicht sind. Anders als in den westeuropäischen Ländern wird das Tagebuch im deutschen Sprachraum als literarische Form unter Wert gehandelt. So liegen auch Beckmanns bedeutende Aufzeichnungen aus den Jahren 1940 bis 1950 bis heute nicht in einer zuverlässigen Ausgabe vor.

Graf Kessler machte sich bei der Eröffnung der Ausstellung am 1. Juni 1906 mit Beckmann bekannt. Der Graf war von dem jungen Maler ebenso fasziniert wie von seinem Bild. Er lud ihn für den nächsten Tag zum Frühstück mit dem berühmten belgischen »Professor des Kunstgewerbes« Henry van de Velde und einigen Journalisten ein. Und einen Tag später besuchte er ihn in seinem Atelier in Berlin-Schöneberg. Nach diesem Besuch notierte der Graf in seinem Tagebuch:

Er sprach von der Romantik des Lebens, die er stark empfinde, der Romantik des ganz gewöhnlichen, alltäglichen Lebens. Poe-Whistler. Er wolle eine Serie Strassenbilder aus Berlin in diesem Sinne malen. Er neigt offenbar zur Mystik, ist sonst aber offenbar von guter mittlerer Bourgeoisie, sehr sicher und überlegt in allen seinen Äußerungen, deutsch unter voller Anerkennung der Franzosen, namentlich von Cézanne und Gaugin und Maillol. Er war ein halbes Jahr in Paris und hat offenbar dort viel beobachtet und gelernt. Ich fragte ihn, ob er gern nach Florenz ginge. Er sagte, gerade das brauche er.

Zusammen mit Henry van de Velde, der Kesslers Weimarer Haus gestaltet hatte, bereitete Graf Kessler den Ankauf des Bildes für das Weimarer Museum vor und verschaffte dem Maler ein Stipendium: Der zweiundzwanzigjährige Absolvent der Weimarer Kunstschule erhielt den Ehrenpreis des Deutschen Künstlerbundes. Kessler gratulierte persönlich. Der Preis war mit sechstausend Mark dotiert und berechtigte zu einem Jahresaufenthalt in einer Villa in Florenz. Der Graf tat ein übriges; er brachte Damen der Gesellschaft in Beckmanns Atelier und verschaffte ihm Portraitaufträge.

Beckmann merkte gleich, mit wem er es zu tun hatte, und er wußte, was er Kessler verdankte.

»Ich kann Ihnen nun auch sagen, wie sehr es mich gefreut hat, gerade von Ihnen anerkannt worden zu sein, da ich seit langem Ihr Wirken für die Kunst mit dem größten Interesse beobachtet habe und immer mit dem Gefühl vor einer abgeklärten, harmonischen von jeglicher Tendenz freier Persönlichkeit zu stehen.«

Der junge Künstler spürte, daß nun seine Karriere begann. Die Euphorie hielt ihn keineswegs davon ab, mit dem Museumssekretär Arthur von Payern angelegentlich über den Kaufpreis zu korrespondieren. Sein rasch gewonnenes professionelles Selbstverständnis schloß die Selbstvermarktung ausdrücklich ein. Er war sich zum Feilschen nicht zu schade und wandte die Rhetorik des gewieften Plebejers und Budikers an, der dem Kunden erst schmeichelt und ihm dann zu verstehen gibt, daß es billiger nun wirklich nicht gehe, wenn der Verkäufer sich nicht ruinieren wolle.

»Ich will Ihnen offen gestehen«, schreibt er an Payern, »dass mich einerseits die große Annehmlichkeit mein Bild in den Händen einer so ausgezeichneten Museumsleitung zu wissen und andererseits meine pekuniäre Lage dazu zwingen würde, Ihnen das Bild für 2000 Mark zu lassen.«

Nachdem das Großherzogliche Museum für Kunst und Kunstgewerbe in Weimar das Werk angekauft hatte, wollten es auch andere deutsche Museen ausstellen, so die Kunsthalle Bremen. Dort bemühte sich Gustav Pauli, dem Publikum die zeitgenössischen deutschen Maler nahezubringen. Pauli sollte 1914 die Nachfolge von Alfred Lichtwark in der Hamburger Kunsthalle antreten. Die Bremer Kunsthalle wurde nach dem Zweiten Weltkrieg dank des Kunsthistorikers Günter Busch zu einem bedeutenden Beckmann-Zentrum.

7. Zwischen Paris und Florenz

Seit dem Erfolg der *Jungen Männer am Meer* galt Max Beckmann in Berlin als Talent, ohne daß er doch einen eigenen Beitrag zur Moderne geleistet hätte wie Kirchner, Heckel oder Kokoschka. Noch besaß er kein »poncif«, keinen persönlichen Stil, an dem er zu erkennen gewesen wäre. Seine Version des Neoklassizismus war eine Sackgasse, und niemand sah das so deutlich wie er selbst. Einen Schritt weiter, und die Sache wäre erstarrt, zerbröckelt und im Sande verlaufen.

Es kam zu einer merkwürdigen Überkreuzung. Edvard Munch

rückte unter dem Eindruck von Beckmanns *Jungen Männern* von seiner nervös ziselierten Malerei ab und vollendete 1907 das Gemälde *Badende Männer*, frontal, pastos und Beckmann im Format überbietend. Dieser jedoch – angeblich von Munch persönlich ermutigt – malte zwei bürgerlich-nordeuropäische Totenklagen, wie sie der Norweger etabliert hatte und die mit den *Jungen Männern* nichts mehr zu tun haben.

Kleine Sterbeszene, Hochformat von einem Meter, versammelt die Angehörigen des Sterbenden im Vorzimmer. Ihr Schmerz schreit im Blutrot von den Wänden. Nicht weniger hingeworfen ist die *Große Sterbeszene*. Doch während man angesichts des gefleckten Munchismus des kleineren Bildes an den Tod der Konsulin Buddenbrook denken muß, stößt das größere Querformat mit dem bleichen ausgestreckten Corpus ins Phantastisch-Barocke vor. Die händeringende Klagefigur zur Rechten scheint aus einem der elektrisierenden Tableaus des Genuesers Alessandro Magnasco (1667–1749) entsprungen zu sein. Das nackte, vor dem Sterbebett kniende Mädchen rückt das Geschehen vollends ins Phantastische, will man in ihr nicht die Allegorie kommender Fruchtbarkeit und neuen Lebens sehen.

Hat der Krebstod der Mutter im Sommer 1906 den gefeierten Neoklassizisten zu dieser neuerlichen Verbeugung gegen das zurückliegende neunzehnte Jahrhundert bewogen?

Beckmann übte sich vor allem im Portrait und der Portraitstudie, im Stilleben und in der Landschaft. »Sachen, die innerliche Ähnlichkeit mit Degas oder Munch« haben »und in der Art der Technik an Leibl erinnern können, die ich aber natürlich trotzdem für selbständig halte. Sie sind es auch.« Wie einst die Neorenaissance-Persönlichkeiten der Bismarck-Epoche versuchte der Zweiundzwanzigjährige, alle Stile und Genres zu beherrschen und die Vorgänger darin zu überbieten.

Der später so typische Beckmannsche Humor ist noch nicht zu sehen; oder doch nur für den Künstler selbst. Denn sein eigener Stil erinnert Beckmann an Jean Paul, den er den »größten und reichsten Dichter unter den deutschen« nennt; seinem Freund

Kunwald empfiehlt er vor allem den Roman *Titan*, »der mir als reines Kunstwerk weit über Wilhelm Meister steht«. Am Ende seines Lebens fanden sich drei verschiedene Ausgaben des Romans in Beckmanns Bibliothek. Auf Gemälden wie dem *Großen Stilleben mit Fernrohr* von 1927 und der *Badekabine (grün)* von 1928 rückt der bekennende Leser das Buch in die Bildkomposition ein.

Was faszinierte den Maler gerade an diesem ungewöhnlichen hundert Jahre alten Staatsroman? Jean Paul stellt darin eine üppige Schauer-, Masken- und Atrappenwelt auf und zeigt die Verwandlung eines bürgerlich-idealistischen Helden in einen Fürsten und »hohen Menschen«, wie der Dichter es nennt; ihm schwebte dabei eine Art platonisches Anti-Genie vor. So müßte der Roman eher »Anti-Titan« heißen. Beckmann spricht als Leser also bereits der Kritik an jenem Titanismus zu, der sich in den Jahren bis zum Krieg in seinem bildnerischen Werk erst noch entfalten sollte. In Jean Pauls Roman ist zudem das gesellschaftliche Leben für den Bürger lediglich ein theatralisches. In diesem Motiv kündigt sich Beckmanns Desillusionswerk der zwanziger Jahre schon an.

Seit August hatten Max Beckmann und Minna Tube die Hochzeit geplant. Am 21. September wurde geheiratet. Die Hochzeitsreise führte nach Paris. Im Louvre stieß der junge Bräutigam »bei den französischen Primitiven« auf die Pietà von Villeneuve-lès-Avignon, die erst seit 1905 im Besitz des Museums war.

Über den Urheber dieses Werkes war lange nichts bekannt. Erst im späten zwanzigsten Jahrhundert konnte die Holztafel, die um 1450 bis 1455 datiert wird, Enguerrand Quarton zugeschrieben werden, einem Meister, der zwischen 1444 und 1466 in der Provence tätig war. Er ist das bekannteste Mitglied der École de Provence und der Schöpfer einer figurenreichen phantastisch-symmetrischen Krönung Mariae im Museum von Villeneuve-lès-Avignon. Um den wie auf die Knie Mariae gefallenen Corpus Christi der Pietà weinen und beten die Figuren von Johannes und Magdalena. Sie haben etwas Pathetisch-Statuarisches und sind doch zugleich in Bewegung. Quarton hat hier einen plastischen Effekt aus der französischen Bildhauertradition in die Malerei überführt.

»Das ist einfach unglaublich«, schrieb Beckmann Ende September 1906 an Caesar Kunwald. Benno Reifenberg erinnert sich, daß der Künstler diese Pietà auch in späteren Jahren noch pries; der Künstler habe versichert, von der Reise nur diesen »einzigen, aber nachhaltigen Eindruck heimgetragen« zu haben. »Man meint vor einem Echo zu stehen«, so Reifenberg, »das über Jahrhunderte hallte, wenn hier unvorbereitete junge Augen für mittelalterliche Formen empfänglich sein konnten.«

Es ist interessant zu sehen, daß viele Jahre später auch der ecuadorianische Maler Oswaldo Guayasamín (1919–1999) dieses Werk des spätmittelalterlichen Meisters für sich entdeckte. Mit der *Piedad de Quito* schuf er 1980 eine eigene Version, die, ähnlich Beckmanns Christus-Bildern der Vor- und Nachkriegszeit, das Thema seines christlichen Charakters entkleidet und zu einem Inbild der conditio humana umgestaltet. Sowohl Beckmann als auch Guayasamín förderte dieses Werk auf ihrem Weg zur Abstraktion der Figur, der Kombination von Fläche und Raum und der zwanglos wirkenden Plazierung im Figurenbild. Für den Deutschen war es überhaupt die erste nachhaltige Berührung mit der europäischen Gotik.

Der Kunstkritiker Julius Meier-Graefe hatte dem jungen Beckmann Empfehlungen für Sammler und Händler in die französische Hauptstadt mitgegeben. So lernte Beckmann Ambroise Vollard (1867–1939) kennen, der 1901 als erster in Paris Picasso ausstellte. Der Kunsthändler schenkte dem jungen deutschen Maler ein Photo von Cézanne, von dem er rund zweihundert Werke am Lager hatte.

Obwohl ihn sein erster Paris-Aufenthalt im Winter 1903/04 wenig begeistert hatte, begriff Beckmann, wie wichtig diese Stadt für seine Durchsetzung auf dem europäischen Kunstmarkt war. Allerdings konnte er sich jedoch auch später in der französischen Hauptstadt nicht etablieren.

Trotz seines Interesses an Cézanne und Flaubert und seiner

Liebe zum Bois de Bologne faßte das junge Ehepaar in Paris nicht Fuß. Es sah sich mit antideutschen Ressentiments konfrontiert. Als es nach vier Wochen auch noch zu regnen anfing, reisten Max und Minna Beckmann nach Florenz weiter.

Vom 1. November 1906 bis zum Frühjahr des darauffolgenden Jahres lebte das junge Ehepaar in der Villa Romana in Florenz, Via Senese. Max Klinger hatte angeregt, dieses Anwesen in deutschem Besitz als Atelierhaus für Künstler einzurichten, eine bescheidene Imitation der Académie de France à Rome in der Villa Medici. Neben den Beckmanns wohnten die Künstler Richard Pietsch und Hermann Schlittgen in dem toskanischen Domizil. Beckmann war stark von seiner inneren Welt und der neuen Lebenssituation als Ehemann und Künstler in Anspruch genommen.

»Florenz ist wunderschön und die Villa Romana ist es ebenfalls«, schreibt er in dem einzigen aus dieser Zeit erhaltenen Brief. »Von Bildern habe ich noch nichts gesehen und auch kein großes Verlangen danach.«

Es scheint, als habe sich der aufstrebende Künstler nach seinem ersten großen Erfolg nicht von der in Florenz stark vorhandenen mittelalterlichen Tradition und der noch immer nachwirkenden Renaissance erdrücken oder korrumpieren lassen wollen.

Auch der Künstlergruppe »Die Brücke«, deren Mitglieder sich gerade in Florenz aufhielten, wollte er nicht beitreten.

Fritz Bleyel, Karl Schmidt-Rottluff, Ernst Ludwig Kirchner, Erich Heckel, Architekturstudenten aus Dresden, hatten dort gerade die Gruppe gegründet. In Ölbildern und Holzschnitten griffen sie deutsche, afrikanische und norwegische Anregungen auf.

»Jeder gehört zu uns«, schrieben sie in ihrem Manifest, »der unmittelbar und unverfälscht das wiedergibt, was ihn zum Schaffen drängt.«

Doch Max Beckmann winkte ab. Er war nie ein Freund von Clubs. Später schrieb er sich vor allem darum in diversen Secessionen ein, um seinen Platz auf dem Kunstmarkt zu verbessern.

Dabei verfolgten Beckmann und die junge Künstlergruppe durchaus gemeinsame Ziele: auch »Die Brücke« wollte den akademischen Stil in der Malerei überwinden und neue Ausdrucksformen finden. Subjektiver Ausdruck spielte eine große Rolle: spontan, impulsiv und leuchtend sollten die Bilder sein. Der Brücke-Stil ging später im deutschen Expressionismus auf.

Max Beckmann jedoch hat ein Leben lang am Credo des Einzelgängers festgehalten: »Mir persönlich ist die Zusam̃enballung eines Häuflein Künstler um unter irgend einem mehr oder weniger exotischen Namen sogeñante Richtungen zu creiren im̃er unsymphatisch gewesen«, schrieb er noch wenige Wochen vor seinem Tod, »und wird es im̃er sein, mag es auch für die fleißig die Kunst studirenden Adepten noch so eine angenehme Krücke sein.«

Mit Hans Purrmann,
Florenz 1906

Minna Tube in
Florenz, 1906

Minna und Max Beckmann bieten in Italien das Bild zweier Provinzler aus der Mittelschicht, deren verdrossene Mienen angesichts der fremden Umgebung peinlich berühren. Sie pflegten ein Ressentiment gegenüber »welschem Tand«, als den Hans Sachs in Wagners *Meistersinger* die romanische Kultur schmähte, und konnten sich sogar mit der Malerei in den Uffizien nicht anfreunden. Die Kreise der jeunesse dorée frequentierten sie ebensowenig wie in Paris. Ihre Fahrt nach Florenz hat so gar nichts gemein mit der Grand Tour englischer Aristokraten seit dem achtzehnten Jahrhundert.

Die Kunst korrigiert das Leben des Künstlers. Ihre spätere Weltläufigkeit ist in den beiden Portraits der italienischen Monate bereits zu spüren. Max Beckmann malte in Florenz ein duftiges *Bildnis meiner Frau mit rosaviolettem Grund* und stellte dieser Arbeit in der Tradition feinster Gesellschaftsportraits sein eigenes *Selbstbildnis Florenz* entgegen.

Hundert Jahre früher hatten sich die Nazarener als Deutsche bewußt in das italienische Leben eingeschmiegt. Ihre Selbstportraits sollten auch Allegorien einer deutsch-italienischen Synthese sein. Künstler wie Anselm Feuerbach, Hans von Marées und Arnold Böcklin setzten diese Tradition auf unterschiedliche Art fort. Max Beckmann jedoch verwahrt sich in seinem Florentiner Selbstportrait. Er schließt die toskanische Landschaft durch ein Fenster aus und präsentiert sich mit Vatermörder und schwarzem Rock eher als Beamter im Kontor denn als Künstler auf Bildungsreise nach Italien. Nur die an Manet orientierte Kombination von Kolorismus und Schwarztönen bewahrt diese Selbstdarstellung davor, steril zu wirken.

Das Alte als Bedingung des Neuen! Tradition und Revolution verbinden! Das war es, was Beckmann wollte – aber auf ganz andere Art als die Künstler der »Brücke«. Vorderhand malt der junge Meister in traditioneller Manier sein Selbstportrait in Italien. Er steht in Schwarz, hinter ihm impressionistische Toskana. Doch schlägt er hier viel mehr die Verbindung zwischen Dürer und dem modernen Unternehmertypus. Der bürgerliche Anzug, nicht der Arbeiterkittel, war die Uniform der neuen Zeit; der Bourgeois, nicht der Arbeiter, sollte zu ihrem Revolutionär werden. Die planetarische Revolution wurde in der Sprache der Technik formuliert, im Anzug des Bürgers vollbracht. Im Jahre 1913, auf dem ersten Höhepunkt der technologischen Revolution im zwanzigsten Jahrhundert, spricht Thomas Mann im *Tod in Venedig* vom »weltgültigen Abendanzug« – das ist vor dem Weltkrieg noch der Frack.

Mit diesem Portrait tut der junge Max Beckmann vor allem dar, was er künstlerisch *nicht* will. Zwar nimmt er gelassen die gehaltene Portrait-Konzeption von Manet auf, dessen Werk er in Paris und Berlin gesehen hatte. Doch zeigt er sich noch als provinzieller Nachfolger, wenn er auch schon 1904 bemerkt hatte, wie sehr Manet der Purifikation in der Moderne des zwanzigsten Jahrhunderts vorarbeitete: »Manet ist Luftreinigend. Purgierend. Manet, Manet et encore une fois ...«

68

Edouard Manet, im Todesjahr Goethes als Sproß der Pariser haute bourgeoisie geboren, hat in Leben und Werk den Beweis erbracht, daß Dandy und Künstler keine Gegensätze sein müssen. Beckmann steht dagegen in einer deutschen Tradition, nach der der Künstler vor allem Handwerker und Kleinunternehmer ist. Manets Zeitgenossen waren überrascht, wenn sie in diesem Mann, dessen Kunst als Schlag ins Gesicht des Establishments empfunden wurde, nicht etwa einen abgerissenen Bohémien, sondern einen distinguierten Weltmann vor sich hatten. Beckmann schuf sich dagegen im Laufe seines Lebens seine private mondaine Welt, ohne selbst in die Oberschicht aufzurücken. Ende der zwanziger Jahre sollte er kurz vor dem Sprung in die High-Society stehen – doch Verfemung und Emigration gaben seinem Leben eine andere Richtung.

Seine Kunst drang in mythische Welten vor, während Manet mit seiner Analyse der malerischen Form zugleich eine Analyse der Gesellschaft geleistet hatte. Manet war künstlerisch wie sozial souverän und unabhängig. Er lebte ökonomisch vom Erbe des Vaters und artistisch von der Hinterlassenschaft der Desillusionskünstler wie Hals, Velázquez, Murillo und Goya. Er bleibt eine Schlüsselgestalt zum Verständnis der Moderne.

Max Beckmann sollte das Erbe der Moderne aufnehmen und es nach dem Ersten Weltkrieg nicht nur um viele technische Errungenschaften der Alten Meister, sondern auch um ein neues Bild vom Menschen erweitern.

8. Secessionen und Katastrophen

»Das damalige Berlin kannten wir nur zu gut aus eigener Anschauung, mit seiner kaum entstehenden Bourgeoisie, seinem maulfrechen, aber tatfeigen, kriechenden Kleinbürgertum, seinen noch total unterentwickelten Arbeitern, seinen massenhaften

Bürokraten, Adels- und Hofgesindel, seinem ganzen Charakter als bloße ›Residenz‹«, hatte Friedrich Engels bereits in Beckmanns Geburtsjahr geschimpft.

Max Beckmann empfand es ganz anders. »Ist es nicht schön in Deutschland?« meinte er kurz nach der Rückkehr aus Florenz im Frühling 1907. »Ich freue mich alle Tage und Stunden fast darüber, daß wir wieder im Land unserer süßen alten Märchen sind.« Die Äußerung stimmt nachdenklich, wenn man sich erinnert, auf welche Weise der Künstler dreißig Jahre später sein Land verlassen mußte.

Auch nach der Hochzeitsreise war die Liebe zu seiner Frau noch groß, doch ein Hauch von Verstimmung und Ennui liegt über dem ersten Jahr der Ehe. Als das junge Paar Anfang Mai 1907 in Berlin eintraf, war das neue Haus, das Minna Tube entworfen hatte, immer noch im Bau. Auch die allzu konventionellen Vorstellungen des Baumeisters, der ihre Ideen nicht begriffen hatte, erzürnten die junge Künstlerin.

War das der einzige Grund, aus dem das Paar sich nach der Reise kurzfristig an unterschiedlichen Orten aufhielt? Minna Tube fuhr ins Riesengebirge. Ihre Gesundheit war angeschlagen, nicht zum ersten Mal. Beckmann logierte bei seiner Schwester und ihrem zweiten Mann, dem Apotheker Paul Zech, in dem Berliner Vorort Marienfelde. »Ich kann diese materielle Atmosphäre leider auf die Dauer eben doch nicht aushalten«, klagte er nach zwei Wochen.

Am 8. August 1907 konnten die Hausherrn einziehen. Das moderne Atelierhaus in Berlin-Hermsdorf, Ringstraße 8, war mit Ober- und Seitenlicht ausgestattet und lag direkt am Berliner Forst.

Wie viele Künstler legte auch Beckmann nach seiner ersten Italienreise richtig los. Er nutzte das neue Atelier für großformatige Werke, und als Paul Cassirer im November 1907 Bilder von Delacroix zeigte, übte das Werk des Franzosen eine große Wirkung auf ihn aus. Noch fünf Jahre später nannte er sich den deutschen Delacroix, um anzudeuten, daß er mit frappierenden

Gemälden in den hergebrachten Formaten die Kunst ebenso zu revolutionieren gedacht wie die Stellung des Künstlers in der Gesellschaft.

Inzwischen war Beckmann in zahlreichen Ausstellungen vertreten, so in Dresden, wo er die bei Künstlern häufige Klage über eine unvorteilhafte Hängung seiner Bilder anstimmte, und bei Cassirer in Berlin, wo er im Januar 1907 zusammen mit dem Bildhauer Georg Minne ausstellte.

»Eine sehr merkwürdige Ausstellung beschert uns Cassirer«, schrieb ein Kritiker, »vereint sie doch den brutalsten, durchgängerischsten unter den jüngsten Adepten des Künstlerbundes, Max Beckmann, und den zartesten, sensibelsten unter den modernen Bildhauern, Georg Minne.«

Er bescheinigte dem zweiundzwanzigjährigen Max Beckmann »eine starke Begabung«, rügte sein Schaffen jedoch als »völlig unausgegoren«. Und gar die »aus lauter Akten bestehende Kreuzigung« verglich er mit »der Bombe eines jungen Anarchisten«.

Ein anderer Kritiker schrieb immerhin: »Ein starkes Talent; das stärkste im ganzen Nachwuchs. Ohne daß doch eine bedeutende Entwickelung schon verbürgt wäre. Seine Roheiten können so gut die der Flegeljahre sein wie die eines jungen Helden.«

Hat der Anklang an Jean Paul in dieser Kritik – dessen Roman *Flegeljahre* Beckmann erst an der Front lesen sollte – den Künstler amüsiert? Vorderhand fühlte er sich unter Wert gehandelt: »Verkauft habe ich auch nichts. Zur künstlerischen Genugthuung könnte ich nur rechnen, das Liebermann auf meine Sachen geschimpft.«

Später räumte Beckmann ein, daß Uneinigkeit über Geld zum Bruch mit Paul Cassirer und seinem Kunstsalon geführt habe.

»Nach meinem Debut 1906 in der Berliner Secession«, informierte er die Öffentlichkeit im Jahre 1923, »hatte ich auch eine etwas unglückliche Ehe mit dem Kunsthändler Paul Cassirer, doch gelang es mir diese Fessel die meinen zarten Genius etwas drückte rechtzeitig abzuwerfen.« Ein Jahr nach dem Bruch jedoch übernahm Cassirer den Vertrieb von Beckmann-Graphik in Berlin – allerdings ohne den Künstler zufriedenstellen zu können. Paul Cassirer war auch sonst ein Pechvogel. Anfang Januar 1926 gab er sich die Kugel.

Beckmanns führten im Berlin der Vorkriegszeit eine Art gesellschaftliches Leben. Morgens unternahmen sie einen Spaziergang durch den Berliner Forst, abends gaben sie oft Feste in großer Toilette. Wie Minna Tube bezeugt, blühte Beckmann in mondainer Atmosphäre auf. Bei Paul Cassirer lernten sie Alexander Moissi, Frank Wedekind und die Schauspielerin und Maîtresse des Hausherrn Tilla Durieux kennen. In der Berliner Secession, der Beckmann 1907 beitrat, machten sie Bekanntschaft mit Walther Rathenau, Rainer Maria Rilke und seiner Frau Clara Westhoff, Gerti und Hugo von Hofmannsthal, Rudolf Alexander Schröder, Georg Kolbe und Ludwig Justi. Auch der Dichter und Revolutionär Gustav Landauer gehörte zu ihrem Bekanntenkreis, der durch politische und weltanschauliche Vielfalt gekennzeichnet war. Zudem waren sie mit Malern wie Wilhelm Giese (1883 bis 1945) befreundet, einem Studienkollegen aus Weimarer Tagen, den Beckmann 1910 portraitierte und der Pate seines Sohnes wurde. Auch zu Ugi Battenberg hielt er weiterhin engen Kontakt.

Mit seiner Schwiegermutter Minna Tube, die im Berliner Westen in der Pariser Straße 2 nahe dem Kurfürstendamm wohnte und die gern mit ihm über Religion diskutierte, verstand der junge Ehemann sich inzwischen sehr gut. Im ersten Jahr nach dem Krieg sollte er das Portrait der aufrechten Pfarrerswitwe malen.

Im Jahre 1908 reiste Beckmann zum dritten Mal nach Paris. Am 31. August wurde er Vater.

Peter Beckmann (1908–1990), der Sohn von Minna Tube und Max Beckmann, blieb für beide das einzige Kind. In den zwanziger Jahren lebte er mit seiner Mutter in Graz, wo sie als Opernsängerin ans Grazer Stadttheater engagiert war. Dort legte er die Matura ab, ging von 1930 bis 1940 nach Berlin, wo er 1935 zum Dr. med. promoviert wurde; schon im frühen achtzehnten Jahrhundert hatte es in der Familie einen Arzt gegeben. Wie sein Vater heiratete Peter Beckmann in erster Ehe eine Malerin. Wäh-

*Minna mit Peter
in Hermsdorf,
um 1908/09*

rend des Krieges diente er als Sanitätsoffizier bei der Luftwaffe
und leitete nach dem Krieg mehrere Kliniken in Bayern. Er spezia-
lisierte sich auf kardiologische und gerontologische Forschung
und wurde ein Pionier auf dem Gebiet der Rehabilitationsmedi-
zin. Daneben war er ein vielbefragter Kenner des Werkes seines
Vaters, dem er einige grundlegende Veröffentlichungen widmete.
Die Schriften von Peter Beckmann zeichnen sich durch Prägnanz
und jene biographischen Kenntnisse aus, die er anderen Beck-
mann-Interpreten voraushatte. Dr. Beckmann war berühmt, nicht
nur als erfinderischer Altersforscher, sondern auch für seinen
trockenen Humor, sein sicheres Kunsturteil und die verblüffende
Ähnlichkeit mit seinem Vater.

Ein paar Wochen nach der Geburt seines Sohnes kaufte sich
Max Beckmann den Boxerrüden Lump. In dem nahezu quadra-

tischen Familientableau *Unterhaltung* (auch *Gesellschaft I*), auf dem der Maler Minna, ihre Mutter und ihre Schwester Annemarie in einem schmucklosen bürgerlichen Salon zeigte, spiegelt sich die familiäre Konstellation des jungen, verheirateten Künstlers, aber auch sein zugleich moderner und altmeisterlicher Anspruch. Der Maler schwelgt im Faltenwurf des siebzehnten Jahrhunderts, spielt auf Velázquez, aber auch auf die Gruppenportraits von Manet und Munch an. Max Beckmann, der hier soviel Gegensätzliches miteinander verbindet, plaziert sich selbst auf einer Couch im Hintergrund und begnügt sich, als hätte er in einer Loge Platz genommen, mit der Position des Zuschauers.

Ein deklamatorisches Selbstportrait, in dem das Selbstbild des Florentiner Jahres entscheidend weiterentwickelt ist, blieb unvollendet. Mit dem Selbstbildnis von 1908, das heute in der Sammlung Thyssen-Bornemisza in Madrid hängt, stieß Beckmann erstmals in eine provozierende Dürer-Nachfolge vor. Mit erhobenem Haupt und herausforderndem Blick präsentiert sich der Künstler als Sinnstifter. Nicht zum letzten Mal nimmt er den Gestus von Dürers Selbstbildnis aus dem Jahre 1500 auf und empfiehlt sich dem Publikum als Erlöserfigur.

Gleichzeitig formulierte er zum ersten Mal seine persönliche Arbeits- und Kunstreligion: »Schließlich arbeitet man doch, um das Leben in irgendeiner Weise zu überwinden und nicht um auszustellen.«

Der Künstler ist die Priesterfigur dieser Weltüberwindung, und die unvollendete rechte Ecke des nahezu quadratischen kleinen Portraits steigert die herausfordernde Gebärde des erhobenen Hauptes noch.

Ende 1908 entwarf Beckmann unter dem Titel *Auferstehung* ein vier Meter hohes und zweieinhalb Meter breites Bild, auf dem er eine Weltgerichtsszene à la Rubens mit einem modernen Gruppenportrait verbindet.

»Blödsinnige Arbeit, da vieles fast nie in Wirklichkeit Gesehenes aus dem Kopf fabrizirt werden muß. Und dann Massenhafte

Portraits in unwirklicher Beleuchtung. Außerdem erschwert das auf einer hohen Leiter arbeiten sehr, weil ich immer in einem fort rauf und runter muß.«

Das Monumentalgemälde ist eine leicht verspätete Antwort auf den Neobarock des Wilhelminismus und des Wiener Ringstraßen-Stils. Ihre musikalische Entsprechung findet diese retrospektive Moderne in Mahlers Symphonien und in einer Programm-Musik wie den »Ton-Dichtungen« von Richard Strauss, besonders dem ebenso kitschigen wie gekonnt komponierten symphonischen Konzertstück *Tod und Verklärung*.

Mit Interesse las Beckmann eine Biographie von Gustav Mahler, die Reinhard Piper ihm aus seiner Verlagsproduktion schickte. Der Künstler zeigte sich überrascht, »wieviel Ähnliches ich im Geschmack« mit Gustav Mahler habe. Der Dirigent und Komponist war im Mai 1911 in Wien gestorben und beschäftigte die Phantasie der Nachwelt in hohem Maße. Wie Beckmann war er ein starker Leser. Seine erste Symphonie taufte er *Titan* nach Jean Pauls Roman. Beckmann bekannte: »Besonders die Vorliebe für den Titan hat mich außerordentlich gefreut.«

Gemeinsam ist diesen neobarocken Werken der Jahrhundertwende, daß sie ohne die religiösen Gewißheiten auskommen müssen. Nichts fällt in Beckmanns *Auferstehung* so sehr ins Auge wie der leere unendliche Raum in der Mitte – an jener Stelle, an der in Rubens' *Auferstehung* der triumphierende Christus schwebt.

»Wir sind eben Droschkengäule«, seufzte der Maler, als das Gemälde fertig war. Er hatte zunächst daran gezweifelt, ob er die Arbeit bewältigen werde. Eine zweite Auferstehung, mitten im Krieg begonnen und noch größer, dramatischer und härter angelegt, blieb unvollendet. Auch in diesem 1918 aufgegebenen Werk verband der Maler das moderne Gruppenportrait mit manieristischer Phantastik. Eine zentrale Perspektive jedoch ist aufgegeben, das Bild in viele Perspektiven zersplittert.

Das bürgerliche Künstlerleben der Vorkriegsjahre war weniger heroisch, als Beckmanns bisweilen martialische Malerei jener Zeit vermuten läßt. Die kleinlauten schriftlichen Aufzeichnungen des Künstlers stehen oft in krassem Gegensatz zu der triumphalen Künstlerpose seiner Malerei. »Eine Kunst die uns im Realsten des Lebens immer unmittelbar gegenwärtig sein kann«, suchte er auf mehreren Ebenen. Schon entwickelte er sich zum minuziösen privaten Chronisten.

»Die Welt ist ja so kümerlich«, resümiert der Maler gegen Ende des Jahres 1908, in einer Art von versöhnlichem kleinbürgerlichem Fatalismus, der an Raimund, Nestroy und die Wiener Volkstheatertradition erinnert. »Imer wenn Sie uns die eine Backe streichelt bekomen wir mit der andern eine Ohrfeige oder mindestens ein blaues Auge geknuft.« Ein in grünes Leinen gebundenes Heft enthält Aufzeichnungen zwischen dem 26. Dezember 1908 und dem 4. April des darauffolgenden Jahres. Beckmanns Schrift ist meistens schwer zu lesen. Im Laufe seines Lebens wechselte er ohne festes System zwischen Sütterlin und lateinischen Buchstaben hin und her.

Den Juni 1909 verbrachte Max Beckmann auf der friesischen Insel Wangerooge am Jadebusen. Er zeichnete ein wenig, malte das Portrait eines Hirten und sieben Landschaftsbilder. In einem Brief an seine Frau in Hermsdorf zeigte er sich wiederum als Maler in Worten. Sehr deutlich wird hier, wie bei diesem Künstler die Vorstellungskraft aus der Anschauung wuchs:

»Heiße helle Luft. Der unendlich weite blendende Strand. Ganz weithinten aus geschmolzen Erz die Sonne im Meer darüber ein flimernder staubig violet grau grün goldener Himel, wie ein Schild und in der Mitte das Haupt der Gorgo die Sonne.«

Und so geht es viele Seiten weiter. Im August begab sich der Maler noch einmal auf die Insel. Von diesem Aufenthalt sind zwei Zeichnungen und zwei Meerstücke überliefert, *Strandlandschaft mit blauem Himmel* und *Große Wellen* – ruhige Malerei, weit weniger phantastisch als jene funkelnde Briefstelle.

Nichts schätzte er in jenen Tagen so sehr wie eine urwüchsige Gestaltungskraft. Wollte er damit das Grüblerisch-Intellektuelle

*Bei Familie
Kaumann,
Harvestehuder
Weg, Hamburg
1913*

in sich selbst übertönen? Interessant ist in diesem Zusammenhang ein Vergleich zwischen Marées und dem damals keineswegs
allgemein anerkannten Arnold Böcklin: Nach einer Diskussion
über Kunst in seinem Hause notierte Beckmann:

»Ich betonte im Verhältnis zu Hans von Marées der momen-
tan so sehr auf den Schild gehoben wird eine starke Individua-
lisierung der Figuren und stellte aus dem Grunde Böcklin als
künstlerisches Prinzip höher da er naiver und kraftvoller seine
Figuren lebensfähig zu bilden verstünde während die Figuren bei
Marées mir zusehr absichtliche Träger von Linien und Licht und
Schatten darstellten, also zu abstrakt wären, mir wohl ein ge-
wisses ästhetisches Wohlgefallen aber kein so unmittelbares in-
dividualisiertes Lebensgefühl abnötigten wie manche Intentionen
von Böcklin. Von Rubens und Rembrandt natürlich gar nicht zu
sprechen.«

Mit Gewalt wollte Max Beckmann sein Ziel erreichen. Die
Berichte vom Erdbeben in Messina, die Ende des Jahres 1908 in

allen Zeitungen standen, kamen ihm gerade recht. In drei Monaten malte er die *Scene aus dem Untergang Messinas.*

»Es interessiert mich sehr. Vielleicht bekomme ich etwas hinein von dem atemlosen Entsetzen, der grauenhaften Schönheit des Sujets.«

Das Riesenformat wuchtete Körper in Katastrophenstimmung gegeneinander, alles ist voll gewollter Dramatik. »Die Richtigkeit der Entfernungen der Figuren im Raum ist mir jetzt so ungeheuer wichtig«, bemerkte der Künstler. Einen Monat später mußte er jedoch eingestehen: »Es zerfällt jetzt etwas und ist bißchen bunt.« Die Zeitschrift *Die Kunst* schrieb, das Bild sei »würdig, zum Plakat für ein Kinemathographentheater verarbeitet zu werden« – eine Ansicht, die an die Schmähungen des Verismo seit den Tagen der ersten Opern von Mascagni und Puccini erinnert. Als Beckmann *Messina* und *Auferstehung* im April 1909 auf der XVIII. Ausstellung der Secession zeigte, schrieb der Kunst- und Musikschriftsteller Oscar Bie (1864–1938) in der *Neuen Rundschau*: »alles von letztem Ernst, doch ohne jedes Kompositionsorgan«, und sprach von einer »Inkongruenz zu voller Akkorde«. »Was die Menschen dazu sagen werden, ist mir ziemlich gleichgültig«, kommentierte Beckmann. »Ich kenne jetzt meinen Weg.«

In der rechten Hand den Pinsel, in der linken die Zeitung, so stellt sich Beckmann zwischen den zeitgemäßen Katastrophen dar, wie dem *Untergang der Titanic*. Sein verbissener Wille zielte darauf, »Große dramatische Aktionen allgemein menschlichen Inhalts wie sie Tintoretto Greco Signorelli und bei uns Grün[e]wald und Rembrandt malten aus dem Geist <u>unserer Zeit</u> heraus hervorzubringen«. Das untergehende Schiff malte er nach Archivphoto unversehrt. Kein Maler vor ihm hatte das getan.

»Zur ›Titanic‹ fällt mir nichts ein«, könnte, frei nach Karl Kraus, das Motto dieses Riesenbildes lauten. Nicht nur das Sujet, auch das Bild selbst ist eine Katastrophe. Die Münchner Pinakothek konnte es in den fünfziger Jahren gar nicht schnell genug loswerden. Heute hängt es im Treppenhaus des Art Museum in

*Bei Familie
Kaumann,
Harverstehuder Weg,
Hamburg 1913*

St. Louis. Dort paßt es gar nicht schlecht hin. Der Schinken sieht aus, als hätte ihn ein verrückter Amerikaner gemalt. Als James Cameron 1997 seinen *Titanic*-Film drehte, der noch einfallsloser als Beckmanns Gemälde ist, zeigte er das Wasser des eisigen Ozeans übrigens im gleichen Grün.

»Der Eindruck des Erschütternden bleibet ganz und gar aus«, stellte der Kritiker Curt Glaser angesichts von Max Beckmanns Bild fest. »Man sieht Boote und Menschen auf blaugrünem Meer, sieht im Hintergrund ein erleuchtetes Schiff, aber der Zusammenhang ist ein rein literarischer und eigentlich nur im Wissen des Beschauers begründet.«

Solche großspurigen Großformate wurden für das Museum gemalt. »Große Themen und große Malflächen meldeten Ansprüche an, die nicht zu erfüllen waren«, urteilt Hans Belting im Hinblick auf ein Gemälde wie *Die Schlacht*. Als dieses Werk, das Beckmann noch im geräumigen Atelier in Hermsdorf gemalt hatte, in den achtziger Jahren ins Leipziger Museum der Bildenden Künste gebracht wurde, mußte man dort eine Wand einreißen, um das Bild in den Saal schaffen zu können.

Der Maler Bernhard Heisig hatte den Aachener Kunstsammler Peter Ludwig überreden können, dieses Frühwerk von Beckmann für das Leipziger Museum zu kaufen. Das Riesenbild hatte in Peter Beckmanns Haus in Murnau in dem Raum gestanden, wo der Blutkreislauf der Herzschwachen mit strammen Bürsten angekurbelt wurde. Der Arzt schickte Heisig ein Photo der Szene und schrieb dazu:

»Vorne wird gebürstet, hinten ermordet.«

Freilich waren auch Beckmanns Werke aus der Zeit der Elephantiasis nicht so aufgebläht wie viele der Großformate von heute.

Beckmann spiegelt die Wilhelminische Epoche nicht als machtgeschützte Innerlichkeit, sondern als einen Ort des Vulgärdarwinismus. Der Katastrophenmaler führte Kleist und Darwin in einem Bild des modernen Lebens zusammen und entwickelte es zugleich zur Metapher der Kunst aller Zeiten fort. Zudem warf der Krieg seine Schatten voraus. So ist Beckmanns Malerei der Vorkriegsjahre schon Vorbote seiner Kriegs- und Nachkriegskunst. Noch Mitte der zwanziger Jahre, als er die Zeit des Kampfes in der Kunst und im Leben längst hinter sich gelassen hatte, notierte er: »Ich habe es immer verstanden, auf allen Greulen der Menschheit einen irrsinnigen und heiteren Tanz aufzuführen.«

Dem Kaiserhaus waren selbst Künstler wie Liebermann, Slevogt und der frühe Beckmann zu modern. Kaiserin Auguste Viktoria, die selbst malte und sich für Künstlerinnen einsetzte, bemerkte bei einem Besuch der Secession: »Wie können die Leute denn noch so malen, mein Mann hat ihnen doch gesagt, daß das schlecht ist.«

Der junge Max Beckmann war auf die repräsentative Kunst der Wilhelminischen Epoche nicht gut zu sprechen. So notierte er im Januar 1909: »Schön ist das immer, der Weg vom Kaiser Friedrich Museum über das Schloß und die Linden, wenn nur

Bei Familie Kaumann,
Harverstehuder Weg,
Hamburg 1913

der verfluchte Dom und das widerwärtige Kaiser-Denkmal nicht wären. Ich empfinde es jedesmal als eine Schmach.« Dennoch kann ein Teil seiner Vorkriegs-Bilder, etwa die *Amazonenschlacht* von 1911 oder *Der Untergang der Titanic* von 1912 als Ausdruck des Spätwilhelminismus angesehen werden.

Auch als Folge der Industrialisierung und Verstädterung Deutschlands entwickelten sich innerhalb weniger Jahre in der Kunst die unterschiedlichsten Formen und Stile. Zahlreiche Künstlergruppen wurden gegründet; in der Reichshauptstadt die Berliner, die Neue und die Freie Secession, in München Kandinskijs »Phalanx« (1901), die »Neue Künstlervereinigung« (1909) und »Der Blaue Reiter« (1911), in Dresden die »Brücke«(1905). Arnold Schönberg arbeitete um 1910 die atonale Musik aus.

Dagegen wirkte Max Beckmanns Version der Moderne bürgerlich-altmodisch. Das *Doppelbildnis Max Beckmann und Minna Beckmann-Tube* von 1909 sah der Künstler als wichtig für seine Entwicklung an und lieh es im Januar 1913 für die Restrospektive bei Cassirer aus. Das im Vergleich zu den Katastrophenbildern deliziös gemalte Doppelportrait gehört zu den schönsten Bildern, die Beckmann vor dem Ersten Weltkrieg geschaffen hat. Er schwingt sich hier zum Gainsborough der middle-class auf – an die Stelle des Adels tritt ein adrettes junges Paar aus dem Bildungsbürgertum. Im Gegensatz zu anderen europäischen Ländern bestimmt in Deutschland die middle-class weitgehend die Kultur. Das Bekenntnis am Anfang von Gottfried Benns Gedicht *Teils – teils*, »In meinem Elternhaus hingen keine Gainsboroughs ...«, ist sehr typisch für die deutsche kulturelle Elite.

Als Beckmanns Doppelportrait in einer Ausstellung Berliner Künstler im Halleschen Kunstverein gezeigt wurde, entdeckte es dort der Museumsdirektor Max Sauerland (1880–1934). Er kaufte es für das Museum in Halle, wo es heute noch hängt.

Im Magdeburger Kunstverein und in Weimar fanden 1912 die ersten Beckmann-Einzelausstellungen statt: 28 Gemälde wurden zu Preisen zwischen 700 und 13 500 Mark angeboten. Im Mai lernte der Künstler bei einem Besuch der Insel Helgoland den Hamburger Unternehmer und Kunstsammler Henry B. Simms (1861–1922) kennen und portraitierte kurz darauf seine Familie. Simms besaß eine der bedeutendsten Kunstsammlungen mit Werken des späten neunzehnten und frühen zwanzigsten Jahrhunderts, darunter zwanzig Bilder von Lovis Corinth. Noch 1930 zählte Beckmann die meisten seiner fünfzehn Bilder in der Sammlung Simms zu seinen besten Vorkriegsarbeiten.

In seinem Notizheft aus den Jahren 1912 und 1913, das nur noch wenige Eintragungen verzeichnet, notierte er sich ein paar Stichworte zum Umgang mit dem Sammler:

»Nie von dem Verkauf sprechen. Aber auch nicht daran denken.

Dafür aber sehr oft daran denken, daß S. die ersten Leute sind, die sich zu einem Gruppenportrait hergeben.

Recht vergnügt seien.«

Bei Familie Kaumann,
Harverstehuder Weg,
Hamburg 1913

Beckmann war von diesem Zeitpunkt an ein gesuchter Portrait-maler. Er malte Hamburger Kaufmannsfamilien und genoß es, mit ihnen Reiten und Segeln zu gehen. Er fuhr in das Südtiroler Landhaus der Familie Simms und reiste von dort Ende August nach Venedig.

Auch als graphischer Portraitist war er nun anerkannt. Sein Kaltnadel-Portrait des Altphilologen und Hallenser Ordinarius Carl Robert wurde als Jahresgabe des Halleschen Kunstvereins verteilt. Beckmann verlangte für diese Arbeit tausend Mark und gab sich nur darum mit fünfhundert zufrieden, weil es hieß, Lie-bermann habe auch nicht mehr bekommen.

Zehn Jahre nach ihrer Gründung begann es in der Berliner Secession zu gären. Einige Mitglieder, darunter auch Beckmann, warfen Paul Cassirer vor, in der Künstler-Vereinigung private Ge-schäftspolitik zu betreiben. Schließlich zog sich der Kunsthänd-ler aus dem Vorstand zurück. An seiner Stelle wurde neben Max

Beckmann, der als junges und außerordentliches Talent galt, der Maler Leo von König (1871–1944) gewählt. König hatte vor allem als Portraitist einen Namen. Doch er verließ die Secession infolge weiterer Querelen noch im selben Jahr, um ihr erst mitten im Krieg wieder beizutreten. Emil Nolde, der zum ersten Mal 1903 in der Berliner Secession ausgestellt hatte, trat ihr ein Jahr später bei, wurde jedoch Ende 1910 ausgeschlossen, nachdem er die Secession und ihren Präsidenten Max Liebermann mit abschätzigen Bemerkungen angegriffen hatte. Beckmann, der Nolde in seinem Atelier besuchte, mochte nicht mit ihm zusammenarbeiten, da dieser Maler sich nach seiner Ansicht »für ein Genie hält keins ist und doch als solches behandelt zu werden wünscht«.

Beckmann besuchte auch Ludwig Meidner. Der Maler war genauso alt wie er und teilte seinen Hang zum Katastrophalen. Meidner war ein Querkopf, der die Phasen van Gogh und Kubismus hinter sich hatte und nun wie Beckmann oder Ernst Ludwig Kirchner vom Rand der Berliner Kunstszene in den Mittelpunkt drängte.

Mit seinen 26 Jahren war Max Beckmann das jüngste Mitglied im Vorstand der Secession. Mit Max Liebermann, Lovis Corinth und Leo von König saß er zudem im elfköpfigen Kuratorium der XX. Secessions-Ausstellung, an der er selbst mit drei Bildern beteiligt war, darunter einer *Kreuztragung Christi*.

Nur allzu deutlich zeigt dieses opernhafte Ölbild, was der junge Beckmann alles zu verdauen hatte: Impressionismus, Barock und Neobarock, die großen Gesten des Wagner-Zeitalters, Jahrhunderte christlicher Ikonographie.

Aber der junge Maler hatte einen großen Magen, und der Kritiker Oscar Bie bescheinigte ihm angesichts dieses Bildes »eine mutige Entwicklung. Seine reiche malerische Begabung soll einem großen Sinne gehorchen. Er möchte das letzte. [...] Es ist ein wenig Hyperthrophie im geistigen Willen dieses Malers, dessen Disziplin man lehrreich mit Hodler vergleichen mag. Ich habe den Eindruck bei Hodler, daß er sich selbst erreicht, bei Slevogt, daß

Mit Sohn
Peter (links)
und Neffen
Gerd Zech,
Hermsdorf
1914

er hinter sich selbst zurück bleibt, bei Beckmann, daß er sich selbst überholt.«

Übrigens war es in dieser Künstlergeneration verpönt, auf Kritiker etwas zu geben. Beckmann verstand sich, und da wußte er sich mit seinem Secessions-Kollegen Waldemar Rösler einig, »als ein Mann der manches hört aber mehr an sein eigenes Urteil glaubt als an alles andere Gerede«.

Es sollte sich jedoch bald zeigen, daß Journalisten ihn dennoch zu provozieren vermochten.

9. Am Vorabend des Krieges

Max Beckmanns *Selbstbildnis (lachend)* von 1911 ist das einzige Selbstportrait, auf dem er ein Lächeln zeigt – freilich nicht das Lächeln der Mona Lisa, die gerade aus dem Louvre gestohlen worden war, sondern ein trockenes Grinsen nach dem trockenen Sommer von 1911, der die Heu- und Futterernte schwer schädigte. Die Rechte hält eine Zeitung. Minna Tube erinnert, daß ein Schmock nach einer Secessionsausstellung »in drei verschiedenen Zeitungen« schrieb; »in einer konservativen verriß er Max nach Strich und Faden, in einer liberalen Zeitung war die Sache ganz gut, und in einer linksstehenden erreichte er das Klassenziel. Das war Berlin«, so Minna Tube, »aber meine Hochachtung vor den Herren Kritikern steigerte sich nicht gerade.«

Das *Selbstbildnis, lachend* ist das Trostbild all derer, die je von der Druckerpresse angeschwärzt worden sind. Das Antlitz des Künstlers wie der Hintergrund sind erleuchtet vom rötlichen Lichtschein der Hölle, die, wie die Druckerpresse, nach Schwefel stinkt, der kainitischen Substanz des Neides. Beckmanns Kritik der Zeit beginnt mit der Kritik der Zeitung. Der Maler stößt für einen Moment zum europäischen Antijournalismus vor, der ein Jahrzehnt früher einen apokalyptischen Satiriker gefunden hatte, als Karl Kraus in Wien seine Zeitschrift *Die Fackel* gründete.

Noch 1921 schüttelte der Kriegsheimkehrer Beckmann den Kopf darüber, daß »die meiste Kritik ja doch im̄er persönlich irgendwie inter[e]ssirt ist oder blöd«. Und 1927 spottete er in der Satire *Die soziale Stellung des Künstlers*:

»Die Verehrung für die kritische Autorität muss sein Leben beherrschen. Er hat sich seiner Anordnung striktestens zu fügen und niemals zu vergessen, daß die Kunst nur ein Gegenstand ist, welcher dazu dient, die einzig positive Leistung der kritischen Potenz zu realisieren.«

Schon lange vor Beckmann hatte ein anderer Wahlberliner,

Max Beckmann, Jeanne Kaumann und Emy Oberg auf einem Bootssteg an der Alster, Hamburg 1913

Theodor Fontane, feststellen müssen: »Alle Kritiken sind wie von Verbrechern geschrieben.«

Kritisch gegenüber Vereinsmeierei und den Eifersüchteleien abgeneigt, trat Max Beckmann bereits im Herbst 1911 aus dem Vorstand der Berliner Secession aus, auch wenn er zunächst ordentliches Mitglied dieser Vereinigung blieb. Doch bald kam es wieder zum »obligaten Secessionskrach«, und im Sommer 1913 verließ Beckmann mit einigen anderen jüngeren Künstlern wie Ernst Barlach und Max Pechstein, aber auch Max Liebermann und Max Slevogt die Secession endgültig. Kurz vor Kriegsausbruch gründeten sie eine »Freie Secession«. Max Beckmann wurde wiederum in den Vorstand gewählt. Das Jahr 1913 brachte den Höhepunkt seine Vorkriegs-Ruhmes.

»Damit ein bedeutendes Geistesprodukt auf der Stelle eine breite und tiefe Wirkung zu üben vermöge«, hatte Thomas Mann im Jahr zuvor bemerkt, »muß eine tiefe Verwandtschaft, ja Übereinstimmung zwischen dem persönlichen Schicksal seines Urhebers und dem allgemeinen des mittleren Geschlechtes bestehen.«

In den Kämpfen und Gewaltsamkeiten des jungen Beckmann erkannten sich die Zeitgenossen ebenso wieder wie in seinem unentschiedenen Verharren zwischen Tradition und Moderne. Zudem wirkte sein vermeintlich anti-westlicher Stil anziehend auf alle, die sich der überwältigenden französischen Dominanz in der Malerei verweigern wollten.

Paul Cassirer zeigte noch 1913 in seinem Kunstsalon 47 Gemälde des jungen Talents und brachte in seinem Verlag die erste Beckmann-Monographie heraus. Der Konstanzer Pfarrerssohn Hans Kaiser hatte das kleine Buch in lyrischem Stil verfaßt. Zum ersten Mal waren Arbeiten von Beckmann in einer US-amerikanischen Ausstellung zu sehen: Das Art Institute in Chicago zeigte deutsche Graphik, darunter zwei Litho-Folgen von Max Beckmann – seine Lithographien zu Johannes Guthmanns Dichtung *Euridikes Wiederkehr* (1909) und zum Neuen Testament (1911). Schon 1912 war der Künstler zum ersten Mal in einer Ausstellung im europäischen Ausland vertreten gewesen. Das Stedelijk Museum in Amsterdam hatte von April bis Juni in einer internationalen Ausstellung Werke des Deutschen gezeigt. Bis dahin war Beckmann vor allem an Gruppenausstellungen in Berlin, Weimar und Dresden beteiligt.

Schon drei Jahre früher, im Winter 1910, hatte der Maler eine Atelierwohnung am Nollendorfplatz 6 im Berliner Westen angemietet, die er bis zum Kriegsausbruch behalten sollte. Das Hermsdorfer Atelier war im Winter schlecht zu beheizen. Zudem hatte das Ehepaar Abendgesellschaften in der Stadt oft früher verlassen müssen, um den letzten Zug nach ihrem abgelegenen Vorort zu erreichen.

So diente das Stadtatelier auch als Winterwohnsitz. Den Blick aus der Wohnung im vierten Stock kann man auf dem Bild *Blick auf den Nollendorfplatz* von 1911 nachempfinden, einer von zahlreichen grünlich gehaltenen Stadtlandschaften der Vorkriegszeit, auf der sich die Zivilisation durch wuchernde Natur Bahn

bricht. Erst 1912, kurz nach Beckmanns Einzug am Nollendorfplatz, entdeckte er in seiner Kunst das Großstadtleben.

Schon lange hatte er Straßenszenen malen wollen, erst jetzt
drangen die Großstadtsujets, wie sie auch die Expressionisten
bevorzugten, Kneipen, Cafés, Bordelle, in seine Malerei und Graphik ein. Beckmann findet die Stadt und entdeckt den Menschen
neu.

»Ja malen will ich. Bis zur Besinnungslosigkeit. Wie schön ist
doch dieses Handwerk. Was für ein Genuß. Menschen, Menschen,
Menschen. Wie sich die Haut über ihre Knochen und Sehnen
spannt. Wie sich die Individualität so wunderbar und unendlich
variiert.«

Die Skizze *Doppelportrait Minna Beckmann-Tube und der
Sohn des Künstlers* (Wiese, Verzeichnis der Zeichnungen, No. 89)
von 1911 und ihr Gegenstück, das Selbstportrait von 1912 (Wiese, No. 116) sind dagegen Beispiele für Beckmanns frühe Portrait-
zeichenkunst: Zentriert, warm, rund, mit fast malendem Bleistift
ausgeführt, erreicht der Künstler in solchen Skizzen eine entwaffnende Verbindung von impressionistischer Psychologie und
altmeisterlicher Souveränität.

Der kunsttheoretischen Polemik zeigte er sich in jenen ersten
Jahren der radikalen Abstraktion nicht abgeneigt. Als Gustav
Pauli für die Kunsthalle Bremen van Goghs *Mohnfeld* ankaufte,
kam es zu einem kuriosen öffentlichen Veto. Unter dem Titel *Protest deutscher Künstler* gab Carl Vinnen 1911 bei Diederichs in
Jena eine achtzigseitige Protestschrift mit rund 140 Beiträgen
heraus – hier wurde Einspruch erhoben gegen eine angebliche
Überfremdung der zeitgenössischen deutschen Kunst durch die
französische. Die Unterzeichner behaupteten, der Malerei des
westlichen Nachbarlandes werde auf Kosten der heimischen Erzeugnisse übertriebene Aufmerksamkeit zuteil. So warf der Krieg
auch in der Kunstdiskussion seine Schatten voraus. Einer der
Unterzeichner war übrigens Friedrich August von Kaulbach, der
deutschnational gesonnene Vater von Beckmanns zweiter Frau
Quappi.

Noch im selben Jahr erschien als Rundfrage des Münchner Piper Verlages die Gegenschrift: *Im Kampf um die Kunst. Die Antwort auf den »Protest deutscher Künstler«.* Diese Streitschrift (deren zweite Auflage 1913 unter dem veränderten Titel *Deutsche und französische Kunst. Eine Auseinandersetzung deutscher Künstler, Galerieleiter, Sammler und Schriftsteller* herauskam) polemisierte nicht weniger als die erste. Allerdings richtete sie sich gegen eine nationale Beschränkung in der Kunst. So betonte Waldemar Rösler, einer der unterzeichnenden Künstler, »daß wir Jungen hier in Berlin wie für Courbet, Monet, van Gogh, Cézanne etc, ebenso für Feuerbach, Leibl, Menzel uns nach wie vor begeistern und glauben sehr an die Zukunft der deutschen Kunst«.

Auch Max Beckmann meldete sich zu Wort: »Ich finde, daß die besten Werke eines Géricault, Delacroix, Courbet, Daumier, Renoir, van Gogh ebenso gekauft werden müssen, wie Signorelli, Grün[e]wald, Cranach und Tizian, Tintoretto, Greco, Velasquez, Goya und die alten Holländer.«

Er macht sich über »Brusttöne der Entrüstung« und »einige bedauernswerte Snobs« lustig und weist darauf hin, daß der Protest wohl nicht von rein künstlerischen Gründen geleitet gewesen sein dürfte.

Kann man in diesem kleinen Kulturkampf schon ein Vorgeplänkel jener Scheidung von deutscher und undeutscher Kunst sehen, die eine Generation später von Staats wegen vorgenommen wurde?

An eines aber erinnert die Affaire ganz gewiß; an den berüchtigten »Protest der Richard-Wagner-Stadt München«, mit dem namhafte Honoratioren, darunter Richard Strauss, Hans Pfitzner und Max Doerner (Autor des Standardwerkes *Malmaterial und seine Verwendung im Bilde*, das auch Beckmann zu Rate zog), kurz nachdem die Nationalsozialisten an die Regierung gekommen waren, Thomas Mann den Rückweg nach Deutschland abschnitten. In dem Aufruf, der am 16. April 1933 in den *Münchner Neuesten Nachrichten* erschien, wurde Wagner als »Wertbeständiger deutscher Geistesriese« bezeichnet, den die wackeren Unterzeichner sich nicht durch Thomas Manns »ästhetisierenden Snobismus beleidigen lassen wollen«.

Merkwürdige Koinzidenzen! Als am 20. April 1933 eine Ergänzung der Liste in den *Münchner Neuesten Nachrichten* erschien, wurde in derselben Kolumne, direkt darunter, die Entlassung von Otto Dix als Professor an der Akademie der Bildenden Künste in Dresden bekanntgegeben. »Die Entlassung wurde damit begründet«, schreibt die Zeitung, »daß sich unter seinen Bildern solche befinden, die das sittliche Gefühl aufs schwerste verletzen und andere, die geeignet sind, den Wehrwillen des deutschen Volkes zu beeinträchtigen.«

Auch Beckmann sollte auf diese Weise und mit einem vergleichbaren Vokabular angegriffen werden – vier Jahre später, als die »Richard-Wagner-Stadt München« die Ausstellung »Entartete Kunst« eröffnete.

1911 jedenfalls zeigte Max Beckmann in seiner Reaktion auf den nationalen Protest, daß er im Künstlerischen nie ein Provinzler war, was in seinem Frühwerk deutlich genug zu sehen ist – spätestens seit den *Jungen Männern am Meer*. Schon in seinen frühen Bildern stand Beckmann, wie es Nietzsche von sich sagte, im Gegensatz zu allem Nur-Deutschen. Zu bedeutend waren für diesen Maler und für die Künstler und Intellektuellen seiner Generation die französischen Vorbilder.

Max Beckmann kommentierte die Angelegenheit mit jener Selbstironie, die für ihn typisch werden sollte: »Ich liebe solche Broschüren. Sie sind die amüsanten Dokumente unserer Eitelkeit.«

Seine Reaktion auf die Rundfrage des Piper Verlages stellte offenbar den ersten Kontakt zu dem Verleger her. Bald sollten die beiden sich anfreunden.

Dem Münchner Verleger Reinhard Piper (1879–1953) waren in der Berliner Secession Beckmanns Arbeiten aufgefallen. Im Dezember 1912 besuchte er den Künstler in Hermsdorf und kaufte das eben vollendete Gemälde *Simson und Delila* aus dem Atelier. Der symbolisch-dramatische Stoff aus dem Buch der Richter hatte sich schon vor der Jahrhundertwende großer Beliebtheit erfreut; Camille Saint-Saëns verarbeitete ihn 1877 in einer deklamatorischen Oper. Die Geschichte, in der Frauenlist die Manneskraft überwindet und das Motiv »La belle et la bête« umgedreht wird, interessierte den Verleger Piper; er war gerade dabei, unter dem Titel *Simson* einen Band mit Federzeichnungen von Franz Reinhardt zu veröffentlichen.

Das Motiv von Simson und Delila beschäftigte Max Beckmann stark. 1911 führte er eine Lithographie zu dem alttestamentarischen Thema aus. Sowohl in den Bewegungen als auch im Licht ist diese Arbeit extrem dynamisch. Das gleichnamige Gemälde, ein Jahr später entstanden, schließt sich eng an die lithographische Komposition an.

Auch das Atelierhaus von Minna Tube beeindruckte den jungen Verleger aus München. Er fand es »so geräumig und hell, daß man fast den Eindruck haben konnte, im Freien zu sein«.

Piper publizierte Bücher von Christian Morgenstern, von Dostojewskij und Schopenhauer. 1911 hatte er zudem für die moderne Kunst so bedeutsame Werke wie Wilhelm Worringers *Formprobleme der Gotik* und die Renoir-Monographie von Julius Meier-Graefe herausgebracht. Er wurde Beckmanns Verleger und Propagandist und ging mit dem Künstler »durch vier Jahrzehnte«, wie das diesem Künstler gewidmete Kapitel in Pipers Autobiographie überschrieben ist.

»Meine Sammlung Beckmannscher Graphik und Zeichenkunst ist mir ein Stück meines Lebens geworden«, bekannte dieser frühe Beckmannianer. In seinem Verlag R. Piper & Co. erschienen nicht nur zwei graphische Mappen von Beckmann, der Unermüdliche brachte auch kurz vor dem Höhepunkt von Beckmanns Ruhm in Deutschland und ein Jahr vor dem Tod des Künstlers jeweils eine Monographie über ihn heraus.

»Meine Erscheinung sollte in einem Blatte von Ihnen weiterleben wie Cranach in seinen Blättern gute Freunde hat weiterleben lassen«, wünschte sich der Verleger im März 1921.

Sein Wunsch sollte in Erfüllung gehen. 1920 zwängt Beckmann seinen Verleger in eine hochformatige Kaltnadelradierung und stellt ihn mit wenigen Umrißlinien als schlauen Fuchs dar.

Die Freundschaft hielt ein Leben lang. Einer der letzten drei Briefe, die Max Beckmann zwei Tage vor seinem Tod in Manhattan geschrieben hat, ist an Reinhard Piper gerichtet.

Unterdessen hatte der Kampf um die Abstraktion begonnen. Kandinskij beschritt zwischen 1909 und 1911 als erster den Weg zur totalen Abstraktion, in der ein Strich nicht mehr ein Baum, sondern nur noch ein Strich sein soll. Dabei entwickelte sich seine Malerei in erstaunlicher Parallele zur dramatischen wirtschaftlichen Krise in Deutschland.

Als im Deutschen Reich das Fleisch knapp wurde, speckte auch die Malerei ab. Die staatlichen Auflagen zur tierärztlichen Behandlung des Schlachtviehs wurden strenger, und Kandinskij scheuchte Menschen und Tiere von der Leinwand. Nach der schlechten Ernte von 1909 hatte das Vieh nicht genug zu fressen gehabt, so fielen die Mahlzeiten der seit 1904 vom Fleisch verwöhnten Deutschen etwas vegetarischer aus. Kandinskij malte mit schwarzen Strichen runde Hügel auf die Leinwand und versetzte sie mit einfachen Farbflächen. Nach 1910 erreichte die Preissteigerungsrate im Reich mit vier Prozent einen Höhepunkt. Alles wurde teurer, auch das Malmaterial. Kandinskijs Figuren lösten sich nach und nach zu Mustern und Farbflächen auf. »Die Harmonie von Farbe und Form«, schreibt der Russe, »muß allein auf dem Prinzip des eigenen Kontakts mit der menschlichen Seele beruhen.« Der menschliche Körper sollte von nun an in der Malerei keine Rolle mehr spielen.

Während Steuern und Löhne stiegen, schrieb Wassilij Kandinskij an seinem Essay *Über das Geistige in der Kunst*. Die Schrift erschien 1911 und faßte Überlegungen des Künstlers aus vielen Jahren zusammen und stellt eine Selbstinterpretation dar, wie sie Beckmann in dieser Ausführlichkeit nie abgegeben hat. Kandinskij griff ebenso auf Goethe und Schiller wie auf den Kunsttheoretiker Konrad Fiedler zurück, um zu begründen, warum man von nun an keine Menschen und Dinge mehr malen dürfe.

Die totale Abstraktion oder Gegenstandslosigkeit stellte das bildnerische Äquivalent zur Atonalität dar. Beckmann betrachtete diese Art der Malerei als Kunstgewerbe und tadelte »Gaugintapeten, Matisse-Stoffe, Picassoschachbrettchen und sibirischbajuvarische Marterlnplakate« à la Kandinskij. Noch 25 Jahre später bemerkte er: »Wird eine Bildfläche nur mit einem zweifachen Raumerlebnis gefüllt, so entsteht Kunstgewerbe und Ornament.«

Gegenüber der malerischen poésie pure gab Beckmann sich bürgerlich-konservativ. »Die Gesetze der Kunst sind ewig und unveränderlich«, behauptet er in seiner kurzen Schrift *Gedanken über zeitgemäße und unzeitgemäße Kunst* aus dem März 1912. Schon sieht er sich als Alter Meister und beklagt, daß »Rembrandt und Cézanne, Grün[e]wald und Tintoretto während des größeren Teils ihres Lebens von der Zahl ihrer jeweiligen ›modernen‹ Kollegen erdrückt wurden«.

Kurz vor Kriegsausbruch steht nach seiner Ansicht in der Kunst das »Prinzip Byzanz, Giotto gegen das Prinzip Rembrandt, Tintoretto, Goya, Courbet und den frühen Cézanne«. Jene sind flach und stilisierend dekorativ, diese schaffen, was er selbst will, »raumtiefe Kunst«, die keineswegs naturalistisch sein muß. Der Maler Beckmann will »den Dingen so tief wie möglich auf den Grund gehen«, den Gegenstand so abstrahieren, daß sein inneres Wesen freigelegt wird.

Der Künstler distanzierte sich damit auch vom Expressionismus – gerade in dem Moment, als dieser in Deutschland anerkannt wurde. Man muß sich zudem vergegenwärtigen, daß zu dieser Zeit Marcel Duchamp mit dem *Bicycle Wheel* sein erstes »Ready-made« auf den Markt brachte.

In seinem Weg zur gegenständlichen Abstraktion fand Beckmann in Paul Klee einen Mitstreiter, der ihm in Kunstauffassung und Temperament sonst fremd ist. Der Schweizer schrieb 1920: »Kunst gibt nicht das Sichtbare wieder, sondern macht sichtbar.« Beckmann forderte schon im November 1917: »Sachlichkeit den inneren Gesichten.«

Wenig von dem, was der stark reflektierende Künstler in seinen Reflexionen und Proklamationen zur Kunst forderte, war in seiner Produktion vor dem Krieg schon zu greifen. Hinter der Auseinandersetzung um Gegenstandslosigkeit und gegenständliche Abstraktion verbarg sich Beckmanns lebenslanges Anliegen um raumtiefe Malerei. Den frühen Abstrakten hielt er vor allem ihre Zweidimensionalität vor. Im Dezember 1912 bekannte er dagegen nach einem Besuch der Münchner Pinakothek: »Die Tintorettos wollen mir im̅er noch nicht aus dem Kopf. Sie sitzen fast noch fester wie der Rubens.« In Tintoretto bewunderte er den Meister einer raumtiefen Malerei, wie er selbst sie anstrebte. Noch 1928 schrieb er über den Meister des Chiaroscuro, nachdem er seinen Zyklus der acht großen Leinwände in der Scuola di San Rocco in Venedig gesehen hatte, an den Sammler Rudolf von Simolin: »Ich habe ihn im̅er für einen der größten Maler gehalten. [...] Ich bin in meiner ›Jugendepoche‹ ihm sehr nahe gekommen, wenngleich ich damals noch nicht die ausreichende Kraft hatte, ihm irgendwie unabhängig gleich zu kom̅en.«

Was er selbst sich sehnlichst wünschte, ist an seiner Kritik Cézannes abzulesen, dem er 1912 vorwarf, sein Problem sei es gewesen, »daß seine Begabung im wesentlichen koloristisch war, und die Qual seines Lebens, daß er nicht vermochte, das künstlerisch Sachliche, die räumliche Tiefenwirkung und das damit verbundene plastische Gefühl immer stark genug zum Ausdruck zu bringen«.

Beckmann strebte die Verbindung von Sachlichkeit und Sinnlichkeit an, und sein ganzes Leben lang sollte er darum kämpfen. 1918 proklamierte er öffentlich eine »Transzendente Sachlichkeit«. Von einem Bild verlangte er ein »individuelles organisches Weltganzes« und schmähte die ersten kubistischen Bilder, die 1912 in der Secession gezeigt wurden, als schwächlich und zu ästhetisch.

»Die Mystik eines Picasso ist geborgte Götterstimmung alter Mexicaner und Azteken mit einem Schuß Gotik.

Was wir unter Mystik in der Kunst verstehen ist nicht die hineingetragene Absicht des Künstlers an mysteriöse alte Volkskulte menschlich affectiert zu erinnern, sondern das mystische Gefühl entsteht im Beschauer, wenn er im Kunstwerk die Größe des Naturgefühls des Künstlers bewundert.«

Picasso kritisierte er hart, hatte aber selbst noch keine Alternative anzubieten. Seine Vorkriegsmalerei blieb konventionell. In der großformatigen Szene *Die Straße* von 1914 zeigt er die Stadt schon in latentem Aufruhr. Ende der zwanziger Jahre schnitt er von dem Bild das linke Drittel ab und gewann so eines seiner steilen Hochformate. Der gestaffelte Personenaufbau und die gedämpften Farben, ebenso wie der Ausdruck des Selbstportraits in der Mitte, weisen in eine dramatische historische, nicht jedoch kunsthistorische Zukunft.

Dennoch bemerkte Heinz Berggruen unmittelbar nach dem Zweiten Weltkrieg: »Schon in Beckmanns frühen Arbeiten aus den Jahren vor dem Ersten Weltkrieg spürt man den Maler, dessen Eigenwilligkeit und Vitalität sich mit dem Farbig-Spielerischen des Impressionismus nicht zufriedengibt.«

Tatsächlich hatte sich Max Beckmann im Jahre 1914 einen Platz in der Kunstwelt erobert. Seine handwerklichen und darstellerischen Fähigkeiten in Zeichnung, Malerei und Graphik bezweifelte niemand mehr. Wäre er im Krieg gefallen, hätte man ihn als Meister der Jahrhundertwende mit großen Ambitionen, als souveränen Portraitisten und sensiblen Illustrator in Erinnerung behalten – und ihn eher neben Wilhelm Trübner, Max Slevogt und Max Pechstein genannt als neben August Macke, Franz Marc und Ernst Ludwig Kirchner.

Zur Größe des Naturgefühls, von dem er schwärmte, war es noch ein weiter Weg. Max Beckmann sollte ihm jedoch bald einen Schritt näher kommen.

III. Der Krieg des Künstlers

1914–1924

10. Sanitäter an der Ostfront

»In Berlin war große Begeisterung«, erinnert sich Minna Tube. »Unvergeßlich, wie wir über die Linden gingen – ein Jubel, nur Max ging mit einem Zeichenblock und zurückgeschobenem Hut mitten in der Straße und zeichnete die armen Irren ab. Da klopfte ihm ein riesiger Junker oder etwas Derartiges auf die Schulter und sagte: ›Mensch, wie können Sie jetzt zeichnen in all dem Jubel!‹ – Max antwortete: ›Das ist das größte nationale Unglück, was uns treffen kann.‹«

Noch am selben Tag verlor der Künstler infolge des Kriegsausbruchs Aufträge im Wert von vierundzwanzigtausend Mark.

»Es ist mir ganz recht, daß Krieg ist. Was ich bis jetzt gemacht habe, war alles noch Lehrjahre«, bekannte Max Beckmann jedoch im Mai 1915 nach acht Monaten im Feld. Da war für den freiwilligen Sanitätshelfer die »großartige Katastrophe« fast schon vorbei.

Beckmanns Kriegserlebnis beginnt mit Skepsis, schwingt sich kurzfristig zu Euphorie auf – freilich nur zu künstlerischer und philosophischer –, um bald dem Entsetzen Platz zu machen und in Skepsis zu enden.

Was er im Krieg sah und erlebte, hat Beckmann als Menschen wie als Künstler bis zu seinem Tode geprägt.

»Ich bin Lan[d]sturm mit Waffe und erwarte täglich eingezogen zu werden«, berichtet er Reinhard Piper noch Mitte August 1914. »Sie können sich natürlich denken wie mich die Sache interessirt.«

Mit diesem Brief an seinen Verleger ist Beckmanns lettristisches Frühwerk abgeschlossen. Das kurze Jahr September 1914 bis Juni 1915 steht im Zeichen eines neuen brieflichen Typs. Gesellschaftliche, geschäftliche und Liebesmitteilungen unterbleiben zugunsten des Frontbriefs. Das Konvolut ist Beckmanns Kriegsroman und in seiner Anschaulichkeit und Knappheit durchaus mit Ernst Jüngers nach Tagebuchaufzeichnungen verfaßtem Kriegsbericht *In Stahlgewittern* zu vergleichen. Gemeinsam sind ihnen Neugier und Fatalismus. Verschieden sind die Kriegserfahrungen. Jünger war Offizier und Stoßtruppführer, Beckmann Krankenpfleger.

Ernst Jünger strebte mit der Veröffentlichung nach dem Krieg keine literarische, sondern eine militärische Karriere an. Auch Beckmann, dessen Aufzeichnungen noch während des Krieges erschienen, war Schriftsteller wider Willen. Jeden Tag, manchmal zweimal am Tag, schrieb er von der Front an seine Frau. Als der Kunstkritiker Karl Scheffler ihn aufforderte, für die Zeitschrift *Kunst und Künstler*, die Bruno Cassirer herausgab, einen Beitrag zu schreiben, lehnte der Maler ab. Daraufhin bat Scheffler Minna Tube, eine Auswahl aus den Feldpostbriefen ihres Mannes zu treffen. Widerstrebend genehmigte Beckmann die Publikation. Die Briefe erschienen in zwei Lieferungen der Zeitschrift und kamen 1916, erweitert, in einer Buchausgabe heraus. Zu diesem Zeitpunkt war für den Autor der Feldzug schon zu Ende.

Alle Briefe, die damals nicht publiziert wurden, gingen verloren. Bei den veröffentlichten Briefen handelt es sich ausschließlich um Schriftstücke, die die kriegsbedingte Zensur passierten, die freilich weniger rigide war als im Zweiten Weltkrieg. Dennoch bleibt auch hier manches der Phantasie des Lesers überlassen, so die Städtenamen, die durchweg abgekürzt sind. Die Stimmung dringt ungehindert durch.

Der prinzipielle Humanismus, der sich durch Beckmanns Leben zieht, hielt ihn davon ab, eine Waffe in die Hand zu nehmen.

»Auf die Franzosen schieße ich nicht, von denen habe ich so viel gelernt. Auf Russen auch nicht, Dostojewskij ist mein Freund.«

Da er nicht militärisch ausgebildet war, wurde Beckmann ohnehin nicht einberufen.

Die Malerin Augusta von Hagen bat die Beckmanns, für verwundete Soldaten sogenannte Liebesgaben zusammenzustellen; Eingemachtes, Süßigkeiten und Sekt. Das Rote Kreuz lehnte den Transport ab, so brachte Beckmann das fünfeinhalb Zentner schwere Gepäck selbst nach dem Osten.

Der Künstler hatte Gräfin Augusta von Hagen (1872–1949) bereits 1908 kennengelernt. Noch im selben Jahr malte er ihr Portrait und fügte ihre Figur ein Jahr später in das erste der beiden großformatigen Auferstehungsbilder ein. Die Malerin gehörte dem Umkreis der Berliner Secession an. Bei Kriegsausbruch tat sie freiwillig Dienst in einem Lazarett zwischen Danzig und Warschau.

Als Beckmann auf Schloß Mlada zwischen Warschau und Danzig eintraf, wo das Lazarett untergebracht war, beschloß auch er, zu bleiben und als freiwilliger Sanitätshelfer zu dienen, wie der Kritiker Julius Meier-Graefe, der einen Krankenwagen gekauft hatte und an die Front gefahren war – und wie Nietzsche im Deutsch-Französischen Krieg. Mit Unterstützung der Gräfin konnte Beckmann bei der Lazarettleitung sein Ansinnen durchsetzen.

»Ich hoffe noch viel zu erleben und bin froh«, heißt es in seinem ersten Brief aus dem Kriege. Beckmann ist guter Dinge, versteht sich sehr gut mit Ärzten und Personal und zeigt sich entzückt, wenn jemand seine Bilder kennt. Wie in Ernst Jüngers Kriegsberichten sind die Äußerungen über die einheimische Bevölkerung und über den Feind ausnahmslos freundlich. Dem Gegner wird keinerlei Haß oder auch nur Ressentiment entgegengebracht, sondern größte Achtung.

Auch in Beckmanns Zeichnung wird eine solche Haltung deutlich. So zeigt der Künstler in einer lavierten Tuschzeichnung, entstanden im September 1914, das Antlitz eines toten Russen aus geradezu brüderlicher Nähe.

»Ich habe sie fast alle gezeichnet, diese Toten. Vielleicht haben sie's mir übel genommen; schließlich, da haben sie mich besucht.«

Und die Skizze eines verstörten Kranken im Lazarett, mit weichem Bleistift in wenigen Strichen ausgeführt, nähert sich einem verwackelten Spiegelbild und zeigt die Bereitschaft des Künstlers, im Leiden jeder Kreatur auch sich selbst zu sehen.

Zugleich steigert Beckmann in den Briefen seine sprachliche Prägnanz, die sich schon früher angekündigt hatte.

Die Originale der Briefe sind verloren. Nur eine redaktionell geglättete Druckfassung ist überliefert. Dennoch zeigen Beckmanns *Briefe im Kriege* deutlich die Schreibart eines Malers. Mit wenig Aufwand faßt der Künstler seine Eindrücke zu Bildern zusammen, die für sich selbst sprechen und alle Visionen des Vorkriegs-Expressionismus hinter sich lassen, selbst die Gedichte von Georg Heym, die Beckmann Anfang 1913 gelobt hatte.

So notiert er am 11. Oktober 1914:

Unsere Autofahrt ging durch die langen abrasierten Chausseen an callothaften eingestürzten Ziegeleien vorbei, die schwer und düster, wie riesengroße Fühler am Horizont der Chausseen auftauchen. Durch Feldlager mit fleißig kochendem Militär, zwischen toten, grotesk gewundenen Ochsen und Pferden vorbei, die uns hämisch lächelnd ihre Zähne zeigten. Über neugeschlagene Brücken und gesprengte Eisenbahnübergänge und durch die zerstörten Städte.

Die Berichte des Sanitätshelfers nehmen in der Literatur des Weltkriegs auch darum eine besondere Stellung ein, als er nicht so sehr Leben und Tod in den Schützengräben als das Elend und Sterben direkt hinter der Front schildert. Dabei unterscheidet sich seine Art zu schreiben auffallend von der kleinbürgerlich-sentimentalen Froschperspektive in Weltkriegsromanen wie Erich Maria Remarques *Im Westen nichts Neues*.

»Einen andern, auch heute nacht gestorben, habe ich mit seziert. Er sah meinem Modell von der Beweinung ähnlich, hatte ein großes fahles Profil ... [...] Die Ärzte zeigen mir sachlich und freundlich die grauenhaftesten Wunden. Und über allem trotz guter Lüftung und heller Räume ein scharfer Duft der Verwesung.«

In einem Brief beschreibt Max Beckmann das Offizierskasino, ist weit davon entfernt, karikieren zu wollen, aber sein Sinn für Komik rückt die Skizze in die Nähe der antimilitaristischen Karikatur: »Die meisten mit den roten Generalstabstreifen. Eine typisch vornehme, riesenlange Exzellenz bemühte sich in liebenswürdiger Weise um einen merkwürdigen Mann, dem der Pour le mérite aus dem Halsloch hing. Es war Hindenburg und sein ganzer Generalstab.«

Es überrascht, wie der Zeichner den Kriegslärm auf das Papier transkribiert. Angesichts einer Federzeichnung mit stürmenden Soldaten (Wiese, Verzeichnis der Zeichnungen, No. 175), in der Mitte ein zackiger Offizier mit spitzen Stiefeln, meint man fast, Befehle und Feuer zu hören. Gemeine Soldaten überzeichnet der Sanitätsfreiwillige dagegen nie. Er portraitiert sie voller Faszination für eine Gesellschaftsschicht, mit der er bisher nie in Berührung gekommen ist.

Die Bleistiftzeichnung eines auf einem Tisch liegenden Toten (Wiese No. 285) zeigt, wie virtuos der Künstler die Verkürzung einzusetzen vermochte – als eine auf den Betrachter zielende Perspektive. In wenigen Strichen stellt er den nackten Gefallenen von oben dar, als sei das Bild des Menschen nun auf den Kopf gestellt. Im Zeichnen sieht sich der Künstler wieder auf das Wesentliche verwiesen. Sein Abstraktionsvermögen führt die Figur auf gedehnte kubische Grundformen zurück. Wo das Gesicht war, klafft eine Wunde.

Am 24. September meldet sich Beckmann aus Lyk in Ostpreußen, 150 Kilometer südöstlich von Königsberg, wohin er einen Trupp von Lazarettpersonal eskortiert hatte: »Hier herrscht absolute Kriegsstimmung.« Zwischen Tausenden von Soldaten trifft er zufällig seinen Schwager Martin Tube (1879–1914) am Bahnhof, den jüngeren Bruder seiner Frau: »Er erzählte, daß er das Eiserne Kreuz bekommen hat, und sah wohl und munter aus.«

Im Städtchen herrscht Feldlagerstimmung. Zwischen Aufmärschen und Militärmusik tauschen die beiden Männer Kriegseindrücke aus. Tube, schon auf dem Gymnasium stets Primus, diente mit Hauptmannsrang an der Ostfront. Er wurde im August in der Schlacht von Tannenberg verwundet und fiel im Oktober an den Masurischen Seen.

Nach der Schlacht von Tannenberg machte Beckmann, der zwischendurch in die Hauptstadt kommandiert wurde, um Zivilisten zu schulen, dort eine Lithographie von seinem verwundeten Schwager in seinen Verbänden, die auch Minna sehr gefiel. Sie hatte gerade ihre Prüfung als Sanitätshelferin bestanden.

Das *Bildnis des verwundeten Schwagers Martin Tube* fand als zeichenblockgroßes Künstlerkriegsblatt Verbreitung. Cassirers Zeitschrift *Kriegszeit* erschien bis in den März 1916 mit Gedichten, kurzen Prosastücken und Illustrationen. Unter den Künstlern waren Max Liebermann, Ernst Barlach und Käthe Kollwitz.

Wie die Ostpreußin, in deren Arbeiterkatakomben noch die ätzende Luft der ersten christlichen Versammlungen steht, so hat auch Beckmann eine weinende Mutter dargestellt.

Als Kameraden Martin Tube begraben wollten, geriet der Friedhof unter Beschuß, und sie mußten die Bahre liegenlassen. Der Offizier, der ihn nach dem Angriff beerdigt hat, erkannte Martin Tube später auf der Lithographie und berichtete den Angehörigen, wo das Grab lag. Martin und Minna Tubes Schwester Else starb an einer Lungenentzündung, die sie sich beim Bahnhofsdienst zugezogen hatte.

»Ich habe in dieser kurzen Zeit soviel erlebt wie seit Jahren nicht«, stellte Max Beckmann schon nach zehn Tagen im Felde fest. »Meine Tätigkeit besteht des Morgens darin, die Veränderungen der Wunden in die Krankengeschichte einzutragen, während die Kranken nackt auf dem Tisch liegen, oft vier bis fünf.«

Beckmann gewöhnte sich an den täglichen Tod.

Hat er sich gefürchtet?

»Fürchten ist nicht das richtige, es ist vielleicht eine Art von Grauen, die einen überkommen kann.«

Wie es auf dem Verbandsplatz zuging, hat Ernst Jünger in den *Stahlgewittern* festgehalten: »Dem Füsilier Stölter hatte eine Schrappnellkugel die Halsschlagader zerrissen. Drei Verbandpäckchen waren im Nu vollgesogen. Er verblutete in Sekunden.«

Max Beckmann notiert im September 1914: »Es ist ein wildes und merkwürdiges Leben, was ich heute führe, nirgends ist mir der unsagbare Widersinn des Lebens deutlicher geworden.«

Und im Oktober 1914: »mein Lebenswille ist augenblicklich stärker als je, trotzdem ich schon furchtbare Sachen miterlebt habe und selbst schon einigemale mit gestorben bin. Aber je öfter man stirbt, desto intensiver lebt man. Ich habe gezeichnet, das sichert einen gegen Tod und Gefahr.«

11. Der Tod in Flandern

Im Auftrag des Oberkommandos illustriert Max Beckmann das Militärliederbuch *Kriegslieder des XV. Korps – 1914 bis 1915 – von den Vogesen bis Ypern*, das noch im zweiten Kriegsjahr im Verlag von Bruno Cassirer erscheint. Die Fibel dient als Trostbüchlein für den gemeinen Soldaten. In dem Buch, heute eine Rarität, heißt es: »Die Gedichte sind alle von Soldaten des XV. Korps, die kleinen Federskizzen von dem Sanitätsfreiwilligen Max Beckmann.«

Der zeichnende Kriegsteilnehmer steuerte zwölf Federskizzen und die Titelvignette bei. Die Gedichte sind sentimentale Kriegslieder einfacher Soldaten, wie sie selbst ein Hugo von Hofmannsthal geschrieben hat. Karl Kraus hat in seiner Zeitschrift *Die Fackel* solche Reime dokumentiert – und er hat mit ihnen abgerechnet. Beckmanns idyllische Skizzen, zum Teil schon vor dem Auftrag entstanden, scheinen nichts vom Schlachtgeschehen zu wissen. Nur einmal zeichnet er einen Waldfriedhof voller einfacher Holzkreuze als idyllisches Memento.

Zu Beginn des Jahres 1915 meldet sich Beckmann offiziell zum Kriegsdienst. Er dient nun nicht mehr als freiwilliger Krankenpfleger, sondern als Sanitätssoldat. Er wird in Belgien stationiert und arbeitet zunächst in einem Typhuslazarett, dann im Operationssaal in Courtray (Cortrijk).

»Courtray ist eine reizende alte flandrische Stadt und ich habe, abgesehen von den tragischen, mich bis ins Tiefste aufregenden und aufwirbelnden Ereignissen, die nun aber vorüber sind, auch manches Merkwürdige und Lustige erlebt.«

Er zeichnet Soldaten unter der Dusche (Wiese No. 244), ein Sujet, das Ernst Ludwig Kirchner im selben Jahr in einem Gemälde verwandte. Der Wasserstrahl und die duschenden Körper auf Beckmanns Zeichnung sind voller Bewegung – ganz im Gegensatz zu dem Spieß, der die Aufsicht führt. Die Begeisterung des Künstlers für unverstellte Menschen ist deutlich zu spüren.

»Essen in einem großen Küchenraum, einer Art Refektorium, wo ich mit zirka dreißig Mann im Drillichanzug zusammen esse. Es sind wunderbare Menschen und Gesichter darunter. Viele, die ich liebe und die ich alle zeichnen werde. Grobe knochige Gesichter mit intelligentem Ausdruck und schönen primitiven unmittelbaren Ansichten. Riesige Soldatenköche, plump und schwer […] Leute mit dicken Köpfen und schwarzen, wilden Brauen, neben gutmütig lächelnden, enorm fressenden Existenzen.

Ach, das ist wieder einmal Leben!«

Der Einunddreißigjährige schwankt zwischen Begeisterung über die neuen Eindrücke, einem Gefühl der Beengtheit in der fremdbestimmten Existenz und einer ironischen Sicht der Welt. Doch kennt seine Bewunderung der Vielfalt des Daseins keine Grenzen. Selbst den Schrecken des Operationssaals kann er stimulierende Eindrücke abgewinnen.

»Schön sind die Ansammlungen im Operationssaal, mit den dunklen verwilderten Gesichtern, den großen Bärten und weißen Verbänden.«

Weder verharmlosen die Skizzen aus dem Operationssaal das grausige Geschehen, noch frönen sie einem Verismus, der die Häßlichkeit schön findet. Der Zeichner setzt seine Kunst hier vor allem dazu ein, die menschliche Figur in einem begrenzten Innenraum zu charakterisieren. Die nackten Verletzten und Sterbenden und die einförmig gekleideten Ärzte und Schwestern sind in virtuosen Perspektiven zusammengedrängt. Die Verkürzung wird in unterschiedlichen Graden durchexerziert. Die Studien in der Krankenbaracke sollten Beckmann in der Nachkriegszeit bei seinen Interieurs ebenso zugute kommen wie in den schwindelerregenden Verdrehungen der menschlichen Figur, mit der allein er der verwirrten Situation beizukommen glaubte.

Der Krankenpfleger kommt nicht zum Malen. Auch darum wird das Zeichnen für Beckmann in seinem Kriegsjahr so wichtig.

Tatsächlich ist die Zeichnung der intimste Teil von Beckmanns Werk, der Schlüssel zu seinem Œuvre. Seit 1906 hatte der Künstler sich regelmäßig an den »Schwarz-Weiß Ausstellungen« der Berliner Secession beteiligt, zunächst mit Zeichnungen, später auch mit Lithos und Radierungen.

Kenner und Sammler interessierten sich damals besonders für das Fragmentarische der Zeichnung und hofften, darin eher die Intention des Künstlers zu entdecken als im vollendeten Gemälde. Max Liebermann, der die Zeichenkunst einmal die Kunst des Weglassens genannt hatte, bezeichnete sehr treffend, worum es in den »Schwarz-Weiß Ausstellungen« ging, als er im Herbst 1901 in seiner Eröffnungsrede betonte: »Aber erst wer in die Hieroglyphenschrift der Zeichnung eingedrungen ist, wird das vollendete Kunstwerk ganz verstehen.«

Man schätzt den Umfang von Beckmanns zeichnerischem Werk auf rund dreitausend Blatt. Obwohl schon früh ausgestellt, sind viele Zeichnungen, darunter einige sehr interessante, bis heute nicht publiziert.

Max Beckmanns zeichnerisches Œuvre kennt alle gängigen Motive. Oft ist die Zeichnung Initiation oder Modellzeichnung für ein Gemälde. Dabei ist das Zeichenmaterial stets abhängig von Sujet und Situation.

Vor dem Krieg näherte Beckmann mit tonischem Bleistift die

Zeichnung der Malerei an und zauberte auch in der Graphik, wie etwa in seinen Lithographien zur Johannes Guthmanns *Euridikes Wiederkehr*, malerische Stimmungen hervor. Im Krieg werden die Zeichnungen dichter und schärfer im Detail. Das Parfum des Fin du siècle hat sich ausgeduftet. Auch entfernen sich die Motive von den üblichen ikonographischen Vorlagen.

Im Krieg verbannt Beckmann die opernhaft kämpfenden Menschenleiber der wilhelminischen Jahre, auch den akademisch-klassizistischen Geist der Gründerzeit und die Melodie des Impressionismus endgültig ins Reich der Vergangenheit. Er zieht den Vorhang des neunzehnten Jahrhunderts weg. Die Wirklichkeit des Krieges tritt hervor.

Beckmanns Darstellung des Krieges besticht in Wort und Bild damit, daß er das Geschehen weder karikiert noch verherrlicht. In der Objektivität der protokollarischen Zeichnung sucht er seine Mitte zu wahren, und das ist ihm, wenigstens für ein paar Monate, gelungen.

Noch amüsiert es ihn, wie sich die Menschen an den »schaurigen Weltenbrand« gewöhnen konnten. Nachdem tagsüber die Geschütze gedonnert haben, zieht auch der freiwillige Sanitätshelfer Beckmann abends durch die Kneipen von Flandern.

Erst Mitte März 1915 besucht er mit einem Vorortlazarettzug die Front und steht zum ersten Mal vor einem Schützengraben. »Man blickte von einer Anhöhe herab in das weite flandrische Gelände mit den vielen kleinen Gehöften. Und durch den Nebel drangen die dumpfen Explosionen und knatterndes Maschinengewehrfeuer und dazwischen leicht, fast tänzelnd Trompetensignale.«

Beckmanns Blick auf den Krieg ist rein phänomenal. Der Vitalismus der Jahrhundertwende schlägt um in eine ehrliche, von keinem Zynismus getrübte Bewunderung des Lebens in allen seinen Formen. So schreibt er kurz nach der Besichtigung der Front: »Das Leben ist reizend hier. Man speist in einem leerstehenden Hause an einer langen Tafel wie in einem Offizierskasino. Der Zug besteht aus vielen netten Leuten und der Ton ist sympathisch. Der Dienst besteht im Verwundete und Kranke umladen und in der Vorsicht, sich keine Bombe auf die Nase fallen zu lassen.«

Verbirgt sich hinter diesem Sinn für Komik auch eine gewisse Beklommenheit? In seiner Schrift *Der Kampf als inneres Erlebnis* hat Ernst Jünger das Lebensgefühl der Kriegsgeneration zusammengefaßt:

Alle Ziele sind vergänglich, nur die Bewegung ist ewig, und sie bringt unaufhörlich herrliche und erbarmungslose Schauspiele hervor. Sich in ihrer erhabenen Zwecklosigkeit zu versenken wie in ein Kunstwerk oder wie in den gestirnten Himmel, das ist nur wenigen vergönnt. Aber wer in diesem Krieg nur die Verneinung, nur das eigene Leiden und nicht die Bejahung, die höhere Bewegung empfand, der hat ihn als Sklave erlebt. Der hat kein inneres, sondern ein äußeres Erlebnis gehabt.

Zeit seines Lebens, durch sein ganzes Werk zeigt Max Beckmann das Bedürfnis, die Welt und das Leben sub specie aeternitatis zu sehen. Die Bilder freilich ergreifen selbst Partei.

Der Archäologe Prof. Rodenwald, Delegierter des Roten Kreuzes, sorgt dafür, daß Max Beckmann mit dem Vierten Zug des Zugführers Dr. Kaesbach, Museumsassistent aus Berlin, nach Roeselaere versetzt wird. Kaesbach versucht, so viele Künstler wie möglich in seinen Zug beordern zu lassen. Hier begegnet Beckmann Erich Heckel, den er aus der Secession kennt. Die beiden sind zwei Wochen zusammen stationiert. Ihre Gespräche drehen sich um Kunst, besonders um Wandmalerei.

Einen freien Tag in Roeselaere Mitte März nutzt Max Beckmann zum Zeichnen und gibt im Brief eine kurze Rechenschaft über seine Arbeit. In wenigen Zeilen spricht er alle Themen an, die im Vorkriegswerk latent waren – und die nach dem Krieg im Mittelpunkt seines Werkes stehen sollten: Selbstportrait, Ausdruckskonzentration und Verzicht auf Zierat, Vitalismus, Plastizität, vor allem aber die Suche nach einem dreidimensionalen Raumgefühl, das er »gesteigerte Rundheit« nennt. Waren seine Zeichnungen vor dem Krieg oft mit weichem Bleistift ausgeführt, so erschienen sie jetzt wie mit dem Rasiermesser geschnitten.

»Anstatt nun irgendeinen Ausflug zu machen, hab ich mich wie ein Wilder auf die Zeichnung gestürzt und sieben Stunden Selbstporträt gezeichnet. Ich hoffe allmählich immer einfacher zu werden, immer konzentrierter im Ausdruck, aber niemals, das weiß ich, werde ich das Volle, das Runde, das lebendig Pulsierende aufgeben, im Gegenteil, ich möchte es immer mehr steigern – das weißt Du, was ich mit gesteigerter Rundheit meine: keine Arabesken, keine Kalligraphie, sondern Fülle und Plastik.

Ich arbeite viel, am meisten aber mit den Augen und dem Gedächtnis. Wundervoll ist mir immer das Zusammenkommen mit Menschen. Ich habe eine wahnsinnige Passion für diese Spezies.«

Das erwähnte Selbstportrait ist nicht überliefert.

Am selben Tag meldet sich Beckmann aus Ostende. Dort besingt er das Meer in einem poème en prose, mitten im Krieg.

Nun habe ich mir noch eine Zigarette angezündet und denke weiter. An den Augenblick, wo ich die kahlen Linien des entseelten Strandes zuerst sah. An die unheimliche Stille und an die fahlen spitzen Silhouetten von ein paar Soldaten, die langsam auf uns zukamen. An die schmalen, alligatorenhaften langen Rohre, die spitz und verschlagen auf das Meer hinaussahen. Und dann an das Meer, meine alte Freundin, zu lange schon war ich nicht mehr bei dir. Du wirbelnde Unendlichkeit mit deinem spitzbesähten Kleide. Ach, wie schwoll mein Herz. und diese Einsamkeit. Eine Herde düster aussehender Menschen gruben irgend etwas Militärisches still und schattenhaft. Ein vereinzelter Posten am Horizont. Alles sonst tot. Alle Fenster und Läden geschlossen. Das Kurhaus, dieser große Kokottenkasten, mit riesigen Brettern vernagelt. Still war es und traumhaft wie gegen drei Uhr morgens im Sommer. Eine fahle Zwielichtstimmung. Alles Le-

bende war draußen. Jenseits. Wenn ich der Kaiser der Erde wäre,
würde ich als mein höchstes Recht mir ausbitten, einen Monat
im Jahr allein zu sein am Strand.

Ende März wird der Künstler nach Vervik versetzt, direkt an die
Front. Im Feldlazarett arbeitet der Bakteriologe Philaletes Kuhn
als Oberstabsarzt. Beckmann zeichnet ihn. (Das Blatt sollte erst
1984 wiederauftauchen.) Im Mai 1915 erhält er Gelegenheit,
Professor Ernst Ferdinand Sauerbruch en face zu portraitieren,
der als Chirurg im Felde dient.
    Philaletes Kuhn beauftragt Beckmann mit einer Wandmalerei
für das Soldatenbad.
    »Ich werde das Bad, eine große Spinnerei, in ein orientalisches
Bad umwandeln, mit Wüste und Palmen, Oasen und Dardanel-
lenschlachten.«
    Doch er gibt die orientalische Phantasie bald auf. Der Künst-
ler sieht sich außerstande, dem Grauen des Krieges eine bunte
Phantasiewelt entgegenzustellen. Er will lieber malen, was er sieht;
eine Entscheidung, die auf ein Jahrzehnt seine Kunst beeinflussen
wird. Das Gemälde, das Beckmann auf die Wand wirft, ein mun-
teres und durchaus komisches Pferdestück, ist nur noch in einer
Photographie überliefert; Vorzeichnungen, Studien eines Lanzen-
reiters, haben sich erhalten.
    Kann man ein solches Thema in Angriff nehmen, ohne an
Paolo Uccello zu denken, der als erster mit schroffen Verkür-
zungen gearbeitet hat, um das Suggestive seiner Figuren zu betonen?
    »Ich beschäftige mich viel mit Verkürzungen«, protokolliert
Beckmann während der Arbeit, »zeichne so einen Reiter auf seinem Gaul sehr tief von unten, so daß der Kopf des Pferdes mit
seinen mysteriösen geblähten Nüstern direkt gegen so einen pom-
pös brutalen Kopf des Kerls steht.«
    Der Beckmann-Forscher Stephan von Wiese vertritt in seiner
Studie *Max Beckmanns zeichnerisches Werk 1903 bis 1925* die
Ansicht, der Künstler habe in dieser Wandmalerei bewußt mit

seinem Vorkriegswerk gebrochen und den ersten großen Umbruch in seinem Schaffen eingeleitet.

Die neuen malerischen Mittel sind allerdings technisch erforderlich – Beckmann malt hier zum ersten Mal Fresko.

»Eines meiner schönsten Erlebnisse. Wie für mich geschaffen. Vieles wird erst ganz frei in mir auf diesen großen Flächen. Und es ist wunderbar, wie schön die Farbe auf dem Kalk steht. Hier kann man auch wagen, was bei der Ölfarbe manchmal nicht geht, größere Flächen relativ leer stehen zu lassen, um mit andern um so intensiver zu wirken.«

Ein Künstler, der das Material und damit die Technik wechselt, findet oft auch zu einem neuen Stil. Beckmann sollte freilich nicht wieder affresco malen. Ein halbes Jahr später, als er zur Ölmalerei zurückkehrte, knüpfte er allerdings auch nicht mehr an die gutbürgerliche Malweise seiner Vorkriegsjahre an. Er konnte und wollte es nicht. Der historische Umschwung ging bei ihm, wie bei anderen seiner Generation, mit dem künstlerischen Hand in Hand.

Der Krieg setzte nicht nur eine emotionale Zäsur, sondern auch eine formale. Unter der Hand geht Max Beckmann von der malerischen, tonischen Zeichnung seiner wilhelminischen Jahre zu einem analytischen Stil über. Diese Entwicklung seiner Zeichenkunst hatte kurz darauf für seine Malerei größte Folgen. Von nun an sollte er seiner Kunst nachgehen wie einer Wahrheitssuche.

Mitten im Krieg wurde eine neue Kunst geboren. Mit dem Kaiserreich brach der Historismus wie der akademische Klassizismus zusammen. Die Purifikation der zwanziger Jahre bereitete sich vor.

»Prosa ist Architektur, nicht Innendekoration – und der Barock ist vorbei«, bemerkte Ernest Hemingway, der ebenfalls im Ersten Weltkrieg als freiwilliger Sanitätshelfer diente.

Frei von politischen oder patriotischen Gefühlen, erlebte Beckmann ähnlich wie Ernst Jünger den Krieg zunächst als große Metapher. Im Gegensatz zum Stoßtruppführer Jünger blieb er jedoch

Zuschauer. Eine Bemerkung aus Vervik, Ende März 1915, wirkt heute wie eine Vorschau auf das Zeitalter der Televisions-Medien. Schon die Künstler der Renaissance, und nicht allein Uccello und Altdorfer, haben sich jedoch für Massenszenarien im Krieg interessiert.

»Ich glaube, daß ich Außerordentliches erlebe bei diesen Massenakten«, schreibt Beckmann. »Ich kann mir nun in Ruhe, eine Apfelsine essend, die raffiniertesten Fliegerbeschießungen mit ansehen. Des Nachts habe ich ein wundervolles Feuerwerk der auf- und absteigenden Leuchtkugeln in freundlichen und feindlichen Schützengräben, und mein Ohr lernt Maschinengewehr- und Infanteriefeuer unterscheiden und kennt französische und deutsche Kanonen.«

Er beobachtet die Figuren eines Fliegers am Himmel, »ob Freund oder Feind, war nicht zu unterscheiden. Überall klangen die Lieder heimkehrender und durchmarschierender Truppen durch die Luft. Auch ab und zu Musik dabei. Ich selbst war mir fremd und unpersönlich. Abgeschieden von meinem früheren Leben und doch nicht in Disharmonie mit mir, fühlte ich mich seltsam einheitlich und wunschlos dabei.«

Aber das »Riesenmorden« geht nicht spurlos an ihm vorbei. Immer öfter überfällt ihn Melancholie. Die Krise bereitet sich vor.

Anfang April findet er in Lille eine Formulierung, die den Zustand der Stadt in einer unvergeßlichen Formel zusammenfaßt: »Gerade ins Herz der Stadt hat man mit wüster Gewalt gestochen, und die Straßenreihen klaffen auseinander wie am Jüngsten Tag.«

Hier entsteht eine Selbstportrait-Skizze »in meiner trübseligen Krankenpflegeruniform mit der wilden Autobrille«. Im Gegensatz zu den munteren Worten der Kriegsbriefe sind hier Schrecken und Entsetzen in die aufgerissenen Augen und den zusammengepreßten Mund geschrieben wie in die wilde, fahrige Strichführung der bei elektrischem Licht hingeworfenen Federzeichnung.

»Wie fern ist der Friede.«

Die Figur beginnt, sich aufzulösen, dafür treten einzelne Züge stärker hervor. Die harmonischen Proportionen der Vorkriegszeit zerbrechen. Die Verwirrung dieser vollkommen neuen Situation spiegelt sich in einer Neuorganisation der Lineatur, einer neuen Konzeption der Proportionen. Vordergründig als Verzerrung zu lesen, als suggestiver Neomanierismus, ertastet diese neue Kunst jedoch das dunkle Geheimnis des Raumes mit einem kalten Licht.

Zunehmend verdüstert sich auch die Stimmung der Briefe. Beckmanns latenter Pessimismus tritt wieder hervor.

»Die Züge hier vorn verkehren nur des nachts wegen der Fliegerbomben«, berichtet er von der Front. »Unheimlich angstvoll wirkten diese Leuchtkugeln, wie schauerliche, bleiche Gesichter, die sich über die dunklen Wälle für ein paar Augenblicke emporheben und dann schnell versinken.«

Mitte April hat er Gelegenheit zu einem Besuch des Brüsseler Museums, fühlt sich »zu Hause in Feindesland« und begeistert sich besonders für Gemälde von Pieter Brueghel d. Ä., darunter den *Engelssturz* und den *Sturz des Ikarus*, für Werke von Rogier van der Weyden und Lucas Cranach; dessen *Portrait des Dr. J. Scheyring* von 1529, »ein Mann mit schräg stehenden Augen, Bart und Pelz gegen eine leere Wand«, lobte er ebenso wie »einige unbekannte deutsche Primitive«, Meister wie Lucas van Leyden und Lucas Cranach d. Ä., »die durch ihre fast brutale, rohe Innigkeit, ihre robuste, fast bäurische Kraft mir wunderbar erschienen«.

Als er wieder an der Front ist, wird der Ton der Briefe bitter. »Und überall das Heulen der Geschütze.

Es handelt sich um irgendeine Revanche, da der Gegner uns irgend etwas, eine Höhe, abgenommen hat. In Wirklichkeit handelt es sich darum, die schon kurze Lebensdauer einiger hundert Menschen endgültig zu regeln.«

Am 20. April 1915 protokolliert Max Beckmann den Eindruck von einem apokalyptischen Panorama, wie man es fast zwanzig Jahre später in dem Triptychon *Der Krieg* und Gemälden wie *Flandern* des Kriegshelden und Kriegsgegners Otto Dix sah: »Ich

stieg aufs Dach und konnte die ganze riesige Front genau über-
blicken. Kalte, schmale, dunkle, graue Wolken gegen die untergehende Sonne. In der Ferne die Höhenzüge von Ypern, und den
ganzen Horizont entlang die schaurigen Granat- und Schrapp-
nellexplosionen.«

Während seines kurzen Kriegsjahres vom September 1914 bis
Juni 1915 schwankt Max Beckmann ständig zwischen Bewunderung und Entsetzen. Obwohl er an der Front nicht malen kann,
arbeitet die Malerei in ihm weiter. Eine Woche nachdem er bei
einer Beerdigung unter Granatenbeschuß geraten war, schreibt
er:

»Ich habe eine solche Passion für die Malerei! Immer arbeite
ich an der Form. Im Zeichnen und im Kopf und im Schlaf. Manchmal denke ich, ich muß verrückt werden, so ermüdet und quält
mich diese schmerzliche Wollust. Alles versinkt, Zeit und Raum,
und ich denke nur immer, wie malst du den Kopf des Auferstan-
denen gegen die roten Gestirne am Himmel des Jüngsten Tages.
Oder wie bringst du es fertig, den Schnurrbart des Unteroffi-
ziers D. und seine rötliche Nase zu einem lebendigen Ornament
zusammenzuschmelzen.«

Während deutsche und englische Soldaten gegeneinander
kämpfen, wird die Situation auch für das Sanitätspersonal immer gefährlicher. Lazarette werden beschossen. Tote und Verwundete häufen sich auch unter Ärzten und Pflegepersonal. Max
Beckmann, der beim Zeichnen an der Front sogar als Spion verhaftet wird, bieten sie extremes Anschauungsmaterial.

»Fabelhafte Sachen sah ich. In dem halbdunklen Unterstand
halbentkleidete, blutüberströmte Männer, denen die weißen Ver-
bände angelegt wurden. Groß und schmerzlich im Ausdruck.
Neue Vorstellungen von Geißelungen Christi.«

Die christliche Ikonographie sollte in Beckmanns Nachkriegs-
werk eine Schlüsselrolle bekommen.

»Beim Nachhausegehen«, schreibt Beckmann Anfang Mai,
»beobachtete ich ein paar kartofellegende Weiber mit zwei Bauern
mit riesigen Hacken. Lange, böse Kerle, die mit Wucht drauflos-

schlugen. Von weitem sehen sie aus wie mähende Schnitter des Todes.«

Und so hat er sie mit Feder und Pinsel in Tusche gezeichnet. Die wuchtige, stark abstrahierte Skizze ist kräftig rhythmisiert. Es scheint, als sei die Bewegung marschierender Soldaten in die Glieder der Bauern gefahren; freilich als eine Musik des Teufels, der sie holt. Die Hacken werden zu Hippen des Todes.

»Morgen früh wollen sie Ypern nehmen – ich muß aber vorher noch diese Bauern zeichnen.«

Ende Mai besucht er »die richtigen Schützengräben, wo ein Geschlecht von Menschen haust, das mit dem Leben abgeschlossen hat«, und gesteht: »Diese feuerspeiende Horizontlinie hat eine scheußliche Anziehungskraft für mich.«

Verlor der Künstler schon im Mai 1915 den Glauben an einen deutschen Sieg? In den Briefen gibt es Andeutungen. Doch schon vorher wirken die wenigen vaterländischen Bemerkungen eher konventionell, wie Etiketten, die mit dem Gehalt der Mitteilungen nichts zu tun haben. Liebe, Vaterland, Religion und Kunst hält Beckmann nurmehr für Kitt, mit dem der Mensch seinen Horror vacui zukleistert.

»Zähne zusammenbeißen und durchhalten«, schreibt er im April 1915, »durch den Krieg und durch das Leben, was ja gar nicht so verschieden ist.« Denn sowohl im Krieg als auch im Frieden ist der künstlerische Mensch: »Eingefangen, bewacht und angezweifelt.«

Der Krieg ist nicht der Vater aller Dinge. Der Vater von Beckmanns Kunst seit 1915 ist er gewiß.

12. Der Krieg geht weiter

Der Sommer 1915 ist die black box im Leben von Max Beckmann. Die entscheidende Zeit ist nur lückenhaft dokumentiert. Was genau geschah, wird man wohl nie ganz rekonstruieren können. Erhard Göpel, der später viele Gespräche mit Beckmann geführt hat, ist der Ansicht, daß der Künstler im August an der Front einen physischen und psychischen Zusammenbruch erlitten habe. Genau datieren läßt sich ein solcher Zusammenbruch indes nicht. Vorboten eines nervous breakdown wären weniger in den *Briefen im Kriege* auszumachen, die trotz allem von einem optimistischen Unterton getragen sind, als in den etwa 160 Zeichnungen, die zwischen August 1914 und September 1915 entstanden.

Nervöse Zusammenbrüche und plötzliche Krankheit waren bei Soldaten häufig. So erlitt 1916 der vier Jahre ältere Ernst Ludwig Kirchner, der als Kraftfahrer in einem Artillerieregiment diente, an der Front einen Zusammenbruch. Er zog sich zunächst in ein Sanatorium in Königstein im Taunus, dann nach Davos zurück. Friedrich Nietzsche diente im Deutsch-Französischen Krieg nur zwei Wochen als Sanitätshelfer, dann hatten sie ihn mit Diphtherie nach Hause geschickt.

Im September 1915 wurde Max Beckmann vorläufig aus dem Fronteinsatz entlassen. Ein bestimmter Grund für die Entlassung ist in den Papieren nicht angegeben.

»Ausdrücke giebts überhaupt nicht mehr für diesen Krieg«, äußerte Beckmann noch im Mai 1917. Bis gegen Ende des Krieges mußte er befürchten, wieder eingezogen zu werden.

Max Beckmann wurde vorerst nicht aus dem Kriegsdienst verabschiedet, sondern ins Reich zu einer ruhigeren Dienststelle kommandiert. Bereits am 5. September 1915 meldete er sich aus Straßburg bei Minna Tube. Der Beckmann-Forscher Uwe M. Schneede vermutet, daß jener Bakteriologe Philaletes Kuhn, der den Künstler Ende März mit der Wandmalerei für das Soldaten-

Minna Tube, Photopost-karte, Dessau 1917

bad in Vervik beauftragt hatte und der am Straßburger Kaiser-lichen Hygiene-Institut wirkte, den Maler an seine Anstalt be-rief.

»Ich bin nach vielen Irrfahrten jetzt hier gelandet und zeichne Bakterien und Präparate fürs Vaterland«, berichtete der Frontent-lassene im August 1915 Freunden in Berlin auf einer Feldpost-karte mit dem Absender »freiw. Krankenpfleger Max Beckmann am kaiserl. Institut für Hygenie«.

Das gleiche schrieb er an Reinhard Piper.

»Benutze jede freie Minute zur Arbeit. Es ist sehr eigentüm-lich hier kann man sich sehr auf sich selbst concentrieren. Außer-dem ist Straßburg sehr amüsant.« Der Front entronnen, stürzt er sich sogleich wieder in die Arbeit, will Akt malen, aber es er-weist sich als schwierig, Modelle zu finden.

Die erste große Schubumkehr in Beckmanns Werk setzte im

Kriege ein und schlug sich im ersten Gemälde nieder, das er 1915 in Straßburg während seiner Zeit am Kaiserlichen Hygiene-Institut malte: Das kleinformatige *Selbstbildnis als Krankenpfleger*, das seit 1925 in Wuppertal hängt, ist mehr als nur eine entschiedene Weiterentwicklung seiner Selbstportraitkunst. Aus konvexer Perspektive drängt das Gesicht mit den aufgerissenen Augen auf den Betrachter zu. Diese Augen haben viel Schreckliches gesehen. Voll Liebe und Härte zugleich schauen sie in die Zeit und in die Nachwelt.

»Kaltblütig« hat Philippe Soupault diese Epoche im Werke Beckmanns genannt. Doch es ist die Kaltblütigkeit des Arztes, der helfen will, wenn schon alles vergeblich ist. Soupault, der wie Beckmann im Krieg krank geworden war, charakterisierte die Selbstbildnisse, die Beckmann von nun an malte, als jährliche »examens de conscience«.

Es zog den Künstler nicht zu seiner Frau zurück. Ihn beschäftigten die irren Gesichte des Krieges, er brütete über einer neuen Kunst. Im Krieg war er über die reine Artistenmetaphysik hinausgewachsen, der er im Anschluß an Nietzsche gehuldigt hatte. Nicht mehr die rein ästhetisch-vitalistische Begeisterung an der Katastrophe erfüllte den gereiften Künstler, sondern schöpferische Anteilnahme am Zustand des Menschen und der Menschheit.

Für Max Beckmann war der Krieg an der Front zu Ende. Er sollte ihn jetzt auf der Straße und im alltäglichen Leben finden – bis Mitte der zwanziger Jahre. Das Resümee seines Jahres im Felde erwies sich zugleich als Vorausschau auf den Nachkrieg.

»Es ist doch so, als ob wir alle in einen bodenlosen Schlund gezogen werden«, schreibt er aus Straßburg an seine Frau Minna, die inzwischen in Elberfeld die Venus im *Thannhäuser* sang, »und jeder der noch nicht gerutscht ist hält sich ängstlich an einer kümerlichen Staude und tritt den andern, daß er ihn nicht mit hinabzieht und fällt, reißt den andern aus Wut mit hinab.«

Uwe M. Schneede vermutet, daß ein befreundeter Arzt den Maler von Straßburg nach Frankfurt am Main mitnahm. Dort

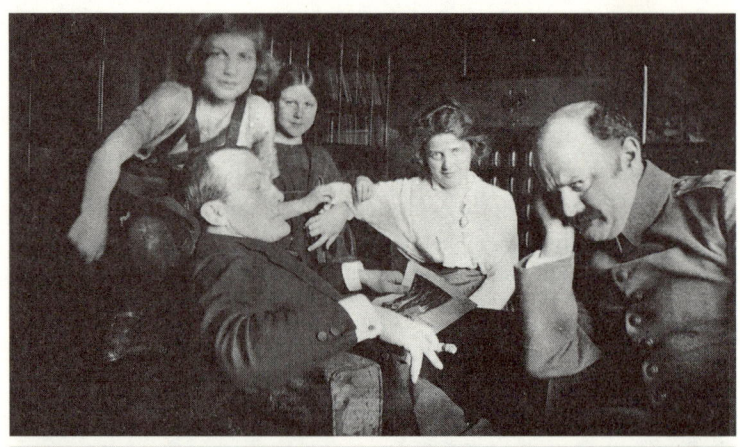

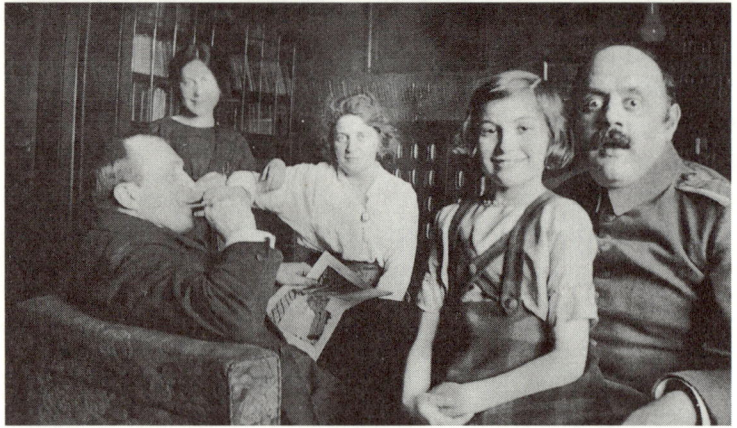

*Max Beckmann im Hause Dr. Hermann Feith, Wolfgangstraße 51
in Frankfurt am Main, mit Fridel und Ugi Battenberg und den
Töchtern Eva und Beate Feith, 1916 oder 1917*

fand Beckmann bei Ugi Battenberg Unterschlupf, seinem Studienfreund aus Weimar. Auch er hatte als Sanitäter im Lazarett gedient.

Besondere Freundschaft entwickelte er auch zur Frau seines Freundes, Fridel Battenberg (1880–1965), die Bummi genannt wurde und aussah, als sei sie dem Mittelalter entsprungen. 1917, in der Zeit, als Beckmann an seinen großen Christusdarstellungen malte, spielte Fridel, die auch Klavierunterricht erteilte, ihm Bach vor. Beckmann hielt ihre herben wie sensiblen Züge ein Jahr später in einer filigranen Bleistiftzeichnung und in der Kaltnadelradierung *Der Abend* fest. Dabei war das Portraitzeichnen für ihn wie Jakobs Kampf mit dem Engel. Als er im Krieg ein flandrisches Mädchen zeichnete, bekannte er: »Ich muß mich immer erst in einen Kopf einleben und ihn kennen wie eine Stadt, in der man lange gelebt hat.«

In den zahlreichen Bildnissen, die Beckmann von Fridel Battenberg gezeichnet und gemalt hat, schaut sie aus hellsichtigen Augen in eine nur ihr sichtbare Welt. In der sehr plastischen Kaltnadelradierung hält sie zudem eine Katze auf dem Schoß, wie sie bei Beckmann auch im *Synagogen*-Bild als Sinnbild der Sphinx erscheint. Der Künstler schätzte die Radierung selbst hoch ein. Drei Jahre später verlegte sie Reinhard Piper für die Marées-Gesellschaft als zehntes Blatt der Mappe *Gesichter*.

»Die Radirung dem Styl meiner Kriegsradirungen verwandt enthält aber [...] eine latent erotische Stimmung und ist wohl eine meiner besten Arbeiten.«

In der konzentrierten, auf notwendigste Striche reduzierten Ausführung flankieren die Köpfe der Freunde die versonnene Frau. Beckmanns Blick richtet sich zu ihr empor und doch an ihr vorbei, während der Ehemann wegschaut oder schläft.

Weniger die erotischen als die hellsichtigen Züge Fridel Battenbergs sollte er vier Jahre später in einem altmeisterlichen Gemälde von auffallendem Hochformat festhalten. Die Hände sprechen hier so deutlich wie sonst nur in Beckmanns Selbstbildnissen.

Von Frankfurt aus mußte Beckmann zunächst noch zum Dienst nach Straßburg reisen. Im Oktober wurde er dann auf Betreiben des befreundeten Arztes aus dem Dienst zur »Spezialbehandlung beurlaubt zur Wiederherstellung meiner Gesundheit«. Ende September bis Anfang Oktober besuchte er Minna und Peter in Hermsdorf. Doch er blieb nicht in Berlin und kehrte nach Frankfurt zurück.

»Für mich ist jeder Tag ein Kampf«, hatte er schon in Straßburg bekannt. »Und zwar ein Kampf mit mir selbst und den bösen Träumen die um mein Haupt surren wie die Mücken. [...] Wir komen doch noch, wir komen doch noch! singen sie.«

Lange noch sollten die Kriegserlebnisse in Beckmann nachbeben. Sie bestimmten seine ungeschönte Betrachtung der frühen zwanziger Jahre und seine Haltung gegenüber dem Nationalsozialismus. Noch im August 1929 schrieb er an seine zweite Frau Quappi: »Ja – das Heldische ist sehr schön – solange es sich mit Musik und Teater-Glorie abspielt. In Wirklichkeit ist es von einer trostlosen Grausamkeit und von einem Endzweck von dem man nicht weiß wohin es führt.«

Noch in Straßburg stellte der beurlaubte Krankenpfleger fest, daß nur die künstlerische Arbeit ihm über die Anwandlungen von Verfolgungswahn hinweghelfen konnte. Seit Oktober nannte er sich »freiw. Krankenpfl. Beckmann, z. Z. Frankfurt a/M Schweizerstr 3«. Ugi Battenberg stellte ihm sein Atelier im vierten Stock des Hauses einer großen Straße im Stadtteil Sachsenhausen zur Verfügung. Das Haus gehörte dem Wollwarenhändler Carl von Braunbehrens, der im ersten Stock wohnte. Battenbergs wohnten im zweiten, im dritten befanden sich Gästezimmer, in denen auch Max Beckmann logierte, im vierten die Atelierräume.

Wie so oft in einer Künstlervita wurde auch dieses Provisorium zur Dauerlösung. Siebzehn Jahre lang sollte Max Beckmann die Räume als sein Hauptatelier nutzen. 1933 mußte er Frankfurt und das Atelier in der Schweizer Straße verlassen.

»In anderen Städten mauscheln nur die Juden«, hatte Heinrich Heine in seiner Schrift über Börne bemerkt, »in Frankfurt mauscheln alle.« Beckmann aber ließ sich auch vom Dialekt der neuen Umgebung, den er gelegentlich imitierte, nicht verscheuchen.

»Ich werde wohl in Frankfurt wohnen bleiben«, ahnte er schon. »Das viele Reisen hat gar keinen Zweck, weil man doch nur die Menschen versteht, unter denen man lebt. Alles andere kann man ebensogut in Abbildungen genießen.«

Frankfurt,
um 1916/17

Der Künstler wendet sich hier auch gegen die vermeintliche Natürlichkeit der Plein-air-Malerei und der herkömmlichen Stadt-veduten. Er plädiert für eine verfremdete Darstellung der Umwelt, die moderne Medien, wie die Postkarte, einbezieht.

Beckmann wählte die Stadt Frankfurt am Main als die kleine Welt, in der er seine große ausbilden konnte: »In Frankfurt ist alles so hübsch beieinander, der moderne Großstadtbetrieb und die altertümliche Enge.«

Hoffte der Künstler, in Frankfurt leichter einen Bruch mit seiner Vorkriegskunst herbeiführen zu können und eher einen neuen Anfang zu finden als in Berlin?

Frankfurt am Main verfügte damals über das größte zusammenhängende gotische Viertel in Deutschland. Zwischen diesen Fachwerkhäusern hatte Goethe als Knabe seine ersten Streifzüge unternommen. Es war die Atmosphäre, in der der *Urfaust* gedieh. Der Zweite Weltkrieg löschte dieses Juwel der Stadtarchitektur aus. Vom »lieben alten Frankfurt« blieb nichts mehr übrig.

Im Freundeskreis von Minna und Max Beckmann waren immer mehr Verluste zu beklagen. Nach Martin Tube fiel auch der Maler und Graphiker Albert Weißgerber (1878–1915), Mitarbeiter der Zeitschrift *Jugend* und Präsident der Münchner Neuen Secession. Beckmann zeigte sich über seinen Tod ebenso erschüttert wie darüber, »daß es mir noch immer so gut geht«. Unter den vielen jungen Künstlern, die im Ersten Weltkrieg fielen, waren auch August Macke, Franz Marc und Wilhelm Morgner.

Auch Beckmanns zwei Jahre älterer Kollege Waldemar Rösler wurde betrauert. Er ist mit seiner Frau Oda auf Beckmanns 1911 vollendetem Gemälde *Gesellschaft* zu sehen. Rösler hatte zusammen mit Beckmann im Vorstand der Berliner Secession gesessen und als eines der größten Talente seiner Generation gegolten. Am 14. Dezember 1916 beging er im ostpreußischen Arys Selbstmord. Seine in Belgien geschriebenen Feldpostbriefe, die er selbst illustrierte, waren neben Beckmanns *Briefen im Kriege* in der Zeitschrift *Kunst und Künstler* erschienen. Beckmann las sie an der Front. Zudem starben 1917 fast gleichzeitig Hans Olde, Frithjof Smith und Wilhelm von Scholz, die drei Förderer aus Weimarer Tagen.

Als 1916 die Professur für Monumentalmalerei an der Dresdner Akademie frei wurde, bewarb sich Max Beckmann auf Vermittlung des Malers Robert Sterl (1867–1932), der bereits seit 1905 an der Akademie lehrte. Doch wie schon als angehender Kunststudent wurde Beckmann von diesem Hause noch einmal abgelehnt, und Ludwig von Hofmann bekam die Stelle. Max Beckmann blieb in Frankfurt. Immerhin richtete Sterl im Sommer 1917 als Veranstaltung der Dresdner Künstler-Vereinigung eine Beckmann-Ausstellung aus. 1919 ereilte Max Beckmann

dann ein Ruf an die Kunstakademie Weimar. Man bot ihm die
Aktklasse an. Doch er lehnte ab; inzwischen war er zu stark von
seiner malerischen und graphischen Arbeit in Anspruch genommen.

Veni destructor spiritus! lautete mitten im Krieg das Gebot
der Stunde. Dadaisten, Gegenstandslose und Espressos befaßten
sich vor allem mit Formzertrümmerung. Nicht so Beckmann –
er wollte beweisen, daß die klassische Malerei gerade in dieser
schweren Zeit eine legitime künstlerische Form sein könne.

Im *Selbstbildnis mit rotem Schal* suchte er 1917 sein Kran-
kenpflegerbildnis durch zwei charakteristische Abwandlun-

gen zu überbieten. Noch deutlicher als im unvollendeten Selbstbildnis von 1908 rückt er dieses Selbstportrait in die Nähe der christlichen Ikonographie; diesmal präsentiert er sich als Schmerzensmann. Die linke Hand ist stigmatisiert, der Arm angewinkelt. Nicht eine säkularisierte Erlöserfigur wie auf dem Selbstbildnis von 1908 tritt uns entgegen, sondern ein mit den christlichen Insignien geweihter Zeitzeuge. Die untere Zahnreihe bleckt dem Betrachter entgegen wie aus einem Totenschädel. Der rote Schal als titelgebendes Attribut liegt wie ein Strick um den Hals. Die Augen sind unnatürlich geweitet, fixieren nun nicht mehr den Betrachter, sondern blicken auf die Schrecken der Vergangenheit und Gegenwart – und die Drohungen der Zukunft.

Die Absolutheit des leeren Raumes gibt der Maler zugunsten einer virtuosen Verblendung seiner Arbeitsumgebung auf. Das mittelgroße Bild zählt zum Genre der Selbstbildnisse im Atelier. Man sieht das Fenster des Wintergartens in der Schweizer Straße, der bis heute noch so besteht. Man sieht auch den Turm der Dreikönigskirche von Sachsenhausen.

Vor dem Krieg ahnte der Maler die Katastrophe, nach dem Krieg hatte er sie gesehen. Die Katastrophengemälde des Vorkriegs wollten den Betrachter mit aller Macht überreden – die des Nachkriegs überzeugen ihn. Die triumphale Selbstdarstellung ist jetzt nicht mehr möglich. »Der Krieg singt nicht«, wie Ernst Jandl bemerkt hat. Nur langsam sollte sich Beckmanns Selbstbild regenerieren, aber auch zehn Jahre später mangelt ihm auf dem glorreichen *Selbstbildnis im Smoking* letztes Vertrauen in die Welt.

Das Elend von Krieg und Nachkrieg ließ sich nicht realistisch darstellen. Zugleich war Beckmann zu sehr von den ikonographischen Traditionen der Kunstgeschichte beherrscht, als daß er in Gegenstandslosigkeit, Formzertrümmerung, Karikatur oder Naturalismus hätte ausweichen können. Der Griff in die kunstgeschichtliche und ikonographische Tradition lag also auf der Hand.

Frankfurt, um 1916/17

Nun war 1908 bei Piper Wilhelm Worringers Dissertation *Abstraktion und Einfühlung* erschienen. Weder vorher noch nachher hat eine kunsthistorische Doktorarbeit mit ideologischen Thesen soviel Aufsehen erregt. Die deutsche Kunst, so schrieb Worringer in seinem Elaborat, finde am besten zu sich selbst, wenn sie sich ganz der »Einfühlung« überantworte, ganz irrational werde, wie dies dem Autor zufolge in der Gotik geschehen sei. Worringer behauptete gar, die ursprünglich französische Gotik habe erst bei den Deutschen zu sich selbst gefunden – und die Deutschen bei ihr. Gotik und Expressionismus seien die beiden Phasen, in denen sich das Germanentum künstlerisch und kulturell vollendet habe. Den Expressionismus könne man, so Worringer, auch als gotisch bezeichnen.

Abstraktion und Einfühlung fand weite Verbreitung und wurde zum Kultbuch der Espressos. Sie hofften, dem Verdacht zu entkommen, sie setzten lediglich die französischen Fauves fort, so wie Max Liebermann von den Impressionisten abhängig war. Gotisch – das bedeutete nun expressionistisch und modern mit national deutschem Akzent. Der Expressionismus begann sich als Nationalstil zu konstituieren, bis der Weltkrieg dieser Entwicklung eine Ende setzte.

Beckmann dagegen sprach sich im Mai 1917 für eine differenzierte Aufnahme des gotischen Erbes aus: »Es handelt sich gerade jetzt darum, zu kämpfen daß wir nicht wieder [in] archaisierende Zeiten hineingeraten sondern nur im starken Bewußtsein unserer eigenen wahnsinnigen und doch starken Zeit uns unserer Ahnen liebevoll bewußt werden.«

Max Beckmann distanzierte sich vom Expressionismus, fand die Espressos borniert und stimmte Worringer zu, als dieser in einem Vortrag in Frankfurt, für Beckmann eine Hochburg des Expressionismus, darauf hinwies, daß die Espressos in eine Sackgasse geraten waren. Auch Carl Zeiss' Inszenierung des *Urfaust*, die er 1918 im Städtischen Schauspielhaus Frankfurt sah, gefiel dem Maler nicht; und er machte sich lustig über die »„expressionistisch" geschmakvolle Inscenierung. […] Wenn der Faust denn wenigsten einen Frak angehabt hätte.«

Beckmann empfand seine Malerei als Gegensatz zur Kunst der Espressos. Aber was hatte er gegen sie? Er war der Meinung, daß »die expressionisti[sche] Angelegenheit doch nur eine dekorativ literarische ist, die mit einem lebendigen Kunstgefühl nichts zu tun hat«.

Für die schwächeren Talente war es die richtige Marktstrategie, auf den Zug des Expressionismus zu springen, für die Meister, ihn vorbeifahren zu lassen.

Aber wie die Espressos beschwor auch Max Beckmann das deutsche Spätmittelalter. Er versuchte, mit einem allgemeinverbindlichen Arsenal von Pathosformeln die zeitgenössische Situation des Menschen zugleich zu überhöhen und in der Tradition zu verankern. Dadurch nahm er der Gegenwart freilich einen Teil des Grauens.

Um Beckmann zu verstehen, muß man bei Adam und Eva anfangen. Das erste Menschenpaar, nackt und unschuldig, dann verführt, sündig und verhüllt, hat ihn nicht losgelassen. Noch im späten Tagebuch finden sich Zeichnungen für ein Sündenfall-Triptychon: Auf dem linken Flügel sind Adam, Eva und Kain zu sehen, das mittlere Bild sollte die Erschaffung Evas aus Adams Rippe zeigen, die rechte Leinwand den Brudermord. Adam und Eva waren für den Künstler mehr als ein altes Thema der Kunstgeschichte – hier begegnen sich Mann und Frau in ihrer kosmischen Polarität.

Beckmanns Deutung des Themas auf seinem kleinen Gemälde *Adam und Eva* von 1917 ist jedoch pessimistisch. Der neue Typus, der hier die Bildfläche betritt, ist das Wesen, das sich schämt. Aus dem grauen waste land, von dem sich die sündigen Figuren weißlich abheben, blinkt nur das rote Auge der Schlange. Was Gott getrennt hat, soll der Mensch nicht zusammenfügen. Nicht schamlos, sondern unverschämt sind diese beiden Figuren – das Kainitische, der Bruderhaß, wird ihnen auf dem Fuße folgen.

Beruhte Beckmanns Zweckentfremdung der christlichen Ikonographie auf einer existentialistischen Hybris?

»Es wird sich auch noch ein neues mystisches Gefühl bilden«, hoffte er nach dem Krieg. »Mit der Demut vor Gott ist es vorbei. Meine Religion ist Hochmut vor Gott, Trotz gegen Gott. Trotz, daß er uns so geschaffen hat, daß wir uns nicht lieben können. Ich werfe in meinen Bildern Gott alles vor was er falsch gemacht hat.«

Gnostische Reminiszenz wie die verfinsterte Sonne, die sich in der zweiten *Auferstehung* findet, an der er gleichzeitig arbeitete, gestische Zitate des Isenheimer Altars wie die flammenden Hände bestimmen Beckmanns *Kreuzabnahme* von 1917. Hier hat der Maler die christliche Ikonographie für seine Zwecke ver-

Vor dem Bild
Auferstehung,
1916

wendet wie in der Szene *Christus und die Sünderin* aus demselben Jahr. Wie den großen Malern der Geschichte gelang es ihm,
die Vorgaben des Textes und der Tradition mit dem Menschen-
bild seiner Zeit zu beleben. Der Christus der *Kreuzabnahme* ist
abgezehrt und ohne Kraft. Seine Arme sind ausgebreitet, die
Welt zu umarmen, in dieser Bewegung aber erstarrt. Der Jesus der
Sünderin dagegen ist voller Energie, ein Protagonist der praktischen Ethik.

Bei all seiner harten Arbeit lebte der Künstler in dem glücklichen
Gefühl, daß seine Kunst für die Zeitgenossen von Bedeutung sei,
»da unsere Zeit so schwer ist und die Menschen wirkliche Sehnsucht haben«, wie er im Mai 1919 an Julius Meier-Graefe schrieb.

Vorbehaltloser als im Portrait, besonders im Selbstportrait, kann man sich den Menschen nicht stellen, und mitten im Krieg zeigt Beckmanns neue Selbstportraitkunst, wie er das delphische »Erkenne Dich selbst!« mit neuem Inhalt zu füllen und sich selbst die erschreckende Seite des eigenen Medusenhauptes zuzuwenden vermochte.

Auch in der ersten seiner mondainen Selbstdarstellungen, dem *Selbstbildnis mit Sektglas*, 1919 in Frankfurt gemalt, zeigt er sich als Täter und Opfer zugleich. Die fahle angewinkelte Linke hält nun eine Zigarre, die von da an, wie die Zigarette, sein Kennzeichen werden sollte. Die weltläufige Pose gehörte von nun an zu seinem selbstironischen Repertoire.

»Von Farben liebe ich eigentlich Zinober und Violet sehr und tabaksbraun«, scherzte er vier Jahre später. »Wahrscheinlich weil ich die Cigarre so außerordentlich schätze. Giebt es etwas schöneres wie eine gute Cigarre Vieleicht eine Frau? Man kann sie nur nicht so leicht wieder weglegen.«

Hier ist die Zigarre jedoch schon um mehr als ein Drittel heruntergeraucht. Das Gesicht ist beschwipst verzogen. Beckmann stellt sich wie ein Kriegsgewinnler dar und eröffnet mit der rötlich ausgeleuchteten Bar auf diesem Bild schon die Innenräume der zwanziger Jahre. Der lachende feiste Mann im Hintergrund hat Ähnlichkeit mit Max Reger. Der Komponist war schon drei Jahre tot. Beckmann malte bereits 1917 ein Portrait Regers. Obwohl aus der Erinnerung gemalt, fand das Bild bei den Zeitgenossen großen Anklang. Man bescheinigte Beckmann, die eruptive Persönlichkeit des Komponisten getreu dargestellt zu haben.

»Der Krieg geht ja nun seinem traurigen Ende zu«, schrieb Max Beckmann 1918 in dem Aufsatz *Ein Bekenntnis*. »Er hat nichts von meiner Idee über das Leben geändert, er hat sie nur bestätigt. Wir gehen wohl einer schweren Zeit entgegen. Aber gerade jetzt habe ich fast noch mehr als vor dem Krieg das Bedürfnis, unter den Menschen zu bleiben. In der Stadt. Gerade hier ist jetzt unser Platz. Wir müssen teilnehmen an dem ganzen Elend, das kommen wird. Unser Herz und unsere Nerven müssen wir preisgeben dem schaurigen Schmerzensgeschrei der armen getäuschten Menschen. Gerade jetzt müssen wir uns den Menschen so nah wie möglich stellen.«

Wie sich die Menschen auch an der deutschen »Heimatfront« entherzten, hat Ernst Glaeser in seinem erst 1928 bei Gustav Kiepenheuer in Leipzig erschienenen Roman *Jahrgang 1902* erzählt, einem der großen Romane über die Zeit des Ersten Weltkrieges. Max Beckmann stellte vor allem in dem virtuosen graphischen Zyklus *Die Hölle* die Leiden und Illusionen einer vom Krieg verheerten Gesellschaft dar. Schon in diesen Lithographien von 1919 sah der Künstler auch die ewig Gestrigen und den Auftakt zu neuem Unheil. Sein Urteil über den Zustand der deutschen Nachkriegsgesellschaft stimmte mit dem des Pazifisten Franz Endres überein, der in seinem 1921 anonym erschienenen Buch *Die Tragödie Deutschlands* schrieb:

»Der Weltkrieg ist noch gar nicht zu Ende in den Seelen der Menschen, der armen Menschen, die ihr Glück, das heißt die höchsten Ziele ihrer Bestimmung, nicht erkennen wollen oder nicht zu erkennen vermögen.«

Endres ahnte nicht, wie sehr er recht behalten sollte. Auch Beckmann griff das Thema der geistigen Blindheit des Menschen auf und führte es durch die zwanziger Jahre. Der Erste Weltkrieg hatte das Leben in Europa auf eine neue Stufe gestellt.

Wie viele Künstler neigte Max Beckmann dazu, politische Systeme danach zu beurteilen, ob sie einen geeigneten Boden für die Verbreitung seiner Kunst bereiteten. Als die Sowjetregierung 1926 seinen Litho-Zyklus *Die Hölle* kaufte, meinte er: »Im Ausland ist's besser.«

Im Mai 1917 bekannte Beckmann: »Wilhelm II. wird ja für meine Kunst nichts übrig haben. So hoffe ich also auf eine deutsche Republik.«

Kaiser Wilhelm freilich sah sich selbst als Künstler. Zudem sprach der Instinkt des Politikers aus ihm, als er bei der Einweihung des Hannoverschen Rathauses vor einem Bild von Hodler stehenblieb und sagte: »Die ganze Richtung paßt mir nicht.«

Beckmann hatte recht, wenn er glaubte, Wilhelm II. stehe der modernen Kunst skeptisch gegenüber. Als der Kaiser aus einer Aufführung des *Rosenkavalier* floh, soll er bemerkt haben: »Det is keene Musik für mich.«

Der Kaiser war Schöpfer seines eigenen Kunstwerks. Wie außer ihm nur König Ludwig II. von Bayern begriff er als einer der letzten die sakrale Bedeutung des abendländischen Königtums. Das kaiserliche Jahr folgte einem Zyklus, der dem Kirchenjahr nachgebildet war. Wilhelm II., dieser hochbegabte Monarch des Ausgleichs und Herr der Mitte, versuchte, eine Art nicht-katholischer Universalität symbolisch zu leben. Die Zeit wurde zum Raum, der binnen Jahresfrist das Reich nach verschiedenen Himmelsrichtungen sinnbildlich umzirkt: Im Frühjahr die Mittelmeerreise mit dem Aufenthalt auf Korfu und die Fahrt nach Elsaß-Lothringen, im Sommer die Nordlandfahrt, die Regatta in Cambridge und das Kaisermanöver, im Herbst die Besuche in Schlesien, Ostpreußen und Donaueschingen, im Winter der Aufenthalt in Potsdam, die Große Defiliercour, die Hofbälle usw.

Der Reichskompaß besaß ein starkes symbolisches Magnetfeld. Wagner hatte es mit seinen musikdramatischen Werken abgesteckt, und auch in Max Beckmanns künstlerischem Gesamtwerk sollte sich zunehmend eine symbolische Universalität abzeichnen: Seiner Wiederbelebung der nordischen Gotik in den Christusdarstellungen von 1917 traten in den zwanziger Jahren südliche Landschaften und Veduten entgegen, später klassische und archaische Figuren. Biblischen Szenen wie noch dem *Verlorenen Sohn* von 1949 und Portraits von ägyptischer Abkunft wie der schwarz untermalte *Weibliche Kopf in Blau und Grau* von 1942 stehen Pariser Gesellschaftsportraits und Stadtansichten gegenüber. Schließlich wurde der obsessive Leser und Portraitist Dostojewskijs in den letzten beiden Jahren seines Lebens zu einem der größten Maler Amerikas.

Der Künstler, der später Richtung Westen fliehen sollte, beschäftigte sich spätestens seit 1912 mit Fjodor Dostojewskij. Reinhard Piper schickte ihm die Novellensammlung *Ein kleiner*

Held aus der in seinem Verlag erscheinenden Dostojewskij-Werkausgabe zu. Jahre bevor er selbst in seiner Nachkriegsgraphik zu den Opfern hinabstieg, fertigte er für ein Honorar von zwölfhundert Mark neun Lithographien zu dem Kapitel *Das Bad der Sträflinge* aus Dostojewskijs Roman *Aus einem Totenhaus*. Dabei stellte er klar, wie er die Illustrationen auffaßte: als »ziemlich unabhängige Lithographien [...] die nur ganz allgemein im Geist Dostojewskis wären und wie eine Art ergänzende Musik die Sache begleiteten«.

Neun Jahre später schuf Beckmann zwei Kaltnadelradierungen mit dem Bildnis Dostojewskijs. Abgezehrt, doch gestrafft und mit klarem Blick begabt, so gestaltete der Künstler das Portrait seines Lieblingsschriftstellers. Und er erläutert diesen Typus des spirituellen Portraits: »Es war keine leichte Arbeit, das können Sie mir glauben und ich habe oft diesen Auftrag verwünscht, nach vielen Versuchen die mißglückten. Was Sie jetzt haben, ist ein Extrakt. Die Improvisation ist das Ergebnis mühsamer Arbeit. So ein Photo sagt formal fast garnichts und man muß 10 Photos auswendig lernen um nachher unabhängig davon zu einer formalen Idee zu kom̅en, die eigentlich garnicht existiert.«

Unterdessen bereiteten nach dem verlorenen Krieg die Linkssozialisten in Berlin den Putsch vor. Zum Neujahrstag 1919 gründeten Karl Liebknecht und Rosa Luxemburg auf der »Reichskonferenz des Spartakusbundes« die Kommunistische Partei Deutschlands. Ihr Ziel war es, die junge, noch ungefestigte deutsche Demokratie zu zerschlagen. Die Wahlen zur Nationalversammlung am 19. Januar sollten verhindert, die Massen zur Gründung einer »Sozialistischen Republik« mobilisiert werden. Am Abend des 5. Januar besetzten bewaffnete Kräfte der Linken das Berliner Zeitungsviertel und hetzten von dort aus die Bevölkerung zum Putsch gegen die Regierung von Reichspräsident Friedrich Ebert und Reichskanzler Philipp Scheidemann auf. Doch nur ein Teil der Berliner Arbeiter unterstützte den Umsturzversuch. Die Reichswehr verhielt sich loyal zu der ihr durchaus nicht genehmen Regierung. Gustav Noske, Mitglied im Rat der Volksbeauftragten, gelang es mit Hilfe von Regierungstruppen, den Aufstand mit Gewalt niederzuschlagen. Die Führer der Putschisten, Liebknecht, Luxemburg und Ledebour, konnten untertauchen. Am 9. Januar fanden in Ruhe Wahlen statt; die Sozialdemokraten erhielten die absolute Mehrheit.

Wenn je Zeugnis abgelegt wurde dafür, wie korrumpiert diese deutsche Revolution von Anfang an war, so von einem ihrer Parteigänger und besten Köpfe. Ernst Toller, Student Max Webers und von Hause aus Bromberger Jude, wurde, gerade sechsundzwanzig Jahre alt, im April 1919 Vorsitzender des Zentralrats der bayrischen Räterepublik. Seine Memoiren erschienen 1933 in dem deutschsprachigen Emigrantenverlag Querido in Amsterdam. Trotz aller Parteinahme für die gescheiterte Münchner Räterepublik lassen diese flackernden Aufzeichnungen, auch gegen die Absicht des Autors, den Charakter dieser Erhebung der Straße erkennen:

»In den Vorzimmern des Zentralrats drängen sich die Menschen, jeder glaubt, die Räterepublik sei geschaffen, um seine privaten Wünsche zu erfüllen. Eine Frau möchte sofort getraut werden, bisher hatte sie Schwierigkeiten, es fehlten die notwendigen Papiere, die Räterepublik soll ihr Lebensglück retten. Ein Mann will, daß man seinen Hauswirt zwinge, ihm die Miete zu erlassen. Eine Partei revolutionärer Bürger hat sich gebildet, sie fordert die Verhaftung aller persönlichen Feinde, früherer Kegelbrüder und Vereinskollegen.«

Im Februar 1919 war Kurt Eisner in München auf offener Straße erschossen worden. Während sein Mörder schon hinter ihm ging, soll der bayrische Ministerpräsident gesagt haben: »Was soll's, man stirbt nur einmal.«

Der Terror, den Rosa Luxemburg und Karl Liebknecht durch ihren Bürgerkrieg heraufbeschworen hatten, holte sie am Ende selbst ein. Der Tod dieser tragischen Frau, die von der Täterin zum Opfer geworden war, berührte Beckmann weniger politisch als menschlich. Auf einer Reise nach Berlin hatte er die Straßenkämpfe des Märzaufstandes erlebt. Da waren Luxemburg und Liebknecht schon tot.

Beckmann beschäftigte sich zunehmend mit Geheimlehren, den Gnostikern, der Kabbala, der Theosophie und den Rosenkreutzern. Er soll auch Versammlungen des Spartakusbundes besucht haben. 1919 schuf er einen Zyklus von elf ungewöhnlich großen Umdrucklithographien – die man auf Papier zeichnet und dann auf Stein umdruckt – und gab ihm den Titel *Die Hölle*. Neben der großformatigen Originaledition erschien eine Heftausgabe in photolithographischer Verkleinerung. Totalitärer Ideologie ebensowenig verdächtig wie Ludwig Mies van der Rohe, der im Auftrag von Eduard Fuchs ein Denkmal für Luxemburg und Liebknecht entwarf, oder Karl Kraus, der ebenfalls dem Charisma der Revolutionärin erlag, erhebt Beckmann ihre historische Gestalt im dritten Blatt, *Martyrium*, zum überzeitlichen Typus.

»Ich gehöre keiner Partei an«, sagte Max Beckmann.

Die Frauengestalt ist erstarrt wie in einer Kreuzabnahme. Der Mob fällt über sie her; das Blatt zeigt den Philister, den Soldaten, den Spießbürger. Auf diese Moritatentafeln der deutschen Revolution fällt schon ein Vorschein von jenem Zeitgeschmack an Mord und Totschlag, der bald den Alltag bestimmen sollte.

Max Beckmann ist ein Zeitzeuge. Oft ist der Zeuge schon vor dem Ereignis da. In den hartkantigen, konzentrierten Lithographien der *Hölle* zieht der Künstler die bildnerische Konsequenz aus seiner erneuerten, dinghaften Zeichenkunst des Weltkrieges. Der zeichnerische Duktus bestimmte auch seine Malerei in den letzten Kriegsjahren, blieb später latent und kehrte ab 1930 in schwarzen Umrißlinien wieder.

»Es muß schon ein wahnwitziger Druck gewesen sein, der Beckmann vor Jahren, als er noch die Hoffnung der Berliner Secession war, zwang, das schöne erworbene Können über den Haufen zu werfen und mit wilder unbeugsamer Entschlossenheit seine Kunst neu aufzubauen«, schrieb Alfred Kubin nicht lange danach an den gemeinsamen Freund Reinhard Piper. »Mit merkwürdigen Vereinfachungen und tollen Perspektiven schafft er eine vergeistigte Spiegelung unserer Tage, vor der einem manchmal das Herz stillstehn möchte. Ja, unsere Zeit ist gezwungen, sich ihre Schönheit aus dem Schrecken zu destillieren.«

Als Reaktion auf den Krieg und einen brutaler werdenden Alltag zog der Dadaismus in der europäischen Kunstszene ein. Auch Beckmanns Malerei sprengte im Jahr nach dem Krieg jede logische Bilderzählung.

Auch das malerische Gegenstück zum *Höllen*-Zyklus, das Gemälde *Die Nacht*, kommt ohne die »Inhalte« jener Bilder aus, wie sie die Espressos malten. Von August 1918 bis März 1919 arbeitete Beckmann daran. Der Titel stimmt mit dem der drastischen Darstellung eines Lustmordes überein, die der Künstler 1914 in einer Lithographie in zwei Zuständen ausgeführt hatte. Das Motiv des neuen Gemäldes hatte der Künstler bereits im sechsten von zehn Blättern des *Höllen*-Zyklus formal gestaltet: Ein Prolet, ein Bürger und eine verdeckte Gestalt bringen auf einem beengten Dachboden ein Paar brutal um. Mit jedem Sinn wird gebrochen. Schon hier werden Menschen gemordet, die keinerlei Schuld auf sich geladen haben. Das Gemälde hat die Deutlichkeit und Überdeutlichkeit des Alptraums – jene leere Überrealität, die heute im Fernsehen zu erleben ist.

»Beckmann hat ein phantastisches Arsenal von Bildern entworfen, in denen Mythen und Leiden der Moderne versammelt sind«, schreibt Hans Belting 1984 in seinem meisterhaften Abriß *Max Beckmann – Die Tradition als Problem in der Kunst der Moderne*.

Ein Kleinbürgergeruch von billigem Essig ist in den Gestank einer ätzenden Säure übergegangen. Die Jahre, da obskure Tribunen Folter und Mord zur offiziellen Politik machten, sind nicht mehr fern. *Die Nacht* ist ein Konzentrationslager-Bild von 1919.

»Dieses Bild stellt Beckmann längst vor Picassos *Guernica* als gleichberechtigten Historienmaler neben den Spanier«, schreibt Günter Busch in seiner Beckmann-Monographie von 1960.

Max Beckmann wollte, daß sein Werk so schön wie ein Trauermarsch sei. Wie von außerhalb des Bildrandes fällt ein schwaches Licht auf die Szene, die wie eine Bühne wirkt. Hieronymus Bosch schilderte den Erdkreis in quälender Deutlichkeit und frech quäkenden Farben als Terrain des Bösen. Beckmanns Leichentuchweiß dagegen ist überraschend fahl – im Original weitaus fahler als auf den meisten Abbildungen.

»Nicht wahr? Ganz nettes Bildchen! Hähähä!« spottete der Maler. »Ich will übrigens durchaus kein Spezialist für Gräßlichkeiten sein. Ich finde das Bild einfach schön! Was ich anstrebe, ist eine immer klarere und bestimmtere Form.«

Während die Lithographie ihren Raum mit spitzen Formen restlos ausfüllt wie ein Parkettboden, suchte der Künstler im Gemälde eine klare und feste Bildarchitektur und jenes Paradox zu verwirklichen, das ihn sein Leben lang beschäftigte: »Die Rundheit in der Fläche.« Er strebte danach, eine »möglichst große Sume von Vitalität in glasklare Linien und Flächen einzusperren«. Und tatsächlich erreicht Beckmann hier eine gläsern genaue Rhythmik, wie man sie dem älteren Canaletto nachsagte, wie sie in der modernen Kunst aber einzigartig bleibt.

Gegenüber Fritz Wichert, dem Direktor der Mannheimer Kunsthalle, die das Bild kaufen wollte, begründet der Künstler seine Forderung von fünfzehntausend Mark: »Ich habe fast ein Jahr daran gearbeitet und halte es für meine bis jetzt wesentlichste Arbeit die mir sehr nahe steht und von der ich mich sehr schwer oder lieber garnicht trenne.«

Beckmann gab in jener Zeit Bilder sehr schwer her, was freilich bei Künstlern nichts Ungewöhnliches ist. Fritz Wichert wurde vier Jahre später Leiter der Städelschule in Frankfurt und 1933 zusammen mit Beckmann entlassen.

So lange wie möglich wollte Beckmann *Die Nacht* behalten. Brauchte er das Bild als Stütze für weitere Werke? Dem Kunsthistoriker Gustav Friedrich Hartlaub (1884–1963), der sich gerade mit zeitgenössischer religiöser Kunst beschäftigte, gestand er: »ich brauche diesen Fetisch zu meiner Arbeit.«

Die Wirkung dieses Werkes auf seinen Schöpfer ist leicht vorstellbar, wenn man sich den Ausspruch Gregors des Großen vergegenwärtigt, nach dem einem dunklen Gemüt nur durch den Anblick des Leidens geholfen werden kann.

13. Die berüchtigten zwanziger Jahre

Golden waren die zwanziger Jahre nicht. Sie waren schrecklich. Es war die Zeit der Putsche, der politischen Morde, der Inflation, der Bankrotte, der Arbeitslosen, der Notverordnungen. Es war die Epoche des Bürgerkriegs.

In Berlin triumphierte die Subkultur. Alles, was im kaiserlichen Deutschland verboten gewesen war, wurde jetzt erlaubt, ja gefordert. Die Stadt verwandelte sich in ein Laboratorium neuer Lebensformen. Jetzt zeigte sich, was die jüdisch-deutsche Symbiose zu leisten vermochte.

Schon 1917 hatte Beckmann das absehbare Ende der Vorkriegsgesellschaft als Befreiung empfunden.

»Das war das ungesunde und ekelhafte in der Zeit vor dem Krieg, daß die geschäftliche Hetze und die Sucht nach Erfolg und Einfluß jeden von uns in irgendeiner Form angekränkelt hatte.«

Die Konsequenzen der Abdankung des Kaisers konnte auch er, der mit so hoher Sensibilität für die historische Situation begabt war, sich nicht vorstellen.

Max Beckmann fuhr gelegentlich nach Berlin, »dieses corrumpierte und temperamentlose Nest«, blieb aber lieber in Frankfurt.

»Frankfurt ist eine wunderbare Stadt«, sagte er.

Seit seiner Beurlaubung von der Front war er wieder ganz in die Arbeit eingetaucht. Selten empfing er Besucher im Atelier, es sei denn, sie saßen Modell. In der Schweizer Straße zeichnete er auch viel und ließ sich eine Handdruckpresse herbeischaffen, um

Reinhard Piper und Max Beckmann,
München, Dezember 1922

selbst Probedrucke und Handabzüge für Radierungen zu nehmen.

Schon Anfang 1917 berichtet er Reinhard Piper, daß er seit dem
Krieg schon vierzig Radierungen angefertigt habe; »die Graphik
wird mich wohl als ein sehr guter Freund nicht mehr verlassen«.

Zeichnungen, Graphik und Malerei stehen bei Beckmann besonders in den Nachkriegsjahren in wechselseitiger Abhängigkeit.
Bereits 1909, als der Künstler mit den Lithographien zur Dichtung *Euridikes Wiederkehr* von Johannes Guthmann seine erste
graphische Serie vorlegte, erkannte man vor allem den Maler
in den stimmungsvollen, wie gemalten Blättern, auf denen der
Natur so viel Raum gegeben wird. Zum Graphiker wurde Beckmann erst als Zeichner des Krieges.

Radierung und Kaltnadel ermöglichten eine direkte Umsetzung seiner zeichnerischen Bestandsaufnahme der Welt. Sie ver-
setzten den Künstler in die Lage, Skizzenhaftes zu beispielhaften
Gestalten zu fügen.

Dank ihrer Klarheit und Härte wurde die Kaltnadelradierung Beckmanns bevorzugte graphische Technik. Anders als bei der Radierung wird hier die Zeichnung direkt in die Kupferplatte geritzt. Es wird nicht mit Säure geätzt. Die Biegsamkeit des Striches ist bei der Kaltnadelradierung eingeschränkt und drängt den Maler nicht nur zur prononcierten Zeichnung, sondern leistet auch der Abstraktion Vorschub.

Der Ehrgeiz des Künstlers ging jedoch auch bei der Graphik nicht in Richtung totaler Abstraktion. »Ich will eine neue Konstitution des Raumes in der Fläche realisieren«, erläuterte er in den dreißiger Jahren gegenüber Stephan Lackner. »Sinnlichkeit ist die Hauptsache, ich will nur wenig Metaphysisches darin.« Dieser Vorsatz galt für seine gesamte Kunst, und 1945 ergänzte er konsequent: »Laß Dich nicht in die 2 dimensionale Darstellung drängen, ja versuche noch die dritte und vieleicht vierte Dimension zu erreichen.«

Bereits während des Ersten Weltkriegs dachte der Künstler schon beim Zeichnen an mögliche graphische Weiterentwicklungen. Stets hatte er das Beispiel der großen Graphiker vor Augen. Er verehrte William Hogarth und den französischen Radierer Jacques Callot, der in Deutschland von jeher bewundert worden war. So betont E. T. A. Hoffmann zu Beginn seiner *Phantasiestücke in Callots Manier*, kein Meister habe wie der französische Radierer »gewußt, in einem kleinen Raum eine Fülle von Gegenständen zusammenzudrängen, die, ohne den Blick zu verwirren, nebeneinander, ja ineinander heraustreten, so daß das Einzelne, als Einzelnes für sich bestehend, doch dem Ganzen sich anreiht«.

In Zeiten des historischen Umbruchs reißen sich die Menschen um graphische Blätter. Niedriger Preis, schnelle und weite Verbreitung, das Einfache und Deklamatorische des Stils, die ausdrucksvollen Schwarz-Weiß-Kontraste verleihen ihnen den Charakter eines unentbehrlichen Mediums zwischen Flugblatt und Kunstwerk. In den Jahren 1922 und 1923 entstand fast ein Drittel von Beckmanns graphischem Œuvre: über neunzig Radierungen, Holzschnitte und Lithos. Auf der 13. Biennale in Venedig war er 1922 mit sechs Blatt Graphik vertreten.

Schon im Oktober 1920 meldete der Vielbeschäftigte: »Ich habe unterdessen schon 2 Holzschnitte verbrochen und bin zu weiteren Verbrechen bereit.«

Der Buchhandel verlangte dekorative Bildbände. Piper brachte gerade ein Buch über den Holzschnitt heraus und eröffnete drei Jahre später die Reihe *Hauptwerke des Holzschnitts*. Beckmann arbeitete sich in die Technik ein. So obsessiv wie die Künstler der »Brücke« betrieb er sie nicht.

Nur 18 Holzschnitte sind von Beckmann bekannt. Er wählte diese Technik zu besonderen Anlässen wie in der Kriegsreminiszenz *Totenhaus* von 1922, in der er die Radierung *Leichenhaus* von 1915 noch straffte. Besonders überrascht ein holzgeschnittenes Selbstportrait, ebenfalls von 1922, in dem der Künstler sich frontal, aber leicht von unten zeigte, ganz in der Tradition von Cranachs Luther-Bildnissen. Mit diesem Zitat ordnet sich Beckmann, der das Blatt schon während der Arbeit als eines seiner besten Selbstbildnisse bezeichnete, der deutsch-protestantischen Welt zu und formuliert zugleich einen kulturpolitischen Herrschaftsanspruch.

Das historische Zitat im virtuos ausgeführten Holzschnitt gibt zu denken. Beckmann meinte nach dem Krieg: »Wir stecken im Grund jetzt noch in der Umwälzung, die die Reformation gebracht hat.« Der Künstler spielte damit auf den deutschen Bruderzwist an, zugleich aber wird klar, warum er sein Selbstbild über die sowohl reaktionäre wie revolutionäre Figur Luthers blendete. Max Beckmann empfand sich selbst als deutschen Reformator, der in einem Zeitalter der Wirren dem Geist neues Leben einhaucht.

Schon die Technik ist hier Zitat. Der Holzschnitt gilt als die älteste Drucktechnik. In Europa wurde seit Ende des vierzehnten Jahrhunderts in Holz geschnitten, in Japan neunhundert Jahre früher.

Das holzgeschnittene Selbstbild sollte zudem Solidität und

Wertbeständigkeit suggerieren. Man befand sich gerade auf dem Höhepunkt der Inflation. »Wir leben von Heute auf Morgen«, kommentierte der Künstler die drastisch steigenden Preise, auch für Malmaterialien. »So muß ich immer das bißchen, was ich bekome für den momentanen Lebensunterhalt verbrauchen«, klagte er im Dezember 1922. Dies freilich galt für jeden, der sein Geld nicht gleich in Valuten tauschte. »Hoffentlich werde ich nun bald vielfacher Millionär.«

Reinhard Piper hatte bereits 1917 zusammen mit Julius Meier-Graefe die Marées-Gesellschaft gegründet. Damit sollte ein Abnehmerkreis für bibliophile Werke und Druckgraphik gewonnen werden. Die Bildbände wurden im traditionsreichen und international tätigen Münchner Verlag Franz Hanfstaengl gedruckt und erschienen bei Piper.

Max Beckmann plante gleich nach dem Krieg zwei Graphikmappen für die Marées-Gesellschaft: Eine kleine mit älteren Blättern ohne – und eine umfangreichere Mappe mit neueren Blättern unter dem Titel *Welttheater*. Piper regte an, beide Mappen zu einer einzigen zusammenzufassen. Die Kaltnadel-Mappe erschien 1919 unter dem vieldeutigen Titel *Gesichter*, der wiederum den portraitistischen Ansatz von Beckmanns Darstellungskunst verrät. Den Begriff »Welttheater« ließ der Künstler fallen – im Gegensatz zu seinen Interpreten.

Im April 1921 veranstaltete Beckmanns Berliner Kunsthändler I. B. Neumann im Frankfurter Kunstverein eine Beckmann-Ausstellung, bei der fast achtzig graphische Arbeiten verkauft wurden.

Der Künstler hatte zu jeder Zeit seine Position auf dem Kunstmarkt genau im Auge. Er wollte die Auflagen niedrig halten, auch wenn das seiner Popularisierung im Wege stand. Zugleich zeigt sich in dieser Auseinandersetzung zwischen Künstler und Verleger das grundsätzliche Problem bei der Popularisierung von Luxusprodukten. Im Februar 1924 schreibt Beckmann im Zusammenhang mit drei Kaltnadelradierungen an Reinhard Piper:

ich muß jedoch diesmal die Bedingung daran knüpfen, daß die Auflage <u>nicht</u> über höchstens 75 ist. Wie es sich in der letzten Zeit herausgestellt hat ist die zu große Höhe der Auflagen und die dadurch erzielte Möglichkeit die Drucke billiger wegzugeben von einer <u>sehr</u> schlechten Wirkung auf meinen Graphik markt gewesen, da die Sam̄ler dadurch nicht das Gefühl der relativen Seltenheit bekom̄en und sich daher kaum dafür interessiren. Die von uns erhoffte Massenwirkung läßt sich auf diese Weise also leider nicht erzielen, da gerade meine ›Kunst‹ nur von einem kleinen Kreis von Menschen geschätzt wird, die gerade dann durch Massenauflagen vom <u>Kauf</u> abgeschreckt werden.

Die breitere Wirkung der graphischen Kunst genügte Beckmann indes nicht. In den frühen zwanziger Jahren begann er, intensiver zu schreiben.

»Ich schreibe auch Dramen und Komödien«, gestand er 1923 in einer öffentlichen Erklärung. Nur zwei Stücke sind erhalten. Reinhard Piper lehnte Beckmanns Burleske *Ebbi* ab, das unterhaltsame Abenteuer eines Spießers, der sich nach Abenteuern sehnt und in der Gosse landet.

»Es ist ein moderner Hamlet«, verteidigte der Autor sein Stück, »die ewige Tragik des Menschen der über sich hinaus wollte und doch im̄er wieder zurücksinkt in das Maß seiner zu schwachen Kräfte.« Das Stück erschien 1924, vom Künstler illustriert, in dreiunddreißig Exemplaren in der »Johannes-Presse« des Wiener Kunsthändlers Otto Nirenstein.

Dralle Komik und ein verfremdetes bürgerliches Milieu zeichnen auch die Komödie *Das Hotel* aus, die Beckmann schon 1921 geschrieben hatte.

Im Sommer 1924 soll er ein Stück verfaßt haben, das sich *Der Damenfreund* nannte und von dem einige poetische Einfälle überliefert sind:

Klabautermann mit seiner Frau im Winde
oh la la, oh la la
Klabautermann mit seiner Frau im Winde
oh la la, oh la
Niemand sah… Niemand sah

In seinen Stücken näherte sich Beckmann der Karikatur stärker an als in seinem bildnerischen Werk – nicht zum Schaden der Stücke.

In der umfangreichen graphischen Arbeit jener Jahre bewies Beckmann anderen Künstlern wie Rudolf Schlichter oder George Grosz, die er zu den »Extrem-Radikalen« zählte, daß auch die Darstellung historischer Umbrüche und sozialer Not dem Pamphlet entrückt und auf höchstes artistisches Niveau gehoben werden konnte. Mit den brennenden Augen des zurückgekehrten Christus in den *Brüdern Karamasow* stieg er hinab ins Reich des Lebens.

Ohne zu richten, setzte er sich der Not und ihrer Form in der neuen Welt nach dem Krieg aus. Dabei entwickelte er neue zeichnerische und graphische Konzentration. So zeigt er sich auch in einem Umdrucklitho-Zyklus wie der *Berliner Reise* von 1922, der in Frankfurt gedruckt und bei Neumann verlegt wurde, als überlegener Arrangeur von wenigen, aber aussagekräftigen Szenen.

Mit ein paar harten Strichen schachtelt Beckmann hier jene Räume ineinander, in denen die einen ihren vorübergehenden Reichtum zelebrieren – den anderen nur ihre Not bleibt. Der begeisterte Kinogänger macht die Großstadt zum Überbrettl des Weltkreises; seine Bettler, Nackttänzer, Neureichen und Schornsteinfeger stehen für Millionen im Aufruhr der Nachkriegsgesellschaft.

Mit klaren Umrissen und wenig Schraffur zieht Beckmann den Betrachter in seine Szenen hinein, die wie Ausschnitte wirken und doch in sich abgeschlossen sind. Da gibt es zum Beispiel das Blatt *Die Nacht*. Es zeigt das windschiefe Zimmer einer kleinen Familie, das wie eine Bühne gebaut ist. Das Elend ist auf dem Höhepunkt. Alle haben den Mund geschlossen, und doch hört man sie vor Hunger schreien. Beckmann setzt ein kleines Fenster in der Bildmitte. Er kippt es in die Schräge und verleiht damit der allzu konkreten Szenerie zugleich etwas Phantastisches.

Die *Ideologen* des *Höllen*-Zyklus kehren in der *Berliner Reise* als *Die Enttäuschten* wieder. Beckmann zeigt sich als scharfer politischer Beobachter. Die Klasse der Beleidigten ist in Deutschland als Gegenstück der classe politique stark ausgeprägt. Seit dem Scheitern der Revolution von 1848 formiert sich diese Gemeinschaft schlecht genährter und gekleideter, doch gebildeter Querulanten – jener Humus der Unzufriedenen, aus dem die Bürgerkriege und Revolutionen aufsteigen. Immer wieder neu ist ihr Schmerz darüber, daß der hegelianische Entwurf der Identität von Geist, Emanzipation und Staat an der kapitalistischen und preußischen, dann der nationalsozialistischen Wirklichkeit gescheitert sei. Der beleidigte Rückzug von der politischen Bühne nennt sich in Westeuropa Melancholie, in Deutschland »Betroffenheit«. Max Beckmann hat die indignierten Mienen dieser eingeschnappten Kaste auf beiden Blättern exemplarisch fixiert.

14. Lockerungsübungen I

In vielen Zeichnungen, Graphiken und Gemälden hat Max Beckmann der Stadt Frankfurt am Main ein Bild ihrer selbst gegeben. Er schuf die Stadt neu als Mikrokosmos, den man nicht wieder vergißt – sei es in der ausgewogenen, bezaubernden *Landschaft mit Luftballon* von 1917, in der er die langgezogenen Rundungen des Jugendstils in einen völlig neuen Zusammenhang rückt, sei es in dem burlesken Arrangement *Landschaft bei Frankfurt mit Fabrik* von 1922, wo er die Bauten im Wasserhof des südöstlichen Stadtteils Oberrad in heiterer und friedlicher Atmosphäre

In München,
Dezember 1922

zeigt. Trotz aller Inflation strahlen diese Bilder einen gewissen Optimismus aus.

Die Phasen im Werke Beckmanns folgen einander nicht säuberlich getrennt, sondern sie kündigen sich oft Jahre vorher in einzelnen Werken bereits an. So malte er schon 1921 im Vorgriff auf seinen gelösteren Stil Mitte der zwanziger Jahre die Stadtvedute *Das Nizza in Frankfurt am Main.* Hier erscheint die Bürgerstadt tatsächlich als kleines Paradies. »Ich male eine schöne Landschaft mit Seelenruhe und blauem Himel. Alles blüht darauf. Ein blau und weiß gestreiftes Fliegertier kreißt am weiten Himel«, schwärmte der Maler im Juni 1921.

Sein Gemälde des »Nizza«, der kleinen Parkanlage am rechten Mainufer zwischen den Gleisen der Hafenbahn und dem Untermainkai, kündigt einen Spurwechsel in Beckmanns Werk an.

In München,
Dezember 1922

Kaum zu glauben, daß der Schöpfer von alptraumhaften Szenarien
wie der *Hölle* oder der *Nacht* kurze Zeit später diese raffinierte
Idylle gemalt hat. *Das Nizza* war das erste seiner Bellissimo-Bil-
der. Hier zeigt in spaßhaftem Surrealismus die Schranke in falscher Richtung über jene Gleise, die den Hauptbahnhof mit dem
Ostbahnhof verbinden. Jeder in Frankfurt weiß, daß die kleine
Parkanlage »Das Nizza« früher blüht als die restliche Stadt. Die
sommerliche Blüte hat nicht nur die Bäume, sondern auch die
Mauer und die Häuser erfaßt, die in dem für Frankfurt charakteristischen Sandstein gebaut sind.

Beckmann gibt sich hier als Erbe des Zöllners; und noch im
ersten Jahr des Exils sprach er von seinem »großen alten Freund
Henri Rousseau, diesen Homer in der Portiersloge, dessen Ur-
waldträume mich manchmal den Göttern näher gebracht hatten«.

Max Beckmann wurde der Canaletto von Frankfurt. Dabei

148

In München,
Dezember 1922

faßte er seine Stadtveduten durchaus als Landschaftsmalerei auf;
sie sind oft menschenleer. »Ich will jetzt mal wieder Landschaften malen«, sagte er 1919 zu Piper. »Zum Beispiel die Synagoge
da drüben mit ihrer grünen Kuppel und dem Mond drüber im
grünen Abendhimmel.« Noch im selben Jahr portraitierte er eine
Ecke des jüdischen Viertels als schwankende Morgenlandschaft.

Die *Synagoge* ist neben dem *Eisernen Steg* von 1922 nicht nur
Beckmanns bekannteste Frankfurt-Vedute, sondern auch das
repräsentative Beispiel seines dialektischen Miniaturismus. Auf
den ersten Blick scheint es sich um Spielzeuglandschaften zu handeln, doch die längere Betrachtung verunsichert immer mehr.
Alles wird plötzlich groß und droht den Betrachter zu erschlagen. Die betont artifizielle Perspektive verfremdet den Blick auf
bekannte Stadtszenerien und macht sie neu sichtbar.

Immer stärker wurde Beckmann zu einem Meister der Bild-
ausschnitte, und er hätte, was das angeht, ein bedeutender Film-

regisseur werden können. Er verzichtete auf direkte Wiederholungen, benutzte aber schon einmal Photos älterer Bilder als Anregung. Vor allem wandte er sich in seinen Bildern gegen die Postkartenperspektive – dabei benutzte er Postkarten als Vorlage. Er schnitt der Dreikönigskirche auf dem *Eisernen Steg* die Turmspitze ab und köpfte den Frankfurter Dom auf dem kleinen Main-Bild *Eisgang*, das das Städel erst 1994 für 1,2 Millionen Mark für seinen Beckmann-Saal kaufte. Hier ging der Künstler in seinem Bestreben zu verfremden so weit, daß er die alte Form des Turms vor dem Dombrand von 1867 wählte. In diesem Gemälde von 1924 treiben die Eisschollen den Fluß entlang. Im harten Winter 1928/29 war der Main ganz zugefroren. Immer wieder zog es Beckmann an seine Ufer.

Seit Anfang der zwanziger Jahre malte Beckmann ausschließlich Atelierbilder. Plein-air erschien ihm als überholter Naturalismus. Mit der Gegenstandslosigkeit, der Perfektionierung der Photographie und nicht zuletzt durch den Krieg hatte die figurative Malerei neue Aufgaben gefunden. Der Weg zur Natur führte jetzt über die Verfremdung.

Den »Eisernen Steg«, eine Eisen-Fachwerk-Konstruktion, die seit 1869 Frankfurt mit dem Stadtteil Sachsenhausen verbindet (eine Bürgerinitiative, die sich unter Leopold Sonnemann als AG formierte), hat es so nie gegeben. Beckmann wählte eine Draufsicht von einem imaginären Standpunkt aus. Die Szenerie wird statisch; selbst der Schwung ist erstarrt. Die kleine Badeanstalt in der linken Bildmitte existierte übrigens bis nach dem Zweiten Weltkrieg.

Noch dramatischer, schon in seinem Sujet, gibt sich die *Synagoge*. War es Clairvoyance, die den Maler bewog, das Wahrzeichen des Judentums in Frankfurt als Stadtvedute in einer angeschlagenen Welt vorzuführen?

Das jüdische Viertel auf diesem Bild von 1919 droht zusammenzufallen wie ein Kartenhaus. Eine sphinxhafte Katze am unteren Rand blickt in eine ungewisse Zukunft, auf einer Litfaßsäule ist das Wort »Not« zu entziffern. Zylindrische und

kubische Formen, Trapeze und Dreiecke geraten in Disharmonie.

Im Gespräch mit Reinhard Piper distanzierte sich Beckmann
vom Antisemitismus. Seine besten Freunde und Geschäftspartner waren Juden. Seit 1919 gehörte der Vorsitzende der Redak-
tionskonferenz der *Frankfurter Zeitung,* Heinrich Simon (1880
bis 1941) zu seinen Vertrauten. Simon war Mitinhaber des Verlages und Enkel des Zeitungsgründers Leopold Sonnemann. Seit
1914 hatte er die politische Haltung der Tageszeitung mitbe-
stimmt und während des Krieges immer wieder die Meinungs-
freiheit gegen die militärischen Instanzen verteidigen müssen.

Der Jour fixe des Publizisten war weniger ein soziales als ein
intellektuelles Ereignis. Neben dem Städel-Direktor Georg Swarzenski, dem Schauspieler Heinrich George und den Schriftstel-
lern Rudolf Binding und Kasimir Edschmidt (einem Cousin von
Ugi Battenberg) gehörten diesem »Freitagnachmittagtisch« auch
die Wienerin Margarete Klimt an, die die Frankfurter Mode-
schule gründete, und, als jüngster Teilnehmer, Dolf Sternberger.

Sehr unterschiedlich sollten die Wege der Freunde im Dritten
Reich verlaufen. Simon und seine Frau mußten 1934 emigrieren;
Beckmann hat noch in der Emigration an einem Bildnis Simons
von 1927 gearbeitet, das den Redakteur im Stil des urbanen Ge-
sellschaftsportraits als süffisanten, skeptischen Ästheten zeigt.
Heinrich George wurde Staatsschauspieler, Sternberger verfemt
und Binding, den Beckmann 1935 portraitierte, zum Nazi und
Blubo-Dichter. Keine seiner Dichtungen wurde dabei so bekannt
wie sein Ausspruch: »Ich stehe nicht an, Heinrich Heine einen
Schweinehund zu nennen.«

Rudolf Binding und Kasimir Edschmidt stellen Beckmanns
einzige Berührung mit dem Literatenmilieu dar. Die Erfahrung,
in eine Romanfigur verwandelt zu werden, blieb dem Künstler
zeit seines Lebens erspart. Auch mußte er nicht bei lebendigem
Leibe eine Biographie über sich ergehen lassen.

Heinrich Simon hat sich um Beckmanns Werk verdient gemacht. In den zwanziger Jahren veröffentlichte er mehr als zwan-

zig Artikel über diesen Künstler in der *Frankfurter Zeitung*. Von Mai bis Juli 1919 wohnte Beckmann in Simons Haus am Untermainkai 3; zuzeiten Tür an Tür mit Benno Reifenberg. Das Haus liegt direkt am Main. Noch 1925 genoß Beckmann hier Gastfreundschaft und trug den »Simonhausschlüssel« in der Tasche. 1930 erschien Simons poetische Beckmann-Monographie. Stephan von Wiese bemerkt: »Daß Simon und die Kunstkritiker der Frankfurter Zeitung – Eduard von Bendermann, Siegfried Kracauer, Benno Reifenberg, Wilhelm Hausenstein, später auch Julius Meier-Graefe und Friedrich T. Gubler – immer wieder Beckmanns Werk mit wirksamen Interpretationsansätzen zur Diskussion stellten, half dem Künstler in der provinziellen Randlage Frankfurts sehr.«

Professor Georg Swarzenski (1876–1957) war Direktor des Städelschen Kunstinstituts. Zwischen 1919 und 1931 kaufte er für das Museum dreizehn Gemälde von Beckmann, darunter das *Doppelbildnis Karneval* von 1925. Das *Große Stilleben mit Musikinstrumenten* von 1926 kam als Schenkung der Frankfurter Künstlergilde ins Städel. Swarzenski machte das Haus zu einem der bedeutendsten Museen in Deutschland. 1938 emigrierte er in die USA und arbeitete am Museum of Fine Arts in Boston.

Max Beckmann freundete sich mit dem Charakterdarsteller Heinrich George an, den er während der Nazi-Zeit in Berlin portraitieren sollte. George trug im Kunstkabinett des Buchhändlers Peter Zingler Gedichte aus der Lyrik-Sammlung *Stadtnacht* von Lili von Braunbehrens vor (der Tochter von Ugi Battenbergs Hauswirt), die Beckmann auf eigenen Vorschlag für Piper illustrierte. Der Maler hatte die sehbehinderte Dichterin selbst zu dem Buch angeregt:

»Versuchen sie mal, jede Woche ein Ei zu legen und bringen Sie es mir.«

Arbeiten wie das Gedicht *Möbliert* zeigen freilich, daß Lili von Braunbehrens trotz ihres schlechten Sehens Beckmanns Bilder gekannt hat:

Blumen stehen vor den Fenstern
Und in der Ecke ein roter Divan,
Wo die schwarze ausgefranste Schleppe
Rauchend billige Romane frißt.
Ein bleicher langer Mensch schleppt Futter an,
Die blonde kleine Tochter dreht lächelnd am Grammophon;
Der alte Trichter päkert einen süßen Walzer,
Und Hering wird von Jemand aufgetragen.

Beckmann zeigte sich mit dem Ergebnis zufrieden: »... wenn Sie gut sehen könnten, dann hätten Sie wahrscheinlich diese Gedichte nie gemacht.« Aus zwanzig Gedichten wählte er sieben zur Illustration.

Lili von Braunbehrens erinnert sich an eine Begegnung mit Beckmann:

»Plötzlich stand ein Mann in Schwarz vor mir. Er war groß und ziemlich breit. Mit dunkler, akzentuierter Stimme sprach er mich an: ›Wissen Sie hier was?‹

›Nein, ich weiß nichts.‹

›Ich auch nicht‹, sagte er.

›Ich weiß nur, daß wir auf eine Dame warten, die dick sein soll.‹

›Aha‹, sagte er und drehte sich rum, nach vorn herum und dann rasch wieder zu mir. ›Die Dicke, die da hinten ankommt, die ist es.‹

›Ach so‹, sagte ich, ›ja, ja, es wird so sein.‹ Ich sah nichts von einer Dicken, die da hinten ankam, auch das Gespräch war zu Ende.«

Die junge Dichterin bemerkte, wie raumfüllend der Maler war: »Wenn Beckmann in einem Zimmer war, gehörten ihm das Zimmer und die Menschen, die darin saßen, alle Möbelstücke, auch die Tiere; alles, was da war, hatte sich nach ihm zu richten. Und wenn er einen richtete, möchte ich beinahe sagen, war man ›hingerichtet‹.«

Heinrich Georges Frau Berta Drews besuchte den Maler gelegentlich in seinem Atelier: »Beckmann in seinem alten Sanitäterkittel, ein Überbleibsel aus dem Weltkrieg. [...] Alle bespannten Keilrahmen – bemalt oder unbemalt, wer konnte es ahnen? – waren der Wand zugekehrt und wurden nach Laune dem Besucher vorgeführt. Das heißt, *ein* Gemälde wurde auf die Staffelei gestellt. Nur keine Ablenkung! Beckmann hielt sich solange meistens schlagerpfeifend im Nebenraum auf. Mit der Bemerkung ›Ganz neckisch, nicht wahr‹ wurde dann ein neues Bild präsentiert. Es konnte aber auch passieren, daß er mit dem Satz ›Nein, das ist nichts für Sie. Das verstehen Sie doch nicht‹ die Besuchszeit abkürzte.«

Bereits im Mai 1919 bot ein alter Geschäftspartner Max Beckmann siebentausend Mark für elf Lithographien. Bei dem Bieter handelte sich um den Verlag des Graphischen Kabinetts des Kunsthändlers I. B. Neumann in Berlin, Kurfürstendamm 232.

Israel Beer Neumann (1887–1961) hatte das Kabinett 1911 gegründet und nahm schon ein Jahr später Graphik von Beckmann in seinen Verlag auf. 1917 stellte er sie zusammen mit einigen Zeichnungen zum ersten Mal aus. Wie bei Piper hatte Beckmann auch bei Neumann keine Scheu, ihm gelegentlich etwas Nettes zu sagen. Nie hat man dabei den Eindruck, daß der Künstler seine Geschäftspartner aus Berechnung als Freunde behandelt. »Sie wissen, daß ich Sie immer noch für <u>den</u> Menschen halte, der meiner Kunst am nächsten steht und dessen Schicksal in mein's irgendwie verwoben ist«, schrieb er Neumann noch, als dieser längst in Amerika war.

1923 unternahm der Kunsthändler eine Reise nach New York und kam nicht mehr zurück. Er gründete eine Galerie in Manhattan, die schließlich in der Madison Avenue ein Domizil fand, und setzte sich in Amerika für deutsche Kunst ein, besonders für Klee und Beckmann.

Wie mit Piper, so führte der Künstler auch mit Neumann einen umfangreichen geschäftlichen Briefwechsel. Diese Korrespondenz ist eine ergiebige Quelle für die Entwicklung des Kunstmarktes wie auch von Beckmanns Absichten und Projekten.

Als I. B. Neumann in Amerika blieb, war Beckmann enttäuscht

154

und hielt dem drei Jahre jüngeren Playboy eine Standpauke: »Sie haben hier in Deutschland zu viel Kraft auf Dinge geschlechtlichen Charakters verwendet um das Maß von Kraft und Intelligenz auch nach außen hin so zur Geltung zu bringen, wie Sie es nach ihrer Begabung und Talent fähig gewesen wären.«

In Berlin amtierte fortan Karl Nierendorf als Neumanns Geschäftsführer. Beckmann lehnte Nierendorf jedoch ab, da er den Eindruck hatte, der Kunsthändler bevorzuge Dix und Kandinskij.

In München dagegen führte Günther Franke jetzt Neumanns Geschäfte. Franke sollte Beckmanns wichtigster Kunsthändler und während seines Exils der entscheidende Verbindungsmann in Deutschland werden.

»Als ich 1923 die damals kleine Galerie gegenüber der damaligen neuen Pinakothek in München von Neumann anvertraut erhielt, konnte ich ganz auf mich gestellt für Beckmanns Geltung eintreten«, erinnert sich Günther Franke. »Anläßlich eines Besuches von Beckmann in München unterzog mich dieser einer strengen Prüfung, als ich mit jugendlichem Eifer meine Bewunderung für seine Kunst zum Ausdruck brachte. Er nahm mich in die Alte Pinakothek mit; dort sollte ich ihm die von mir besonders geschätzten Bilder zeigen. Ich blieb stehen vor Brueghel, Mäleßkircher, Tintoretto, Greco und manchem anderen. Damit war Max Beckmann zufrieden und nahm auch meine Zustimmung für seine Arbeit etwas wichtiger.«

Beckmann vermißte bei Franke den Esprit und faßte Jahre später in einem Brief an seinen Sohn Peter seine Erfahrungen mit dem rührigen, aber beschränkten Berliner zusammen:

»Aber so sind alle Kunsthändler, wenn Du etwas von ihnen willst, düster, tragisch und verschlossen –.«

1923 (auf dem Titelblatt steht 1924) brachte Reinhard Piper eine Monographie über den Künstler heraus. Das Buch versammelt Beiträge von vier Autoren. Neben Wilhelm Fraenger und Wilhelm Hausenstein beteiligte sich auch Curt Glaser (1879 bis 1943) mit einem Aufsatz. Glaser war in Kunstgeschichte und

Medizin promoviert worden und hatte früh Beckmanns Bedeutung erkannt. Er erwarb zahlreiche Arbeiten dieses Künstlers für die Neue Abteilung des Berliner Kupferstichkabinetts, wo er Anfang der zwanziger Jahre als Kustos tätig war. 1929 gab er bei Beckmann ein Portrait in Auftrag. 1933 wanderte er aus.

Auch Julius Meier-Graefe griff bei dieser Gelegenheit wieder zur Feder. 1919 hatte er die Vorrede zu Beckmanns Mappe *Gesichter* geschrieben, und er setzte sich seiner zunehmenden Skepsis gegenüber seiner zeitgenössischen Kunst zum Trotz weiterhin für den Künstler ein.

Am meisten schätzte Beckmann den Beitrag von Wilhelm Fraenger.

Julius Meier-Graefe

»Die andern haben mich bis aufs Hemd ausgezogen, aber der Fraenger hat es mir hochgezogen.«

Der Buchhändler Peter Zingler hatte den Maler mit dem Kunsthistoriker Wilhelm Fraenger (1890–1943) bekannt gemacht. Fraenger wirkte in Mannheim in der Volksbildung, bis er 1933 des Amtes enthoben wurde. Neben seinen Forschungen zu spätmittelalterlichen Künstlern wie Hieronymus Bosch und Jörg Ratgeb setzte er sich für das Verständnis der zeitgenössischen Kunst ein. Schon vor dem Krieg hatte er in Heidelberg einen Kreis gegründet, der sich »Die Gemeinschaft« nannte und dem u. a. Carl Zuckmayer angehörte.

Zuckmayer erinnert sich in seinen Memoiren voll Dankbarkeit an Fraengers Heidelberger Vorträge und rühmt sein breites kunsthistorisches Wissen.

Fraenger besaß zudem eine ungewöhnliche Fähigkeit, künstlerische Eindrücke sprachlich fassen zu können. Und so deutet seine Ankündigung eines Vortrags über Beckmann aus dem Februar 1923 darauf hin, daß Beckmann zumindest von den Kennern unter seinen Zeitgenossen so verstanden wurde, wie er selbst verstanden werden wollte: Max Beckmann, so schrieb Fraenger, sei »der Zimmermann der neuen Kunst. Inmitten willkürlicher Stil-Zerrüttung macht er sich mit vierschrötiger Entschlossenheit ans Werk, ein festverklammertes Gerüst der Formen in seinen Bildgebäuden aufzuschlagen. Er ist es auch im übertragenen Sinn: Trieben doch seine sozial-satyrischen Gebilde einem nicht sehenwollenden Geschlecht zur harten Selbstbestimmung einen ›Pfahl ins Fleisch‹.«

Das Publikum sah Max Beckmann seine Gewaltsamkeiten nach. Man erkannte, daß dieser Künstler die radikalen Abstrakten überwinden und die figurative Malerei ebenso retten wollte wie den hergebrachten Kunstbegriff. Nicht Formzertrümmerung war von ihm zu erwarten, sondern eine neue Belebung des klassischen Bildtypus. Man bestaunte auch seine Fähigkeiten als Portraitist.

Stets hat Beckmann die Aufmerksamkeit anderer Künstler erregt. So hat Alfred Kubin, der für seinen Freund Reinhard Piper Bücher illustrierte, mehrmals versucht, Beckmann kennenzulernen. Der österreichische Goya (wie Richard von Schaukal den gebürtigen Böhmen nannte) hatte als Zwanzigjähriger beim Militär einen Nervenzusammenbruch erlitten. Im Januar 1923 besuchte ihn Beckmann in seinem Haus im oberösterreichischen Zwickledt. Kubin, der nach dem Tode seines Vaters im Jahre 1908 einen phantastischen Roman unter dem Titel *Die andere Seite* geschrieben hatte, zeigte sich empfänglich für die Ausstrahlung des Deutschen.

»M. Beckmann besuchte uns auf 3 Tage – es war interessant mit einem starken Künstler zusammen gewesen zu sein der fast in allem das Gegenteil der eigenen Wesensart ist«, berichtete Kubin und verschwieg auch nicht, daß der »kollossale Mensch« zwei Suppen und zwei Rumpsteaks mit doppelter Beilage verzehrt habe.

Der gereifte Beckmann war beliebt bei Journalisten und Photographen. Niemand konnte sich seiner Ausstrahlung entziehen. Er selbst beschwerte sich 1923 über photographische Portraits: »Sie schwanken zwischen Paßfoto und Verbrecheralbum.« Sein Humor blieb oft hinter der Grimasse verborgen. Die Zeitgenossen kriegten von seinem tiefen, verborgenen Witz meistens nichts mit.

»Beckmannmaxe war 'ne Art Einsiedler«, urteilte zum Beispiel George Grosz, »er war der Hermann Hesse der Malerei, deutsch und schwer, schwer zugänglich, 'ne Briefbeschwerernatur ohne einen Cent Humor.«

Vom 15. Juni bis 27. August 1921 malte Max Beckmann ein *Selbstbildnis als Clown*, das auf den ersten Blick zum initialen *Selbstbildnis als Krankenpfleger* sechs Jahre zuvor im größten Kontrast steht.

Die hergebrachte Form des rechteckigen Gemäldes sollte er auch jetzt nicht in Frage stellen, selbst wenn das Format extravagant steil ausfällt. Damit wird räumliche Enge, zugleich aber der Eindruck von etwas Hohem erzielt. Es handelt sich durchaus um ein Zitat des klassischen Bürgerportraits, ein Eindruck, der durch die feine und exquisite Malweise bestärkt und durch die zusammengeschobene Räumlichkeit noch übersteigert wird. Der Künstler selbst ist der Bourgeois, doch statt der Insignien des bürgerlichen Erfolges werden ihm hier die Attribute des fahrenden Volkes angehängt. Maske, Pritsche, Halskrause und Tröte sind dabei durchaus Bestandteile des bürgerlichen Haushaltes, wenn auch aus dem Kinderzimmer. Um dem Ganzen einen metaphysischen Anstrich zu verleihen, wird erneut auf den Erlöser angespielt. Der ausgestreckte Arm der Ecce-Homo-Darstellungen tut kund: Dies ist mein Blut, das für euch und für alle vergossen wird. Es handelt sich also keineswegs nur um eine ironisch gebrochene Selbstdarstellung, sondern um ein vorgeblich humoristisches Bild, dessen tiefer Ernst sich dem zweiten Blick enthüllt.

Mit dem Anspruch, König des tragikomischen Lebens zu sein, ja, es erst erträglich zu machen, stellt sich Beckmann auf eine Stufe mit Shakespeare. Die Welt ist die Bühne des Künstlers – wenn auch nur noch im Kasperletheater.

Hier ist die Existenz des Künstlers vollkommen ins Bild des Gauklers gefaßt. Bilder wie *Varieté* von 1921, das Bildnis des russischen Schauspielers Nikolaj Michailowitsch Zeretelli von 1927, das *Akrobaten*-Triptychon von 1939 und viele andere zeigen, wie sehr die Liebe zu einem Leben im bunten Wagen, die der Maler von seinem Vater geerbt hatte, in ihm weiterwirkte. Im Bilde des Artisten fand er die Existenz des Menschen im allgemeinen und des Künstlers im besonderen trefflich beschrieben. Man muß nur die Schriften von Kafka und Thomas Mann lesen, die Bilder von Picasso und Chagall betrachten, um festzustellen, wie sehr sich die europäische Kultur in einer ihrer größten Umbruchzeiten im Bilde des Gauklers wiedererkannte. Er spiegelt nicht nur diffuse romantische Sehnsüchte, sondern auch die tiefe Verunsicherung des Menschen in der Moderne.

Und doch sollten noch viele Jahre vergehen, bis Beckmann seine lyrische Malerei und dann seine erhabenen Themen hinter sich ließ und die großen schöpferischen Möglichkeiten der komischen und scheinbar so banalen Themen in Angriff nahm. Gleichzeitig mit Robert Walser hat Pablo Picasso die lyrischen und melancholischen Qualitäten der Zirkuswelt gesehen und in seiner *Gauklerfamilie* zu geschmeidigen Figuren geformt. Max Beckmann hingegen mußte erst durch die Erschütterungen eines Weltkriegs gehen, um seine pathetischen Schiffs- und Weltuntergänge, seine apokalyptischen Menschenaufläufe im Feuer der Schrapnells und Kanonen aufgehen zu lassen und jene kleine Menschenwelt zu entdecken, die zugleich zum Lachen und zum Weinen reizt. Während aber Picasso und Chagall ihre kleinen Artisten und Schauspieler zart und traumhaft hingegossen haben, verbiß Beckmann sich in seine Zirkus-Ikonographie: Da wird unter Zwang gelacht, und der Maler selbst schwingt die Peitsche. Karl Schmidt-Rottluff nannte später, gegenüber seiner Schülerin Erika von Hornstein, Max Beckmann einen Dompteur und Zirkusdirektor.

Pablo Picasso hatte sich schon 1905 als Harlekin im Domino dargestellt. In dem Gemälde *Au Lapin Agile* setzt er eine plakathaft à la Toulouse-Lautrec gemalte Frau zur Rechten des Künstlers in die Bildmitte. Wenn Beckmann die Künstlerfigur wieder in die Mitte des Bildes rückt, hat er auch für diesmal Picasso und die Pariser Moderne zurechtgerückt.

Wer mit dem eigenartigem Humor des Künstlers nicht zurechtkommt, der schlage bei Beckmanns Lieblingsphilosophen Arthur Schopenhauer nach. In der *Welt als Wille und Vorstellung* findet er die Erklärung des *Selbstbildnisses als Clown* und zahlreicher anderer Werke des vertrackten Malers.

Nach Schopenhauer, wie Beckmann Protestant aus einer Hansestadt, ist der Humor subjektiv.

Denn näher betrachtet beruht der Humor auf einer subjektiven, aber ernsten und erhabenen Stimmung, welche unwillkürlich in Konflikt geräth mit einer ihr sehr heterogenen, gemeinen Außenwelt, der sie weder ausweichen, noch sich selbst aufgeben kann; daher sie, zur Vermittelung, versucht, ihre eigene Ansicht und

jene Außenwelt durch die selben Begriffe zu denken, welche hie-
durch eine doppelte, bald auf dieser, bald auf der andern Seite
liegende Inkongruenz zu dem dadurch gedachten Realen erhal-
ten, wodurch der Eindruck des absichtlich Lächerlichen, also des
Scherzes entsteht, hinter welchem jedoch der tiefe Ernst versteckt
ist und durchscheint.

Die pastose Malweise seiner Vorkriegswerke hatte Max Beckmann inzwischen aufgegeben. Nun trägt er die Farbe lasiert, in
vielen dünnen Schichten übereinander auf. Auf das Handwerk
legte er größten Wert. Sein Meistertum sollte sich in Sorgfalt beweisen. Er verwandte eine Palette aus braunem Holz mit allen bekannten Farben außer Zinkweiß. Er wählte Pinsel aus Schweine-
borsten oder Zobelhaar, von den acht Zentimeter dicken bis zu
den feinsten. Auch war er bestrebt, seinen Bildern eine möglichst
lange Lebensdauer zu verleihen. Doch nach dem Krieg standen
zunächst nur wenige und billige Malmaterialien zu Verfügung.
Man nahm alles, was man kriegen konnte, selbst Zahnpasta. Das
bröckelt ab. Heute werfen die Gemälde der Kriegs- und unmittelbaren Nachkriegszeit Probleme bei der Restaurierung auf. Sie sind
in deutlich schlechterem Zustand als die älteren. Erst die Bilder
seit Mitte der zwanziger Jahre sind in gutem Zustand. In dieser
Zeit ging er auch aus technologischen und restauratorischen Gründen zur minuziös aufgetragenen, fein lasierten Malerei über. Er
wollte seinen Bildern längere Lebensdauer verleihen. Seit 1925
setzte er nur noch Terpentinöl als Bindemittel ein. So haben sich
die Bilder seit dieser Zeit in Farbe und Material am besten erhalten.

IV. Jahre des Ruhmes

1925–1933

15. La belle et la bête

In Wien begegnete Max Beckmann seiner großen Liebe.

»Ich bin nur noch Maler«, verkündete er Anfang 1926.

Das Ende seiner scharfkantigen, kontrastreichen Graphik war gekommen. Dafür gab es persönliche und historische Gründe. Der Dawesplan von 1924 hatte die deutschen Reparationszahlungen geregelt und die Deutsche Mark stabilisiert. Die Menschen atmeten auf. Die Schatten des Krieges zogen sich vorübergehend zurück.

Tatsächlich beruhigte sich mit der Konsolidierung der Weimarer Republik auch Beckmanns Strichführung.

»Meine Form ist dauernd in Weiterentwicklung zu größter Einfachheit und Klarheit.«

In seiner zweiten Ehe hatte der Künstler neues Glück gefunden.

Und er war berühmt. Mit etwa je vierzig Gemälden und graphischen Blättern fand 1927 im Kunstverein seiner Geburtsstadt Leipzig eine große Beckmann-Ausstellung statt.

Schon sein Portrait von Minna Tube aus dem Jahre 1924 konnte man klassisch nennen; freilich sollte sich bald herausstellen, daß es ein Abschiedsbildnis war. Ruhige Farben, klare Formen und eine fein abschattierte Malweise stellen das Werk in Widerspruch zu den Bildern des Vorjahres – Gemälden wie *Tanz in Baden-Baden* oder *Das Trapez,* in denen der Künstler noch bewegte Figuren in beschränktem Raum zusammengedrängt hatte. Setzte er sich dort den Roaring Twenties, ihrer ständigen Bewegung, ihren Widersprüchen aus, so herrscht ab 1924 in seinen Bildern eine fast schon provozierende Ruhe. Der Jazz schweigt.

Klassische Stille und ein Schimmer goldenen Lichts liegt auf der *Schlafenden*, einem üppigen, gleichmäßig ausgeleuchteten

Frauenakt aus diesem Jahr. Natürlich spielt Beckmann hier mit feinem Pinsel auf J. A. D. Ingres an. Das Querformat mit dem quellenden Körper ist jedoch nicht nur Stilzitat. Luxe, calme et volupté deuten auch auf gesellschaftlichen Rang hin – daß es sich bei dem Maler um einen arrivierten Meister handelt, darf als selbstverständlich vorausgesetzt werden.

Wie Max Beckmann sich sah, als es ihm und dem ganzen Land besserging, zeigt er im selben Jahr in der grimmig-arroganten, aber keineswegs tierisch ernst gemeinten Pose des *Selbstbildnisses auf gelbem Grund*. Hinter einer halbgeöffneten Tür sitzt er vor einer gelben Wand und wird von rechts von warmem Licht beschienen. Ob der Schein aus einem Salon, einer Bar oder der Hölle zu ihm dringt, bleibt der Phantasie des Betrachters überlassen. Der brillante Pinsel ist fähig, feinste Lichteffekte, Haut- und Stoff-Modellierungen aufzuwerfen. Diese Selbstdarstellung deutet in ihrer goldfarbenen Solidität auf harte Währung hin. Zugleich fällt ein Widerschein älterer und ältester Kunst darauf. Man könnte zum Beispiel an die Charakterköpfe des süddeutschen Bildhauers Franz Xaver Messerschmidt (1736–1783) denken. Zudem geht von dem modernen aristokratischen Unternehmertypus, den Beckmann hier erschafft, etwas Pharaonisches aus.

Der überzeugenden Modernität zum Trotz, die sich in Portraits wie diesem bekundet, fällt es schwer, Max Beckmann restlos in seine Zeit einzuordnen. Mit dem wilhelminischen Deutschland hatte dieser Typus noch weniger zu tun als mit den zwanziger Jahren. Ein Romantiker war er erst recht nicht. Wenig angekränkelt von den vielen Komplexen, die in Deutschland seit dem Dreißigjährigen Krieg zum nationalen Erbe gehören, erscheint Max Beckmann eher wie ein Deutscher des sechzehnten Jahrhunderts – mit dem zünftigen Stolz des Bürgers einer freien Reichs- oder Hansestadt, eines wackeren Handwerksmeisters, Ratsherrn, Patriziers. Es spricht für sich, daß Beckmann sich immer wieder auf Bosch, Holbein, Jörg Ratgeb, Grünewald und Brueghel, aber auch auf Martin Luther bezogen hat.

Aber zurück zum *Bildnis Minna Beckmann-Tube*: Wer in diesem hinreißenden Portrait der schönen Frau nur eine Imitation von Picassos *Portrait d'Olga* sieht, der irrt. Freilich, der Spanier hatte das Portrait seiner ersten Ehefrau im Jahr zuvor gemalt. Und wenn man, wie 1998 in der Zürcher Ausstellung »Max Beckmann und Paris«, beide Bilder nebeneinander sieht, stellt man fest, daß Beckmann sich von Picasso anregen ließ, besonders was die entspannt-aufmerksame Haltung der Frau im Dreiviertel und die einfache und doch feine Modellierung des ausdruckslos-glatten Gesichts angeht. Auch der einfarbige Hintergrund, bei Picasso hellbraun mit dunkelbrauner, bei Beckmann taubenblau mit hellbrauner und dunkelblauer Untermalung, rückt beide Bildnisse ins Einfache, Geschliffen-Herkömmliche.

Es liegt jedoch auf der Hand, daß Beckmann sich nicht aus Mangel an eigenen Einfällen an Picassos Vorgabe anlehnt, sondern daß er einen Bildtypus vollenden wollte, dessen Möglichkeiten ihm im Portrait der Olga noch nicht ausgeschöpft schienen. So entbehrt das *Bildnis Minna Beckmann-Tube* jener betont bourgeoisen Ausstrahlung, in deren Einfluß Picasso durch seine ehrgeizige russische Frau Olga vorübergehend geraten war.

Wie Picasso in seiner antikischen Phase um 1920, positioniert Beckmann seinen Klassizismus in der Nähe des Überzeitlich-Monumentalen. Minna Tubes gewaltige nackte Arme, die unter dem schwarzen Kleid zu erahnenden Beine der Wagner-Sängerin nähern das Bildnis dem Archaischen an. So regen sich schon in dieser Arbeit die formalen Voraussetzungen jener beiden Großbildnisse von 1930, in denen Minna Tube zur Protagonistin einer neoarchaischen flächig-monumentalen Malerei werden sollte.

»Picasso und Beckmann haben jeweils ein Werk ›parallel zur Natur‹ geschaffen, in dem die Natur mit dem Reichtum ihrer Erscheinungen und Bedeutungen eine differenzierte Analogie gefunden hat«, faßt Christian Lenz in seinem Aufsatz zum Verhältnis der beiden Künstler die Verwandtschaft zwischen Picasso und Beckmann zusammen. »Beide waren vor allem Figurenmaler, Menschendarsteller (besonders auch im Verhältnis zwischen Mann und Frau), und haben damit das Thema wieder aufgegriffen und fortgeführt, das der Kunst seit je das zentrale war. Beide Maler verstanden sich überhaupt als der Tradition mit ihrer Geschichte, ihren Mythen und ihren großen Gestaltern verbunden. Jeder von ihnen erhielt Anregungen insbesondere durch die mediterrane Welt [...] und unter den neueren Künstlern durch Cézanne.«

Im Juli 1924 reiste Max Beckmann für vierzehn Tage nach Pirano an der Adria. Die Italienreise inspirierte den Vierzigjährigen zu neuen Formen und Farben.

»Malen kann ich nur zu Hause«, gestand er auf einer Postkarte.

Er habe in Italien »wundervolle Dinge gesehen«, berichtet er I. B. Neumann nach New York. »Ich male Port[r]aits Stilleben Landschaften Visionen von Städten die aus dem Meer auftauchen, schöne Frauen und groteske Scheusäler. Badende Menschen und weibliche Akte.

Kurz ein Leben. Ein einfach daseiendes Leben. Ohne Gedanken und Ideen. Erfüllt von Farben und Formen aus der Natur aus mir selber. – So schön wie möglich. – Dieses wird die Arbeit der nächsten 10 Jahre sein.«

Auf der Rückreise nach Deutschland machte er in Österreich Zwischenstation. Die Gesellschaft zur Förderung moderner Kunst veranstaltete vom 11. September bis zum 20. Oktober 1924 in der Wiener Secession eine »Internationale Kunstausstellung«, bei der auch Beckmanns *Selbstbildnis vor rotem Vorhang* gezeigt wurde.

Max Beckmann und seine Kunst sollten in Wien jedoch nie heimisch werden. Dennoch wurde der Besuch in Österreich entscheidend für sein Leben.

Auf Vermittlung von Heinrich Simons Frau Irma, einer gebürtigen Wienerin, hatte Beckmann schon 1920 auf einer Reise nach Wien die Familie Motesiczky kennengelernt. Gräfin Henriette von Motesiczky schrieb Gedichte und malte Aquarelle. Ihr verstorbener Mann hatte ausgezeichnet Cello gespielt. Der Sohn Carl, auch er ein bemerkenswerter Cellist, wurde nach dem »Anschluß« von den Nazis ermordet. Gräfin Henriette starb mit 96 Jahren im Exil, ihre Tochter Marie-Louise im Alter von neunzig Jahren in London.

Diese typische Familie der Wiener haute bourgeoisie juive wohnte am Brahmsplatz im IV. Wiener Gemeindebezirk und in ihrer Sommerfrische in der Hinterbrühl. Zu den Habitués im Hause Motesiczky gehörten Hugo von Hofmannsthal und Oskar Kokoschka.

Marie-Louise von Motesiczky (1906–1996) sollte im Studienjahr 1927/28 Beckmanns Schülerin an der Frankfurter Städelschule werden. Ihre Malerei stellt die bedeutendste Kunst der Beckmann- und Kokoschka-Nachfolge in Österreich dar. 1939 emigrierte sie nach London und wohnte bis zu ihrem Tod im Stadtteil Hampstead, wo sich die österreichische Emigranten-Szene wiederfand: Ernst Gombrich, Erich Fried, Karl Raimund Popper usw. Jahrzehntelang war sie mit dem Schriftsteller Elias Canetti befreundet, der in ihrem Hause eine Bibliothek und ein Studio hatte. Ihr Portrait des Nobelpreisträgers hängt in der National Portrait Gallery. Canetti jedoch stand nie zu seiner Freundin, er hat sie schlicht verleugnet. Nach dem Tod der Künstlerin fand ihr Werk Aufnahme in der Tate Gallery. Es steht fern aller Moden, aber ganz in der Tradition von Beckmann und Kokoschka.

Schon mit dreizehn Jahren war Marie-Louise von der Schule abgegangen, um Malerin zu werden. Kurz darauf lernte sie in ihrem Elternhaus Max Beckmann kennen.

»Ich sah nichts als eine große, nicht sehr freundliche Stirn und dachte mir: unsympathischer Mensch«, erinnert sich Marie-Louise von Motesiczky. »Am Abend desselben Tages, wir aßen im Freien, unter der Linde, saß eine Heuschrecke auf dem Tischtuch neben einem vergossenen Tropfen Weißwein. Beckmann tauchte ganz behutsam den Kopf der Heuschrecke in den Wein und siehe da, sie begann zu taumeln und schließlich zu tanzen, sie schwankte ein wenig, aber sie tanzte wirklich! Ich weiß nicht

Mathilde Quappi Beckmann, 1928

mehr, was Beckmann zur Heuschrecke sagte, aber mir schien es damals so, als ob plötzlich beide dieselbe Größe hätten und sich miteinander unterhalten würden.«

Einige Jahre später erzählte Marie-Louise ihrer Freundin Mathilde Kaulbach aus München von dem deutschen Maler, der in Wien »Becki« gerufen wurde, und zeigte ihr eine Lithographie und das holzgeschnittene Selbstportrait von 1922 mit der einprägsamen Luther-Pose.

»Ich fühlte mich sofort von dem Selbstbildnis merkwürdig angezogen«, berichtet Mathilde Kaulbach (1904–1986). Von ihrer Familie wurde das zierliche Mädchen Hilde genannt. Die Mutter ihrer zwei Jahre jüngeren Freundin Marie-Louise jedoch verpaßte ihr, wie in Wien üblich, einen lustigen Spitznamen: Quappi – abgeleitet von Kaulbach.

Quappis Vater war der angesehene Society-Portraitist Friedrich August von Kaulbach (1850–1920), der in München in einem prachtvollen Haus in der Kaulbachstraße 15 residiert hatte. Die Sommerfrische der Familie befand sich in Ohlstadt bei Murnau. Aus der zweiten Ehe des Malerfürsten mit der dänischen Geigerin Frida Schytte (die unter dem Namen Frida von Scotta konzertiert hatte) ging Mathilde Kaulbach als jüngste von drei Töchtern hervor.

»Ich habe die Quappi gekannt, bevor der Beckmann sie gekannt hat«, erzählte Marie-Louise von Motesiczky viele Jahre später voller Wehmut.

Wie Beckmann besaß auch Quappi eine gewisse clairvoyance. Als sie Beckmann im Herbst 1923 im Hause Motesiczky kennenlernte, stellte sie fest, daß sie ihn schon im Spätsommer in ihren Träumen gesehen hatte.

Schon in seinem ersten Brief an Quappi schlägt Beckmann einen Ton des verliebten Übermuts an. Bei dem umfangreichen Konvolut von Beckmanns Braut- und Ehebriefen hat man es mit einer Sammlung nicht enden wollender Wortspiele, zärtlich-lustiger Einfälle aller Art, einem tänzerischen Surrealismus zu tun, wie er in der deutschen Literatur höchst selten und allenfalls noch bei Beckmanns Idol Frank Wedekind oder bei Kurt Schwitters zu finden ist. Anders als die Werke dieser großen Künstler waren Beckmanns Briefe an Quappi jedoch nicht zur Veröffentlichung bestimmt und wurden erst Anfang der neunziger Jahre freigegeben. Orthographie und Duktus der Briefe verraten wieder die raumgreifende Persönlichkeit.

Als Vorzeichnung zu einer Lithographie hat sich das stark improvisierte Blatt *Pitzchen und Quappi* erhalten, das die beiden Freundinnen bei allem Kontrast doch in beinah schwesterlichem Gleichklang zeigt. Quappi präsentiert sich hier als ein Mädchen, das weiß, was es will, das direkt auf sein Ziel zugeht, während Marie-Louise sich anlehnt, ja hinter ihr versteckt und die direkte Konfrontation mit dem Zeichnenden vermeidet. Vier Jahre später vereint der Künstler die beiden noch einmal in dem Gemälde *Zwei Damen am Fenster*, einem spielerisch geheimnisvollen Doppelportrait, auf dem Marie-Louise mondain, Quappi mädchenhaft erscheint. Sie hält eine Puppe in der Hand.

»Irgendetwas ist in Deinen Augen was mich fascinirt«, bekannte Beckmann in einem undatierten Brief aus dem Sommer 1921. Da war er schon Quappis Bräutigam. »Eine komische Mischung von Furcht, Begierde Angst und Hingebung und irgendetwas Abseitiges.«

Nach frühem Ruhm, erschütternden Kriegserlebnissen, der zugleich zehrenden und erfüllten Nachkriegszeit und dem Aufruhr des beginnenden Weltruhms fand der Künstler in Mathilde Kaulbach ein Mädchen, das ein ruhender Pol zu sein versprach: »Du bist die Ruhe meiner Seele, wo ich endlich Frieden finde.«

Zurück in Deutschland, gewöhnte er sich an, bei einem Drink zu sitzen und Quappi auf Hotel-Briefpapier assoziative Episteln nach Bayern zu schreiben. Wenn Quappi sich in München oder auf dem Anwesen der Familie im oberbayrischen Ohlstadt aufhielt, zog es den passionierten Champagnertrinker, Beobachter und Briefeschreiber in den Frankfurter Hof, wo er einen Stammtisch in der Bar hielt. Beckmann spricht von »Sekt«, meint Champagner, bevorzugt einen Carte d'Or Brut der Marke Ernest Irroy aus Reims, der er 1929 ein Flaschenstilleben widmet. Seine Braut sollte erst nach Frankfurt kommen, wenn die Scheidungsformalitäten erledigt waren.

Beckmann hoffte, mit tausend Mark Scheidungskosten davonzukommen, und machte sich Gedanken über Quappis Garderobe. Aus dem reservierten Italienreisenden der Vorkriegszeit war längst ein Weltmann geworden: »Mein Süßes, was für schöne Toiletten

werde ich Dir kaufen. Es gibt hier wunderbare und <u>sehr</u> raffinir-
te Sachen. Und ich werde meine süße kleine ausgefallene Quappi
sehr sehr raffiniert anziehen. Von oben bis … unten.«

Er redet im Ernst, er scherzt, er treibt Allotria, er träumt, und
er dichtet. Die Briefe klingen nicht selten wie ein Nachhall von
Heines Gedichten in Schumanns Vertonung. Beckmann und
Quappi durften hoffen, auf ihre Gefühle ein Leben zu gründen.
Die Ehe hielt bis zu Quappis Tod im Jahre 1986.

»Fremd warst Du bis jetzt hier auf der Erde mein liebes Kind«,
schreibt Beckmann. »Ein versprengter Engel aus dem Paradies.
Ich aber habe Dich entdeckt, vieleicht weil auch in mir irgendwo
noch ein Stück vom Paradies lebte was viele viele Jahre ver-
schüttet gelegen hat.«

Der Vierzigjährige findet in dem zwanzigjährigen Mädchen ein
neues Leben: »Es ist sehr schön und lebendig alte Gewohnheiten
umzustoßen und ganz neue Dinge einzuführen.« Beckmann fühlt
neue Kraft und nennt sich »Tiger« oder – in Anspielung auf das
chinesische Horoskop? – »Wassertigretto«. Und kokett fragte er
sie:

»Hast Du keine Angst. Vor der großen Bestie?«

Sie nannte ihn »mein Tiger« und verfertigte für die gemeinsame Wohnung eine witzige Kreuzstich-Tapisserie nach seinen
Entwürfen, wo sich in bunter Dschungelwelt ein knuffiger Tiger
auf einen Mann stürzt. Er nannte sie »Cynthia«. Besaß sie eine
lunare Ausstrahlung für ihn?

»Aus Quappi ist Cynthia geworden, das kleine Mädchen ist
über Nacht erwachsen.«

Er stürzt sich in einen Enthusiasmus, wie man ihn bei dem oft
wortkargen Norddeutschen noch nicht erlebt hatte, und versichert, »daß das Element was Du bist mir eben mein Leben lang
gefehlt hat«.

Quappis Mutter Frida von Kaulbach war ihrem zukünftigen
Schwiegersohn keineswegs gewogen. Er aber brachte seiner neuen
Schwiegermutter ebensoviel Respekt entgegen wie der alten Frau
Tube, die 1922 im Alter von 79 Jahren verstorben war.

Max Beckmann hatte es eilig, sich von Minna Tube scheiden zu lassen. Am 8. Mai 1925 schreibt er übermüdet aus einem lärmenden Wiener Caféhaus an Quappi: »Um 7½ Uhr morgen früh fahre ich nach Graz um die Sache endgültig zu klären.«

Minna Tube in Graz war mit ihren Nerven am Ende. Max Beckmann hatte nicht nur ihre Karriere als Malerin verhindert, als er vor der Heirat von ihr verlangte, die Malerei aufzugeben, jetzt setzte er – diesmal ohne es zu wollen – einen Schlußstrich unter ihre Gesangskarriere.

Als das Gericht im Juli 1925 die Scheidung aussprach, gestand Beckmann Quappi, »daß die große Freude nun endlich frei zu sein teilweise getrübt ist durch das Bewußtsein des furchtbaren Schmerzes den ich meiner Frau antun mußte«. Und einige Tage später: »Ich denke an meine Frau in Graz, vieleicht stirbt sie heute. Ich mußte ihr jetzt das Scheidungsurteil zusenden heute hat sie's bekom̅en.«

Die Trennung von Max Beckmann erschütterte Minna Tube so sehr, daß sie als Sängerin für immer verstummte. Die bekannte Wagner-Interpretin quittierte ihr Engagement an der Grazer Oper und kehrte Ende der zwanziger Jahre mit dem Sohn Peter nach Berlin-Hermsdorf zurück.

Kurz bevor er Quappi heiratete, bat Beckmann seine zweite Braut, ihre Ambitionen als Konzertgeigerin aufzugeben. Er argumentierte dabei nicht anders als gegenüber Minna Tube zwanzig Jahre zuvor. »Die Arbeit ist für mich ein <u>wilder</u> Kampf mit unfaßbaren Dingen.« Eine zweite künstlerische Energie im Hause mochte er nicht dulden.

»Ja, also, Kind, ich will dir nicht im Wege stehen. Wenn du Karriere machen willst mit der Geige, dann laß ich dich frei. Aber wir können dann nicht zusammen leben. Entweder du wirst Geigerin, oder du bleibst bei mir. Beides geht nicht. Ich brauche dich ganz oder gar nicht.«

Und Quappi ließ die Geige sein, wie Minna die Malerei gelassen hatte. Übrigens sang auch Quappi sehr gut. Minna war Mezzosopran, Quappi Koloratursopran. Eine Schallplatte mit der Arie der Königin der Nacht ist von ihr überliefert. Beckmann liebte es, wenn sie Vogelstimmen oder mit einem Schnalzen das Peitschen eines Fiakers nachahmte.

»Ich weiß auch, daß Du gar kein Kind mehr bist sondern ein sehr zarter sehr lebendiger aber auch ausgewachsener Mensch, der auch schon seinen Teil erlebt hat und weiß was er tut, wenn er sich mit mir verbindet.«

Beckmann schwamm im Glück.

»Meine Liebe zu Dir geht viel viel viel über das normal erotische hinaus – obwohl ich dieses wie Dir bekannt auch in nicht-ungewöhnlichem Maaße besitze. Es ist etwas fast ›pervers‹ überirdisches an Sehnsucht zu Dir in mir.«

Ein Jahr lang wartete Beckmann in Frankfurt auf die Ankunft seiner neuen Frau: Zuerst als Scheidungskandidat, dann als Geschiedener, Bräutigam und ferner Liebhaber.

Die Zeit der Vorfreude war eine gute Zeit. Verstärkt beschäftigte sich der Künstler wieder mit gnostischen, altindischen und theosophischen Lehren. Schon mitten im Kriege hatte er sich von Piper Schriften von Buddha und Jakob Böhme schicken lassen. Er schrieb manieristische Langzeiler oder philosophische Nocturnes wie dieses aus dem Mai 1925:

> *Hörst Du den Taumel der Welt*
> *Kennst Du die Stille des Sein's?*
> *Tief sind die Freuden der Nacht*
> *Tief auf den Traum gestellt.*
> *Bunt ist das Leben der Nacht*
> *Schön ist das Spiel des Schein's!*

Tatsächlich spielten zu diesem Zeitpunkt mindestens drei Frauen in seinem Leben eine Rolle.

Außer Quappi und Minna war da noch eine Maîtresse, die Beckmann Naïla nannte. Quappi wußte von der Liaison. Seinen Freunden enthielt Beckmann die Unbekannte jedoch vor. Man vermutet, daß es sich um Hildegard Melms (1896–1949) handelt, eine promovierte Staatsökonomin, die dreimal verheiratet war und in Berlin und der Frankfurter Banlieu lebte.

Der Künstler hat die interessante, selbstbewußte Frau mit den leicht schrägstehenden Augen mit Pinsel und Griffel immer wieder portraitiert; ein gutes Dutzend Gemälde und Radierungen sind überliefert. In seine Kaltnadel-Illustrationen zu Clemens Brentanos *Märchen von Fanferlieschen Schönefüßchen* fügte er ihre Figur als herbsüßen Akt und als trauernde Prinzessin Ursula von Bärwalde neben dem toten König Jerum ein, der in kurioser Verkürzung in seinem Sarg wie in einer Kiste liegt. Beckmanns humorvolle, scheinbar ungeschlachte virtuose Übertreibung kommt in diesem Blatt besonders gut zum Ausdruck. Der Künstler stellte seine brillanten figurativ-abstrahierenden Fähigkeiten wiederum ganz in den Dienst des künstlerischen Ausdrucks.

Beendete Beckmann die Beziehung zu Naïla, als er Mathilde Kaulbach heiratete? Seine Briefe jedenfalls sind voller Vorfreude auf die junge Quappi und die Schaffenskraft, die sie in ihm wecken sollte.

»Was für eine wahnsinnige Kraft wirst Du in mir entfesseln. Tust es schon.«

Sechs Wochen bevor sie heirateten, versicherte er Quappi: »Meine eigentliche Arbeit fängt nun erst an.« Und eine Woche vor der Hochzeit prophezeite er seinem Kunsthändler I. B. Neumann: »Meine Hauptwerke ko̅men jetzt erst!!!«

In den letzten Wochen vor der Hochzeit schrieb er fast täglich einen, manchmal zwei Briefe an das Mädchen, das in Bayern auf ihn wartete.

»– Weißt Du warum ich Dich heirate. – Weil ich Dich (noch) für die talentvollste Frau halte die ich bis jetzt kennen gelernt habe. – hm – wirst Du sagen – So – hm. Warum – Du wirst mir wohl oder übel erlauben müssen mich über diesen Punkt auszuschweigen.«

Die tiefe geistige Verbundenheit zwischen den Liebenden zeigt sich in einem Ereignis aus dem August 1925: Wenige Tage vor der Hochzeit träumte Quappi »von vielen Menschen in schönen Farben« und verblüfft damit ihren Bräutigam.

Er antwortet: »Komischer Weise habe ich mich gerade in der Zeit wo Du schriebst sehr mit der Idee und der Form dieses Bildes befaßt. Wenn ich Dir nicht's davon erzählt habe, ist es ganz besonders merkwürdig, aber auch sonst wäre es ein amüsantes Zeugnis Deines Unterbewußtsein's und unseres schon tief Verbundensein's.«

Quappi ließ die Kindheit, die Mutter und die von Gabriel von Seidl gebaute Stadtvilla in der Münchner Kaulbachstraße hinter sich, um als junge Gattin eines berühmten Kunstmalers im wenig mondainen Frankfurt am Main zu wohnen. Nur ihren Pekinesen Chilly nahm sie mit. Die Hochzeit fand am 1. September 1925 im Münchner Stadtpalais der Kaulbachs statt. In Frankfurt wurde Beckmann für seine junge Frau allgemein beglückwünscht.

»Meine Form ist heiterer und freier geworden ohne dabei an Präzision einzubüßen«, rapportierte er Ende Mai I. B. Neumann nach New York.

Brachte das Jahr 1924 den Umschwung von Beckmanns Malerei zu einem lebensvollen Klassizismus, weil er Quappi kennengelernt hatte – oder verhielt es sich umgekehrt?

Beckmann dachte seiner jungen Frau eine ganz bestimmte Rolle zu – sie sollte das Problematische harmonisieren, ihm helfen, die dämonischen Bilder des Krieges und Nachkrieges zu verschmerzen und zu einer neuen Form zu finden.

»Ich habe eine furchtbare Kraft der Verneinung in mir. Diese Kraft in die Bejahung ganz umzusetzen bist Du kleine süße Cynthia ausersehen.«

Ja, er glaubte sich auf dem Weg eines neuen Meistertums und wollte »mein Werk vollenden und den Menschen wieder Glauben an sich selbst geben«, wie er im Juni 1925 an Quappi schreibt.

Er will dem Widersprüchlichen und Zersplitterten absagen. Es sei notwendig, so erläutert er Quappi im Juni 1925, »daß wieder mal was ganzes, eindeutiges auf die Beine gestellt wird, was Kraft, Musik, Sanftheit und Wildheit Humor und Tragik und auch Güte hat«.

Dennoch wirkt im *Doppelbildnis Karneval*, das Beckmann im Sommer 1925 in Frankfurt als Brautbild malte, die Beklommenheit der frühen zwanziger Jahre nach.

»Du, ich glaube, es wird ganz entzückend«, hatte der Maler seiner jungen Braut im Sommer versprochen. »Ich habe jetzt einen blauen Trikot und Du einen grünen Frack bekom̄en und der gelbe Vorhang eine gelbrote Einfassung.«

Er glaubt, daß Quappi ihm »so viel Kraft und Heiterkeit« gibt und »daß ich jetzt noch viel viel schönere und lebendigere Sachen malen kann«.

Das Doppelbildnis sollte sich jedoch als schwere Geburt erweisen.

»Das Bild wird im̄er mehr vorwärts getrieben und ich hoffe, daß es bald seinen Höhepunkt erreicht«, meldete er am 10. August 1925 aus Frankfurt. »Am Ende eines Bildes bin ich im̄er ganz fertig. – Aber gerade auch dann ist's besonders spannend denn die letzten Striche sind die wichtigsten. Es ist im̄er ein irrsinniger Kampf. Wenn ich dann fertig bin ist's wirklich so wie bei einer Frau die ein Kind gekriegt hat.«

Auf dem Doppelbildnis stehen Beckmann in einem violetten Clownskostüm und Quappi mit ausgestopftem Pferdchen bleich und stilisiert vor einem Vorhang. Es handelt sich eher um das Bildnis einer Ehekrise.

»Unheimlich stark wirkt es wie eine tiefe wilde und verschwiegene Musik«, schrieb Beckmann seiner Frau in dieser Zeit über sein Gefühl zu ihr – und charakterisierte damit zugleich das vieldeutige Doppelportrait.

»Viele Seelen stehen herum und wollen an unserem Glück oder Unglück mitfressen«, warnt Beckmann – ein Motiv, das Ernst Ludwig Kirchner bereits zwei Jahre zuvor in seinem Bild *Das Paar vor den Menschen* gestaltet hatte.

Die vierwöchige Hochzeitsreise nach Rom, Neapel und Viareggio regte den Künstler zu neuen weiträumigen und doch beengten Bildern an. Der Klassizismus von 1924 wird relativiert, kaum daß er sich recht entfaltet hatte.

In seiner berühmten Rede vom 3. Januar 1925 hatte Benito Mussolini den Faschismus zur neuen Staatsform Italiens erklärt. Als Thomas Mann im September 1926 nach Italien reiste, war ihm das Land »atmosphärisch unangenehm«. In seiner Reiseerzählung *Mario und der Zauberer* schreibt er drei Jahre später: »Ärger, Gereiztheit, Überspannung lagen von Anfang an in der Luft.«

Wirkungsvoll hat auch der Maler in Flitterwochen von 1925 den Eindruck des sich zuspitzenden Faschismus und seiner allgegenwärtigen öffentlichen Rhetorik eingefangen. Das Raffinierte an der Mischtechnik *Karneval in Neapel* besteht darin, daß er nicht die Erscheinungen und Symbole des neuen Italiens selbst aufgreift, sondern die Veränderungen in ihren Auswirkungen auf die Menschen spiegelt. Das Blatt ist im wesentlichen mit schwarzer Tusche ausgeführt und mit weißer Kreide gehöht und zeigt eine attraktive, Quappi ähnelnde Frau, die sich die Ohren zuhält. Der Mund ist klagend geöffnet. Im Hintergrund dampft ein Vulkan, die einzige Anspielung auf Neapel. 1944 fügte der Künstler einen dritten Flötenspieler und einen Mandolinenspieler hinzu. Vor die Augen der Frau malte er einen Schleier. Diese Figur will von ihrer Umgebung nichts hören und sehen.

Beckmann hat die direkte politische Anspielung vermieden – seine Kunst ist deutlich genug.

Im Sommer 1924 war Beckmann mit Minna Tube und dem gemeinsamen Sohn zum letzten Mal gemeinsam verreist. Quappi hatte er zu diesem Zeitpunkt schon gekannt. In Pirano südlich von Triest verbrachte er mit Minna und Peter die Sommerferien. Die Stimmung dieser Zeit und die Atmosphäre der adriatischen Hafenstadt übertrug er in das steile Hochformat *Italienische Fantasie*, an dem er vom Juni 1924 bis zum August 1925 arbeitete und das zuerst *Salute d'Italia* heißen sollte. Ende August 1924 schilderte er I. B. Neumann in einem Brief dieses Bild und fügte eine kleine Skizze ein.

»4 singende Italiener auf einer Barke mit eine Stadt im Hintergrund. Eine sehr ulkige grotesk, schöne Angelegenheit. Aber auch eine schwere und große Arbeit. – Ganz einfach in der Form trotz erheblicher Groteske.«

Vier beziehungslose Personen in einem schwankenden Boot vor der Küste einer italienischen Hafenstadt, verzweifelte Kommunikationsversuche, unsichere Zukunft: »Das ganze ist teils komisch teils glühend und traumhaft.«

Die *Italienische Fantasie* spielt in der Welt von Luigi Pirandello. Im Juni 1925 schrieb der Künstler aus dem Hotel Frankfurter Hof an Quappi: »Mein Gott was sind die Menschen alle einsam unter sich.«

Beckmanns Erläuterung der Frauenfigur links zeigt, auf welche Art er mitunter typisierte, wenn er an einem Portrait arbeitete:

»Da fehlte nur noch eine Frau und nun habe ich meine süße Quappi mit darauf gemalt. D. h. es ist nicht portraitähnlich, aber doch ist jeder Ton und jeder Ausdruck von Dir entlehnt.«

Beckmanns steile Hochformate stellen eine Abstraktion des Raumes und eine Verfremdung der klassischen Bildformate dar. Sie überraschen, zwingen den Betrachter, neu zu sehen, und eröffnen zudem für den Maler die Möglichkeit, einen ungewohnten Bildaufbau zu wagen. Zudem sind Hochformate museumsfreundlich, da sie nicht viel Platz wegnehmen – worauf Beckmann Ende der zwanziger Jahre einen Kustos an der Berliner Nationalgalerie hinwies.

Der Maler hat das Sujet ein Jahr später symbolisch und im Format ausgeweitet. *Die Barke* fährt, mit sechs Personen stark überladen, auf das offene Meer zu. Die Situation ist unsicherer denn je. Die See ist ruhig, der Horizont klar. Doch es riecht nach Seenot.

Max Beckmann besaß eine hohe Sensibilität für die Zeit. An

winzigen Details nahm er Veränderungen einer historischen Situation wahr.

Das Hochformat *Galleria Umberto* führt napoleonische und neapolitanische Requisiten zur Groteske zusammen. Beckmann hat auch dieses Bild so angelegt, daß man sich im ersten Moment keinen Reim darauf machen kann. Er zwingt den Betrachter, sich näher mit dem Bild, seinem Aufbau, seinen Figuren und der Malweise zu beschäftigen.

Genauso wie die Figur, die hier an den Füßen mit dem Kopf nach unten baumelt, wurde zwanzig Jahre später Mussolinis Leiche von Partisanen aufgehängt – wenn auch nicht in der Galleria Umberto I. in Neapel, sondern auf der Piazzale Loreto in Mailand.

Die Galleria Umberto I. seit ihrer Eröffnung im Jahre 1892 der Stolz Neapels, krönte den Wiederaufbau des ganzen Stadtteils nach der Cholera-Epidemie von 1884. Die Glaskuppel von Emmanuele Rocco ist auf Beckmanns Gemälde gut zu erkennen.

Der Arbeitstitel *Traum in Neapel* deutet auf einen Wahrtraum hin. Schon Nostradamus hatte in *Les Centuries* im Mai 1555 einen Vierzeiler geschrieben, den man als Voraussage von Mussolinis Untergang gedeutet hat:

Dans peu dira faucé brute fragile
Da bas en haut esleué promptement:
Puis en istant desloyale & labile,
Qui de Veronne aura gouvernement.

Falsch wird er die schwache Menge nennen,
Die ihn aus der Tiefe schnell erhöht,
Plötzlich als aufrühr'risch, wankend kennen,
Wer am Ruder von Verona steht.

(Am 23. September 1943 gründete Mussolini mit deutscher Hilfe seine »Repúbblica Sociale Italiana« – in Verona.)

Wie war eine Prophetie wie *Galleria Umberto* möglich? Handelt es sich um ein Vorgesicht? Um einen Wahrtraum? Hat der Künstler zwanzig Jahre später in Amsterdam von den näheren Umständen bei Mussolinis Tod erfahren und sich an sein Werk von 1925 erinnert?

Ein Schauer muß ihn angeweht haben. Ernst Jünger zum Beispiel konnte sich solcher Empfindungen nicht erwehren, als er seine Erzählung *Auf den Marmor-Klippen* während des Zweiten Weltkriegs wiederlas.

»Ich finde drin manchmal Dinge, die ich während der Niederschrift nicht wissen konnte«, schreibt er Ende April 1940 von der Westfront an Carl Schmitt. »– ein Gefühl, das Ihnen bekannt sein wird. Es ist eines der Zeichen dafür, daß es uns gelungen ist, ein Teilchen Elementar-Substanz zu heben – das löst sich im Laufe der Zeit in Wahrheit auf; oder besser, gibt Wahrheit ab, wie Radium die Emanation. Deshalb gibt es Dinge, die immer wahr sind, und solche, die niemals wahr gewesen sind.«

Nach der Hochzeitsreise genossen Quappi und Max Beckmann jene »Hotelqualitäten in Frankfurt«, von denen Gottfried Benn in seinem Gedicht *Teils – teils* schreibt. Sie setzten die Flitterwochen im Hotel Métropole gegenüber dem Hauptbahnhof fort. Im Oktober erwog der Ehemann jedoch, in ein privates Quartier umzuziehen.

»Meine Quappi müßte sich dann allerdings entschließen schon ein bischen zu wirtschaften, aber vieleicht ist das auch ganz hübsch, wenn Du ein bischen was für den Tiger tun kannst und nicht nur Luxuskatze bist.«

Von der künftigen Wohnung hat der Künstler genaue Vorstellungen.

»Für mich giebts nur 2 Möglichkeiten. Entweder bohême oder raffinirt elegant. Die Mitte ist mir u̲nerträglich.«

Nachdem der Plan, in einer Wohnung im Liebighaus einzuziehen, in der die Frankfurter Skulpturensammlung untergebracht ist, sich zerschlagen hatte, fand sich eine komfortable Wohnung im zweiten Stock eines Dreifamilienhauses am Sachsenhäuser

Mühlberg. Die Straße war nach dem Maler Wilhelm Steinhausen (1846–1924) benannt. Damals standen dort nur wenige Häuser. Man konnte das nördliche Stadtgebiet und den Feldberg im Taunus sehen. Manches Motiv aus diesem Panorama taucht in Beckmanns Malerei auf.

Der Künstler hatte einfach beim Hausbesitzer geklingelt und sich vorgestellt.

»Max Beckmann, ich bin Maler und Lehrer am Städel. Ich wohne derzeit bei meinem Atelier in der Schweizer Straße, wenn meine Frau in Frankfurt ist, im Hotel. Ich interessiere mich für die Wohnung in der 2. Etage in Ihrem neuen Haus in der Steinhausenstraße.«

Der Hauswirt zögerte.

»Selbstverständlich können Sie sich beim Direktor des Städel, Professor Swarzenski, über mich erkundigen. Ja, bei Künstlern muß man vorsichtig sein.«

Quappi rückte mit Konzertflügel an. Eine Wand mußte eingerissen, zwei Räume verbunden, Parkett gelegt werden. Die Nachbarn waren von der »sehr jungen, 22jährigen Frau Beckmann« begeistert, die Mozartarien sang und den Frühlingsstimmen-Walzer spielte.

»Die großen dunklen Augen und der volle, durch Lippenstift betonte Mund bestimmten ihr liebliches, rundes, etwas sommersprossiges Gesicht, das von rotbraunen Haaren umrahmt war. Eingehüllt in ein zauberhaftes Parfume-Wölkchen erschien uns die große, zierliche, elegant gekleidete Gestalt wie ein märchenhaftes Wesen.«

Anfang 1927 war das Haus bezugsfertig. Parterre zog Paul Spiro, Chefarzt an der Frankfurter Uni-Klinik, mit Frau und zwei Kindern ein, in der ersten Etage lebte die Beamtenfamilie Schott, der das Haus gehörte, mit den Töchtern Helly und Gisela. Beckmanns Wohnung war weder bohème noch raffiniert elegant, sondern middle-class, wie denn der Künstler Ende des Jahres 1925 an Quappi schrieb: »Alle Menschen wollen wieder in ihre alten Ställe.«

Beckmanns stießen zum intellektuellen Etagenadel. Auf dem Mühlberg wohnten vor allem Beamte, Lehrer, Ärzte und Architekten, aber auch prominente Frankfurter Künstler; Schauspieler wie »Bibi« Saalfeld und Ellen Daub, Maler wie Ernst Lincker, Peter Lippmann und Helmut Tamm.

Im Laufe des Jahres 1927 war es soweit. Der Maler zog mit Frau und zwei Hunden in den zweiten Stock des Hauses Steinhausenstraße 7/II ein. Der schwarzweiße Pekinese Chilly hatte inzwischen Gesellschaft von dem braunen Majong bekommen.

»Eigentlich mag mein Mann Katzen viel lieber«, erläuterte Quappi. »Aber jetzt liebt er auch Hunde, weil ich sie mag.«

Von nun an sollte stets ein Pekinese das Ehepaar an Kindes Statt auf Trab halten. Das Hündchen wurde immer sehr verwöhnt und duftete nach Parfum. Auf Nachkommen mußte Quappi verzichten. Beckmann wollte keine Kinder mehr.

Die neue Wohnung hatte Balkon und Holzrolladen. Im zentralen Salon standen alte Möbel und eine bequeme Couch. Verspiegelte Schiebetüren führten zu Quappis Boudoir. Im dreifenstrigen Erker stand eine Staffelei. Bildnisse von Beckmann und Quappi zierten das Zimmer. Wie der alte Kaiser Franz-Joseph hatte der Künstler ein eigenes, spartanisch eingerichtetes Schlafzimmer mit eisernem Bettgestell.

Max Beckmann liebte den Frankfurter Hauptbahnhof, sein Fluidum, seine große dreischiffige Stahlkonstruktion. Abends zwischen neun und zehn Uhr nahm er gern ein Taxi zum Bahnhof und ließ, wie er sagte, »die unergründliche Bahnhofs-Atmosphäre« auf sich wirken.

Die Nachbarstochter Gisela erinnert sich, daß der Künstler oft spätabends mit einem Packen Zeitungen, Zeitschriften und Krimis unter dem Arm und einer Tüte Obst in der Hand nach Hause kam und die ganze Nacht las. Wenn er zwischen vier und fünf Uhr morgens die schweren Rolladen mit einem Knall herunterließ, schreckte Hauswirt Schott aus dem Schlaf.

»Jetzt schläft der Maler endlich!«

»Künstler sind nun einmal so«, entgegnete Frau Schott. »Beruhige dich und denk an seine hübsche Frau!«

Gisela erinnert sich: »Mein Vater wurde gelegentlich dadurch ›entschädigt‹, daß ihm Max Beckmann einen Stapel ausgelesener Krimis übergab.«

Die Nachbarn bemerkten, daß Beckmann sehr ernst war. Aber auch sein Humor blieb ihnen nicht verborgen. Eines Morgens machte das Dienstmädchen den Maler auf etwas aufmerksam.

»Herr Beckmann, Sie haben ein Loch in der Hose, wollen Sie so ins Städel gehen?«

»Das macht nichts, ich habe wenig Zeit, außerdem geht der Wind so besser durch …«

16. Die neue Klassik

> Die Gegenständlichkeit in einer neuen
> Kunstform wieder zur Debatte zu stellen
> ist mein Anstoß gewesen.
> MAX BECKMANN, März 1926

Ab 1923 wurde in Deutschland die »Neue Sachlichkeit« propagiert. Übergenaue Personendarstellung und kühle Atmosphäre sollten die Hysterie des Expressionismus auf Eis legen. Wie bei den Ausdruckskämpfern standen Großstadtszenen im Mittelpunkt, aber der City wurde ein Reagenzglas übergestülpt. In sterilen Arrangements betrat der Neoklassizismus durch die Hintertür wieder die Bühne der Kunstgeschichte. Georg Scholz etwa stellte 1927 in seinem *Sitzenden Akt mit antiker Büste* eine photographisch gemalte Halbnackte dar, die neben einem klassischen Gipskopf auf einem Tisch sitzt.

Die »Neue Sachlichkeit« starb nie ganz aus und hat bis heute zahlreiche Wiedergeburten erlebt. Max Beckmann kann nicht zu dieser Kunstrichtung gezählt, aber er kann als einer ihrer Inspiratoren angesehen werden. Er suchte seine eigene Sachlichkeit. Schon während der Arbeit an seiner zweiten Auferstehung, in der Zeit von 1916 bis 1918, hatte er etwa mit Bleistift zwischen die Figuren des Monumentalbildes die Worte: »Zur Sache« notiert.

Die »Neue Sachlichkeit« war eine ideologische Worthülse. Sie hatte mit der alten Sachlichkeit des deutschen Spätmittelalters nichts zu tun und erschöpfte sich in äußeren Effekten. Der Betrachter sollte die sklavische Detailgenauigkeit der Malweise bestaunen, die sich nicht selten einem Photorealismus annäherte. Und er sollte die Coolness der offensichtlich weltläufigen Maler bewundern.

Beckmanns Sachlichkeit der inneren Gesichte hatte mit dem rein äußerlichen Detailrealismus ebensowenig zu tun wie seine »Transzendente Sachlichkeit« mit der allzu immanenten der Modemaler wie Georg Scholz und Christian Schad – um immerhin die besten zu nennen. Beckmann strebte nicht die Apotheose des Gegebenen an, sondern eine »Metaphysik der Gegenständlichkeit«, die er bei seinen Zeitgenossen vergeblich suchte und allein bei Künstlern wie Brueghel, Hogarth und Goya fand.

Seine Darstellung zielt nicht auf das Dasein, sondern auf das Sein. Im Oktober 1926 bekennt er Carl Einstein, er versuche, »zu realisiren, was zu realisiren ist«. Wie einst von den Espressos, so distanzierte er sich jetzt von den Neusachlichen.

»Das wird jetzt Mode«, stellte er 1925 fest, »und ich muß alles tun um mich dem Betrieb der damit immer mehr einsetzen wird, zu entziehen.«

Auch von Malern wie Grosz und Dix rückte er ab: »Anstelle des wesentlichen Gefühls für Raum und Form ist um Berlin eine teils litterarische teils vollkommen phantasielose und platte Form der Gegenständlichkeit entstanden.«

Wer sich auf diese souveräne Art entziehen kann, zeigt damit, daß er etabliert ist. Beckmanns Werk war in Ausstellungen in ganz Deutschland und darüber hinaus zu sehen – wie auf der Internationalen Kunstschau in Zürich, die im August und September 1925 stattfand und zu der nur wenige deutsche Künstler eingeladen wurden. Er hatte sich um die Teilnahme nicht einmal bemühen müssen.

Im selben Jahr fand in der Kunsthalle Mannheim, die bereits zwei Gemälde von Beckmann besaß, die Ausstellung »Neue Sachlichkeit. Deutsche Malerei seit dem Expressionismus« statt. Gustav Friedrich Hartlaub, inzwischen Mannheimer Museumsdirektor, soll den Begriff zwei Jahre zuvor kreiert haben. Die Ausstellung wollte die künstlerischen Strömungen der zwanziger Jahre zusammenfassen. Max Beckmann stand im Mittelpunkt. Von einer deutschen Kunst konnte allerdings kaum noch die Rede sein. Die Künstler, die sich vom Expressionismus abgewandt hatten, suchten wie Beckmann den Anschluß an die internationale, besonders die Pariser Kunstszene.

Beckmanns Preise lagen nun zwischen tausend und zehntausend Mark. Die Versicherungssumme für ein Bild wie das *Große Stilleben mit Fernrohr* wurde anläßlich der Mannheimer Retrospektive mit zwölftausend Mark angegeben. Im Anschluß an die sehr erfolgreiche Ausstellung erhielt dieses Werk die undotierte Goldene Medaille der Stadt Düsseldorf.

Bis September hingen fünf Gemälde von Beckmann in Mannheim, darunter das ironisch-distinguierte *Doppelbildnis Frau Swarzenski und Carola Netter* von 1923, für das die beiden Damen, die hier wie Wachspuppen wirken, getrennt Modell gesessen hatten.

Von Oktober bis November zeigte die Ausstellung, soweit es sich rekonstruieren läßt, mindestens vierzehn Gemälde von Beckmann, darunter das fünf Jahre alte Bildnis Fridel Battenberg und der *Lido* aus dem Vorjahr, eine burleske Strandszene, in der Beckmann den Neoklassizismus als fröhlichen Formalismus exekutiert. Seinen Trick, die Figuren wie Anziehpuppen aus Papier zu zerschneiden und neu zusammenzusetzen, kann man mit Igor Strawinskijs neoklassischer Kompositionstechnik aus dieser Zeit vergleichen.

Die neue Qualität, die die figurative Malerei seit Entwicklung der Gegenstandslosigkeit gewonnen hatte, faszinierte die Zeitgenossen. Vergeblich bemühten sie sich, ihr Wesen auf einen Nenner zu bringen. Die *Frankfurter Zeitung* schrieb über die erste Hängung der Mannheimer Ausstellung und Max Beckmanns Bedeutung unter den ausgestellten Künstlern: »Beckmann, der vor Jahren revolutionär unbändig schien, wie sehr ihn auch die offenbare Liebe zum schönen Farbklang des Impressionismus verpflichtet, figuriert sinngemäß als einer der ursprünglich Richtunggebenden in dieser Gruppe.«

Von einer »Gruppe« konnte man hier allerdings nicht sprechen. Und Max Beckmanns Nachkriegskunst als revolutionäre Unbändigkeit zu verstehen, erscheint ebenso als grobes Mißverständnis, wie seine Farbenfreude der mittleren zwanziger Jahre von den Impressionisten abzuleiten. Dennoch neigten Feuilleton und Publikum immer wieder zu dieser Betrachtungsweise.

Für Beckmann war die Besprechung »ein großer Senf«.

Franz Roh war Assistent von Wölfflin in München gewesen. Dennoch wurde er ein abgeschmackter Kunsttheoretiker, wie es sie zu Tausenden gibt. 1925 brachte der Unglücksrabe das Buch *Nach-Expressionismus* unter die Leute, in dem er auch den Begriff »Magischer Realismus« prägte. Das Schlagwort klebte man auch Max Ernst oder Giorgio de Chirico an. Durch Rohs Veröffentlichung hielt es in den fünfziger Jahren auch in Lateinamerika Einzug. Wie zu erwarten, lehnte Beckmann das Buch ab und bescheinigte dem Autor »Eine gewisse Begabung für abstrakte Formulirungen gepaart mit einer auffallenden Talentlosigkeit des Sinnes für Qualität des Bildes und des Künstlers«. 1934 plante Roh, ein Manifest zur Verteidigung der verfemten Kunst herauszugeben. Dies jedoch hätte nichts mehr genützt – vermutlich hätte es eher geschadet; es unterblieb.

Carl Einstein, Autor des Standardwerks *Kunst des 20. Jahrhunderts*, eines Bandes der Propyläen-Kunstgeschichte, kam Beckmanns komplexem Wesen näher. In einem privaten Brief äußerte

Einstein über ihn:»Bei aller Robustheit ist er ein zarter Knabe. Grundanständig, verquält, sehr deutsch.« Der skeptischen Haltung des Künstlers gegenüber der Kunstkritik vermochte jedoch auch dieser kultivierte Autor nicht abzuhelfen. Im Oktober 1926 bekannte Beckmann gegenüber Einstein, daß er nichts von theoretischen Erörterungen halte: »Discussionen zwischen uns sind wohl vorläufig in der Tat nutzlos, da jeder über den Fall Beckmann seine wohl begründete Meinung hat und jeder sie nur aus sich selbst heraus bestätigen oder verändern kann.«

Ende Juli 1925 kam Israel Beer Neumann aus New York nach Europa und lud Beckmann nach Paris ein. Der Kunsthändler hatte in Amerika Erfolg gehabt. Beckmann war beeindruckt:»Vor 2 Jahren 3 Klasse rüber jetzt 1 Klasse Luxusdampfer Leviathan zurück.«

Neumann wollte in Paris eine Dépendance seiner New Yorker Galerie eröffnen. Zudem plante der Kunsthändler eine Beckmann-Einzelausstellung in Manhattan, die dann im April 1926 in seiner Galerie 35th West 57th Street stattfand. Beckmann hatte vor, die Ausstellung zusammen mit Quappi zu besuchen. Von einer Reise nach New York ist jedoch ebensowenig bekannt wie darüber, auf welche Weise seine Bilder dort aufgenommen worden sind.

Beckmann nahm Neumanns Einladung nach Paris an. Kurz vor seiner Hochzeit fuhr er nach sechzehn Jahren zum ersten Mal wieder nach Frankreich.

»Schauerlich wie die Zustände jetzt sind in Paris. Viel schlimmer wie vor dem Krieg. Man sieht, daß es den armen Franzosen nicht gut geht. Es ist überhaupt alles so lächerlich billig.«

Andere wurden von dem niedrigen Franc angezogen. Die Amerikaner der Lost Generation kamen nach Paris. Beckmanns Lithographie *Selbstbildnis im Auto* von 1923 war übrigens im selben Jahr in der deutschen Zeitschrift *Querschnitt* abgedruckt worden – als Illustration eines Stierkampf-Artikels von Hemingway.

Die Galerie Druet in der rue Royale zeigte die Ausstellung »25 peintres contemporains«. Beckmann sah die neueren Werke von Künstlern wie Matisse, Bonnard und Picasso und schrieb: »habe mit Zufriedenheit constatirt, daß ich das alles besser mache.«

Er wurde vor allem Zeuge der gemäßigt modernen Malerei von Matisse, wie sie der französische Maler seit seiner fauvistischen Phase von 1908 entwickelt hatte. Für Henri Matisse war der Leuchtwert der Farben für den Aufbau des Bildes entscheidend. Mit ungebrochenen, harmonisch abgestimmten Flächen gelangte er immer mehr zu einer dekorativen Formvereinfachung und verzichtete auf räumlichen Wirkung. Trotz seiner Abwehr gegen diesen Maler sollte Max Beckmann seine Anstöße bald aufgreifen. Die Suche nach Raumtiefe gab er im Gegensatz zu Matisse jedoch nie auf.

I. B. Neumann legte Beckmann einen Vertrag vor. Darin wurde festgelegt, daß der Kunsthändler für drei Jahre die Alleinvertretung seiner Werke übernahm und jährlich eine garantierte Vorauszahlung von zehntausend Mark leistete. Die regelmäßigen Ratenzahlungen aus Amerika stellten in der Folge für Beckmann eine gewisse Grundsicherheit dar, und noch 1931 nannte der Maler seinen Kunsthändler I. B. Neumann »meine pekuniäre Nährmutter«.

Am 6. Oktober 1925 übertrug der Frankfurter Magistrat Max Beckmann für ein Jahresgehalt von zehntausend Mark auf fünf Jahre die Leitung eines der neu eingerichteten Meisterateliers an der Kunstgewerbeschule. Die Deputation für Wissenschaft, Kunst und Volksbildung hatte den Antrag gestellt, diesen Künstler zu berufen, und geschrieben, daß Beckmann »unbedingt zu den Größten in Deutschland gezählt werden muß«.

Besonders Fritz Wichert (1878–1951) setzte sich für Beckmann ein. »Diese Bilder«, so prophezeite der Direktor der Städelschule, »werden unserer Stadt einmal in ähnlicher Weise zugute kommen wie die berühmten Veduten von Canaletto.«

Als man Beckmann berief, legte man zugleich die Kunstgewerbeschule mit der Städelschule zusammen und stellte sie in städtische Verantwortung. Der Status einer Akademie blieb der neuen Kunstschule indes verwehrt, obwohl sie nach dem Vorbild des Bauhauses eingerichtet war. Man räumte Beckmann eine Sonderstellung ein, wie außer ihm nur dem namhaften Architekten Ernst May. Er mußte sich an keinen regulären Stundenplan halten, konnte kommen und gehen, wann er wollte. In den ersten Jahren besuchte er jede Woche oder alle vierzehn Tage sein Meisteratelier, später ging er nur noch einmal im Monat hin.

Man zählt fünfzehn Schüler, die Beckmann im Laufe von acht Jahren unterrichtet hat, darunter Carla Brill, Inge Dinand, Theo Garve, Georg Heck, Walter Hergenhahn, Leo Maillet, Alfred Nungesser und Karl Tratt. 1933 flog der Beckmann-Kreis auseinander. In Frankfurt wurden Bilder auf dem Römerberg verbrannt, bevor die jungen Maler ihre Ausbildung bei Beckmann beenden konnten. Berühmt wurde allein Marie-Louise von Motesiczky, die als Gastschülerin aus Wien eingeschrieben war. Beckmanns Klasse nannte sich »Freie Malerei«; der abstrakte Kollege Willi Baumeister dagegen lehrte »Werbegraphik und Buchgestaltung«. Die beiden gingen sich aus dem Weg.

Die Städelschule lag am Schaumainkai in der Dürerstraße 10 direkt neben dem Museum. Wenn Beckmann nicht mit dem Taxi hinfuhr, ging der leidenschaftliche Spaziergänger meist zu Fuß zum Unterricht. Der romantische Spaziergang führte durch den Hühnerweg über den belebten Wendelsplatz quer durch Alt-Sachsenhausen. Mit Quappi dagegen spazierte er gern vom Mühlberg durch den nahen Stadtwald zur »Goethe-Ruhe« und zum »Goethe-Turm«.

Neben seinem Professoren-Gehalt und dem Zehntausend-Mark-Vorschuß von I. B. Neumann garantierte ihm sein Berliner Kunsthändler Paul Cassirer sechstausend Mark im Jahr. Quappi brachte eine Rente von fünftausend Mark in die Ehe. Das junge Paar verfügte damit über eine jährliche Grundversorgung von 31 000 Mark.

»Das ist ein Ministereinkommen«, freute sich Beckmann. »Und dann sind noch keine Bildverkäufe gerechnet.«

Solche Aussichten befeuerten seine Malerei nicht weniger als die Verbindung mit der jungen Aristokratin aus München.

Quappi wurde zu einer der meistgezeichneten, meistgemalten Frauen der Kunstgeschichte. Ihr unerklärlicher Thai-Touch und das Mädchenhaft-Umflorte ihres Wesens faszinierten Generationen von Betrachtern ebenso wie ihr zugleich delikater und distinguierter Stil, wie ihn Zeitgenossen bezeugen und wie er auf Photographien und vor allem auf Beckmanns Portraits zu sehen ist. In Deutschland fiel sie aus dem Rahmen; trotz seiner wirtschaftlichen und politischen Bedeutung hat dieses Land seit dem hohen Mittelalter keine stilbildende Oberschicht mehr hervorgebracht.

In der überaus kunstvollen Kreidezeichnung *Quappi, Patience legend* fing Beckmann 1926 ihre zugleich große und zierliche Figur in einem vieldeutigen, formal widersprüchlichen Portrait ein. Der Kopf mit gesenkten Augen, halb von oben gezeichneter Nase und Schmollmund ist von einer modernen Frisur zu beinah kugelhafter Rundheit gefaßt. Vom Hals über den Oberkörper, Arme und Beine setzen sich zylindrische Formen durch. Der Kartentisch mit den Spielkarten, auch die legenden Hände sind flächig gezeichnet. Beckmanns Widerstand gegenüber Matisse ist längst zusammengebrochen. Dem quadratischen Tisch und den rechteckigen Karten wird zudem die Andeutung eines flächig-runden Sessels entgegengesetzt. Beckmann verwirklicht diese hochartifizielle Sequenz mit größter Beiläufigkeit. Alles Gezwungene und Prätentiöse ist von diesem Blatt ferngehalten.

Von den Quappi-Portraits leitete Beckmann zudem veränderte, abstrahierte und typisierte Darstellungen in unterschiedlichen Graden ab. Nicht mehr Quappi, aber ein sehr ähnlicher Frauentyp ist dann zu sehen. So legte der Künstler 1927 unter dem Titel *Quappi mit Kopfputz* eine ornamental-abstrahierende Mischtechnik vor, in der seine Frau nur noch als Vorbild der dargestellten archaisierend-monumentalen Figur gelten kann. Mit Feder und Pinsel, in Aquarell und Tempera hat Beckmann eine gewaltige Halbfigur im Gestus einer antiker Fruchtbarkeitsgöttin geschaffen.

Die ungewöhnliche Fähigkeit des Künstlers, seine Figurendarstellungen gestisch und ikonographisch in alten und ältesten Traditionen zu verankern, bildet geradezu das Rückgrad seines Werkes. Altägyptische Anstöße hatten aus zwei Gründen für den Maler eine besondere Attraktivität: Die Ägypter hatten jene Einfachheit der Charakteristik erzielt, die Beckmann von früh auf suchte, und sie waren die ersten Meister des konkret individualisierten Portraits. Schon der Zwanzigjährige notierte auf seiner ersten Paris-Reise nach einem Besuch des Louvre: »Ich finde daß die alten Ägypter an Styl und Psychologie der Portraits unübertroffene Meister sind.«

Im Jahre 1926 malte Max Beckmann innerhalb von drei Tagen das *Bildnis Quappi in Blau*. Ohne jemals ägyptische Portraitmalerei zu zitieren, nähert er sich ihr in diesem kleinen, höchst aparten Bildnis doch an. Wieder spielt er mit dem Kontrast des Runden und des Eckigen, der hier zum direkten Widerspruch gesteigert ist. Quappis rundes, raffiniert abschattiertes Gesicht trifft auf das strenge Rechteck hinter ihr – einer umgedreht vor der Wand lehnenden Leinwand. Die rundlichen Arme und der Hals sind in der gleichen Einfachheit ausgeführt wie das leuchtende taubenblaue Kleid.

Der Clou besteht jedoch darin, daß die weiße Wand schwarz untermalt ist. Hier spielt Beckmann auf die Doppeldeutigkeit der Realität und aller Wertungen an. Die Dreidimensionalität von Kopf und Oberkörper ist durch starkes Schattenspiel herausmodelliert. So kontrastiert die Figur in besonderem Maße den verschachtelt-flächigen Hintergrund. Wenn man so will, beinhaltet das *Bildnis Quappi in Blau* zwei Bilder: Eine gegenstandslose Flächenstudie und eine figurative Menschendarstellung. Hier hat Beckmann vor das »Picassoschachbrettchen« eine volle Figur gestellt, deren Haut mit einer Sorgfalt ausgeführt ist, vor der der spanische Meister oft zurückschreckte.

Der Portraittypus wird im selben Jahr im sogenannten *Bild-*

nis la Duchessa »*di Malvedi*« radikalisiert, das, wie es scheint, die einzige Berührung Beckmanns mit dem italienischen Hochadel darstellt. Man vermutet, daß es sich bei der geheimnisvollen Dame in ihrer eindrucksvollen sexuellen Reife um ein Mitglied der Familie des Grafen Malvinni-Malvezzi handelt. Beckmann soll diese Frau während der Sommerfrische 1926 in Spotorno an der Riviera kennengelernt haben.

Der erdig-gelbe Hauttyp der mediterranen Frau hebt sich von einer Untermalung ab, bei der der Maler dasselbe Prinzip verwandte wie im ägyptoiden Portrait Quappis; es wird jedoch umgekehrt. Nun ist die Untermalung hellbraun, der flächige Hintergrund ein grau und braun abgemischtes Dunkelbraun. Die mondaine Dame mit dem leicht verwitterten Antlitz und dem schlichten schwarzen Kleid wirkt, als stünde sie im Schein abendlicher Straßenlaternen. Wie beim Portrait Quappis wird der Schimmer der Haut hier mit starker Weißhöhung erzielt.

Erst in dem kleinen *Weiblichen Kopf in Grau und Blau*, den er 1942 in Amsterdam malte, sollte Beckmann jedoch einen Schritt weiter gehen. Tatsächlich wurde dieses gewagt und befremdend schöne stilisierte Portrait Quappis in seinem Freundeskreis *Die Ägypterin* genannt. Schwarz untermalt und ausschnitthaft angelegt, zeigt die schmale Leinwand einen wie mythisch entrückten Frauenkopf von rechts unten beleuchtet. Eine jahrtausendealte Welt leuchtet plötzlich auf.

Die Frauen in Beckmanns Portraits waren von Anfang an starke, in sich ruhende Persönlichkeiten. Klischees wie der Typus der zweideutigen Verführerin kommen ebensowenig vor wie das ausgelieferte Opfer oder der männerverschlingende »Vamp«. Beckmanns Frauenbild war für seine Zeit ungewöhnlich. In den beiden kleinen Frauenportraits von 1926 trifft die formale Straffung und virtuose Verwendung der Hintergrundmalerei und der Weißhöhung auf eine selbstbewußte Frau mit starker erotischer und persönlicher Ausstrahlung.

Malerei kann als die Überführung einer individuellen eidetischen Suggestion in eine kollektive betrachtet werden. »Die Be-

einflußung des Gehirns und der Augen«, strebte auch Max Beckmann an. Wenige Tage vor der Hochzeit hatte er seiner Braut
Quappi sein geheimes Programm verraten.

»Ich will das alleräußerste. – Neue Gesetze schaffen der absoluten Form. – Die Welt soll nach meinem Rythmus marschiren,
wie sie nach dem Rythmus von Napoléon, Cäsar oder Lenin
marschirt. Man kann auch mit Kunst die Welt beherrschen.«

Das ist der Ton jener geistigen Diktatoren Wagner, Schönberg,
Kraus, George, die den politischen vorausgehen. Beckmann allerdings ironisiert sich sofort: »Klingt alles ein bißchen größen-
wahnsinnig heute.« Und er scheut sich nicht, der Braut seine
Selbstzweifel einzugestehen: »Oft empfinde ich mich als der ärm-
ste und talentloseste Hund der unter Sternen wandelt.«

Wer in jenen Jahren Max Beckmanns Bildern begegnete, dachte meist anders. Benno Reifenberg hatte 1925 die »Internationale Kunstausstellung« im Zürcher Kunsthaus mit eröffnet, wo
zwölf Gemälde von Beckmann in einem eigenen Raum hingen.
In der *Frankfurter Zeitung* schwärmte er:

»Hier zum ersten Mal taucht der Gedanke auf, es könne auch
der einsame Maler von heute für unser zersplittertes Dasein für
den furchtbaren Gegensatz zwischen Naturhaftem und Mecha-
nischem die bändigende Form finden. Mit der Macht des genialen Menschen.«

So waren auf dem Höhepunkt der Moderne die Ganzheits-
sehnsucht, die Modernitätskritik und der Geniekult der Romantik immer noch lebendig.

Der Künstler kannte Benno Reifenberg (1892–1970) seit 1919.
Im selben Jahr trat Reifenberg in die *Frankfurter Zeitung* ein
und leitete das Feuilleton von 1924 bis zum Verbot des Blattes
im Jahre 1943. Zusammen mit Wilhelm Hausenstein sollte er
1949 bei Piper eine Beckmann-Monographie veröffentlichen; die
letzte, die zu Lebzeiten des Künstlers erschien. Mit Reifenberg
erkundete Beckmann das Frankfurter Nachtleben und besuchte
ihn zu Hause in Kronberg, wo der Künstler mit einigem Geschick
auf die Edelkastanien kletterte.

Der Historiker und Kunsthistoriker Wilhelm Hausenstein (1882–1957), Gegner der abstrakten Malerei, Freund Meier-Graefes und Mitarbeiter der *Frankfurter Zeitung*, beteiligte sich an beiden großen Beckmann-Monographien, die bei Piper erschienen. Nach dem Zweiten Weltkrieg war er Mitbegründer der *Süddeutschen Zeitung*. Als erster Botschafter der Bundesrepublik Deutschland in Paris (1953–1955) hatte er alle Mühe, dort Fuß zu fassen. Für junge Landsleute in der französischen Hauptstadt tat er nichts und war vollkommen auf die Hilfe des Schriftstellers Joseph Breitbach angewiesen. Hausensteins Empfänge in Paris waren von der frugalen Sorte. Auch ihre gesellschaftliche Attraktion hielt sich meist in Grenzen; zudem galt der Botschafter als Sauertopf. Hausenstein war kein sehr intelligenter Mann. Er strickte kräftig an der Beckmann-Legende und setzte 1928 das Bild vom Einspänner Max Beckmann in die Welt, der die Last der Kunstgeschichte allein auf seinen breiten Schultern trägt.

Auch Amtsgerichtsrat Ernst Levi, der Schöpfer des deutschen Jugendstrafvollzugs, gehörte zu Beckmanns Frankfurter Bekanntenkreis und war einer seiner frühen Sammler. Stephan Lackner, der schräg gegenüber von Levis Haus wohnte, erhielt dort einen ersten Eindruck von moderner Kunst: Da hingen Holzschnitte von Erich Heckel, ein Akt von Carl Hofer, ein Aquarell von Max Beckmann und sein großformatiges *Großes Stilleben mit Musikinstrumenten*.

Stephan Lackner (1910–2001) sollte in schwieriger Zeit Beckmanns Mäzen und einer seiner bedeutendsten Sammler werden. Seine Schriften sind eine ergiebige Quelle für Beckmanns Biographie. Der in Paris geborene und in Berlin und Frankfurt am Main aufgewachsene Unternehmersohn und Schriftsteller lernte Beckmann auf einer Soirée im Hause Levi am Vorabend des Dritten Reiches persönlich kennen.

Lackner war von Beckmann fasziniert. Er bezeugt, daß der Künstler wirklich so ausgesehen habe wie auf seinen Selbstportraits.

»Während dieses runde, vollkommen in sich geschlossene Haupt häufig von einer erstarrenden Melancholie umwoben war, erschien der Körper, im Gegenteil, als ein urgesundes Stück Natur.«

Der Künstler erschien dem ebenso sportlich wie musisch interessierten jungen Mann als das Inbild dessen, was man eine Persönlichkeit nennt. »Soweit ein Maler der Lehrer eines Schriftstellers sein kann, darf ich mich als seinen Schüler ansehen«, bekannte Lackner später.

Als er Max Beckmann zum ersten Mal sah, fühlte sich Lackner an die berühmten Verse der Marianne von Willemer erinnert, die in das *Buch Suleika* Aufnahme fanden:

> *Volk und Knecht und Überwinder,*
> *Sie gestehn zu jeder Zeit:*
> *Höchstes Glück der Erdenkinder*
> *Sei nur die Persönlichkeit.*

Beckmann konnte das Häuschen von Goethes junger Freundin Marianne übrigens vom Erker seiner Wohnung am Mühlberg aus sehen. 1967 schrieb Lackner in Erinnerung an den Abend im Hause Levi: »Mir schien, daß den Maler eine Aura von kompromißloser Integrität umgab, die sich äußerlich hinter einem gewissen ›Pfeifdraufismus‹ zu verbergen suchte. Viel später wurde mir klar, daß die abweisende Allüre nur ein Schutzpanzer war, der den labilen und schwierigen, fast unbewußten, fast nie unterbrochenen Schaffensprozeß in seinem Inneren behütete.«

Auch in seinen Memoiren, die 1988 unter dem Titel *Selbstbildnis mit Feder* erschienen, kam Lackner noch einmal auf die Soirée zu sprechen.

»Zeitungsleute waren da, eine mondäne Schauspielerin und der Maler und seine Frau. Der felsenhafte Rundkopf überm Smoking wirkte als unbezweifelbarer Mittel- und Anziehungspunkt. Beckmann redete nicht viel, aber die scharf ironischen, berlinisch-schnoddrig vorgebrachten Aperçus waren äußerst einprägsam.

Ab und zu lachte er mit rauchig-rauher Stimme, die etwas höher war, als man sie, aus dem wuchtigen Körper kommend, erwartet hätte. Als sich die Gesellschaft auflockerte, scharten wir jungen Leute uns um ihn und stellten vorwitzige Fragen über seine Kunst; er antwortete wohlwollend amüsiert. Wir wollten seinen Stil mit der Musik Hindemiths in Parallele bringen, aber Vergleiche mochte er nicht. Er persönlich ziehe Zigeunermusik vor, meinte er – vielleicht nur, um uns kulturbeflissenen Grünschnäbeln eins draufzugeben.«

Auch andere bezeugten, daß Max Beckmann die hohe Stimme der Tenöre und Zirkusathleten hatte. Er lachte selten, und wenn, mit heiserer Stimme. Noch seltener lächelte er. Beckmann und Lackner trafen einander gelegentlich bei den Frankfurter Museumskonzerten, auf die beide abonniert waren.

Max Beckmann liebte indes nicht nur klassische Musik. Schon 1923 hob er die Qualitäten eines neuen Genres hervor.

»Ich liebe den Jazz so. Besonders wegen der Kuhglocken und der Autohupe. Das ist eine vernünftige Musik. Was könnte man daraus machen.« Jazz-Instrumente finden sich seit den frühen Zwanzigern in seinen Bildern.

Ein Gemälde muß freilich kein Musikinstrument enthalten, um Jazz-Qualitäten zu haben. Schon Beckmanns *Frauenbad* von 1919 hat nicht mehr viel mit klassischen Versionen dieses Themas zu tun; jener ruhigen Rundheit, die Dürer oder Ingres ihm abgewannen. Vielmehr zeigt es ein halbes Dutzend Frauen, die in all ihren unterschiedlichen und vermeintlich verrückten Beschäftigungen, denen sie nachgehen, doch recht gut aufeinander abgestimmt sind. In der malerischen Komposition bekommt das Unzusammenhängende einen Halt.

Die formalen Errungenschaften des Kubismus wollte Beckmann in jenen Jahren vollkommen in den Dienst des gegenständlichen Ausdrucks stellen. Noch suchte er nach einer einheitlichen Struktur, die die zentrifugalen Kräfte seiner wilden Nachkriegsmalerei dingfest machen konnte. Dabei wird die Gegenständlichkeit bis an die Grenze der Abstraktion belastet.

In dem Hochformat *Der Traum* waren – wie in der *Nacht* zwei Jahre zuvor – eine Handvoll Personen, die in einem unklaren, möglicherweise familiären Verhältnis stehen, auf einem Dachboden zusammengedrängt. Der Bildtitel legt nah, was man bei vielen Bildern Beckmanns annehmen darf: Bildidee und Bilderzählung stammen aus einem Traum. Aus den späten Tagebüchern ist dies zu belegen; etwa im Hinblick auf die *Argonauten*, das letzte vollendete Triptychon. Vieles spricht dafür, daß Beckmann schon früher seine Träume gemalt hat. Den Kontrast von konkreten Details und Rätselhaftigkeit des Zusammenhangs haben sie mit Kafkas Erzählungen gemein.

»Er war ein Träumer, und seine Dichtungen sind oft ganz und gar im Charakter des Traumes konzipiert und gestaltet«, bemerkte Thomas Mann über Kafka. »Sie ahmen die alogische und beklommene Narretei der Träume, dieser wunderlichen Schattenspiegel des Lebens, zum Lachen genau nach.«

So kann man auch Beckmanns Bildwelt charakterisieren; daher bleibt ihre Metaphorik undurchdringlich und läßt sich kaum mit den Mitteln der hergebrachten Ikonographie oder Hermeneutik entschlüsseln.

»Beckmanns Ikonographie entzieht sich den sauberen Kategorien«, gibt Günter Busch in seiner Beckmann-Monographie von 1960 zu bedenken, »und wer sie aus Freud oder C. G. Jung, aus Hesiod oder Homer oder gar aus Ovid allein zu begreifen sucht, wird ihre Bedeutung, ihren Sinn ebenso verfehlen, wie der, der Beckmann und sein Werk aus seiner Umwelt erklären möchte.«

Wollte der Künstler das Figurenarrangement in *Der Traum* gleichwohl als Metapher des Lebens verstanden wissen? Jeder geht dem nach, was er tun muß, aber keiner weiß, warum er es tut. Die Beziehung der Menschen besteht in ihrer Beziehungslosigkeit. *Die Nacht* ist vom feierlichen Ernst der Folter, *Der Traum* von falscher Fröhlichkeit erfüllt. Die Farben wirken wie Fehlfarben aus einer Kleiderfabrik. Unter den Gegenständen wie Koffer, Fisch und Blumentopf nehmen hier Musikinstrumente eine herausragende Rolle ein. Neben Cello und Mandoline bestimmt ein Leierkasten die Musik dieses Bildes, und der Leierkastenmann bläst in eine Tröte. Welche Musik dabei entsteht, kann man sich denken. »Der Leierkasten zermahlt jede Melodie«, sagt Stanisław Lec.

Am 14. Juli 1926 fragte der Maler seine Frau in einem Brief: »hörst Du den Lärm meiner Bilder« – da waren es nur noch zwei Tage bis zur Vollendung seines ersten echten Jazz-Bildes.

Großes Stilleben mit Musikinstrumenten – auf dem stolzen Querformat räkeln sich zwei Saxophone, die der Musiker nicht mehr bedürfen. Sie spielen sich selbst. Diese fein gemalte Apotheose der Musik ist voller Anspielungen auf die dämonische Welt. Ein Bilderrahmen im Hintergrund scheint auf den ersten Blick leer zu sein. Wenn man genauer hinschaut, erkennt man jedoch einen Sonnenuntergang. Zwei Klarinetten auf dem Tisch nehmen sich ebenso klein und hilflos aus wie das Notenblatt zwischen ihnen. Unter einem umgestülpten Grammophontrichter streckt eine Puppe (oder ein Mädchen) Hand und Kopf hervor. Die beiden großen Kerzenständer haben ihre Kerzen verloren, einer droht umzufallen. Und was verbirgt sich in dem dunklen Raum, zu dem sich rechts die Tür öffnet?

Mache sich einer einen Reim darauf! Man kann die klassische Ikonographie konsultieren und Vanitas-, Kunst- und Lebens- und Todessymbole finden, die in diesem Gemälde auftauchen. Aber wollte der Maler mit einer solchen kühnen formalen Komposition tradierte Bildmotive bloß variieren?

Beckmann schreibt in jenem Brief vom 14. Juli:

Der Lärm des gelben und des grünen Saxophons durchrast die Seele mir wie buntgefleckte Riesenschlangen. –

Ich weiß es wohl, der Urwald ist's durch den ich gehe, doch imer wieder stößt der Kopf auf eine feste Mauer. –

[...]

Bald ist der Schrei verhallt, doch ewig grenzenlos bleibt das Verlangen und eine schwarze Klarinette bläst lustig in den bunten Spiegel, denn neue Sonne ist in Sicht –

17. Der große Beckmann

Am ersten Tag des Jahres 1927 berichtete Max Beckmann dem österreichischen Prinzen Karl Anton Rohan von einem vermummten Seiltänzer, der ihm im Traum erschienen sei und der »mit radioerleuchteten Buchstaben 10 Grundsätze für Künstler an die Wand« geschrieben habe. Zur Veröffentlichung in Rohans *Europäischer Revue* hatte der Maler eine Satire auf den Kunstbetrieb verfaßt. Sie wurde erst 1984 veröffentlicht – und ist bis heute aktuell. Der Künstler, so heißt es da, habe sich gefälligst »bewusst zu sein, daß er nur ein dienendes Mitglied der Gesellschaft ist. Im Grunde nichts anderes, als irgend ein besserer Angestellter. Es ist ganz selbstverständlich, dass die Befriedigung seiner Ansprüche erst vorgenommen werden kann, wenn die notwendigsten Bedürfnisse der Gesellschaft, das Auto, und die Reise nach Aegypten, befriedigt sind.«

Selbst in Zeiten des Erfolges gab sich Max Beckmann also keinerlei Illusionen hinsichtlich der gesellschaftlichen Stellung des Künstlers hin. Er selbst hatte freilich keinen Grund zur Klage. Sehr bald nach dem Krieg war es ihm gelungen, an seinen Ruhm der wilhelminischen Jahre anzuknüpfen. Spätestens 1924 war Max Beckmann als Künstler unangefochten. Der Kunsthändler Alfred Flechtheim (1879–1937), der mit Henri Kahnweiler in Paris zusammenarbeitete und neben Fernand Léger von 1927 bis 1930 auch Max Beckmann in Berlin repräsentierte, schrieb 1924 an seinen Kollegen I. B. Neumann nach New York:

»Ausser Dix interessiert überhaupt nichts. Aber Dix ist der grosse Mann, der Stuck von heute. Der ganz grosse Mann ist aber Beckmann. Ich bin überzeugt, dass New York kopfstehen würde, wenn Sie den New Yorkern die Hervorbringungen dieses von sich selbst als grössten Maler gekennzeichneten Künstlers zeigen.«

1928

Bis New York kopfstand, sollte freilich noch ein Dreiviertel-
jahrhundert vergehen.

Sich selbst als den größten Maler kennzeichnete Max Beckmann 1927 in seinem berühmtesten Selbstbildnis, das er zunächst
Großes Selbstportrait im Smoking nannte. Hier stellte sich der
Künstler unwiderruflich als Teil der gesellschaftlichen Elite dar,
als ein Stuck, Liebermann, Lenbach – ja, ein Rubens seiner Zeit.
Einen größeren Kontrast zu den Selbstportraits des Krieges kann
man sich ebensowenig vorstellen wie zu denen, die er in seinen
späteren Jahren malte. Im Ersten Weltkrieg hatte sich Beckmann
als Gezeichneten, in den Jahren danach als Mitschuldigen dargestellt, und ab 1944 sollte er sich als Verdüsterten und Verlorenen
sehen. 1927 aber, kurz vor dem Höhepunkt – und nicht allzuweit
entfernt vom gewaltsamen Ende – seines Ruhmes in Deutschland,
knüpft er an die triumphale Selbstpräsentation des unvollendeten Selbstbildnisses aus dem Jahre 1908 an.

Während des Krieges griff Beckmann in seiner ikonographischen Not auf das altdeutsche Erbe zurück. Wie die Espressos

Mitte der zwanziger Jahre schmolz er dieses Vermächtnis in ein neues Bildverständnis ein. Doch der Verwestlichung und Internationalisierung konnte Mitte der zwanziger Jahre auch in Deutschland niemand mehr entgehen. Das altdeutsche Erbe ahnte man bei Malern wie Beckmann und Dix jetzt nur noch im technischen Anspruch, in der malerischen Meisterschaft. Grünewald, Altdorfer, Dürer und Bach sind jetzt nur noch ferne Erinnerung. Dafür kennzeichnen die moderne Großstadt, das Art déco, die Börse, die Big Band, der Swing und die Globalisierung diese Spätblüte der Zwanziger – kurz vor dem Schwarzen Freitag und den braunen Kolonnen.

Der Gegensatz von Schwarz und Weiß wird im *Selbstbildnis im Smoking* durch das mit Gesicht und Händen korrespondierende Ocker von Türrahmen und Wandverkleidung noch gesteigert. Übrigens bevorzugte Beckmann ein mattes, flächiges Schwarz und lehnte daher Firnis und alle anderen Arten von Schlußlack ab. Er wollte jeden Glanz der Bildfläche vermeiden und sagte, van Gogh wäre wohl entsetzt gewesen, hätte er seine Bilder in lakkiertem Zustand sehen müssen.

Schwarz untermalt ist die weiße Wand, schwarz untermalt ist das weiße Hemd, und der schwarze »Smoking« (dinner jacket) hebt sich geradezu antithetisch von diesem zweifelhaften Weiß ab. Die farbliche und formale Purifikation spiegelt hier auch den Puritanismus der wirtschaftlichen und kulturellen Elite in einem protestantischen Land.

Frontal tritt der Künstler dem Betrachter entgegen. Im Jahr der ersten Tonfilme straft der Dargestellte den Betrachter durch Schweigen. Die Perspektive ist so gewählt, daß man zu dem selbstbewußten Herrn, der die Rechte in die Hüfte stemmt, leicht aufschauen muß.

Das Bild des Künstlers ist nun anti-expressionistisch, antiromantisch, unsentimental, modern, international, klassizistisch. Dieser preußische Gatsby beweist: Wir sind wieder wer. Keine zehn Jahre nach dem verlorenen Krieg teilt auch der Künstler den Wohlstand, das kollektive Schicksal der oberen Mittelschicht.

Diese Legierung aus Gainsborough und Kruppstahl ist eine Antithese zur Gestalt des Außenministers Gustav Stresemann und dem nach diesem Politiker des Ausgleichs benannten Anzug mit der grauen Weste und den gestreiften Hosen. Stresemann starb zwei Jahre später, und mit ihm viele Hoffnungen.

Die große schwarze Fläche des Anzugs auf Beckmanns Selbstbildnis, das maskenhafte, verschattete Gesicht, die staatstragende Pose stellen den Künstler neben den Unternehmer, den Politiker, ja heben ihn über diese hinaus und machen ihn vor allen anderen zum Priester einer rationalistischen Religion, zum Beherrscher der Welt. Hans Belting nennt das Werk »die Epiphanie eines autonomen Genies«.

Hier jedoch verrät sich das Forcierte des Bildes. Es fehlt das Understatement. Lässigkeit hat dieser Erfolgreiche der ersten Generation nie besessen. Désinvolture ist für ihn ein Fremdwort. Man vergleiche das Portrait mit den Bildnissen englischer Aristokraten aus derselben Zeit. Beckmanns Bildnis dementiert gerade das, was es zu behaupten vorgibt. Weder ist die Zugehörigkeit zur Oberschicht für den Dargestellten und Darsteller selbstverständlich, noch die Rolle seines Landes unter den ersten Nationen.

Mit diesem Selbstbildnis gelang dem Maler ein weit über das Individuelle hinausgehendes Sinnbild der kurzen Blüte Deutschlands. Seine zentrale Bedeutung erhält das Portrait durch den rechten Ellenbogen, der im dunklen Raum hinter der geöffneten Tür verschwindet. Er weist nach draußen.

Die Widersprüche des Bildes machen gerade die Qualität dieses Portraits aus. Was auf den ersten Blick Triumph war, ist auf den zweiten Abgesang.

Eines konnte man dem Künstler nicht absprechen; er selbst hatte es Anfang 1926 schon formuliert, und man meint hier, Robert Musil zu hören:

»Es gelingt mir doch jetzt manchmal meinen ›Begriff‹ präzis und elegant herzustellen.«

Die Zeitgenossen erkannten die Bedeutung dieses ambitionierten Selbstportraits sofort. Noch im Jahr nach seiner Entstehung

Scheveningen
1928

kaufte die Berliner Nationalgalerie das Bild aus der Ausstellung der Berliner Secession. Zusammen mit fünfzehn anderen Künstlern, darunter Liebermann, Slevogt, Kirchner und Heckel, erhielt Beckmann den »Reichsehrenpreis Deutsche Kunst 1928«. Die Preissumme von tausend Mark war für ihn nur noch ein Taschengeld. Kritiker bemängelten, daß wieder einmal die Prominenten auf Kosten junger Begabungen bevorzugt worden waren.

Auch Mussolinis Maîtresse, die Schriftstellerin Margherita Sarfatti (1880–1961), zeigte sich an Beckmann interessiert und schlug als Mitglied des Beirats der Biennale in Venedig 1928 dem Kommissar Friedrich Dornhöfer vor, Sonderausstellungen für Beckmann, Nolde und Corinth einzurichten. Sarfatti war besonders vom *Selbstportrait im Smoking* beeindruckt und bat den Maler um eine Abbildungserlaubnis. Dornhöfer, Generaldirektor der Staatsgemäldesammlungen München, griff den Vorschlag auf, ersetzte jedoch Beckmann durch Franz Marc.

In der Zeit, da er am *Selbstbildnis im Smoking* arbeitete, schrieb

Max Beckmann den Aufsatz *Der Künstler im Staat*. Einem Maler kann seine intellektuelle Kraft im Wege stehen, sie kann freilich auch seine Malerei noch steigern. Max Pechstein war ein bedeutender Künstler, als Mensch aber ganz dumm, Carl Hofer war ein Denker, Beckmann und Schmidt-Rottluff waren beide als Künstler ebenso bedeutend wie als Mensch und Denker. Während jede Formulierung Schmidt-Rottluffs wie ein Bild von ihm ist, liest sich Beckmanns schriftliches Werk wie die Arbeit eines dichterischen Bruders, der nicht immer dieselben Wege geht, der aber doch die Familienähnlichkeit nicht verleugnen kann.

In der Abhandlung *Der Künstler im Staat* kann man ein literarisches Gegenstück zu dem eminenten Selbstportrait sehen. In seinem Essay sieht Beckmann im Künstler gleichzeitig den Former und das Gefäß einer transzendenten Idee, die den Staat erst vollende. Ziel sei »die endgültige Vergottung des Menschen«. Solche Hybris wird verständlich, wenn man bedenkt, daß die Menschen damals den hergebrachten Religionen Mitschuld am Krieg und seinem Elend unterstellten.

Der apologetische Aufsatz blieb ein Fremdkörper in Beckmanns schriftlichem Werk. Einige kulturkritische Wendungen sollten aber bald höchste Aktualität erhalten:

»Die Eitelkeit des kollektivistischen Menschen hat sich zur Masse geschlossen um das Individuum zu töten.«

Das Jahr 1928 brachte den Höhepunkt von Beckmanns Ruhm in Deutschland. Als Günther Franke im September und Oktober in seinem Graphischen Kabinett in München eine Ausstellung mit Gemälden aus den Jahren 1920 bis 1928 veranstaltete, stieß die Schau, wie der Kunsthändler berichtet, »auf für München überraschend großes Interesse, alles vom Kultusminister bis zum Kronprinzen ist schon hier gewesen«.

In Frankfurt frequentierte der bekannte Maler nun Salons im Westend wie den allwöchentlichen »Künstlertisch«, den Lilly von Schnitzler, geb. von Mallinckrodt (1893–1983) gab. Die Frau eines Finanzvorstands der IG-Farben, Georg von Schnitzler, blieb

Scheveningen
1928

jedoch einer der wenigen Kontakte Beckmanns zur deutschen Oberschicht.

Seit 1924, als der Frankfurter Kunstverein eine Beckmann-Ausstellung gezeigt hatte, sammelte Lilly von Schnitzler Bilder von Beckmann und ließ sich auch während der Nazi-Zeit nicht davon abhalten. Nach dem Zweiten Weltkrieg vermachte sie ihre Beckmann-Kollektion dem Kölner Wallraf-Richarz-Museum. Im Berlin der dreißiger Jahre waren Beckmanns und Schnitzlers vier Jahre lang Nachbarn in der Graf-Spee-Straße. Frau von Schnitzler besuchte den verfemten Künstler später im Amsterdamer Exil.

Lilly von Schnitzler war eine der faszinierendsten Frauen rund um Max Beckmann. Sie war eine der letzten Grandes Dames der deutschen Gesellschaft. Vollkommen *ancien régime*, konnte sie größte Liebenswürdigkeit oder entwaffnende Direktheit zeigen. Ihr Mann Georg von Schnitzler, immerhin einer der großen Schreibtischtäter der Judenvernichtung, erschien neben ihr geradezu weich.

Max Beckmann hat diese Verehrerin öfter portraitiert. Als besonders reizvoll erscheint eine spontane Bleistiftzeichnung von 1931. Es ist ein ironisch angehauchtes Gesellschaftsportrait, das den sozialen Rang der »Schnitzlerin« unterstreicht, aber in den hochgezogenen Augenbrauen, der nach oben gestreckten Nase und dem leicht verzogenen Mund die Portraitierte auch in liebevollen Spott taucht. Das Blatt beweist wiederum Beckmanns Fähigkeit, mit wenigen Strichen typische Züge einer Person herauszuarbeiten, ohne sie darauf zu reduzieren.

Im Hause Schnitzler traf Beckmann bedeutende Gelehrte wie den Sinologen Richard Wilhelm, dessen Übersetzungen altchinesischer Literatur er schon als junger Mann gelesen hatte. Wilhelm war gerade von einer China-Reise zurückgekehrt und richtete in Frankfurt ein China-Institut ein. Schon 1910 hatte er seine populäre Übersetzung des *Tao te king* vorgelegt. Lao-tzu, der Vater des Taoismus, hatte darin gesagt:

Was wahr ist, ist nicht schön
Was schön ist, ist nicht wahr

Nun drückten diese Worte die Stimmung einer ganzen Generation aus, die eine neue Materialwahrheit in der Kunst suchte. Der Puritanismus des chinesischen Weisen, der um 600 v. Chr. gelebt hat, eignete sich gut als Waffe im Kampf gegen das wuchernde Erbe des Historismus.

»Authentizität« und Purifikation waren die entscheidenden Motive der Moderne. Auch Max Beckmann forderte noch in seinen späteren Jahren von seinen Studenten in St. Louis: »Wahrheit muß das Werk sprechen.« Er meinte damit einerseits die glaubwürdige Suche nach allen Aspekten der Menschen und Dinge, andererseits die Wahrhaftigkeit in der bildnerischen Transformation.

Das düstere Querformat *Der Hafen von Genua* aus dem Jahre 1927 scheint in seiner extremen Farbreduktion nur wenig malerischen Reiz zu besitzen. Im Beckmann-Saal des Art Museum

Max Beckmann & Quappi, Scheveningen 1928

in St. Louis wendet man sich auf den ersten Blick lieber anderen Bildern zu, wie der knallbunten New-York-Apotheose *The Town* oder dem *Selbstbildnis mit blauer Jacke* aus dem Todesjahr 1950. Wie im *Selbstbildnis im Smoking* steht in der Genueser Hafenansicht Schwarz gegen Weiß, wenig moderiert durch gedeckte Grün- und Brauntöne – entsprechend Beckmanns zu dieser Zeit geäußerten Maxime: »Reine Lokalfarbe und gebrochene Töne müssen gleichzeitig verwendet werden, da eins das andere erst richtig zur Geltung bringt.«

Gerade in dieser Zeit will Max Beckmann die Farbe der Licht- und Formbehandlung nachgeordnet und »Farbe als Ausdruck der seelischen Grundstimmung des Subjekts« verstanden wissen. »Ein Überwiegen des farbigen Elements auf Kosten der Form und des Raumes« bezeichnet er dagegen als den »Anfang zu zweifacher Bearbeitung der Bildflaeche, also des Kunstgewerbes«.

Typisch für diesen Künstler ist, daß er in einem Bild seine gestalterischen Prinzipien konsequent zu verwirklichen sucht, sie dem Gegenstand jedoch nicht überstülpt. Das Wesen des Dargestellten, ob Mensch, Pflanze, Stadt, muß blitzartig aufleuchten.

Beckmanns Genua-Bild ist trotz seiner unwirklichen Atmosphäre keineswegs irreal: Tatsächlich gibt es in der hügeligen Hafenstadt Genua, vor allem abends oder bei schlechtem Wetter, eine Stimmung, in der man sich von der Dunkelheit wie umschlossen fühlt. Beckmann variiert hier seine Optik der vertrackten Spielzeugstadt, wie man sie aus den frühen zwanziger Jahren von Bildern wie der *Synagoge* und dem *Eisernen Steg* kennt.

Die romantische Malerei hatte das Seelenleben in die Natur projiziert, Beckmann ist an der Geschichte der Städte interessiert – nicht so sehr der vergangenen, als jener, die hinter den Fassaden schon beginnt, selbst wenn sie noch nicht auf der Straße angekommen ist.

So erscheint die unheilschwangere Ansicht von Genua wie eine Illustration zu zwei Versen aus Byrons *Don Juan*:

> *As the blackest sky*
> *Fortells the haviest tempest.*

Schiffe und Gebäude sind auf diesem Bild wie Hinterlassenschaften in einer Rumpelkammer zusammengeschoben. Dabei wird jedes Ding in einer anderen Perspektive präsentiert.

Beckmann ging nun dazu über, seine Gemälde schwarz oder rot zu untermalen. Die breiten Pinselstriche treten damit deutlicher hervor. Die schwarz untermalte Leinwand strotzt vor unüberwindlicher Düsternis. Die rot untermalte beginnt zu leuchten, wie man es seit dem achtzehnten Jahrhundert nicht mehr gesehen hatte.

Als der Künstler im Jahre 1928 Scheveningen sowohl am frühen Morgen als auch bei Sonnenuntergang malte, ahnte er noch nicht, daß er hier seinen Verbannungsort vor sich hatte. Der Sog des Unheils im *Hafen von Genua* weicht in den beiden Strandbildern einem Strahlen, das den Betrachter wie eine Verheißung des Glücks berührt. Über der leeren Strandpromenade am frühen Morgen lächelt auf dem Bild *Scheveningen, fünf Uhr früh* das Meer durchs Fenster. Auch hier bevorzugt der Maler eine artifi-

Mit Quappi in
Viareggio, 1929

zielle Perspektive. Dem friedlichen roten Vorhang auf der rechten Seite der kleinen Szenerie fehlt die gespenstische Qualität des scheinbar unmotivierten schwarzen Fensterrahmens in der linken Ecke vor dem *Hafen von Genua.*

In dem Hotelausblick *Abend auf der Terrasse* nutzt der Künstler das Hochformat, um Strand, Meer und Himmel in eine hinreißende rosa-violette Sequenz zu schichten und dem oft mißbrauchten Thema des Sonnenuntergangs am Meer eine unverbrauchte Qualität zu verleihen.

Niemand hat die Absichten und Prinzipien von Beckmanns Kunst der späten zwanziger Jahre besser in Worte gefaßt als er selbst. Als die Kunsthalle Mannheim im Jahr dieser großen Bilder die Retrospektive »Max Beckmann. Das gesammelte Werk« eröffnete, steuerte der Künstler, der Vernissagen scheute und bei der Eröffnung in Mannheim fehlte, zum Katalog sechs Sentenzen bei, in deren erster er seine Version der Abstraktion präzis zu fassen versuchte.

Tatsächlich gelang es ihm hier, die Prinzipien seiner künstlerischen Arbeit seit dem Krieg auf den Punkt zu bringen. Zwei Elemente der Moderne stechen hervor: »Authentizität« und Purifikation.

Die Welt wir erst sichtbar, wenn der Künstler sie vollkommen in sich aufnimmt und unter einem zentralen Gesichtspunkt neu ordnet. Beckmanns »transcendente Mathematik der Seele« ist wie Arnold Schönbergs Zwölftontechnik ein Ordnungsprinzip, das nicht um seiner selbst oder der Neuerung willen angewandt wird, sondern um in einem Stück menschlicher Arbeit einen Teil vom verborgenen Plan der Schöpfung sichtbar zu machen.

In seiner ersten Sentenz schreibt Beckmann:

Berlin,
Hotel Adlon
Max Beck-
mann zeichnet
Gottlieb
Friedrich
Reber, 1929

Die Abaenderung des optischen Eindrucks der Welt der Objekte durch eine transcendente Mathematik der Seele des Subjekts bedingt die Construction des Bildes.
Prinzipiell ist daher jede Veraenderung des Objekts erlaubt, die sich durch ausreichende Gestaltungkraft ausweisen kann. Entscheidend ist die gleichmäßige Anwendung e i n e s Formprinzips, das bei dieser Veraenderung verwandt wird.

18. Pariser Lehrjahre

Max Beckmann ist, nach einer Feststellung von Hermann Wiesler, »der Inbegriff des Nicht-Schwulen«. Der breite, viril wirkende Mann war stets von schönen Frauen umgeben und übte auch in reiferen Jahren große Anziehung auf das andere Geschlecht aus.

Eine seiner anhänglichsten Verehrerinnen war Käthe Rapoport von Porada (1891–1983). Beckmann hatte »die Kati« im Hause Motesiczky kennengelernt – ein Jahr bevor er dort Quappi traf. Käthe von Porada galt in Wien als »das schönste Mädchen aus Berlin«. Nachdem sie sich jahrelang als Fan des Schriftstellers Fritz von Unruh betätigt hatte, stand ihr Leben nach der Begegnung mit Max Beckmann ganz im Zeichen des großen Malers. Das Beckmann-Kapitel in ihren unveröffentlichten Memoiren trägt den Titel *Der Titan*.

In Frankfurt frequentierte »die Rappo«, wie Beckmann sie gern nannte, den Kreis um Heinrich Simon. Sie wohnte in der Gegend von Beckmanns *Nizza*-Bild. 1926 siedelte sie nach Paris über. Dort schrieb sie für die *Frankfurter Zeitung*, arbeitete für den Ullstein-Verlag und volontierte im Modehaus Molyneux. Auch zu Sylvia Beach und ihrer Buchhandlung »Shakespeare & Company« knüpfte sie Kontakt. Sie lernte James Joyce kennen und setzte sich auch in Paris für Max Beckmann ein. Als der Künstler in den Jahren 1929 bis 1932 die Winter in Paris verbrachte, suchte sie eine Wohnung für ihn und amtierte als Sekretärin und Chauffeuse.

Der Maler nahm ihre Begeisterung für ihn und sein Werk als selbstverständliche Huldigung hin. Ihr gegenüber schlug er jenen gebieterischen Ton an, der ihm durchaus nicht fremd war. Oft ging sie ihm auf die Nerven. Doch Käthe von Porada hat viel für ihn getan. So verkaufte sie ihr diamantenbesetztes Hochzeitsdiadem, um Beckmann und Quappi zur Hochzeit einen auffälligen Opel mit kanarigelber Sonderlackierung schenken zu können.

Im Februar 1924 malte Beckmann innerhalb von zwölf Tagen das Portrait seiner ergebenen Verehrerin.

»Bin eben mit einem großen Frauenportrait fertig geworden«, berichtet er Reinhard Piper. »Die Sache macht mir weiter großen Spaß.«

Das Vergnügen des Malers am *Bildnis Käthe von Porada* mag auch mit dem ironischen Manierismus zu tun haben, der das Bild auszeichnet. Das extreme Hochformat ist mit langgezogenen ovalen Formen ausgefüllt. Die Kopfform der durchaus eleganten Frau wird von dem Spiegel hinter ihr wie von einem Heiligenschein verdoppelt. In den extrem langgezogenen Händen und Armen jedoch spielt Beckmann auf El Grecos Heiligendarstellungen an, wie denn auch der leicht seitwärts gerückte Fauteuil als Stilzitat eines byzantinischen Gottesthrones gesehen werden kann.

Die Greco-Manier ist hier zugleich wehmütig-ironische Reminiszenz an die Zeit vor dem Krieg, als Julius Meier-Graefe nach einer Spanienreise den Griechen kunsthistorisch kanonisierte und sich von Beckmann dafür den Spitznamen »Meier-Greco« einhandelte.

Auch Bäume stellte Beckmann im Jahre 1924 schlangenhaft bewegt dar, wie in der *Frühlingslandschaft*, die er kurz nach dem Porada-Portrait malte. Befremdet dort die extreme Draufsicht – die Perspektive des Betrachters liegt hoch in den Bäumen –, durchbricht er im Bildnis der Frau von Porada durch leichte Verschiebung von Boden, Wand, Fauteuil und Figur die klassische Frontalposition.

In den Christusbildern von 1917 hatte der Maler christliche Ikonographie zitiert, im *Bildnis Käthe von Porada* setzt er ein Requisit der frühchristlichen und einen Gestus der gegenreformatorischen Kunst ein. Dort nahm er spezifisch deutsche, hier mediterrane Vorbilder auf. Dort verlieh die christliche Ikonographie dem Pathos in der Darstellung der conditio humana Nachdruck, hier steigert sie den Eindruck des Befremdlichen, den das Portrait erzielen soll – um den Betrachter dazu zu zwingen, die Fremde zu überwinden und sich so mit dem Werk und der komischen Heiligen tiefer vertraut zu machen, als dies bei einem Portrait möglich wäre, das ihm problemlos entgegenkommt. Nur noch in der Entfremdung ist Erkenntnis möglich, behauptet Beckmann hier, und er nähert sich damit dem Konzept von Brechts »Epischem Theater«.

Ende der zwanziger Jahre häuften sich die gesellschaftlichen Verpflichtungen des Ehepaars Beckmann. Die Nachbarn beobachteten, wie die beiden das Haus oft in eleganter Toilette verließen. Quappi und Max Beckmann frequentierten das Schumann-Theater gegenüber dem Hauptbahnhof mit seinen berühmten Revuen und besuchten gern Faschingsbälle in großen Hotels wie dem Frankfurter Hof, dem Monopol-Metropol oder dem Carlton. Auch verreisten sie häufiger.

Neben Berlin hatte Paris in den zwanziger Jahren die größte Anziehungskraft für Künstler und Schriftsteller. Kurt Tucholsky, der mehr Zeit in der französischen Hauptstadt verbrachte als in der deutschen, hatte unter dem Pseudonym Theobald Tiger in der Zeitschrift *Weltbühne*, einem der effektvollsten publizistischen Instrumente der Weimarer Republik, ausgerufen:

> *Mensch, ein Mal auf den Buhlewar!*
> *Mensch, ein Mal nach Paris –!*

Automatenbild
Luna Park, Paris, um 1926

Beckmann war oft in Paris. Begeistert hat die Stadt ihn nie. Seine Beziehung zu Paris war von Anfang an zweischneidig. Er erkannte aber, daß die Pariser Kunstszene das Nadelöhr auf dem Weg von der nationalen Berühmtheit zum Weltruhm war.

Sobald es die Umstände erlaubten, versuchte er von Frankfurt aus in der Hauptstadt der modernen Kunst Fuß zu fassen, die vollkommen von Picasso und Matisse beherrscht war. Von September 1929 an verfügte Beckmann über ein pied-à-terre in Paris. Er verbrachte hier die Zeit von September bis Mai und reiste einmal im Monat nach Frankfurt in die Städelschule, um sich die Arbeiten seiner Studenten anzusehen und mit ihnen zu besprechen. Drei Jahre später mußte er sein Pariser Domizil auf dem Höhepunkt der Wirtschaftskrise aufgeben.

Schöne Atelierräume im XIV. Arrondissement, 23 bis, boulevard Brune, stimulierten ihn. Daneben mietete er möblierte Wohnräume; zunächst im VIII. Arrondissement, 24, rue d'Artois, ab 1930 in Passy, 26, rue des Marroniers.

Käthe von Porada kannte viele Künstler und Intellektuelle und versuchte, Beckmann zu lancieren. Sie verkehrte allerdings nicht in der Pariser Gesellschaft, so mußte die deutsche Rakete in Paris von einem beschränkten Terrain abgefeuert werden.

Sein Leben lang hat sich Beckmann mit den Malern auseinandergesetzt, die via Paris die Weltkunst bestimmten. Die Impressionisten hatten ihm den Weg zu jenem Überschwang an malerischer Souveränität, koloristischem Raffinement und poetischem Ausdruck gewiesen, der vor dem Krieg in ihm schäumte. Damals konnte er schon malen, was er malen wollte – aber noch wußte er nicht, was er malen sollte. Das Vorbild Cézanne war entscheidend dafür gewesen, daß Beckmann die malerische Räumlichkeit in den Griff bekam, van Gogh hatte er Einblicke in jene pastose Malweise, kräftige Lineatur und hyperreale Evokation der Dinge auf der Leinwand zu danken, von der er sein Leben lang zehrte. Vom Zöllner Rousseau übernahm er gar einen ganzen Bildtypus; jene üppige vermeintliche Idylle mit verstecktem Widersinn, und in seinen Veduten und Landschaften wurde er sogar Rousseaus Universalerbe.

Auch die Franzosen erkannten die Bedeutung von Beckmanns *Waldlandschaft mit Holzfäller* für die Nachfolge des Zöllners: Das Musée du Jeu de Paume kaufte es am ersten Tag der Beckmann-Ausstellung in der rue Royale.

In dem Bild von 1927 zeigte Beckmann, daß die Malerei einen natürlichen Surrealismus erreichen konnte, ohne im Brachial-

Unglaubwürdigen oder im Kitsch zu schwelgen. Es ging ihm nicht darum, die Realität zu attackieren, wie die Surrealisten es versuchten, sondern er wollte in der Natur das Übernatürliche aufscheinen lassen.

Max Beckmann hatte als junger Mann zunächst versucht, die Generation nach Cézanne zu ignorieren. Sein Verhältnis zu Picasso und Matisse war von Haßliebe geprägt. Schließlich kam er nicht umhin, einige ihrer Errungenschaften aufzugreifen. Besonders dem Einfluß von Matisse konnte er sich nicht entziehen. Wie der Meister das Ornamentale in die räumliche Darstellung einbezog, wie er die Flächen gegeneinandersetzte! Immer wieder versuchte Beckmann, Matisse zu übertreffen. Wagte der Meister in Nizza um 1940 zeichnerisch und farblich radikal reduzierte Stilleben, nahm Beckmann den Bildtypus fast zehn Jahre später auf und versuchte, ihn formal zu verdichten.

Auch im Hinblick auf Picasso sah er sich als Vollender an. Als habe der Spanier nicht alle Qualitäten, die in seiner Idee lagen, verwirklichen können, nahm Beckmann die Sache in die Hand und malte sie noch einmal richtig, als handele es sich bei Picasso um einen Schüler.

Vor allem im Stilleben als einer besonders vertrackten Etüde suchte er die Vorgaben von Matisse, Picasso und Braque zurechtzurücken. Nicht durch formale Straffung, sondern durch Anreicherung und Intensivierung beantwortet er etwa Picassos rezentes Stilleben *Plant de tomates* von 1944 fünf Jahre später mit einem *Großen Stilleben Interieur (blau)*. Wollte Picasso durch farbliche Zurückhaltung zur genaueren Betrachtung zwingen, schlägt Beckmann den Betrachter sofort in Bann, indem er ihn dem unwiderstehlichen, geradezu metallischen hellen Blau der Fensterrahmen und der Sessellehne aussetzt. Die quadratische Kästchenform der Fenster hat er fast unverändert von Picasso übernommen; man sollte die Parallele also durchaus sehen.

Picasso unternahm 1932 mit dem Akt *Nu dans un fauteuil rouge* eine Studie über elliptische Formen in der Darstellung von Personen und Bewegungen. Beckmann malte vierzehn Jahre später ein *Atelier*, in dem er ähnliche kreisende Bewegungen aufnimmt, sie aber in einen Frauenakt von weit geringerem Abstraktionsgrad überführt. Es ist, als habe er Picassos Konzept der Pseudo-Modernität überführt.

Hat Picasso dagegen eine Bildidee von Beckmann weiterverfolgt? Immerhin erinnern seine *Anguilles de mer* von 1940 in ihrer lebendigen Anordnung der Meeresfrüchte in einem abstrahierten Raum stark an Beckmanns *Großes Fischstilleben* von 1927, das unter dem Titel *Les poissons* in Paris zu sehen war.

Weniger direkt ist der Bezug zu Georges Braque, der auch mit seiner *Nature morte avec compotier, bouteille et mandoline* von 1930 noch tief im Kubismus befangen war, wenn er diese Stilrichtung auch inzwischen nur noch als flächig-dekorative Masche betrieb. Beckmann hatte den orthodoxen Kubismus mit Blick auf Franz Marc schon 1912 in Frage gestellt.

»Als ob nicht in jedem guten Bilde alter und neuer Zeit eine Konstruktionsidee, meinetwegen sogar auf kubischen Wirkungen berechnet, stäke«, betonte er damals.

Dennoch malte er im Jahre nach Braques *Nature morte* ein *Atelier mit Tisch und Gläsern*, das nicht nur die holzartigen gedeckten Brauntöne aufnimmt, sondern sich ebenfalls mit dem Spiel von runden, kubischen Formen gegen Gitter- und Feldstrukturen beschäftigt. Genauso wie er es mit Bildideen von Picasso getan hatte, scheint Beckmann hier ein Stück der Abstraktion von Braque zu widerrufen und die Konstruktionsidee des Franzosen in eine konkretere Gegenständlichkeit zurückzuführen.

Neben seiner bildnerischen Kritik des künstlerischen Establishments malte Max Beckmann einige Pariser Szenen, die durchaus als Hommage an die Stadt aufgefaßt werden können: Die beiden Eindrücke von der Hotelhalle des Hotels Claridge an den Champs-Élysées etwa, damals das modernste Hotel von Paris. Auf dem Höhepunkt seines Ruhmes im Jahre 1928 stieg der Maler hier ebenso ab wie zehn Jahre später bei seinem ersten Paris-Besuch als Exilant.

Von heiterer Gelöstheit, wie der Künstler sie selten fand, ist seine *Place de la Concorde*, gemalt 1939, im zweiten Jahr des Exils. Den Platz malte er im selben Jahr auch bei Nacht, von einer der Suiten in der Beletage des Hotel de Crillon aus gesehen.

Sacré-Cœur im Schnee jedoch ist mehr als eine Paraphrase von Maurice Utrillos *Rue Chevalier-de-la-Barre* von 1918; man muß schon von einer korrigierten Fassung sprechen. Allein die Wahl dieses zu Tode gemalten und geknipsten Bauwerks muß als Zitat verstanden werden, besonders da Beckmann hier wie Utrillo nach einer Postkarte gemalt hat. Beide Maler geben das Motiv aus derselben Perspektive wieder. Beckmann zieht die räumliche etwas stärker flächig zusammen und tauscht damit die Reste von Realismus, die sich bei Utrillo noch finden, gegen eine typisierte Künstlichkeit ein. Die latente Ironie aller Veduten von Beckmann ist hier, in der vermeintlich korrekten Wiedergabe des Klischees, zum offenen Witz geworden.

Beckmann hätte sich als Portraitist der Pariser Prominenz etablieren und von dort aus mit etwas Glück den Weg in die Gesellschaft finden können. Doch er schien nicht daran interessiert zu sein und wußte nicht, wie in Paris der Hase läuft. In Berlin gab es auch damals keine Gesellschaft – und keine mit Paris auch nur annähernd zu vergleichende kulturelle Elite. Offenbar dachten Beckmann und seine Freunde, künstlerische Qualität allein genüge, um als Maler Paris und danach die Welt zu erobern.

Dabei fehlte es Max Beckmann nicht an Gelegenheiten, einen Fuß in die Tür der Pariser Prominenz zu bekommen. Im November 1929 trat die Schauspielerin Valentine Tessier (1892–1981) in der Uraufführung von Jean Giraudoux' *Amphitryon 38* an den Comédies des Champs-Élysées auf. Louis Jouvet führte Regie, Pierre Renoir spielte die männliche Hauptrolle. Beckmann und Quappi besuchten in Begleitung von Käthe von Porada die Premiere. Frau von Porada machte den Maler mit ihrer Freundin Tessier bekannt. Valentine Tessier galt zu dieser Zeit als die berühmteste französische Schauspielerin, ja mehr als das – sie war ein Symbol der französischen Frau schlechthin. Colette hatte sie »toute femme« genannt.

Mit seinem erfrischenden *Bildnis Valentine Tessier* gab Beckmann in Paris seine Visitenkarte ab. Das Portrait geriet zur überzeugenden Studie in Blau- und Brauntönen, die aus der Untermalung des weißen Hintergrundes ebenso leuchten wie aus dem Kleid, den wenigen Requisiten und der Gestalt der Schauspielerin. Der Maler gestaltet sein Bildnis der hochgewachsenen Frau in einem manieristisch überzeichneten Stil. Mit ihrem kleinen Kopf und den im Verhältnis gewaltigen, wie weissagend gehobenen Armen bietet die Tessier, die zwei Jahre zuvor in René Clairs Film *Un chapeau de paille d'Italie* mitgewirkt hatte, einen geradezu prontosaurierhaften Anblick. Unter den dünnen schwarzen Umrissen der Figur schlummert schon der neo-archaische Stil, der kurz darauf zum Durchbruch kommen sollte.

In seinem Tessier-Portrait verband der Künstler gestalterischen Esprit mit formaler Kraft. Das Portrait war in Beckmanns Ausstellung in Paris unter dem Titel *Valentine Tessier dans la rôle d'Alcmène* zu sehen.

Der Maler aus Deutschland wurde bald »le petit Léger« genannt – auch wenn es ihm mehr darum zu tun war, die »metaphysischen« Qualitäten der Menschen und Dinge durchleuchten zu lassen als die mechanistischen. Natürlich ging er in nie so weit wie der Normanne, wenn es galt, Menschen und Dinge auf ihre geometrischen Grundformen zu reduzieren. Léger strebte eine geometrische Formanalyse an. Aber – gibt es auch Malerei *nicht* als Formanalyse? Ob sich Beckmann tatsächlich von Fernand Léger anregen ließ, erscheint fraglich. Vergleicht man aber jenes Gemälde von Léger, das unter dem zweideutigen Titel *La femme au chat* im Metropolitan Museum hängt, mit Beckmanns *Zigeunerin* aus dem ersten Jahr seines Aufenthaltes in Paris, so könnte man annehmen, daß der Deutsche hier ähnlich wie in seiner bildnerischen Kritik an Braque eine Reanimierung von Légers Motiv betrieb. Er erlöst die Grundformen aus ihrer Erstarrung und führt sie in den menschlichen Körper zurück, von dem sie abgeleitet sind.

Die meisten Kritiker, die sich für Beckmann stark machten,

wie Carl Einstein und die Wahlpariser Wilhelm Uhde und Waldemar George, konnten auch Fernand Léger etwas abgewinnen. Tatsächlich kann man in beiden Malern Söhne von Rousseau und Enkel von Cézanne sehen – wenn auch sehr gegensätzliche. Hans Belting vertritt in seiner Studie über Beckmann die Ansicht, der Künstler habe Cézanne als den Vater der modernen Abstraktion und Rousseau als den Vater der modernen Gegenständlichkeit beerben und beide Flügel integrieren wollen.

Tatsächlich kann man das Widerspiel von Abstraktion und Gegenständlichkeit in Beckmanns Bildern immer wieder beobachten – auch in der *Zigeunerin*, die, nebenbei gesagt, zu seinen eindrucksvollsten Frauenbildnissen gehört. Extreme Weißhöhung der Haut und die schlagartige Vertikale im Hintergrund, die eine helle ornamentale Tapisserie von einem dunklen violett untermalten Fensterladen trennt, erzeugen eine räumliche Spannung, in der die geradezu greifbare Figur dieses Vollweibes in ihrer ganzen Ambivalenz zur Geltung kommt. Ruhe ist hier mit sinnlicher Anspannung, französische Boudoir-Atmosphäre mit skulpturaler Monumentalität gepaart. Rudolf von Simolin, ein Beckmann-Sammler und Genußmensch, kaufte das Bild noch im Jahr seiner Entstehung für sechstausend Mark.

André Malraux gab bei Gallimard eine Reihe mit kleinen Künstlermonographien heraus, für die Carl Einstein die Bände über Max Beckmann und Rudolf Belling schreiben sollte. Das Projekt kam ebensowenig zustande wie der Plan des Kunstkritikers Waldemar George, den Beckmann-Band zu übernehmen. Zudem fand sich trotz aller Bemühungen seiner Kunsthändler Flechtheim in Berlin und Neumann in New York keine Pariser Galerie zur Kooperation bereit.

Lilly von Schnitzler, die im Vorstand der deutschen Sektion des internationalen Kulturbundes saß, verhalf Beckmann mit ihren Verbindungen doch noch zu einer Ausstellung, die vom 15. März bis zum 15. April 1931 dauern und schließlich noch um zehn Tage verlängert werden sollte. Der Maler kommentierte: »Die

Schnitzlerin hat Ihren Kulturbund aufgehetzt und im Dezember soll eine große Beckmannorgie in Paris steigen.«

Marie-Paule Pomaret, Frau des einflußreichen Arbeitsministers Charles Pomaret, der später Mitglied der Pétain-Regierung wurde, war Anhängerin von Georges Rouault. So überraschte es nicht, daß sie bald zur überzeugten Parteigängerin von Beckmann wurde. Sie erklärte sich bereit, Werke des Künstlers in ihrer »Galerie de la Renaissance«, 11, rue Royale, zu präsentieren. Trotz der bevorzugten Lage zählte das Etablissement nicht zu den führenden Adressen der Pariser Kunstszene, da Madame Pomaret nicht zur Gruppe um Picasso gehörte. Damit die Ausstellung überhaupt zustande kam, verlangte die Galerie einen Unkostenbeitrag von tausend Mark, den je zur Hälfte der Kulturbund und Käthe von Porada leisteten.

Die Galerie de la Renaissance verfügte aber über große Ausstellungsräume und Madame Pomaret über ein paar gesellschaftliche Verbindungen. Als die Ausstellung am 15. März 1931 eröffnet wurde, sprach der französische Kulturminister Anatole de Monzie. Vierzig Gemälde von Beckmann waren zu sehen, darunter *Der Eiserne Steg*, *Galleria Umberto* und das *Große Stilleben mit Musikinstrumenten*. Marie-Paule Pomaret ließ sich von ihrem deutschen Schützling portraitieren. Das Bild ging verloren, doch sechs Vorzeichnungen sind erhalten; hier zeigt sie sich als scharf kalkulierende Patronin mit geradezu männlich klaren Gesichtszügen; ein Typus, den man selbst in Beckmanns Sammlung der starken Frauen suchen muß. 1939, als er sich in Paris niederlassen wollte, malte Beckmann Madame Pomaret noch einmal. Das Gemälde ist stark von Matisse beeinflußt.

Das Faltblatt zur Ausstellung in der Galerie de la Renaissance verfaßte ein abtrünniger Surrealist: Philippe Soupault.

André Breton hatte Soupault 1926 aus der Surrealistengruppe ausgeschlossen, die sie neun Jahre zuvor gemeinsam gegründet hatten, weil er »kommerzielle« Romane schrieb und »amerikanische« Zigaretten rauchte. Als Soupault seinen Essay über Beckmann schrieb, war er gerade aus den USA zurückgekehrt, hatte den Roman *Un grand homme* und eine Monographie über Paolo Uccello veröffentlicht. Kurz darauf reiste er nach Deutschland und in die UdSSR.

Der weltoffene Autor schrieb im Faltblatt zur Ausstellung: »Max Beckmann est un peintre allemand qui peut et qui doit nous apporter de grandes leçons. Il s'agit de les comprendre. Les peintres français et ceux qui forment ce qu'on appelle l'école de Paris, on a beaucoup à apprendre de cette œuvre sincère et puissante.«

Soupault empfahl, die Pariser Maler, und insbesondere die École de Paris, sollten von Beckmann lernen, um die literarische Kunstauffassung hinter sich zu lassen und die reine Malerei wiederzufinden. Er beschrieb den deutschen Maler als Anti-Surrealisten, was diesem jedoch in einer Zeit, da sich die Surrealisten gerade etablierten, vor der Pariser Öffentlichkeit nicht gerade zum Vorteil gereichen konnte. Soupaults Essay überzeugte niemanden. Zu sehr merkte man ihm das Bedürfnis an, den Surrealisten und Picasso eins auszuwischen.

Weniger die Begeisterung für einen ausländischen Maler schien Soupault zu bewegen, als der Versuch, sich an einem intellektuellen Establishment zu rächen, das ihn ausgeschlossen hatte. Auch darum blieb sein Essay ohne Wirkung.

Neben Philippe Soupault setzte sich ein germanophiler Pole für Beckmann ein. Waldemar George (eig. Georges Jarocinski, 1893–1969) hatte zahlreiche Monographien und Katalogbeiträge verfaßt, so über Georges Rouault, Aristide Maillol und Giorgio de Chirico – den er über Picasso stellte. Der dickliche Kritiker war ein verkrampfter Neoklassizist und schrieb im Katalog ein Vorwort mit dem pompösen Titel *Beckmann et le problème de l'art européen.*

»Beckmann réprésente aujourd'hui l'homme nouveau [...]. Son drame est apparent. Nous assistons aux étapes succesives de la lutte qu'il livre aux forces ennemies. Cet homme ce bat. Par le fait seul qu'il s'arme, qu'il résiste, qu'il s'agit, qu'il refuse de se rendre, il affirme sa volonté de vaincre, sa personalité et son identité.«

Der beweihräucherte Maler freute sich und betrieb eine Veröffentlichung des Essays in Deutschland.

»Das wird Auswirkungen haben !!«

Doch die rhapsodischen Ausführungen von Waldemar George sind zu sehr von germanophilen und protofaschistischen Klischees bestimmt, als daß sie ernsthafte Interessenten hätten überzeugen können. Aufschlußreich sind die Äußerungen jedoch im Hinblick auf das Beckmann-Verständnis der Neoklassizisten. Der Kunsttheoretiker reiste im März 1933 nach Rom, um Kontakt zu den italienischen Neoklassikern aufzunehmen. Die moderne Kunst bezeichnete er dort als Erscheinungsform der Degeneration und des Materialismus und forderte eine Rückkehr zu den römischen »Wurzeln« und besonders zur klassizistischen Kunst des Imperium Romanum. George traf im Palazzo Venezia mit Mussolini zusammen und hielt im Circolo Artistico eine Konferenz über die »humanistische Kunst« ab.

In den glatten Neoklassizisten der Scuola Romana, wie Corrado Cagli, Giuseppe Capogrossi oder Emanuele Cavalli – alle um 1900 geboren und künstlerisch ohne Parallele zu Beckmann – sah Waldemar George die malerische Erfüllung seiner Theorien.

Max Beckmann fiel nur selten in Klassizismus ab. Selbst dann aber wird seine Malerei nicht steril. Stets ist die Neoklassik durch andere Elemente gebrochen. Die frühen *Jungen Männer am Meer* sind durch eine impressionistisch changierende Natur kontrastiert. Die sinnliche Neoklassik Mitte der zwanziger Jahre wird gebrochen, indem der Maler ihr einen ironischen Zitatcharakter verleiht. Und der archaische Stil von 1929/30 ist durch bizarre Perspektiven und einen Kolorismus à la Matisse konterkariert. So wundert es nicht, daß Beckmann den lupenreinen italienischen Klassizismus noch heftiger abblitzen ließ als in seiner Jugend Hans von Marées. Als die italienischen Maler Carlo Carrà, Giorgio de Chirico und Alberto Savinio in ihrer Zeitschrift *Valori Plastici* (1918–1922) einen neoklassische »ordine plastico« in der Malerei forderten, sprach Max Beckmann spöttisch vom »öden Proffessorengewinsel der Valori Plastizi«.

Kurz vor der Vernissage in Madame Pomarets Galerie de la Renaissance war Max Beckmann zuversichtlich:»die Schnitzlerin erscheint 10 Tag vorher in Paris um alles mobil zu machen, so daß großer Beckmannlärm in Paris nun so gut wie sicher garantirt ist.« – »ganz Paris wird von Frau v. Schnitzler und der Pomaret auf den Kopf gestellt.« – »Soupault ist ganz außer sich und will ganz Paris auf den Kopf stellen.«

Aber selbst für Philippe Soupault war es nicht einfach, Paris auf den Kopf zu stellen, zumal gleichzeitig eine Kokoschka-Ausstellung stattfand. Und so sollte der deutsche Kritiker Fritz Neugass recht behalten, der in der *Weltbühne* schrieb:»In Paris wird Beckmann nur schwerlich Sympathie finden, da seine Malerei zu schwer und zu problematisch und seine Palette nicht subtil genug ist.« Zieht man die letzte Bemerkung als unzutreffend und reine Gehässigkeit ab, bleibt eine zutreffende Einschätzung des Pariser Geschmacks.

Frau von Schnitzler gab sich alle Mühe, Beckmann einen Triumph zu bereiten. Und tatsächlich kamen die Spitzen der deutschen Kolonie ebenso zur Vernissage wie die Autoren der großen französischen Kunstzeitschriften. Der deutsche Botschafter ließ sich bei der Betrachtung eines Bildes photographieren.

Durch diplomatische Initiative kam es sogar dazu, daß der französische Staat zwei Bilder kaufte. Die Preise, die er bezahlte, verraten indes, daß es sich hier vor allem um eine kulturpolitische Geste handelt. Das Musée National de l'Art Moderne kaufte die *Waldlandschaft mit Holzfäller* aus der Ausstellung und bezahlte nur 2500 Francs (400 Mark). »Aber in Anbetracht der Reklame«, fand Beckmann, »mußte man das natürlich machen.«

Obwohl der Erfolg bescheiden war, bebten die Konkurrenten in Deutschland vor Neid. »Sollte diese brutale, alle Freiheit mißbrauchende und im unangenehmsten Sinne anspruchsvolle Malerei das Wichtigste sein, was Deutschland im Ausland vorzuzeigen hat an neuer Kunst?« empörte sich ein ehemaliger Museumsdirektor in der *Kölnischen Zeitung*.

Alfred Flechtheim parierte in der *Frankfurter*, auch Georg Swarzenski, Wilhelm Uhde und Paul Westheim ergriffen für Beckmann das Wort. Julius Meier-Graefe behauptete im *Berliner Tageblatt*:»Wir haben noch mal einen Meister unter uns!« Er nannte Beckmann einen »siegreichen Boche« und rief aus:
»Ihr Brüderchen drüben, seht ihn euch an, wir haben keinen besseren zu vergeben.«

Unabhängig von den deutschen Querelen kaufte das Musée National de l'Art Moderne im Oktober 1933 den *Kleinen Fisch* aus demselben Jahr – für einen Spottpreis von tausend Francs.

Auch Vollard und Picasso sollen die Ausstellung besucht haben. Angesichts von Beckmanns Bildern soll Picasso gesagt haben:»Il est très fort.«

Le Figaro sah in Beckmann »quelque-chose comme un Picasso germanique«, was I. B. Neumanns Einschätzung bestätigt, der schrieb:»I have no doubt that he will live as the German Picasso.«

Beckmann war nach Paris gekommen, um es zu erobern. Er glaubte allen Ernstes, den Geschmack der Hauptstadt bestimmen zu können, und sah sein Werk, unter Anspielung auf Picassos Kunsthändler, »im Gegensatz zu der die Welt steril machenden Rosenberg – Picassowelle«.

Doch er und seine Fans aus Deutschland bedachten nicht, daß das französische Publikum aus einer anderen Tradition des Sehens kam. Jahrhunderte des Klassizismus einerseits und das Primat der Farbe andererseits, wie es die Impressionisten auf den Markt gebracht hatten, fehlte Beckmanns Kunst ebenso wie jenes starke Interesse am Gesellschaftlichen, das die Malerei von Courbet, Manet oder Toulouse-Lautrec auszeichnet. Zudem ist das französische Publikum weit weniger an die alten Niederländer und die expressiven Meister des deutschen Spätmittelalters gewöhnt. Claude Roger-Marx brachte die Unterschiede auf den Punkt, als er nach der Ausstellung in *Le Bravo* bekannte: »cette grandeur-là, nous manquons d'instruments pour la mesurer«.

Käthe von Porada tat ein übriges; sie veranstaltete eine kleine Beckmann-Ausstellung in ihrem Apartment, für die Edmond Jaloux einen Essay schrieb. Der Aufsatz ist voller Respekt, kommt aber über Gemeinplätze nicht hinaus.

»Il demeura comme une des plus grandes figures d'un mouvement auquel l'avenir rendra justice«, prophezeite der höfliche Kunstkritiker.

Echtes Interesse an deutscher Kunst war in Paris damals ebensowenig zu erwecken wie heute. Erst siebzig Jahre später, im Herbst 2002, veranstaltete das Centre Pompidou eine große Beckmann-Retrospektive.

Die Ausstellung in der Galerie de la Renaissance im Jahre 1931 blieb die einzige Einzelausstellung Beckmanns, die in Paris zu seinen Lebzeiten stattfand.

Man hatte dem Maler aus dem bewunderten und gefürchteten Nachbarland Respekt und höfliches Wohlwollen entgegengebracht.

Ein Erfolg Beckmanns in Paris konnte jedoch schon aus historischen Gründen nicht größer ausfallen. Das romantisierte Deutschland war längst zu einem unsicheren Partner im Völkerbund, ja zu einer potentiellen Bedrohung geworden. Und Beckmann verkörperte in seiner Person wie in seiner Kunst viele Züge, die in Paris von jeher als typisch *boche* galten.

Max Beckmann und die Seinen begriffen nicht, daß der Erfolg in Paris in den Salons gemacht wird. Ohne die Protektion einer Dame der Gesellschaft läuft nichts. Dem großen Maler, sosehr er eine mondaine Umgebung liebte, war der Salon fremd. Selbst eine Soirée in der deutschen Botschaft erschien ihm als eine Ansammlung des Unwesentlichen, Unwichtigen, Uneigentlichen. Das Bild *Gesellschaft Paris*, dessen erste Fassung er schon 1925 gemalt haben soll, drängt die angeblich so entfremdeten Einzelgänger in einem Salon zusammen. Offenbar ist eine Vernissage der Anlaß, doch niemand interessiert sich für die Bilder. Aber wie sollte es bei einer Ausstellungseröffnung anders sein? Die Damen und Herren wirken wie übereinandercollagiert. Unter ihnen hat man den Botschafter Leopold von Hoesch, den Frankfurter Bankier Albert Hahn und den Musikhistoriker Paul Hirsch identifiziert. Beckmanns kulturkritisches Gruppenportrait zielt also nicht auf die französische, sondern auf die Gesellschaft überhaupt. Ein Balken an der rechten Seite verstärkt den Eindruck eines Guckkastens. Alles nur Theater! sagt uns der Maler. Das Bild hat ihn so stark beschäftigt, daß er die überarbeitete Fassung von 1931 zwei Jahre vor seinem Tod noch einmal veränderte.

In der Fassung von 1948 leuchtet das große Querformat im rosigen Schein der Vanitas. Nie ist Beckmann seinem antizivilisatorischen Affekt so weit erlegen wie bei diesem Bild. Daß Rousseau in Deutschland tiefer gewirkt hat als Voltaire, ist hier immer noch zu spüren.

19. Linie und Schatten

Wie viele Ehepaare, verstanden sich auch Max Beckmann und Minna Tube nach der Scheidung besser.

Im März 1928 hatten sie ein Rendezvous in Frankfurt, und Ende August sandte der Maler zwei Telegramme aus Scheveningen an Minna in Berlin-Hermsdorf und bat sie dringend, nach Paris zu kommen.

»Ich bin natürlich auch bereit Dich in Nürnberg zu treffen, glaube aber, das es für uns alle beide schöner wäre in Paris.

Sieh mal wir haben so schöne Stunden jetzt zusam̄en gehabt, warum soll das in Paris nicht noch viel schöner sein.

Laß doch endlich mal den bürgerlichen Teil Deiner Seele zu Haus und sei wirklich mal die freie starke ›Grande Dame‹ die Du wirklich sein könntest.

Ich habe Dir tausendmal gesagt, wie Ernst es mir mit unserer

Freundschaft ist. – Wir können uns noch immer gegenseitig helfen und stärken – frei von aller Convention.«

Sie trafen sich am 10. September im Claridge's Hotel an den Champs-Élysées und verbrachten einige Tage miteinander. Aus dieser Zeit sind zwei Briefe von Beckmann an Quappi erhalten. Von Minna ist nicht die Rede – dagegen heißt es:

»Von Paris hab ich nicht viel gesehen.«

Als der Maler ein Jahr später mit Quappi in Paris wohnte, traf er sich mit Minna Tube in Frankfurt; so Anfang November 1929, kurz nach dem Schwarzen Freitag.

1930 vollendete Max Beckmann zwei monumentale Denkmale dieser Wiederbegegnung mit seiner ersten Frau. Die Hochformate *Das Bad* und *Bildnis Minna Beckmann-Tube* sind zugleich die Säulen zum Eingang in das mythische Reich seiner Kunst der dreißiger und vierziger Jahre.

Mit aufgestütztem Kopf erscheint Minna Tube auf dem ihr gewidmeten Portrait als schwere Denkerin. Der thronartige Fauteuil unterstreicht die Würde der großen Frau, das französische Inventar hebt sie im Kontrast besonders hervor: Matisse-Tapete und die Pariser Tageszeitung *Le Journal*. Durch ihre überragende Erscheinung im schlichten weißlichen Gewand verwandelt die Dargestellte selbst ein Hotelzimmer in einen mit Ruhe und Energie geladenen Raum.

Ohne jede ironische Brechung verkörpert die Portraitierte hier den heroischen keltisch-germanischen Frauentyp, wie er vor allem in den Wagner-Opern wiederauflebte. Tatsächlich hatte Minna in den Opernhäusern von Elberfeld, Dessau und Graz vor allem die schwerblütigen Rollen gegeben: Agathe, Venus, Senta, Ortrud, Isolde, Brünhilde – aber auch Leonore und Marschallin.

Ein Schatten dieser überlebensgroßen Frauenfiguren fällt hier auf Minna Tube, und dieses Bild hinge besser im Grazer Opernhaus als in der Pfalzgalerie von Kaiserslautern.

Die monumentale Komposition *Das Bad* streift hingegen die Welt von Richard Strauss, dessen gefeierte Interpretin Minna Tube in Graz gewesen war. Wer den massigen Mann von hinten im grünen Wasser der Badewanne sieht, denkt unwillkürlich an Agamemnon, der im Bad mit einer Axt erschlagen wurde; weniger an den Helden des Aeschylos als an den ermordeten Vater, von dem in Straussens *Elektra* die Rede ist. Das riesige Weib, das zu ihm ins Wasser steigt, ist ein mit Minna stark verwandter Frauentypus, was der Vergleich mit dem *Bildnis Minna Beckmann-Tube* bestätigt. In schlagartiger vertikaler Sequenz folgen im *Bad* die Raumebenen aufeinander. Der froschgrüne mittlere Steifen mit der stark verkürzten Männerfigur in der Wanne ist von ungewissem Dunkel flankiert; rechts ragt die für Beckmann überaus typische offene Tür ins Bild, die die Vorstellung von weiteren Räumen suggeriert.

Die Szene steht auf Messers Schneide zwischen Badeheiterkeit und ernster Zeremonie; sie betont damit den ambivalenten Charakter der Paarbeziehung – wie man ihn in allen Paardarstellungen von Max Beckmann findet.

In Beckmanns energischem Archaismus der späten zwanziger und frühen dreißiger Jahre kündigt sich schon sein Weg ins Mythische an, den man politisch als Rückzug, künstlerisch als Vorstoß sehen kann.

In den beiden großen Minna-Bildern von 1930 haben sich die schwarzen Umrißlinien endgültig durchgesetzt, die der Maler schon seit 1926 leicht, im Jahr darauf stärker zu betonen begann. Auch in manchen früheren Bildern waren sie in Ansätzen zu erkennen. In einzelnen Fällen ging der Künstler um 1930 so weit, Bilder nachträglich mit den schwarzen Strichen zu versehen.

Formal betrachtet, sind solche schwarzen Umrißlinien von der Zeichnung und der Schattierung menschlicher Glieder in der Malerei abgeleitet. Schon im Februar 1918 fragte Beckmann seinen Verleger Reinhard Piper, der Zeichnungen von ihm als Illustrationsvorlage verwenden wollte: »Wollen Sie's mit oder ohne schwarzen Strich machen?«

In seiner Malerei jedoch greift der Künstler zu diesem Mittel, um den illusionären Charakter der Figur auf der Leinwand zu unterstreichen, und er streift damit – wie 1930 in der kleinen

Leinwand *Künstler am Meer* – einen stark abstrahierenden Neo-klassizimus.

Pablo Picasso hatte schon um 1900 mit schwarzen Umriß-linien gearbeitet, er wollte in Anlehnung an Toulouse-Lautrec den Plakat-Charakter eines Bildes als Ausdrucksform nutzen. Max Beckmann dagegen zeichnete seit seiner Studienzeit bei Frithjof Smith in Weimar Gemälde in Kohle auf der Leinwand vor; oft ohne Vorstudien auf Papier. Die scharfe Antinomie von Schwarz und Weiß, die seit dem Krieg Beckmanns Zeichnung und Graphik beherrschte, erreichte Mitte der zwanziger Jahre auch seine Malerei und tat dort ab 1927 tiefere Wirkung.

Beckmann suchte große Entschiedenheit in der Erscheinung von Figuren auf der Leinwand zu erzielen. Er strebte eine Art clarté germanique an, nach dem deutschen Sprichwort: »Je wahrer, je klarer.« Schon Luther hatte übersetzt: »Deine Rede sei Ja Ja und Nein Nein, was darüber ist, ist von Übel.« (Jak 5, 12)

Und noch in seiner Londoner Rede *Über meine Malerei* von 1938 bekannte Max Beckmann:

»Alle diese Dinge bestürzen mich wie Tugend und Verbrechen – schwarz und weiß – – – – – – – – – – – – ja – schwarz und weiß, das sind die beiden Elemente mit denen ich es zu tun habe. Das Glück oder Unglück will es, daß ich nicht nur weiß, – nicht nur schwarz sehen kann. Eines allein wäre viel einfacher und eindeutiger. – Allerdings wäre es dann auch nicht existent.«

So ist Beckmanns Dualismus, wie er sich in der auf die Spitze getriebenen Antinomie von Schwarz und Weiß ausdrückt, einerseits puritanisches, andererseits gnostisches Erbe. Die Gnosis wagt die Behauptung: Da die Genesis mit dem zweiten Buchstaben des hebräischen Alphabetes begonnen habe, sei die ganze Welt von Anfang an falsch und böse.

Max Beckmann las die gnostischen Schriften seit vielen Jahren, und es ist nicht ausgeschlossen, daß er in diesem Gedanken seinen tiefen Pessimismus ausgedrückt fand. So könnte man in der schwarzen Untermalung in Bildern wie dem *Hafen von Genua* eine bildliche Umsetzung dieses gnostischen Prinzips vermuten, wenn man sich nicht mit dem christlichen Pessimismus zufriedengeben und behaupten will, der Künstler habe hier die Welt als Jammertal gezeigt.

Beckmanns Gedanken- und Bildwelt ist von Antinomie und Ambivalenz bestimmt. Wie eine Arena baut er das Spannungsfeld des absolut Weißen und des absolut Schwarzen auf, jenes Magnetfeld des Daseins, in dem die changierenden Figuren und Dinge wesen. Hin- und hergerissen zwischen Schwarz und Weiß bringen sie die schillernsten Farben und Formen hervor. Niemand ist erlöst, aber niemand ist auch ganz verdammt.

In der Schlüsselfigur des Demiurgen überkreuzt sich Beckmanns Platonismus mit seinem Gnostizismus.

Trotz seines Namens ist der Demiurg weit davon entfernt, ein schlichter Handwerker zu sein. In der Gnosis gilt er als der dem Gott untergeordnete böse Schöpfer der Sinnenwelt. Platon dagegen versteht ihn als den Baumeister der Welt, als Mittler zwischen den Menschen und der höchsten Gottheit.

In Beckmanns unentrinnbarer Welt steht das Reich der Farben, der Formen und des Daseins dem abstrakten Prinzip der Linie und der reinen Fläche in der einfarbigen, besonders schwarzen oder weißen Untermalung gegenüber.

Beckmanns Platonismus zeigt sich zudem in der Konzeption eines »Selbst«: eines bereits bestehenden zentralen Wesens, das nur erst gefunden und freigelegt werden muß – und sei es in der Spiegelung.

»Das echte Selbst, von dem wir nur ein schwacher Abglanz sind«, von dem der Künstler in seiner programmatischen Hauptschrift, den *Drei Briefen an eine Malerin* von 1948, spricht, ist seine Version der platonischen Idea.

Wenn Max Beckmann für die Mannheimer Retrospektive von 1928 zwei Drittel von seinem großformatigen Gemälde *Die Straße* von 1914 abschneidet und damit jenes steile Hochformat gewinnt, so zeigt sich darin weit mehr als nur geschickte Anpassung an die praktischen Erfordernisse einer Ausstellung. Die radikal neuen Bilder von Beckmanns Nachkriegskunst waren also

233

vor dem Krieg in den konventioneller erscheinenden bereits enthalten gewesen.

Beckmanns Art des Malens ist ein *Freilegen* – wie es, auf die Bildhauerei bezogen, Michelangelo sagt:

> *Non ha l'ottimo artista alcun concetto*
> *c'un maromo solo in sé non circonscriva*

20. Die Uhren gingen schon anders

Auch Ende der zwanziger Jahre hing noch kein Bild von Max Beckmann in der Berliner Nationalgalerie. Er fühlte sich benachteiligt und vermutete, daß der Direktor, Geheimrat Ludwig Justi, Heckel und Kokoschka vorzog. Justi, den Beckmann noch aus der Vorkriegs-Secession kannte, galt inzwischen als der mächtigste Kunstbeamte der Weimarer Republik.

In der *Frankfurter Zeitung* griff Julius Meier-Graefe Geheimrat Justi wegen seines Zögerns in Sachen Beckmann an. Und der Künstler selbst schimpfte im Oktober 1930: »Es ist doch eigentlich unerhört, dass Justi <u>überhaupt</u> noch kein Bild von mir gekauft hat.« Mit seinen 46 Jahren sah Beckmann sich als den »im̅merhin prominentesten der jungen Malerei«.

Max Beckmann stand in engem Kontakt zu den bürgerlichen Intellektuellen um Heinrich Simon und die *Frankfurter Zeitung*. Er war einer der am besten publizistisch flankierten Künstler der zwanziger Jahre.

Hans Reimann charakterisierte den Künstler in seinem Büchlein *Frankfurt – was nicht im Baedecker steht* wie folgt: »Professor und repräsentativer Maler-Graphiker der Stadt. Unnahbar und trotz einer Clique, die ihn in Superlativen badet, einer der stärksten deutschen Künstler.«

Zudem erhielt Beckmann aus Berlin Schützenhilfe von so einflußreichen Experten wie Carl Einstein und dem treuen Julius

Hotel Esplanade, Berlin 1929

Meier-Graefe. Dieser schrieb anläßlich der zweiten Beckmann-Ausstellung der Berliner Galerie Flechtheim, die im Januar 1929 eröffnet wurde, einen vierspaltigen Artikel im *Berliner Tageblatt*:
»Beckmann steht mitten unter uns, von jetzt an fähig, den Instinkt unserer Zeit zu sammeln.«

Beckmanns & Meier-Graefes, Pfingsten 1931

Der Kunst-Papst brachte sogar Opfer, um *Die Loge* aus der Ausstellung kaufen zu können, und Günther Franke bemerkte: »Dass Meier-Graefe einen Franzosen verkauft, um sich einen Beckmann kaufen zu können, hat einen ungeheuren Propagandawert.«

I. B. Neumann erwartete eine noch größere Propagandawirkung, als das Carnegie Institute in Pittsburgh das Gemälde *Die Loge* von 1928 ein Jahr nach seiner Entstehung mit der »Forth Honorable Mention« auszeichnete. Der Kunsthändler nannte diese Preisvergabe »the big break for Beckmann«. In den USA erregte die Ehrung Aufsehen. Henry McBride pries den Deutschen in der Zeitschrift *Creative Art*. Seine Worte sind bis heute bezeichnend für die Einschätzung dieses Künstlers in den USA:

Beckmann has shown before this in New York at the New Art Cycle but never winningly. It was noticed that he was forcible but there was such unattractive morbidity in his matter that it was thought he was suffering from after-the-war-defeatism. There is no hint of defeat, however, in his present group, and no vulgarity to speak of, but on the contrary a dynamic impact from his brushes that even Picasso might envy.

Nachdem er die freudige Nachricht erhalten hatte, schickte Beckmann am 22. Oktober 1929 aus Paris ein Telegramm an Franke, der gerade im Frankfurter Kunstverein eine Beckmann-Ausstellung eröffnete: »erhielt mit derain zusammen karnegi preis bilderpreise fur Ausstellung erhohen.«

Die Loge hängte man 1933 im Beckmann-Saal des Kronprinzenpalais unter den Linden auf. Als die gleichgeschaltete Verwaltung den Saal ein halbes Jahr später schloß, bekam der Kunsthändler Günther Franke das Bild zurück.

Zweifellos ist *Die Loge* ein Bild, dessen Radikalität aufgeklärten Traditionalisten imponieren und den Zorn der Nazi-Administration aufs schärfste entfachen mußte. Die Leinwand gehört zu den kühnsten der figurativen Malerei in den zwanziger Jahren. Mit scheinbar einfachsten Mitteln sind sieben Ebenen hintereinandergeblendet. Eine geschwungene und geschuppte Logenbrüstung, eine Frau mit Fächer, ein Mann mit einem als Opernglas wenig geeigneten Feldstecher, ein Türrahmen, der eher einem schwankenden Tempel entstammt als einer Loge, das bläulich untermalte Schwarz des Logeninneren und ein mittlerer Hintergrund im Türrahmen, aus dem eine rötliche architektonische Sequenz quer nach vorn verläuft und jeden logischen Bildaufbau sprengt.

Haben wir es bei der majestätischen Frau im Vordergrund mit einer Reinkarnation frühchristlicher thronender Statuen zu tun? Der befrackte Herr hinter ihr bricht allerdings den festlichen Zusammenhang, indem er mit seinem Fernglas die Bühne ignoriert und sich als Luftgucker betätigt.

Einen Verdacht wird man angesichts von Beckmanns Gruppenbildern seit Beginn der zwanziger Jahre nicht los, und er drängt sich auch bei der Betrachtung der *Loge* auf: Die Figuren sind in keiner Weise zeitlich und räumlich verbunden, sondern stammen aus gänzlich verschiedenen Zusammenhängen.

Dasselbe gilt für die Räume. Keine wie immer gearteten historischen Räumlichkeiten sind hier dargestellt, sondern der Raum schlechthin.

Mit diesem Bild stößt Beckmann zu einem neuen Niveau seiner Darstellungskunst vor, in dem er zwei Prinzipien seiner Malerei radikalisiert: Die durchgehende dunkle Untermalung und die extreme Weißhöhung. So wirkt *Die Loge*, als habe ein Photograph seine Linse unscharf gestellt. Zugleich treibt der Maler die Abstraktion weiter voran, indem er die Figur noch schärfer in ihren Umrissen aufleuchten läßt.

Natürlich ist die Reverenz an Auguste Renoirs *La loge* von 1874 in Bildtitel und -aufbau nicht zu übersehen. Sie wirkt allerdings wie ein ferner spiegelverkehrter Gruß – und als Hinweis darauf, welchen Weg die figurative Abstraktion in einem halben Jahrhundert moderner Kunst zurückgelegt hat.

Max Beckmann hat die Theatermetapher – »… all the world's a stage…« – im Laufe seines Lebens heftig strapaziert und auf unterschiedlichen Ebenen durchexerziert. Auch *Die Loge* ist ein Zitat ihrer selbst.

»Ein Lieblingsmotiv der Impressionisten«, nannte Karin von Maur das Sujet anläßlich der großen Stuttgarter Beckmann-Retrospektive im Jahre 1994, »von Manet über Renoir und Degas zu Toulouse-Lautrec, die Theaterloge bietet den Raum für effektvolle Präsentation einer verführerischen Frau, die gedankenverloren über die Balustrade blickt […].«

Die Loge ist ein gutes Beispiel für Beckmanns durchgehende Selbstreferenz; sie weist auf frühere und kommende Werke hin. Sowohl in der Kaltnadelradierung *Theaterloge* von 1918 als auch in dem Gemälde *Loge II* von 1944 ist der von Renoir gewählte Aufbau der Figuren beibehalten. Auffällig ist, daß Beckmann seine drei Variationen des Themas jeweils am Ende einer historischen Epoche geschaffen hat.

Das düster leuchtende Bild von 1928 steht zudem im unmittelbaren Zusammenhang mit dem vorausgehenden *Großen Fischstilleben*, in dem der Maler jede natürliche räumliche Umgebung wegwischt und die Kisten mit den Fischen auf einen zweideutigen Platz stellt: halb abstrahiertes Zimmer mit Bodenleiste, halb schwarze Nacht, leeres Weltall, Nichts.

Um so verzweifelter behaupten die sterbenden und noch im Tod lebendig scheinenden Fische ihr bißchen Leben in strahlenden Farben. Keinem Kunsthistoriker, der sich mit dem Bild beschäftigt hat, ist entgangen, daß der Maler hier das Motiv der verrinnenden Zeit aufgenommen hat, das seit den niederländischen Stilleben des siebzehnten Jahrhunderts zum guten Ton gehört.

Mit der Gewalt und Schönheit seiner neuen Malerei der reduzierten Formen und radikalisierten Farben erzielt Max Beckmann in Bildern wie der *Loge* und dem *Großen Fischstilleben* ein Raumgefühl, wie es die Malerei zuvor nicht kannte. In seinem Versuch, in jene vierte Dimension vorzustoßen, die er schon 1919

in einem Brief an Julius Meier-Graefe die »Rundheit der Fläche«
genannt hatte, war der Künstler Ende der zwanziger Jahre einen
entscheidenden Schritt weitergekommen.

Um so überraschender war seine Wandlung in den letzten
Tagen der Weimarer Republik.

Als Reaktion auf die neue Monumentalität seiner Bilder favorisierte Max Beckmann um 1932/33 scheinbar heitere Bilder-
buchszenen. Der klassischen und archaischen setzte er die epische
Form entgegen. Im Spätwerk sollte sie ins Mythische münden,
vorderhand blieb sie im Anekdotenhaften.

Kann man in einem Gemälde wie *Der kleine Fisch* von 1933
mehr sehen als eine heitere Verführungsszene am Strand? Auf
dem fast quadratischen, locker, beinah pastellartig gemalten Ölbild bietet ein Südländer zwei Frauen einen dicken Fisch dar.
Man sollte in einem solchen Bild weniger die Schicksalsmächte
suchen, die in der Szene wirken, als jene, denen der Künstler mit
einem solchen Sujet zu widerstehen sucht. Das Bild ist eines der
ersten, die er malte, nachdem er vor den Nazis aus Frankfurt geflohen war.

In etwas kräftigeren, einfach und kindlich wirkenden Farben
taucht dasselbe Thema in dem Bild *Mädchen mit Hunden spielend* im Jahre 1933 wieder auf. Hier herzt ein Mädchen einen
Hund, der noch zu groß für es ist, während andere Köter nach
dem Ball laufen. Der Künstler bemüht noch einmal die Pseudo-
Kindlichkeit seiner Bilder aus den frühen zwanziger Jahren, hier
aber wie mit ungelenker Hand – was noch höhere Darstellungskunst erfordert.

Im Gegensatz zu Rodin, Balthus oder den Malern der »Brücke«
mit ihrer vielgemalten Franzi hat sich Max Beckmann nie für die
Erotik kindlich-unreifer Mädchen interessiert. So können diese
Bilder als Spiegel der tiefen Ratlosigkeit gesehen werden, in die
der Künstler im Jahre 1933 fiel.

Im Jahr zuvor hatte er sein nahendes Los in einer traumhaf-
ten und nur auf den ersten Blick heiteren Szene unter dem Titel
Die Schlittschuhläufer umschrieben. Hier tragen drei Figurinen

aus der Commedia dell'arte eine dicke Schlittschuhläuferin im blauen Kleid über das Eis. Sie sind flankiert von einem leeren Bilder- oder Fensterrahmen und einer Tür, was beides auf einen »Ausgang« anspielt; freilich steht stärker das Thema »Abgang« in seiner umfassenden Bedeutung im Raum. Trotz der dick aufgetragenen Champagnerlaune und den hellen Farben dieser Szene ist sie thematisch mit all jenen Bildern Beckmanns verwandt, in denen es um das Verlassen eines unsicher gewordenen Terrains geht: Den Selbstbildnissen im Smoking und im Frack, dem Triptychon *Abfahrt* und schließlich dem *Abstürzenden* aus dem Todesjahr. Von 1937 bis 1939 arbeitete Marc Chagall im unsicher gewordenen Paris an dem Bild *Die Gefährten Charlots*, in der acht Figuren alle Schwerkraft verloren zu haben scheinen. Der Eskapismus dieser kleinen Gouache ist mit dem von Beckmanns *Schlittschuhläufern* verwandt; man weiß nicht recht, ob es sich um einen fröhlichen Flugtraum handelt oder um eine Darstellung des Menschen in seiner »Geworfenheit«, wie Martin Heidegger die Situation des Individuums in der Moderne nannte.

Anfang der dreißiger Jahre sonnte sich Max Beckmann noch in seinem Ruhm. *Die Loge* wurde 1929 in Pittsburgh preisgekrönt, und zu Hause erhielt Beckmann zusammen mit drei anderen Künstlern, darunter Jakob Nussbaum, den Großen Ehrenpreis der Stadt Frankfurt.

Im August 1930 wurden in Basel gleich zwei Beckmann-Ausstellungen eröffnet: Neben der Kunsthalle stellte das Kunstmuseum 121 Bilder des Deutschen aus, darunter den *Hafen von Genua*. Beide Veranstaltungen fanden lebhaftes Interesse.

Ausgerechnet die Basler *Arbeiterzeitung* jedoch betrieb am 28. August jene bourgeoise Kunstkritik, die den Künstler schnell als bourgeois bezeichnet, wenn er nicht am Hungertuch nagt.

»Beckmann wird immer mehr Gourmand. Stilleben bekommen intensivstes Leben. Neue Farbe, gerissene Tricks (kremserweiß zu schwarz, und rot-violett) werden erprobt. Vorbei ist der grausige Spuk; weit hinter ihm liegt die Banalität der deutschen Familie.

Im D-Zug reist er von Genua nach Scheveningen. Er wird mondän, er wird vornehm-lustig, ohne die etwas kompromittierende Gesellschaft der Varieté-Hungerleider.«

Weit besser faßte Otto Fischer, Direktor des Kunstmuseums Basel, die Absichten des Künstlers. Fischer betonte in seinem Artikel über Beckmanns neuere Arbeiten die Lebensbejahung, die sich in der passionierten Malerei dieses Künstlers verbarg. Der Gelehrte fand die Zustimmung des äußerst kritischen Malers.

»Mir das Wichtigste war«, schrieb ihm Beckmann, »daß Sie meinen Kampf um die Bejahung des Lebens – trotz allem – erkannt haben. Das ist in unserem Zeitalter der pessimistischen Gefühlsduselei etwas außerordentlich Seltenes.«

Die Bejahung des Lebens – sie wurde weiter aufrechterhalten. Beckmann fühlte jedoch, daß er auf dünnem Eis ging.

»Ich laufe hier heftig Ski«, meldete er im Januar 1930 aus St. Moritz, »und auch Hilde [so wurde Quappi in ihrer Familie genannt] betätigt sich ganz tüchtig. Es ist angenehm auch nach dem trüben Deutschland vergnügte und teilweise wirklich gut aussehende Menschen um sich zu sehen.«

Im Frühjahr 1930 sah Max Beckmann die Côte d'Azur wie-

St. Moritz, Dezember 1928

Beim Tennisspiel, Ende 20er Jahre

der, vor allem Nizza und das geliebte Cap Martin zwischen Monaco und Menton. Im Herbst fuhr er nach Bayern.

Die Stimmung in Deutschland zu dieser Zeit war jedoch gedrückt. Bedrohung lag in der Luft. Irmgard Keun hat die Atmosphäre 1931 in ihrem berühmten ersten Roman *Gilgi, eine von uns* festgehalten:

»Traurige Stadt. Trauriges Land. Jeder Mund, der sich auftut, atmet schlechte Laune, Freudlosigkeit in der Luft. [...] Ob man mit Kellnern, Putzfrauen, Straßenbahnschaffnern, Taxichauffeuren, Bauchhändlern, Gastwirten, Verkäufern spricht – das dritte Wort: Sorgen. Jeder ist unzufrieden, jeder stöhnt. Trauriges Land, wo man mit jedem Atemzug Pessimismus schluckt.«

Als bei der 17. Biennale in Venedig 1930 sechs Gemälde von Max Beckmann gezeigt wurden, entdeckte der Korrespondent der Mailänder Tageszeitung *La Stampa* im deutschen Pavillon nichts als »gemalte Kindereien von Klee [...] sexuelle Krankhaftigkeit Karl Hofers [...] unnoble, entartete Gespenster wie die von Max Beckmann«.

Allerdings gab es auch in der faschistischen Presse Lob für Beckmann, etwa von Mussolinis Maîtresse Margherita Sarfatti. Anders als der (in Europa heute noch bis weit ins liberale Bürgertum als »Faschismus« verharmloste) Nationalsozialismus, war der Faschismus der modernen Kunst gegenüber freundlich gesinnt. Und so bekannten sich futuristische Künstler wie Filippo Tommaso Marinetti ebenso als überzeugte Faschisten wie die Neoklassizisten der Scuola Romana. Die Parteizentrale »Casa del Fascio« des Architekten Giuseppe Terragni in Como, 1936 erbaut, zählt zu den Meilensteinen der modernen Architektur und wurde wie die Konzepte des »Bauhauses«, das mit seinen monotonen, repetetiven Diktaten die Entwicklung der Architektur sehr ungünstig beeinflußte, zu einem Vorgänger der rationalistischen Kaninchenställe von heute.

Und Igor Strawinskij stattete im Jahr der »Casa del Fascio« dem »Duce« einen Besuch ab.

»Ich sagte Mussolini«, berichtete der russische Komponist, »daß die Stimme Roms die Stimme von Il Duce« sei; »ich sagte ihm, daß ich mich selbst als Faschist fühle. Heute sind Faschisten überall in Europa.«

Anläßlich der Biennale von 1930 trat bereits ein reaktionärer Zug in der italienischen Berichterstattung hervor. Im selben Jahr kippte übrigens in der Sowjetunion die avantgardistische Kunst, die so großen Anteil an der Revolution gehabt hatte, in einen kleinkarierten und regressiven Stil um, den Neoklassizismus zu nennen eine Beschönigung wäre.

In Venedig erregte selbst Beckmanns heitere Szene *Der Strand* die Empörung der Journaille, obwohl man in ihr einen Ausdruck des formalistischen Neoklassizismus im Sinne des Mussolini-Verehrers Strawinskij hätte sehen können. In das burleske Breitbild, dessen Hintergrund in bestrickender Simplizität in Himmel, Meer und Strand geteilt ist, hat der Maler eine Handvoll Urlauber gesetzt. Die Personen schweben über den Strand, als handele es sich dabei um aufgeklebte Papierfiguren. Der Künstler war ein Jahr nach seiner Hochzeitsreise nach Viareggio noch einmal in

*Beim Tennis-
spiel, Ende
20er Jahre*

das ligurische Seebad gefahren und hat womöglich hier den Eindruck für sein großformatiges Bild empfangen.

Das fröhliche Werk war heftigen Angriffen ausgesetzt. Schon
als das Städel es im Jahr nach seiner Entstehung kaufte, griffen
Frankfurter Vorstadtjournalisten das Werk an und beschimpften
es als obszön. 1937 wurde es beschlagnahmt und in der Ausstellung »Entartete Kunst« zur Schau gestellt. Seither ist es verschollen.

Der *Völkische Beobachter* veröffentlichte am 22. Oktober 1930
einen Angriff auf den deutschen Biennale-Beitrag, vor allem auf
Max Beckmann. »Das Delirium der Häßlichkeit? Ja! Darum fort
mit diesem Spuk der Internationalen! Heran die Männer mit
deutschem Artbewußtsein! Die Zeit ist reif.«

245

Der Maler bat Günther Franke, etwas dagegen zu »insceniren«. Am Tag, an dem dieser Artikel erschien, schrieb er dem Münchner Kunsthändler: »Vergessen Sie nicht wenn Sie dazu Gelegenheit haben, den Nazis beizubringen, daß ich ein <u>deutscher</u> Maler bin. [...] Es kann einmal wichtig werden.«

Wie Stephan von Wiese herausgefunden hat, erwog der Maler während einer Reise nach Bad Gastein im Jahre 1931, nach München überzusiedeln. Sein Münchner Kunsthändler Günther Franke setzte in seinem Auftrag eine Annonce zur Wohnungs- und Ateliersuche in die *Münchner Neuesten Nachrichten*, und tatsächlich schloß Beckmann in München einen Mietvertrag ab.

Der Maler wollte Frankfurt verlassen, weil er mit Fritz Wichert, dem Leiter der Städelschule, in Streit geraten war. Wichert warf ihm mangelnde Präsenz in der Meisterklasse vor. Erst die Interventionen von Georg Swarzenski, Heinrich Simon, Amtsgerichtsrat Ernst Levi, Stadtrat Max Michel und Oberbürgermeister Ludwig Landmann vermochten Wichert umzustimmen. Er entschuldigte sich bei Beckmann und bot ihm das Meisteratelier zu den alten Konditionen an.

Die Stellung des Malers war in der europäischen Kunstszene inzwischen ebenso gefestigt wie in der Frankfurter Gesellschaft. Im Entwurf des Vortrags des Magistrats an die Stadtverordnetenversammlung vom 10. September 1930 heißt es:

»Die Tätigkeit des Malers Max Beckmann an der Kunstgewerbeschule hat den Erwartungen durchaus entsprochen. Auch ist das Ansehen des Künstlers inzwischen weiter gestiegen, sodass seine Zugehörigkeit zur Kunstgewerbeschule in entsprechend stärkerer Weise für diese Schule einen Gewinn bedeutet. Die Kunst Max Beckmanns wird in umfassenden Ausstellungen noch in diesem Jahre in Basel und Zürich, im nächsten Jahre in Paris und Amerika gezeigt werden. Sie ist schon jetzt in fast allen wichtigen Museen vertreten. Im Hinblick auf diese Tatsachen halten wir die Verlängerung des Dienstvertrags mit dem Maler Max Beckmann um weitere fünf Jahre für erforderlich. – Mittel stehen im Haushaltsplan zur Verfügung.«

Angesichts der hohen städtischen und internationalen Wertschätzung nehmen sich die Gratifikationen, die der berühmte Mann von seiner Wahlheimat erhielt, eher bescheiden aus. Man dachte nicht einmal daran, sein Gehalt zu erhöhen oder ihm eine Prämie auszuzahlen. Allerdings erhielt er von der städtischen »Künstlerhilfe«, die regelmäßig Zuschüsse an Künstler auszahlte, oft ein Vielfaches seiner Kollegen. Doch der Antrag des Frankfurter Magistrats beim hessischen Regierungspräsidenten in Wiesbaden, Beckmann den Professorentitel zu verleihen, scheiterte 1929; möglicherweise, weil die Städelschule keinen Akademiestatus genoß. Wie zu erwarten, machte sich der Künstler ohnehin nichts aus der Titulatur. Wie ein Student berichtet, verbat er sich die Anrede »Herr Professor«.

Es bleibt der Eindruck einer gewissen Spießbürgerlichkeit dieser Handelsstadt, und der Gedanke an das Leben, das der Künstler unter den Fittichen eines fürstlichen Mäzens hätte führen können, läßt sich nicht immer verscheuchen. Ebenso muß man bedauern, daß Beckmann Deutschland nicht früher hinter sich gelassen und in Paris Fuß gefaßt hat.

Anfang 1932 brandmarkte Beckmann »dieses ganze politische Gangstertum« in der Spätphase der Weimarer Republik und bekannte: »Ich bemühe mich durch intensivste Arbeit über den talentlosen Irrsinn der Zeit hinwegzukommen.«

Noch war er voller Optimismus und schrieb an Franke: »Gerade jetzt sind wir nötiger als je um die Menschen vor eine neue Realität zu setzen.« Wie Richard Wagner und Stefan George glaubte er, der Künstler könne und solle das Volk erziehen: »ich werde die Menschen wieder zur Kunst zwingen. – Zu ihrem eigenen Heil.«

Doch die Uhren gingen schon anders. Die einflußreiche Nazi-Kritikerin Bettina Feistel fand in Beckmanns Werk nichts als »Machwerk, Grimasse, Intellektualismus«. Dieser Ton sollte bald offiziell werden.

Die Berliner Nationalgalerie hatte im Kronprinzenpalais unter den Linden eigene Säle für Heckel, Kirchner und Nolde eingerichtet. In den letzten Stunden der Weimarer Republik arrangierte Geheimrat Ludwig Justi im zweiten Obergeschoß einen Saal mit zehn Werken von Beckmann, darunter dem *Selbstbildnis als Clown*, der *Barke* und der *Loge*.

Die Berliner Nationalgalerie war in dieser Situation durchaus in der Lage, die Preise zu diktieren, und bewog Beckmann, ihr die *Fastnacht Paris* von 1930 für tausend Mark zu überlassen. Der Künstler dankte Geheimrat Ludwig Justi höflich für das Interesse an seinem Werk, das nun endlich einen Platz im wichtigsten Museum des Landes gefunden hatte, und klagte insgeheim über den geringen Preis. Auch versuchte er, an seinen Kunsthändlern vorbei Bilder zu verkaufen, um die hohen Provisionen von bis zu fünfzig Prozent zu sparen.

Max Beckmann hatte lange auf die Anerkennung durch die Nationalgalerie gewartet. Sie kam zu spät. Am 29. Januar, einen Tag bevor Reichspräsident Hindenburg den in Braunschweig naturalisierten Österreicher zum Reichskanzler ernannte, bedankte sich der Künstler bei Ludwig Justi für die Errichtung eines eigenen Beckmann-Saales im Kronprinzenpalais. Die Eröffnung nach der Neuordnung der Nationalgalerie fand am 15. Februar statt. Neben Beckmann wurde auch Barlach mit einem eigenen Saal gewürdigt.

Noch am Tag der Neueröffnung erschien in einem Berliner Vorstadtblatt ein Angriff auf Max Beckmann. Die Journalisten fühlten sich jetzt besonders stark. Anfang Juli wurde Ludwig Justi beurlaubt und später an die Kunstbibliothek strafversetzt. Während in ganz Deutschland schon die ersten Schmäh-Ausstellungen gegen die moderne Kunst veranstaltet wurden, versuchte Justis Nachfolger Alois Schardt, die moderne Sammlung im Kronprinzenpalais zu retten, indem er sie neu ordnete. Doch der Kunsthistoriker wurde bald verfolgt, seine Franz-Marc-Monographie 1936 beschlagnahmt, dem Autor Redeverbot erteilt. Schardt emigrierte noch im selben Jahr in die USA.

Auch Eberhard Hanfstaengl, ehemaliger Direktor des Lenbachhauses in München und ab Januar 1934 Direktor der Berliner Nationalgalerie, tat als Schardts Nachfolger alles, um die moderne Sammlung zu erhalten. Noch 1935 kaufte er sogar Beckmanns Landschafts-Aquarell *Mond über einem Gebirgssee* für 250 Mark für die Nationalgalerie an. Das Aquarell wurde jedoch 1937 beschlagnahmt. Um *Die Barke* zu retten, gab Hanfstaengl (der aus einer berühmten Münchner Familie stammte, die auch mit den Kaulbachs befreundet war) Max Beckmann dies Hauptwerk gegen zwei kleinere Bilder zurück. Auch warnte er den Maler telephonisch vor neuen kunstfeindlichen Aktionen der neuen Regierung.

Während der Olympischen Spiele von 1936 war die moderne Sammlung noch zu besichtigen. Am 30. Oktober 1936, kurz nach Ende der Spiele, wurden die oberen Räume des Kronprinzenpalais, wo noch Bilder von Beckmann hingen, zugesperrt. Hanfstaengl ließ noch einzelne Besucher in die Sammlung. Am 5. Juli 1937 wurde das Kronprinzenpalais geschlossen.

V. Persona non grata

1933–1937

21. Eine Welt der Klarheit und
des Friedens

Stellen Sie das Bild weg oder schicken Sie's mir wieder lieber Valentin. Wenn's die Menschen nicht von <u>sich</u> aus aus eigener innerer Mitproductivität verstehen können, hat es gar keinen Sinn, die Sache zu zeigen.

Für mich ist das Bild eine Art Rosenkranz oder ein Ring von farblosen Figuren, der manchmal, wenn der Contact da ist einen heftigen Glanz annehmen kann und mir selber Wahrheiten sagt die ich nicht mit Worten ausdrücken kann und auch vorher <u>nicht</u> gewußt habe. –

Es kann nur zu Menschen sprechen, die bewußt oder unbewußt ungefähr den gleichen metaphysischen Code in sich tragen.

Abfahrt, ja, Abfahrt vom trügerischen Schein des Lebens zu den wesentlichen Dingen an sich, die hinter den Erscheinungen stehen. Dies bezieht sich letzten Endes auf alle meine Bilder.

Festzustellen ist nur, das »Die Abfahrt« <u>kein</u> Tendenzstück ist und sich wohl auf alle Zeiten anwenden läßt. –

Im Mai 1932 hatte Max Beckmann in Frankfurt zum ersten Mal ein Triptychon begonnen. Ende 1933 setzte er in Berlin die Arbeit fort. Ab 1938 nannte er es *Abfahrt*; später, in Amerika, *Departure*. Hat er es je als vollendet angesehen? Signiert hat er es nie. Viele moderne Künstler sind allerdings der Ansicht, die Signatur (die ein Bild rechtlich zu einer Urkunde macht) zerstöre die Architektur des Werkes. Wie Picasso und Braque haben zahlreiche Künstler ihre Bilder darum auf der Rückseite signiert.

Über Max Beckmann sind Tausende von Büchern und Aufsätzen erschienen. Die meisten beschäftigen sich mit der Frage, was uns der Maler mit seinen Bildern sagen wollte. Angesichts ihrer anspruchsvollen Form standen dabei die Triptychen im Mittelpunkt der Beckmann-Entschlüsselungsindustrie.

Einem jedoch blieb es versagt, eine brauchbare Interpretation zu liefern: dem Künstler selbst.

»Über das Triptychon etwas zu sagen, ist mir leider ganz unmöglich, da jedes Wort zu einer zu konkreten und daher mißverständlichen Bedeutung heran wächst«, räumte Beckmann noch Ende Oktober 1937 im Hinblick auf die *Departure* ein. Da hatte er seine eigene Abfahrt schon hinter sich und war gerade im Exil in Amsterdam angekommen.

Der Künstler schätzte Interpretationen ebensowenig wie Vergleiche. Aber gerade er verlangte von einem Kunstwerk, daß es Bedeutung hervorbringe.

Als echte »Mitproduktivität« akzeptierte er nur die formale Analyse oder die rhapsodisch-assoziative Beschwörung, in der er selbst seinen bildnerischen Kunstwerken dichterische Emphase entgegensetzte.

Auslegung lehnte er strikt ab und hielt es ganz mit Joseph, der die zwei Gefangenen in Ägypten beschied: »Auslegen gehört Gott zu.«

Was wie ein Vorgriff auf Susan Sonntags Essay *Against Interpretation* aussieht, folgt dem romantischen Diktum, wonach Kunst nur durch Kunst kritisiert werden könne. Diese Haltung ist bei Künstlern verbreitet – die oft darunter leiden, daß Restauratoren ihre Bilder zwar vor Staub und Verfall, nicht aber vor Interpretation schützen können.

In seinem berühmten Brief vom 11. Februar 1938 begründete Max Beckmann gegenüber seinem New Yorker Kunsthändler Curt Valentin, warum er sich weigert, dem Triptychon *Departure* einige erklärende Worte beizugeben. In diesem bedeutungsvollsten seiner Briefe fordert er zur Versenkung und aktiven Meditation auf. Er erklärt das Kunstwerk zum Medium der Erkenntnis, Erleuchtung und metaphysischen Korrespondenz, als wolle er ihm jenen sakralen Rang zurückgeben, den es in der Antike und im Mittelalter innegehabt hatte.

So überrascht es nicht, daß Beckmann gerade in einer Zeit historischen Unheils die malerische Form ausweitete und sich auch mit seinen komplexen Bildern der späten zwanziger Jahre nicht mehr zufriedengab. Er greift nun auf das sakrale Format des Triptychons zurück und erweitert damit nicht allein die formalen, sondern auch die spirituellen Möglichkeiten seiner Malerei.

Beckmanns Werk ist nach dem Prinzip der Sequenz organisiert: Die graphischen Mappen, die Folge der Selbstportraits in unterschiedlichen Techniken, die immer wieder neue Variation und zunehmende Verdichtung aller klassischen Bildthemen wie Stilleben, Landschaft, Vedute, Portrait, Gruppenportrait, Akt – die surreale Szenerie ist von Anfang an mit dabei. Auch bewährte Sujets wie »Junge Männer am Meer« oder »Adam und Eva« tauchen regelmäßig auf – oft nachdem der Künstler diese Themen jahrelang ruhen ließ.

Auch die Dreiteilung des Triptychons ist eine Form der Sequenz. Sie findet sich bei so bedeutenden Meilensteinen der modernen Kultur wie der Sonatenhauptsatzform oder dem Dreischritt der Hegelschen Dialektik. Ihr Grundmodell geht freilich auf die Ägypter zurück; es findet sich in der katholischen Dreifaltigkeit wieder, in der drei eines sind.

In Beckmanns Werk rafft das Triptychon das Prinzip der Sequenz zu einem einzigen Panorama zusammen. Seine drei Teile ergänzen und kommentieren einander. Mit der Symmetrie und der Unterordnung der Seitenteile, der formalen und inhaltlichen Betonung der Mitte wird zugleich ein hierarchisches Prinzip eingeführt. So ist im Triptychon *Abfahrt* die zentrale Szene mit dem Ausschnitt eines Bootes auf ruhiger blauer See und dem blau untermalten weißen Himmel ein Fluchtpunkt, der den Blick ins Weite zieht, während die braun dominierten Seitenflügel mit ihren bedrückenden Arrangements von Menschen zwischen architektonischen Fragmenten dem Betrachter wie zwei Türwächter entgegentreten.

Das Werk begeisterte und verstörte die ersten, die es sehen durften.

»Wieder mußte ich mich erst neu gewöhnen und neu sehn«, bekannte Reinhard Piper. »Was sollten auf den Seitenflügeln die an Säulen Gefesselten mit den abgehackten Händen? Was sollte der Mann mit der Pauke bedeuten, was in der Mitte die Menschen auf dem Schiff: der Gekrönte, der Verhüllte, die Frau mit dem Kind? Beckmann verweigerte jede Erklärung.« Der Maler richtete einen cordon sanitaire gegen Interpreten auf. Seine Bilder sollten nicht entschlüsselt werden können. Insbesondere der Bildphilologie der modernen Kunstgeschichte wollte er sein Werk entziehen. Wie bei zahlreichen Arbeiten dieses Künstlers handelt es sich bei den Triptychen weitgehend um Pseudo-Allegorien, um »Parallelen von Dingen, die es nicht gibt«, wie Stanisław Lec sagt. Sie suggerieren nicht etwa einen Sinnspruch, sondern beschwören eine andere Realität. Die Sprache ist die des Sinnbildes, aber ihre Worte können in keine andere Sprache übersetzt werden.

Statt das Bild in Begriffe zu übersetzen, soll der Betrachter es als Medium annehmen: als Spiegel für den Blick in sich selbst und Vision zum Aufbruch in tiefere Wirklichkeiten, zu den »wesentlichen Dingen an sich, die hinter den Erscheinungen stehen«, wie der Künstler in Anlehnung an Platons Höhlengleichnis formuliert.

Man muß »ungefähr den gleichen metaphysischen Code in sich tragen«: Es handelt sich hier also um eine esoterische Kunst.

Beckmann bricht an dieser Stelle mit der ästhetisch fundierten Kunst von fünf Jahrhunderten. Er nimmt für seine Malerei eine nicht-ästhetische Bewandtnis in Anspruch. Zugleich strebt er in den Triptychen ein hohes kompositorisches und malerisches Niveau an – das freilich nicht immer die Qualität seiner anderen Bilder überbietet, nur weil der Maler hier den anspruchsvolleren Bildtypus wählt.

Die große, feierliche Form knüpft an die Riesenformate der Vorkriegszeit bis hin zur zweiten *Auferstehung* an, die der Maler nicht mehr vollendete.

Das Triptychon (= »dreigefaltet«) war vom mittelalterlichen

Altarretabel abgeleitet und vielfach variiert worden. Es eignete sich trefflich für beziehungsreiche theologische Darstellungen, besonders wenn es galt, die Inhalte des Alten Testaments mit denen des Neuen Zwiesprache halten zu lassen. Dank ihrer erzählerischen Anlage eignete sich diese Bildform besonders für kirchliche Bildpropaganda.

Die Offenheit seiner Form trug allerdings dazu bei, daß die geistlichen Inhalte des Triptychons bereits in Renaissance und Reformation einem weltlichen Ausdrucksbedürfnis unterworfen und schließlich säkularisiert wurden. Seit dem neunzehnten Jahrhundert haben die Maler allerdings die Bildinhalte wieder schrittweise sakralisiert. Aus Schinkels *Morgen – Mittag – Abend* strahlt pantheistisches Naturgefühl, die Klassizisten und Symbolisten wie Hans von Marées oder Puvis de Chavannes verwandten die Form dieses Bildtypus für allegorische und andere bedeutungsträchtige Darstellungen.

Selbst Vincent van Gogh hat 1889 unter dem Titel *La berceuse* (= »Der Schaukelstuhl«, aber auch »Das Wiegenlied«) ein Triptychon entworfen, das offenbar eine Art Lebensgleichnis werden sollte.

Um die ehrwürdige Form wiederzubeleben, wählte Otto Dix in seinen Anti-Kriegs-Triptychen, wie dem verschollenen *Schützengraben* von 1920, einen altdeutschen Realismus à la Dürer oder Grünewald. Der Realismus seines Triptychons *Großstadt* von 1927/28 jedoch ist der Neuen Sachlichkeit geschuldet. Beckmann pflegte dagegen eine strikt moderne, aber unmodische Malweise – ohne Stilzitate und ohne Zentralperspektive.

Zweifellos versuchte Max Beckmann, in allen neun Triptychen dem hohen Anspruch dieser alten Bildform gerecht zu werden. Besonders *Departure* variiert das traditionelle konkordante Programm der drei Teile des Triptychons, in denen das Alte mit dem Neuen Testament verknüpft wurde: ante legem – sub lege – sub gratia.

Die Seitenflügel der *Departure* sind fast genauso breit wie das Zentralbild. Schon dadurch weist der Maler ihnen eine ebenbürtige Bedeutung zu. Sie zeigen eine unerlöste, unheilige, ja heillose Welt fern von jedem göttlichen Gesetz, das auf dem linken Flügel gar mit Füßen getreten wird. Der Maler knüpft wieder an die Folterszenen des Nachkriegsgemäldes *Die Nacht* von 1918/19 an. Jetzt aber dient nicht ein enger Dachboden als Ort der Folter, sondern ein Tempel, der mit dieser Bluttat geschändet wird.

»Es gibt Erfahrungen, die uns von neuem zur Prüfung zwingen«, schreibt Ernst Jünger in den *Marmor-Klippen*, »und zu ihnen zählte für uns der Einblick in die Schinderhütte von Köppelsbleek.«

Mit einer solchen Schinderhütte haben wir es hier zu tun. Die Schändlichkeit der Folterung dreier Menschen wird dadurch gesteigert, daß sie offenbar an einem ehemals würdigen Ort stattfindet; drei Säulen deuten dies an.

Ernst Jünger freilich schrieb seine Erzählung ein Jahr vor dem Zweiten Weltkrieg. Aber auch 1933 wußte man schon, was hinter den geschlossenen Toren der ersten KZs vorging – wenn man es wissen wollte. Karl Kraus' *Dritte Walpurgisnacht* oder Thomas Manns Tagebuch *Leiden an Deutschland*, beide im Jahr 1933 im Ausland geschrieben, zeigen, was man schon zu diesem Zeitpunkt aus der Tagespresse über die ersten Konzentrationslager erfahren konnte. Was sich in den Polizeigefängnissen und den Kellern der Gestapo und der SA abspielte, genügte schon, Angst zu verbreiten. Folter und Mord gehörten in jenen Jahren in Deutschland zum Alltag – in der Sowjetunion schon lange.

Hat Max Beckmann an die deutschen und sowjetischen Konzentrationslager gedacht, als er den Mann malte, der mit abgeschlagenen Händen an die Säule gefesselt ist, die Frau, die sich gefesselt über eine Glaskugel beugt (und sehen *muß*) und jene menschliche Figur im Hintergrund, die, Gesicht zur Säule, in einem mit Wasser gefüllten Faß steht?

Der Gefesselte mit den blutigen Armstümpfen hat im wahrsten Sinne des Wortes keine Handhabe mehr zur Verteidigung. In dem Bild *Die Nacht* nach dem Ersten Weltkrieg sparte Beckmann solche Details noch aus, während Ernst Ludwig Kirchner sich 1915 in einem *Selbstportrait als Soldat* mit abgeschlagener rechter Hand gezeigt hat. Der Frauenfigur in Beckmanns *Karneval in Neapel* waren zwar die Augen verbunden. Sie konnte aber noch schreien, ein Rest an Lebensäußerung, zu dem das Opfer des vitalen und düsteren Henkersknechtes auf dem *Departure*-Triptychon keine Möglichkeit mehr hat. Dieser Figur ist der Mund zugebunden. Sie kann auch als politische Allegorie betrachtet werden.

Eine direkte politische Stellungnahme wird man bei Beckmann indes nicht finden. Noch in seinem Todesjahr faßte der Maler seine künstlerischen Absichten zusammen. Danach wollte er »Das Gegenwärtige zeitlos machen und das Zeitlose gegenwärtig«.

Den linken Flügel nannte Beckmann zunächst *Die Burg*. Er vollendete ihn am 31. Dezember 1932, also noch vor der »Machtergreifung«.

Todeszelle und Folterkeller wurden im zwanzigsten Jahrhundert zu Metaphern des Daseins. So bemerkt Aleksandr Solschenizyn: »Als ob nicht unsere ganze Welt eine Todeszelle wär?...«

Waren die historischen Ereignisse das Prisma, mit dem der Maler das menschliche Geschick fassen wollte? Oder konnte er in jenen Jahren gar nicht anders, als die menschliche Tragik in einer Metapher der Zeit zu fassen?

Beckmanns Kunst ist immer klar – und niemals eindeutig. Selbst in der Schinderhütte des *Departure*-Triptychons steht ein großer Teller mit Obst; als gelte es, sich für ein neues Leben zu stärken.

Für den Gefolterten ist, wenn er überlebt, die Welt nicht mehr dieselbe. Wer seinen Blick vom linken Flügel zum rechten wendet, dem will auch die zivile Welt, die hier dargestellt ist, als eine fortgesetzte Folter erscheinen. Nach der farblichen und räumlichen Korrespondenz könnte es sich sogar um denselben Raum handeln; nun umgebaut zu einer Bühne oder einem entweihten Altar. Der Künstler nannte den rechten Flügel *Die Treppe*.

Mann und Frau sind aneinandergefesselt. Auch das ist eine Art der Folter, wie schon die alten Chinesen wußten, die ehebrecherische Paare für Tage aneinanderbanden. In dem düsteren Pastell *Begegnung in der Nacht* hatte Beckmann 1928 auf schwarzem Papier ein an den Füßen aufgehängtes nacktes Weib mit einem Herrn im Smoking kontrastiert. Handelt es sich dabei um ein Arrangement aus der Welt des Masosadismus – der in den zwanziger Jahren nur einer gesellschaftlichen Elite offenstand und noch nicht, wie heute, zum Volkssport der unteren Mittelschicht geworden war? Wie als Gegenstück zu diesem couple pervers entstand im selben Jahr die anmutige Zeichnung *Die Nacht,* auf der Mann und Frau, im Einschlafen gegeneinander gekehrt, ein einziges schwungvoll hingegossenes Ornament ergeben.

Beckmann besaß einen stark ausgeprägten Sinn für Ambivalenz. Einem Motiv, einer Konstellation entlockte er diverse, oft entgegengesetzte Bedeutungen.

Als er die *Abfahrt* malte, fühlte er sich schon nicht mehr sicher. Um die Nazi-Behörden bei eventuellen Hausdurchsuchungen irrezuführen, klebte der Maler Etiketten auf die Rückseiten der Leinwände; so auf den rechten Flügel »Entwurf zu Lady Macbeth (Shakespeare)«.

Dem Hotelboy auf dem rechten Flügel sind die Augen verbunden. Er trägt einen Fisch unter dem Arm. In der klassischen Ikonographie war der Fisch Zeichen des Christentums, der menschlichen Seele oder der geschlechtlichen Vitalität. Aber was ist er hier?

Sequentiell ist Beckmanns Technik, ein Motiv durch alle drei Teile eines Triptychons durchzudeklinieren – oder es auf jeweils zwei Teilen erscheinen zu lassen und andere Motive jeweils anders zu kombinieren. So werden die Szenen thematisch enger verbunden. Der Betrachter kann beobachten, wie ein Motiv sich verändert. Dies schließt die Verzerrung oder Parodie ausdrücklich ein. So steht der zentralen Figur des Triptychons, dem Kleinkind, dessen Rückenansicht der Maler genau in die Mitte des Zentralbildes plaziert, rechts eine kleine dämonische Mißgeburt, ein Kind des Caliban, gegenüber. Und das Wasser, auf dem Zentralbild Element der Reinheit und der Seele, wird auf dem linken Flügel zu einem Instrument der Folter. Der Sinn ist aus den Symbolen geschwunden. Sie stehen nun im Raum wie Gerümpel. In seiner Abhandlung *Über Wahrheit und Lüge im außermoralischen Sinn* fand schon Nietzsche in seiner Zeit nur noch ein »bewegliches Heer von Metaphern« – »Illusionen, von denen man vergessen hat, daß sie welche sind« – »Münzen, die ihr Bild verloren haben«.

Als Fischer betätigt sich der weise König auf dem Zentralbild des Triptychons. Seine Krone scheint eher dem Schachspiel zu entstammen, doch seine Würde gleicht der eines großen Menschenfischers.

Als Lilly von Schnitzler den, wie sie empfand, »heroischen und harmonischen« Mittelteil sah, rief sie aus:

»Das Bild muß ich haben, koste es, was es wolle!«

Wegen der »gewaltigen und scheinbar gewalttätigen Flügel« schreckte sie dann aber doch vor dem Triptychon zurück.

Auch der Schriftsteller Stephan Lackner war überwältigt.

»Das Triptychon von Max Beckmann hat die Qualität des Isenheimer Altars«, notierte er unter dem 6. Mai 1935 in seinem Tagebuch. Später bekannte er: »Ich war vorbehaltlos hingerissen von dieser enormen *Abfahrt*, die zwischen Greueln und Ungenügen der Gegenwart hinaufführt in mythisch blaue Weiten, wo fernste Vergangenheit mit menschlich hochstehender Zukunftsvision verschmilzt.«

Bei vier der neun Triptychen scheint der Künstler den Bildtitel allein auf das Zentralbild zu beziehen. Um eine *Einschiffung* handelt es sich bei der Szene auf dem Mittelbild der *Departure* indes nur im geistigen Sinne. Das Boot hat schon Fahrt gewonnen, selbst wenn man die sakrale Geste des Königs als einen Gruß an die Zurückgebliebenen sehen kann. Beckmann nannte das Zentralbild zunächst *Die Rückkehr*. In der Abfahrt sah er bereits die Ankunft und die Zeit dazwischen enthalten. Der Künstler stärkt im Bildtitel den Charakter des kosmischen Gleichnisses.

Im Mittelpunkt der Szene und des ganzen Triptychons steht

die Rückenfigur eines Kleinkindes, in dem man ein Nasir, ein Gott gewidmetes Kind, erkennen könnte. Auch in der Frauenfigur, die es auf den Armen hält, scheint der Künstler der christlichen Ikonographie eine eigene entgegenzusetzen – die ihr freilich eng verbunden bleibt.

Die Bildsprache dieses Triptychons ist nicht schlüssig. Allein die Sprache der Farben scheint etwas leichter verständlich. Den schmutzigen Brauntönen der Seitenflügel steht im Zentrum klares Blau und Rot gegenüber.

So geht die Reise weg von den Miasmen des Alltags in Richtung einer Welt der Klarheit und des Friedens.

22. Wie von einer Bombe getroffen

Max Beckmann malte oft Glaskugeln. Um im Jahre 1932 in die Zukunft zu sehen, brauchte er keine. Im April erhielt Hitler im zweiten Wahlgang der Reichspräsidentenwahl 37 Prozent der Stimmen, und die NSDAP siegte bei den Preußischen Landtagswahlen. Statt neun hatte sie dort jetzt 162 Mandate.

Die Juden saßen wie auf Kohlen, viele Künstler und Schriftsteller auf gepackten Koffern.

Noch im selben Jahr malte Max Beckmann sich selbst als Emigranten. Das schmale Hochformat *Selbstbildnis im Hotel* zeigt, wie eng es für den Künstler nun wird. Der breite Mann ist mit Hut, Schal und Mantel in den Bildrahmen gequetscht, er steht in der Drehtür eines Hotels. Er hat sich warm angezogen. Die Hände stecken in den Manteltaschen. Das Bild ist grau, von rötlichen Tönen umspielt, als fiele ein Widerschein der Hölle auf die Szenerie.

Der Mann geht nicht, er steht fest. Man könnte sich vorstellen, daß die Drehtür fixiert wurde. Unter dem Hutrand zeigt sich die düstere Miene der Detektive aus den Hard-Boiled-Krimis der zwanziger und dreißiger Jahre. Doch hinter diesem schwergewichtigen Philip Marlowe ist nicht etwa eine Hotelhalle zu erahnen, sondern ein Spiegelkabinett. Das *Selbstbildnis im Hotel* arbeitet mit mehreren Spiegeln wie Tizians *Junges Mädchen mit Spiegeln* von 1515, das im Louvre hängt. Im letzten Jahr der Weimarer Republik sind alle Perspektiven unsicher geworden. Wie im Spiegelkabinett-Finale von Orson Welles' Film *The Lady From Shanghai* (1948) wird alles in Scherben gehen.

Ende März 1933 kündigte der »Magistratspersonaldezernent« der Stadt Frankfurt am Main Max Beckmann zum 15. April als Lehrer an der Städelschule. Auch Willi Baumeister und fünf andere Professoren wurden hinausgeworfen, um, wie es der Direktor der Kunstgewerbeschule, Berthold, in seinem Antrag formulierte, »die Kunstgewerbeschule nach dem Grundsatz einer deutschen, in dem Handwerk wurzelnden Kunst umbauen zu können«.

An Beckmanns Statt berief der Direktor den Maler Georg Poppe (1883–1963), dessen Werke heute auf dem Kunstmarkt Preise um zweihundert Euro erzielen.

»Seine Art ist urdeutsch […]. Es wird auch eine allgemeine Befriedigung auslösen, dass gerade die Klasse, die der bolschewistische und von Juden hochgelobte Maler Max Beckmann innehatte, durch den deutschen Maler Georg Poppe wiederbesetzt wird.«

Selbst Fritz Wichert, der am Anfang noch glaubte, seinen Posten als Direktor der Städelschule behalten zu können, indem er sich vor der neuen Administration von Max Beckmann distanzierte, wurde bald entlassen. In einem amtlichen Schreiben vom April lautete einer der Vorwürfe gegen Wichert, »dass öffentliche Gelder für solche Judenknechte, wie es Beckmann war, trotz der unsagbaren Not aus dem Volk herausgepreßt wurden«.

Wie von einer Bombe getroffen, flog Beckmanns Schülerkreis auseinander. Friedrich Wilhelm Mayer wurde politisch verfolgt, seine Arbeiten beschlagnahmt. Walter Hergenhahn bekam Berufsverbot. Leo Mayer wurde ins KZ verschleppt, konnte 1942 fliehen und nannte sich fortan Leo Maillet. Das in den zwanziger Jahren so liberale Frankfurt erwies sich als besonders rabiates Nazi-Nest. Opportunisten in der Stadtverwaltung verboten 1933 eine Ausstellung der Beckmann-Schüler im Frankfurter Kunstverein, die daraufhin geschlossen werden mußte, während solche Ausstellungen an anderen Orten des Reiches durchaus noch stattfinden konnten. Auf dem großen Platz vor dem Römer wurde wenige Monate nach Hitlers Machtantritt ein Scheiterhaufen errichtet. Wo einst die deutschen Kaiser gekrönt worden waren, brannte nun deutsche Kunst.

Die figurativen Modernen in der Nachfolge Beckmanns ereilte das Schicksal einer verlorenen Generation. Nach dem Zweiten Weltkrieg hatten sie gegen die aggressiv verbreitete Gegenstandslosigkeit keine Chance mehr.

Wann hat Max Beckmann Frankfurt verlassen? Stephan von Wiese vermutet, daß der Maler die Stadt im Mai 1933 endgültig verließ – und erst zu diesem Zeitpunkt sein Pariser Atelier aufgab.

»Mit Trauer gedenken wir des lieben Frankfurts hoffen aber es <u>bald</u> mal wiederzusehen.«

Aber warum ging Beckmann gerade nach Berlin? Am 10. Mai 1933 fand auf dem Berliner Opernplatz die Bücherverbrennung statt. Glaubte Beckmann, in der Hauptstadt am ehesten sicher zu sein? Hoffte er, hier leichter Bilder verkaufen zu können, etwa dank Lilly von Schnitzlers gesellschaftlicher Verbindungen zu Industrie- und Regierungskreisen? Tina V. Samii weist in ihrer Magisterarbeit über I. B. Neumann nach, daß Max Beckmann mit Quappi am 11. August 1936 bei Reichsaußenminister Joachim von Ribbentrop in dessen Dahlemer Villa eingeladen war.

Spielte auch Minna Tube eine Rolle, die seit 1927 wieder im Atelierhaus in Hermsdorf wohnte, das sie einst selbst entworfen hatte?

Wie Erhard Göpel berichtet, hatte der Maler bereits im Januar ein Quartier in Berlin genommen.

Zusammen mit Quappi tauchte er in die Anonymität der Großstadt ein und mietete eine Wohnung in der Berliner Hohenzollernstraße 27 im Berliner Westen. Es war mehr als ein böses Omen, als die Straße im Bezirk Tiergarten bald nach dem Einzug des Ehepaars in Graf-Spee-Straße umbenannt wurde. Die Wohnung lag im zweiten Stock. Der Salon wurde zum Atelier umfunktioniert. In einem kleinen Kabinett im hinteren Teil des Apartments, das durch das traditionelle »Berliner Zimmer« von den vorderen repräsentativen Räumen getrennt war, soll immer Licht gebrannt haben.

Begann der Künstler schon in jenen Jahren damit, nachts zu arbeiten, wie es ihm in Amerika zur Gewohnheit wurde?

Das Jahr 1933 bescherte dem Verfemten indes auch einen neuen Freund. Der junge Schriftsteller Ernst Morgenroth fuhr mit seinem älteren Bruder von Frankfurt nach Erfurt, um eine Beckmann-Ausstellung zu besuchen, auf die ihn Kammergerichtsrat Ernst Levi aufmerksam gemacht hatte. Zwei Jahre später sollte Morgenroth den Schriftstellernamen Stephan Lackner annehmen, um in Leopold Schwarzschilds Pariser Zeitschrift *Das Neue Tage-Buch* publizieren zu können, ohne Verwandte in Deutschland zu gefährden. Er ließ sich von Beckmann persönlich in Erfurt anmelden. Zu diesem Zeitpunkt schickte sich die Familie Lackner schon zur Emigration an. Wegen der jüdischen Herkunft des Vaters hatte sie ihre Frankfurter Wohnung aufgelöst und war dabei, nach Paris überzusiedeln.

Als die beiden Beckmann-Enthusiasten am 6. Juni 1933 in Erfurt ankamen, sahen sie zwei Plakate der Ausstellung, die mit roten Streifen überklebt waren: »Verschoben«. Die Museumsleute seien aufgeregt und mißtrauisch gewesen, berichtet Lackner, da gerade aus Berlin eine Weisung des Propagandaministeriums gekommen sei, die die Schau als unerwünscht klassifizierte.

»Wir sind persönliche Freunde von Professor Beckmann«, behauptete Lackner. »Wir haben einen weiten Umweg gemacht, nur um seine Bilder zu sehen.«

Die Angestellten des Museums führten die Besucher in den Keller, wo sie der stärkste Eindruck ihres Lebens erwartete. »In katakombenhafter Anordnung und Beleuchtung machten die Gemälde einen wahrhaft untergründigen Eindruck auf uns«, erinnert sich Lackner. »Beckmann hatte klassische Nacktheit gestaltet, ohne Ironie, ohne Anklage, einfach um der menschlichen Schönheit willen. Die Fabel zeigte den Stolz des Individuums. Ich wußte, daß diese Kunst von nun an Richtbild meines Lebens sein mußte.«

Die Rede ist von dem Gemälde *Mann und Frau* von 1932 (Göpel, Verzeichnis der Gemälde, No. 363), das Lackner sofort kaufte – aus Begeisterung für seine Qualität und aus Empörung darüber, »daß diese Neuentwicklung der Kunstgeschichte einfach verboten werden konnte«.

Beckmann zeigte sich erleichtert, daß gerade jetzt jemand dieses Bild haben wollte. Lackner zahlte ihm dreitausend Mark. Ohne das Professorengehalt der Städelschule war der Maler knapp bei Kasse. Auf größere Reisen mußte er verzichten. Im Sommer 1933 verbrachte er vier Wochen in der oberbayrischen Sommerfrische der Familie seiner Frau im Moordorf Ohlstadt zu Füßen der Zugspitze und arbeitete im Atelier seines Schwiegervaters Friedrich August von Kaulbach, der 1920 verstorben war und den er nicht mehr kennengelernt hatte.

Für einen kurzen Moment beschlich ihn Hoffnung; ja er glaubte, *Mann und Frau* als Leihgabe im Städel in Frankfurt oder im Beckmann-Saal des Berliner Kronprinzenpalais unterbringen zu können, der zu diesem Zeitpunkt noch geöffnet war.

»Es hat mich sehr gefreut, dass ein junger Mensch den Mut und die Energie hat, Empfindungen zu realisieren«, schrieb er an den dreiundzwanzigjährigen Lackner.

Stephan Lackner ließ das Bild vorderhand in Beckmanns Berliner Wohnung schicken. Der Maler sagte: »Ihr Ankauf war die einzige Sympathiebezeugung, die mir in diesen schweren Tagen zugekommen ist. Ich werde Ihnen das nie vergessen.«

Bald aber mußte Beckmann dem neuen Freund mitteilen:

»meine nächsten Ausstellungen sind vorläufig noch ganz unsicher. Sie müßten also schon einmal zu mir komen, wenn Sie Ihr Bild wiedersehen wollen.« Der vereinsamte Künstler hoffte, sein Werk würde wenigstens in einem ausländischen Museum gezeigt. Aber erst 1941 wurden *Mann und Frau* zum ersten Mal ausgestellt – in Curt Valentins Buchholz Gallery in New York.

Mann und Frau, noch 1932 gemalt, variiert *Adam und Eva* aus dem Jahr 1917. Zwar ist es doppelt so groß, doch hält es sich in den Farben ebenso bis zur Verarmung zurück wie die biblische Szene aus dem Ersten Weltkrieg. Auch hier ist die Erde ebenso leer wie der Himmel. Beide Bilder entstanden in der Endphase einer historischen Epoche. Beide sind fein gemalt und dünn konturiert. Die Einsamkeit der Figuren kommt dergestalt stärker zum Ausdruck. Aus dem Baumstamm, um den sich die Schlange ringelte, wurden im späteren Bild zwei surreale Phantasiepflanzen mit allzu deutlichen Geschlechtssymbolen. Der Schlange bedarf es nun nicht mehr. Jene Einsamkeit, die von Anfang an nicht zu überdecken gewesen war, wird jetzt vollends sichtbar. Der Mann hat sich abgekehrt, seine Füße sind schon über dem Horizont. Er geht seines Weges. Die Frau schmiegt sich an die Erde wie zu einer Niederkunft. Auf Adam und Eva folgen bekanntlich Kain und Abel. Der Brudermord ist nicht mehr fern.

»Und es muß zugegeben werden«, raisonnierte Max Beckmann noch kurz nach Ende des Zweiten Weltkriegs im Stil eines vitalistischen Platonismus, »daß der Trick – sich in männlich und weiblich zu teilen, ein wirklich fabelhaftes und ›fast‹ nicht zu erlöschendes Reizmittel ist, um immer wieder an die Candare geschleift zu werden.«

Mann und Frau zählt zu den Abschieds- und Aufbruchsbildern in Beckmanns Werk. Auf einer höheren symbolischen Ebene antwortet es jenen unter seinen Gesellschaftsbildern, die Kommunikation als unmöglich darstellen. Nie ist Beckmann dem Surrealismus so nahe gekommen. Seine altmeisterlich-bürgerliche

Kunstauffassung sollte freilich stets die Demarkationslinie zum Kunstgewerbe der surrealistischen Kitschomanen darstellen. Doch hat Max Beckmann selten eine so deutliche, ja platte Symbolsprache gewählt wie in *Mann und Frau.*

Beckmanns Paarbilder zeigen Disharmonie und Asynchronität – wenn nicht auf den ersten, so auf den zweiten Blick. Bei keinem ist er darin so weit gegangen wie bei dem Bild *Mann und Frau.* Auch im Sommer 1933 war Max Beckmann in seiner Produktivität nicht beeinträchtigt.

»Ich arbeite sehr viel und denke noch einiges Ersprießliche zu fabriziren«, teilte er im August 1933 Lilly von Schnitzler mit. Doch bis zur Emigration sollten nur noch vier Jahre vergehen.

1933 fanden eine Reihe von Schmähausstellungen statt, bei denen nicht erwiesen ist, ob Bilder von Beckmann gezeigt wurden: »Kunst, die nicht aus unserer Seele kam« in der Städtischen Kunstsammlung Chemnitz, »Spiegelbilder des Verfalls in der Kunst« im Lichthof des Neuen Rathauses in Dresden, »Regierungskunst von 1918 bis 1933« in der Kunsthalle Karlsruhe, »Kulturbolschewismus« in der Mannheimer Kunsthalle, im Münchner Kunstverein und in Nürnberg.

Verbürgt ist hingegen, daß Beckmann mit Grosz, Dix, Chagall und anderen in Stuttgart in der Schmähausstellung »Novembergeist im Dienste der Zersetzung« angeprangert wurde.

Nur im Kunstverein Kassel und in Magdeburg fanden 1933 noch reguläre Ausstellungen statt, in denen Beckmann vertreten war. 1935 waren drei Gemälde von Max Beckmann in der Neuen Pinakothek in München zu sehen, im Jahr darauf 21 Blatt Graphik im Hamburger Kunstverein, der in einer weiteren Ausstellung ein Gemälde von Beckmann zeigte.

Eine kleine private Retrospektive mit Gemälden und Aquarellen im Hamburger Kunstkabinett Hildebrand Gurlitt im Jahre 1936 blieb in Deutschland die letzte Max-Beckmann-Ausstellung bis 1946. Gleichzeitig fand in der Polizeidirektion in München die Dresdner »Regierungskunst«-Ausstellung von 1933 unter dem Titel »Antikomintern-Ausstellung« statt. Nur Günther Franke wagte es, während des Krieges Beckmanns Werke zu zeigen: In seinem Atelierhaus im oberbayrischen Seeshaupt stellte er im März 1944 die dort deponierten Leihgaben des Künstlers aus – unter Ausschluß der Öffentlichkeit.

Das Carnegie Institute in Pittsburgh jedoch hielt gerade jetzt an seinem Preisträger von 1929 fest und versuchte, den bereits im Jahre 1933 einsetzenden Schmähausstellungen in Deutschland eine eigene Exposition entgegenzusetzen. Sie hatte es sich zur Aufgabe gemacht, »den Kunstsinn verschiedener Länder von Jahr zu Jahr darzustellen«, wie es in einem Schreiben des Museums an Beckmann hieß.

»Seine Kunst war wahrhaft eine ›Untergrundbewegung‹ geworden«, berichtet Lackner.

Beckmann hingegen bat Franke Anfang 1934, weitere Ausstellungen »möglichst zu unterlassen oder nur ein paar sehr diskret ausgewählte Sachen auszustellen«. Dennoch vertraute der Maler auf den gesellschaftlichen Einfluß von Freunden wie Frau von Schnitzler. Und er hoffte auf bessere Zeiten – binnen eines Jahres.

23. Er haßte die Tyrannei

Seitdem Max Beckmann mit zwölf Jahren das Märchen vom Hirtenbüblein aquarelliert hatte, griff er immer wieder zum Pinsel, um die Qualitäten dieser vermeintlich leichten und von Dilettanten so geliebten Technik in den Dienst seines Werkes zu stellen. Doch wie Michelangelo die Ölmalerei als Kunst für Faule und Reiche geschmäht und Tempera bevorzugt hatte, blieb Beckmann der Ölmalerei auf Leinwand verhaftet. Man hat keine zweihundert Aquarelle von seiner Hand gezählt. Noch seltener ist das Pastell in seinem Werk. Er pflegte es nur in den späten zwanziger Jahren.

Nicht, daß er die zarten Eigenschaften dieser Techniken verschmäht hätte! Noch die Aquarelle aus den dreißiger und vierziger Jahren verraten einen Meister, der das Leichte schwernimmt. In einer Arbeit wie dem *Bildnis Quappi im Strandcafé* konstruiert er mit schwarzen Strichen eine feste Bildtektonik und erzielt mit wenig Aufwand drei Bildebenen. Das Durchleuchten des Bildhintergrundes, eines der zentralen Stilmerkmale in Beckmanns Kunst, kommt in einem solchen Aquarell mit seinem dünnen Farbauftrag besonders zur Geltung.

Noch duftiger gibt sich eine Arbeit wie *Gelbe Lilien und grünes Meer* aus dem vorletzten Lebensjahr. Die schwarzen Konturen haben sich fast ganz zurückgezogen. Die Farben Gelb, Grün, Blau und Rot verbinden sich zu irisierendem Schimmer. Es ist, als resümiere der Künstler hier noch einmal die Strandlandschaften seiner Reisen in Holland und Südfrankreich. Eine blonde Frau mit holländischem Hut sieht man von hinten. Das Meer könnte die Nordsee sein; doch liegt ein mediterraner Glanz über dem kleinen Blatt.

Ein virtuoses Aquarell, ja eine seiner besten Arbeiten überhaupt, legte Beckmann 1933 mit dem Blatt *Der Raub der Europa* vor.

Eine klassizistische Umsetzung dieses Themas kam nicht in Frage; davor bewahrte ihn schon der Spott, mit dem er das humanistische Erbe bedachte.

»Die Griechen sind mir fatal«, bemerkte er schon nach dem Ersten Weltkrieg. »Eigentlich war die ganze schöne Götterwelt, die sie sich vorgemacht haben, doch ein bewußter Schwindel.«

Statt einer beziehungsreichen und symbolisch überhöhten Darstellung erreicht er in seiner Version des Europa-Themas eine Fülle, Vitalität und Direktheit, wie man sie bei diesem Sujet seit Böcklin nicht mehr gesehen hatte.

Die Einfachheit und Straffheit der Komposition, die Prägnanz des Bildausschnittes sind schlagend. Die tierische Frische, mit der Minotauros die wehrlos schreiende Frauenfigur hebt, erzielt größten Effekt bei größter farblicher und formaler Reduktion. Das

Maul des Stieres ist geschlossen, doch glaubt man, seinen Brunst- und Siegesschrei zu hören. In dieser Variation des alten Themas »La belle et la bête« kann man auch einen ironischen Kommentar des Malers zu seinen eigenen Mann-Frau-Bildern sehen. Zugleich läßt sich das Blatt jedoch nicht nur erotisch, sondern auch politisch lesen: Weh dir, Europa!

Die Art, wie Beckmann die Vitalität, die frische, brutale Männlichkeit hier feiert, hebt sich markant von der in jenen Jahren üblichen verkrampften Heldenpose ab, die bald offiziös werden sollte. Ein humaner Skeptizismus unterscheidet ihn stark von Zeitgenossen wie Gottfried Benn, der sich 1933 in einem Brief an die gemeinsame Freundin Käthe von Porada über Beckmanns Ablehnung des Heldentums empörte:

»Und nun *Beckmann*! Weil er abhängig ist! Ach, der gute Junge, es muß alles schön glatt gehen, alles klappen, das sind Helden u. Kämpfer! Der Kampf muß *lohnend* sein, von vornherein *garantiert*, kein Fehlschlag in der Abendstunde, womöglich bei der Allianz versichert, Genie gegen Fehlschlag versichert, Genie gegen Untergang versichert, Genie gegen Schizophrenie und Abhängen versichert – gnädige Frau, solange finanzielle Werte in Frage stehen, Respekt u. Schweigen meinerseits, aber wenn Sie mir mit Kunst kommen –: Erbarmungslos!«

Anders als Beckmann, der das Dritte Reich ablehnt, will Benn hier – gerade, weil er scheitern muß – einen neuen Waffengang im Weltbürgerkrieg austragen. Die unterschiedliche Haltung, mit der Benn und Beckmann ins Dritte Reich gingen, folgte ihren entgegengesetzten Reaktionen auf den Ausbruch des Ersten Weltkriegs.

Dennoch finden sich Parallelen: So die scheinbar beiläufige Prägnanz des dichterischen und des bildnerischen Ausdrucks der beiden Künstler. Die Lektüre von Beckmanns späten Tagebüchern 1940 bis 1950 erinnerte schon Erhard Göpel gelegentlich an den bulligen Lyriker aus Berlin, und ähnlich geht es demjenigen, der in Max Beckmanns Londoner Rede von 1938 Bemerkungen liest wie diese:

»Zwiespältige Träume – laufen sie mir durcheinander, Samothrake – Piccadilly – oder Wallstreet.«

Die Kunst, auch das Kleine auf großes Niveau zu heben und damit eine neue Perspektive der Welt zu schaffen, verband die beiden Männer ebenso wie ihre Ablehnung des ausgehöhlten deutschen Bildungsbürgertums.

Bezeichnend ist die Vorliebe für Schlager, die der Dichter ebenso hegte wie der Maler.

»Ein Schlager von Klasse enthält mehr Jahrhundert als eine Motette«, bemerkte Gottfried Benn.

Und Max Beckmann pfiff gern bei der Arbeit mit einer Zigarette im Mund Schlager vor sich hin. Noch in einem seiner letzten Briefe erinnerte er an den Durchhalteschlager *Das kann doch einen Seemann nicht erschüttern*, den Bruno Balz und Michael Jary für den Heinz-Rühmann-Film *Paradies der Junggesellen* geschrieben hatten, der im ersten Kriegsjahr herauskam.

»Keine Angst, keine Angst, Rosmarie ist ein garnicht so dummes Lied, trotz dem vielen Mißbrauch – man muß nur die Sache umdeuten.«

Oft ist es der Spaß am Trivialen, der das Genie von der Begabung unterscheidet. Ein großer Künstler braucht keine erhabenen Anregungen. Vortrefflich hat Kurt Blaukopf 1956 in seinem Buch *Hohes C zu vermieten* jene Dialektik von Banalität und Erhabenheit auf den Punkt gebracht, die auch Beckmanns lakonisches Pathos bestimmte:

»Die Erkenntnis, daß das Weltall groß und der Mensch klein ist, verdanke ich nicht den Herren Einstein, Planck oder Heisenberg, sondern Herrn Willy Dehmel, dem gefeierten Verfasser des berühmten Tangotextes *Sterne über Colombo*.«

Auffällig ist das betont virile Auftreten gegenüber Frauen, das Beckmann und Benn in Leben und Werk zelebrierten. Beide identifizierten sich dabei stark mit dem Tiger. Auch dem Schriftsteller war das Motiv »La belle et la bête« nicht fremd. In seinem Gedicht *Drohung* heißt es:

Aber wisse:
Ich lebe Tiertage.

Ob Hunde auf der Straße oder Löwen im Zoo: Max Beckmann hatte schon in den zwanziger Jahren in Frankfurt in seinen anthropomorphisierenden Tierdarstellungen wie der Lithographie *Löwenpaar* von 1921 einen Gipfel der Komik in seinem Werk erreicht.

Im Sommer 1933 versuchte Käthe von Porada, Max Beckmann und Gottfried Benn miteinander bekannt zu machen. Doch das Treffen scheiterte; angeblich konnten sich die beiden nicht auf ein Lokal einigen. So wurden Peinlichkeiten ebenso vermieden wie die Entdeckung vermeintlicher Gemeinsamkeiten, die doch nur allzubald zerbrochen wären. Gottfried Benns Zynismus, sein Biologismus, seine Koketterie, seine Privatideologie, die in Reaktion auf die Überreste des Idealismus sogar die Kunst zu biologisieren suchte, vor allem aber sein metaphysisches Gerede stehen in allzu starkem Kontrast zu Beckmanns skeptischem Humanismus.

»Kunst ist nach der einen Seite ihrer Phänomenologie hin ein Befreiungs- und Entspannungsphänomen«, schrieb der niedergelassene Hautarzt, »ein kathartisches Phänomen, und diese haben die engste Beziehung zu den Organen. Kunst ist ein zentraler und primärer Impuls.«

Welch ein Gegensatz zu Beckmanns idealistisch motivierter Künstlermetaphysik!

Gottfried Benns gereizte Reaktion auf Beckmanns Heldenverachtung zeigt, wie stark diese damals wahrgenommen wurde. Wie Benn trat Beckmann der Umwelt mit grimmiger Miene und männlicher Pose entgegen, doch die Haltung des Malers war zu sehr ironisch unterfüttert, um in einem Neoklassizismus von »statischen Gedichten« zu erstarren.

Die Espressos, unironisch von Beginn an, waren weit weniger davor gefeit. Und selbst ein so hochbegabter Künstler wie Arno Breker nahm die hypertrophe Verzerrung seiner Plastik in Kauf, ohne doch dem Nationalsozialismus eine eigene Kunst geben zu können; denn eine solche wäre nur auf kunstgewerblichem Niveau zu erreichen gewesen.

Im Gegensatz zu den Espressos fehlt Beckmanns Werk der »Fanatismus« – den die Zeitungen bald auf Goebbels' Geheiß nur noch im positiven Zusammenhang erwähnen durften.

Stellungnahmen gegen den Geist der Diktatur braucht man in Beckmanns literarischem Œuvre nicht lange zu suchen; es ist voll davon. Beckmann haßte die Tyrannei, gleich ob sie als Militarismus, Schule, Presse oder wissenschaftliche Dogmatik daherkam. Das Genie ist die höchste und zugleich beispielhafte Verkörperung aller schöpferischen Entfaltung des Individuums in Freiheit. Der lange Nachspann des Nihilismus hat versucht, den Geniebegriff zu historisieren und damit zu beseitigen. Für den Künstler jedoch bleibt der Ernst seines hohen Spieles bestehen; er ist der Ausnahmemensch, der die anderen erst legitimiert.

Beckmanns bildnerisches Werk kreist immer wieder um Gefangenschaft und Befreiung. Der Künstler hat sich oft als Gefangenen gesehen, im Ersten Weltkrieg, im Deutschland der Feme, im engen, oft beklemmenden Amsterdamer Exil. Er hat sich als Gefangenen gemalt. Sein Werk verstand er auch als Protest gegen die Qualen des Daseins. Dennoch hat es später in der DDR nicht an Versuchen gefehlt, Mauer und Stacheldraht mit dem Hinweis auf Beckmanns Werk zu rechtfertigen. Bei genauer Betrachtung hätte Beckmann in der DDR jedoch als »Formalist« und »Kulturpessimist« geradezu verboten werden müssen.

Bernhard Heisig rettete sein Vorbild mit einem Trick: Er stellte den Protest, den Beckmann an der ganzen Schöpfung geübt hat, als Protest gegen den »Kapitalismus« dar.

Der ehemalige Rektor der Leipziger Hochschule für Graphik und Buchkunst, der unter großen Schwierigkeiten seinen Posten hielt – und dreimal verlor –, nutzte sein Ansehen, um sich in der DDR für Beckmanns Werk einzusetzen. Mit seinem, wenn auch schwankenden Einfluß, den er als Kulturfunktionär genoß, setzte er durch, daß am 12. Februar 1984, Beckmanns hundertstem Geburtstag, eine Straße in Leipzig nach dem Sohn der Stadt benannt wurde. Auch stellte er sich, etwa mit einem *Selbstbild-nis als Puppenspieler* und Federzeichnungen zu *Faust I*, betont in Beckmanns Nachfolge, obwohl er in der nervösen und virtuosen Malweise stärker von Lovis Corinth beflügelt ist. Beckmann hatte den *Faust II* mit der Feder illustriert. Kurz nach der deutschen »Wieder-Vereinigung« ging Heisig so weit, sieben von Beckmanns nachgelassenen Leinwänden zu bemalen. In diesem symbolischen Akt zeigt sich deutlich der geheime Wunsch, das Werk des Verblichenen fortzusetzen. Er hat um diese Leinwände nicht gebeten, doch empfand er das interessante Format als Herausforderung.

Schon seit der Zeit des Mauerbaus hatten Künstler in der DDR, wenn sie nicht eingeschüchtert, verboten, eingesperrt und in ihrer Existenz vernichtet wurden, an die figürlichen Maler der klassischen Moderne angeknüpft, vor allem Dix, Grosz und Beckmann. So wollten sie auch den sozialistischen Realismus überwinden. Doch paradoxerweise entstand oft eine neue Parteikunst, die wie stalinifizierter Beckmann wirkte. Es ging nicht nur darum, Max Beckmann, der einen »endgültigen Sieg der Demokratien« so verzweifelt herbeigesehnt hatte, zum künstlerischen Vorreiter einer neuen sozialistischen Kunst umzufunktionieren, sondern man wollte zugleich der westlichen Welt einen Teil des Erbes der klassischen Moderne streitig machen. In jener deterministischen Historienmalerei, die in deutschen Museen inzwischen neben Bildern hängt, deren Maler von totalitären Staaten verfolgt wurden, kamen jene Kräfte, die aus der Politik verdrängt wurden, zu künstlerischer Blüte. Halbwegs modern gemalte Prolet-Arier illustrieren noch einmal ein Weltbild, in dem, bis hin zum Sieg der »Arbeiterklasse«, alles von vornherein klar ist.

Anfang der achtziger Jahre bröckelte in der SED der Widerstand gegen die klassische Moderne langsam ab. In Ostberlin fand eine Expressionismus-Ausstellung statt. 1984 wurde in Leipzig zum hundertsten Geburtstag eine Beckmann-Ausstellung gezeigt.

Nach der »Wieder-Vereinigung« spielte Max Beckmann ein

paar Jahre lang eine Schlüsselrolle für die Maler aus der untergegangenen DDR. Große Künstler wie Bernhard Heisig oder Willi Sitte hatten den polemischen Hinweis auf die klassische figurative Moderne freilich nicht nötig. Einige Kleinmeister jedoch versuchten mit Hinweis auf den in Leipzig geborenen Max Beckmann, unter dem Etikett »Abstrakter Realismus«, die Ausläufer des »Sozialistischen Realismus« in den Werken anerkannter Maler der DDR als einen neuen figurativen Stil in ganz Deutschland durchzusetzen und über jene »abstrakte SS«, die in den fünfziger Jahren die Bundesrepublik dominiert hatte, einen späten Sieg zu erringen. Hans Belting nannte diese Maler »die neuen Beckmänner der DDR«.

Schon in den ersten Jahren des Dritten Reiches hatte ein Detachement der SS versucht, den deutschen Expressionismus als eine »germanische« und für den Nationalsozialismus nützliche Kunstrichtung zu retten. Man dachte dabei freilich weniger an Beckmann, als an Künstler wie Barlach und Nolde. Glücklicherweise, so muß man heute sagen, haben die Ideologen der »Entarteten Kunst« sich damals durchgesetzt.

Der antizivilisatorische Affekt, von dem Beckmann in seiner Jugend nicht ganz frei gewesen war, feierte nun triumphale Urständ. 1934 kam das Theaterstück *Schlageter* auf die Bühne, das die französische Besetzung des Rheinlandes behandelte. Der Autor Hanns Johst, gewesener Espresso, widmete es Adolf Hitler. In diesem Machwerk fällt der Satz, der den deutschen Haß auf die Zivilisation scharf bezeichnet. Er sollte zum geflügelten Wort werden.

»Hier wird scharf geschossen! Wenn ich Kultur höre, entsichere ich meinen Browning!«

Von einem offiziellen Ausstellungsverbot für Max Beckmann war 1934 noch keine Rede. Allerdings konnten nur noch wenige Artikel über ihn und sein Werk erscheinen.

Am 12. Februar 1934 erwähnte die deutsche Presse mit keinem Wort seinen fünfzigsten Geburtstag. Der Kunsthistoriker Erhard Göpel (1906–1966), der zu dieser Zeit in Leipzig wohnte, besuchte den Vereinsamten in Berlin. Beckmann hatte den jungen Mann, einen Experten für niederländische Malerei, zwei Jahre zuvor bei Käthe von Porada in Paris kennengelernt.

Erhard Göpel entschloß sich, ein Zeichen gegen die Zeit zu setzen. Unter dem Titel *Der Weg eines deutschen Künstlers* plazierte er wenige Tage später eine Würdigung in der *Neuen Leipziger Zeitung*. Damit begann Göpel sein jahrzehntelanges Wirken für Beckmann, das in dem großen zweibändigen Katalog der Gemälde gipfelte, den seine Frau Barbara nach seinem Tod mit Hilfe der Münchner Max-Beckmann-Gesellschaft fertigstellte und 1976 herausbrachte.

In seinem Geburtstagsartikel unterstreicht Göpel die deutschen Anstöße für Beckmanns Werk, etwa die Kunst Wilhelm Leibls, vergißt aber auch die Bedeutung Max Liebermanns nicht, der als Jude längst, mehr noch als Beckmann, zur persona non grata geworden war.

»Das Wesen der fragwürdigen Friedenszeit und des doppelgesichtigen Krieges ist in den Bildern Beckmanns tief gezeichnet«, formuliert Göpel im Februar 1934 mit großem Geschick – ohne sich mit einem Wort auf die LTI einzulassen. »Der Gefahr des Nachkriegs, des Abgleitens ins Gesetzlose, ist Beckmann mit seiner ganzen inzwischen gewachsenen Gestaltungskraft entgegengetreten, indem er das Chaos gestaltend sichtbar machte und trotzdem dem ewigen Gesetz des Künstlers und seines Bildraumes treu blieb.«

Kein Zweifel, in seinem kurzen Zeitungsartikel versuchte Erhard Göpel, eine Lanze für den Maler zu brechen, der in die Vergessenheit zu versinken begann. Aber es war schon zu spät.

Keine Periode in Beckmanns Leben ist so schlecht dokumentiert wie seine vier Jahre in Hitler-Deutschland. Er exponierte sich nicht. Damit handelte er ganz nach Ernst Jüngers Maxime, wie sie der Dichter noch am 22. April 1986 notierte: »Sich innerhalb einer nach allen Seiten hin fragwürdigen Gesellschaft zum Märtyrer zu machen, ist eine Dummheit, keine Heldentat.«

Jünger zeigte dem Regime die kalte Schulter. Mit kaltem Blut veröffentlichte der Dichter im Jahr vor dem Krieg die Erzählung *Auf den Marmor-Klippen*, eine kaum verhüllte Deutung des Dritten Reiches. Der Maler dagegen hielt seine großen programmatischen Bilder dieser Jahre, wie zum Beispiel das erste Triptychon, *Abfahrt*, verborgen. Niemand hätte sie mehr ausgestellt. Zugleich wuchs sein Trotz. Einige Tage nach seinem fünfzigsten Geburtstag schrieb Max Beckmann an Reinhard Piper:

»In mir wütet noch immer der Teufel der Malerei, ja er wird mit den Jahren vieleicht noch stärker – nun gerade – und trotz alledem.«

24. Alle meine Frauen

Während des zwanzigsten Jahrhunderts drängten deutsche Künstler in die Wagner-Nachfolge. Ob Stefan George, Richard Strauss, Arnold Schönberg, Thomas Mann, Henze, Karlheinz Stockhausen oder die Verkünder eines »erweiterten Kunstbegriffs« – sie alle lehnten sich in Anspruch, Pose oder Werkorganisation an das Musik- und Theatergenie des neunzehnten Jahrhunderts an. Alle hofften, jene universale und richtunggebende Kraft gewinnen zu können, die Richard Wagner ausgestrahlt hatte und die man Ende der zwanziger Jahre nach wie vor bis in die Alltagskultur hinein spürte.

Aber welcher Künstler war in seiner Universalität und seinem technischen Niveau tatsächlich mit Wagner zu vergleichen?

Max Beckmann unterhielt zu Richard Wagner ein zwiespältiges Verhältnis. Seine erste Frau hätte er lieber in Rollen von Strindberg und Ibsen gesehen als in den großen Wagner-Partien. Und im Dezember 1925 notierte er im Restaurant Ritz im Hotel Frankfurter Hof, während ein Unterhaltungsorchester spielte:

»Nein ich kann ihn nicht mehr hören den Wagner entsetzlich trivial und belanglos. Theaterkitschromantik. Pfui Deibel. [...]

Pfui Teufel dieser Wagner mir wird ganz schlecht von dieser Musik als müßte ich Himbeersauce mit Milchreis essen Gott sei Dank jetzt haben sie aufgehört.«

Beckmann beschäftigte sich mit Wagner weniger auf einer vordergründigen kulturhistoriographischen Ebene als im untergründigen Kontakt. Anstöße aus der Wagnerschen Ikonographie finden sich in seinem Werk durchaus. Wenn man aber bedenkt, wie stark Wagner im damaligen europäischen Alltag präsent war, erscheint Beckmann vergleichsweise wagnerfrei.

In dem Gemälde *Geschwister* von 1933 greift der Maler jedoch das Finale des ersten Aktes der *Walküre* direkt auf. Das Bild sollte zunächst *Siegmund und Sieglinde* heißen. Beckmann änderte den Titel womöglich, weil er gerade im Jahr 1933 kein explizit wagnerianisches Werk schaffen wollte. Dennoch setzt das Gemälde jenes Wiedererkennen im Liebesrausch der Zwillinge Siegmund und Sieglinde um. Das Runde, Drehende der Musik jenes ersten Aktschlusses der *Walküre* hat der Maler in die Komposition der zusammengekauerten Geschwister übersetzt, die wie ein einziges, im Uhrzeigersinn gedrehtes Doppelwesen die Bildfläche ausfüllen.

In seiner Ende 1905 vollendeten Novelle *Wälsungenblut* hatte sich schon Thomas Mann mit derselben Szene beschäftigt, die in ihrer feinnervigen, sehnigen Leidenschaftlichkeit von Kennern zu den schönsten Passagen des ganzen Ringes gezählt wird. Wie Beckmann malerisch, so versuchte Thomas Mann den künstlerisch revolutionären Aktschluß literarisch umzusetzen.

Sie kauerten auf dem Bärenfell, sie sahen sich an im Licht und sangen sich süße Dinge. Ihre nackten Arme berührten sich, sie hielten einander bei den Schläfen, blickten sich in die Augen und ihre Münder waren sich nahe beim Singen. Ihre Augen und Schläfen, Stirnen und Stimmen, sie verglichen sie miteinander und fanden sie gleich. Das drängende, wachsende Wiedererkennen entriß ihm den Namen des Vaters, sie rief ihn bei seinem: Siegmund! Siegmund! Er schwang das befreite Schwert überm Haupt, be-

seligt sang sie ihm zu, wer sie sei: seine Zwillingsschwester, Sieg-
linde ... er streckte trunken die Arme nach ihr, seiner Braut, sie
sank ihm ans Herz, der Vorhang rauschte zusammen, die Musik
drehte sich in einem tosenden, brausenden, schäumenden Wirbel
reißender Leidenschaft, drehte sich, drehte sich und stand mit
gewaltigem Schlage still!

Statt auf ein Bärenfell bettet Beckmann die nackten Körper der
beiden blonden Gestalten auf ein rot und blaues Arrangement
von vager Theatralik. Das kräftige Rot legt den Gedanken an jenes Blut nahe, das hier in der Geschwisterliebe geschändet – und
das alsbald vergossen werden wird.

Die Geschwisterliebe ist ein altes Motiv der deutschen Überlieferung. Schon von Roland hieß es, er sei der Sohn Karls des
Großen und seiner Schwester Berta gewesen. Auch er mußte, wie
Siegfried, seine Abkunft mit einem frühen Tode büßen. Dahinter steht der Glaube an die Sendung der großen germanischen
Familien. Aus der Geschwisterliebe sind, dem Mythos zufolge,
ihre größten Helden und Heiligen erwachsen.

Das Bild hat durchaus einen autobiographischen Aspekt: Beinah zwanzig Jahre zuvor, im März 1916, hatte Minna Tube in
Elberfeld die Sieglinde in der *Walküre* gegeben. Hat Beckmann
sie in dieser Rolle gesehen?

Das Zentrum der Komposition bildet das Schwert, dessen ag-
gressive kriegerische und sexuelle Symbolik bereits die Opern-
vorlage triumphal ausschlachtet. Beckmann geht hier so weit, es
direkt als Penetrationsinstrument in Anschlag zu bringen. Dabei
fällt auf, daß die Frau das Schwert gegen sich selbst richtet. Auch
hier gibt der Maler einem aktiven Frauenbild den Vorzug. Überhaupt strahlt mehr Licht auf Sieglinde als auf ihren Bruder und
Bräutigam. Seine linke Körperhälfte liegt ganz im Schatten und
deutet sein Außenseitertum und seinen nahen Tod an. Auch die
Schwester ist todgeweiht; sie wird nach der Niederkunft sterben.
So hat Beckmann das Schwert hier in einem Doppelcharakter
von Zeugung und Tötung gefaßt.

In seinem Gemälde *Geschwister* ist es dem Künstler gelungen, in einem frischen, dynamischen und formal originellen Gemälde die altnordische Wälsungensaga wiederaufleben zu lassen und zugleich einer der aufregendsten Szenen der Opernliteratur seine Reverenz zu erweisen. Zugleich strebt das Tableau die Einheit von formalem und philosophischem Gehalt an. Eine Zwillingsschwester ist, wie Robert Musil in einem Interview gesagt hat, etwas Seltsames – und zugleich eine Möglichkeit, die in uns allen angelegt ist. In Beckmanns Gemälde finden sich wie zwei Flügel eines Schmetterlings die nahezu symmetrisch angeordneten Zwillinge wie zu einem einzigen Wesen. Nicht umsonst hat der Maler seine Studenten immer wieder zum Studium der Naturformen angehalten, und so findet man auch hier jene natürliche, kosmische coincidentia oppositorum, wie sie Goethe am Beispiel des Ginkgo-Blattes veranschaulicht hat.

> *Ist es Ein lebendig Wesen,*
> *Das sich in sich selbst getrennt?*
> *Sind es zwei, die sich erlesen,*
> *Daß man sie als Eines kennt?*

Deutlich spielt Beckmann in seinem Zwillingsbild zudem auf den Mythos vom Kugelmenschen an, wie ihn Platon im *Symposion* nach älteren Quellen darlegt. Danach haben erst die Götter den Menschen in zwei Teile geteilt, Mann und Frau. Ursprünglich aber war der Mensch eine Kugel. Einen Kugelmenschen läßt der Maler 1938 in dem Querformat *Tod* von der Decke hängen.

»Nun stellen die unseligen Hälften allerhand Dummheiten an, um wider ineinander zu fahren«, kommentiert Ulrichs Zwillingsschwester Agathe in Musils Roman die Legende vom Kugelmenschen. »Das steht in allen Schulbüchern für den höheren Unterricht; leider steht nicht darin, warum es nicht gelingt!«

Stephan Lackner kaufte das Bild im Jahr nach der Entstehung als zweites Exponat seiner Beckmann-Sammlung.

Wie ein Maler von einer Idee zur anderen kommt, kann man in Henri-Georges Clouzots Dokumentarfilm *Le mystère Picasso* von 1956 verfolgen (nicht dagegen in James Ivorys Spielfilm *Surviving Picasso* von 1996!): Clouzot und Claude Renoir spannten transparente Leinwände auf und filmten von der Rückseite, wie Picasso sich von einer Form, einer Figur zur anderen inspirieren ließ und wie der Zauberer aus einer Blume ein Pferd und aus dem Pferd eine Taube machte. Die lateinische Vielgestaltigkeit dieser Kunststücke wird nur noch in Ovids *Metamorphosen* überboten.

Beckmann arbeitet entgegengesetzt. Seine Bildideen sind Annäherungen an Urbilder und archaische Konstellationen. Es entscheidet über das Gelingen eines Werkes, wie weit der Künstler sich der zugrundeliegenden Idea nähern konnte. So kommt es in Bildern wie *Adam und Eva* oder *Mann und Frau* zur radikalen Leere des Bildraums, zur Konzentration auf das Zentralmotiv.

Max Beckmann greift eigene und fremde Vorgaben auf, um in einer Art formaler Korrektur den Bildtypus näher an seine absolute Möglichkeit heranzuführen.

In dem Gemälde *Reise auf dem Fisch* von 1934 gewinnt der Künstler durch leichte Veränderung der Figurenkomposition der ein Jahr älteren *Geschwister* eine ganz neue formale und symbolische Dimension. Die ungewöhnliche Gruppierung schließt in dem nahezu gleich großen Bild stark an den europäischen Symbolismus an. Das vierte Blatt von Max Klingers radiertem Zyklus *Ein Leben* von 1884 kann als Vorbild für Beckmanns Bildidee betrachtet werden. Es ist schwerlich anzunehmen, daß Beckmann dieses Blatt mit dem Titel *Verführung* nicht gekannt hat.

In Klingers Unterwasseridylle reiten zwei küssende Putten auf Fischen dem Meeresgrund zu. Beckmann legt seine braune und blaue Forelle V-förmig auf den schwarz untermalten weißlichen Himmel, der am unteren Bildrand in einem schmalen Fluß und dunklen Ufer endet. Und hier fügt er nun die Figur eines muskulösen männlichen Springers ein, einer Gestalt wie dem *Abstürzenden* von 1950, der seinem Schicksal schlechterdings nicht ins

Auge zu sehen vermag. Er stürzt auf seine Bestimmung zu und verdeckt die Augen mit einer Hand. Es nützt ihm nichts, er weiß, was auf ihn zukommt. So wird er zum tragischen Helden.

Zudem nimmt der Maler das Motiv der um hundertachtzig Grad gedrehten, an den Mann gefesselten Frau auf, das auf zahlreichen Bildern, wie der Zeichnung *Die Nacht*, dem Pastell *Begegnung in der Nacht* oder dem linken Flügel der *Departure*, immer wieder von der unentrinnbaren, aber verqueren Beziehung zwischen Mann und Frau kündet. Auch hier fällt, fliegt, stürzt die blonde Frau, die eine Schwester der Sieglinde sein könnte, unaufhaltsam ihrem Geschick entgegen.

Das Bild arbeitet mit einer zweifachen Verdoppelung: Die Forellen, das Menschenpaar und die beiden Silhouetten, die es in Händen hält, die Frau die männliche, der Mann die weibliche. Sie erinnern an schwarze Masken. Auch die Frau hat ihre Augen geschlossen, so bleiben die weit aufgerissenen Menschenaugen der Forellen das einzige Zeichen von Bewußtsein. Eine Barke, die im Hintergrund mit geblähtem Segel über den Fluß fährt, weist in die Zukunft dieses durch Zeugung, Tod und Auferstehung sich immer wieder erneuernden Geschlechtes.

In jedem Bild von Beckmann kann man das Gegenbild eines anderen sehen, seine Interpretation oder Fortsetzung. Mit der *Reise auf dem Fisch*, einem motivisch zusammengerafften, formal enggeführten, farblich auf der Polarität von Blau und Rot spielenden, inhaltlich aber unauslotbaren Werk, hat der Künstler sich nicht nur gegenüber einem Gemälde wie den *Geschwistern* vom Individuellen und Geschichtlichen befreit, er offenbart darin zugleich, welche universelle Bedeutung auch in diesem Wälsungenbild ihrer Auslösung harrt.

Es ist merkwürdig, daß Max Beckmann auf den Ausbruch des Dritten Reiches mit immer wieder neuen Darstellungen der kosmischen Polarität, der Anziehung und Abstoßung von Mann und Frau reagiert hat.

Klarheit im Unsagbaren – diesen paradoxen Effekt rang Max Beckmann der figurativen Kunst zu einem Zeitpunkt ab, als ihre

Zukunft, ja die Zukunft der Kunst überhaupt, ganz und gar unsicher schien. In einem zweiten Triptychon legte er in den Jahren 1936 bis 1937 ein großes programmatisches Panorama an. Farblich weniger in Kontrasten aufgebaut als die *Departure*, stellt das Werk, das der Künstler im dritten und vierten Jahr der Nazi-Herrschaft schuf, die verzwickte Beziehung von Mann und Frau in den Mittelpunkt.

Beckmann nannte das Triptychon *Versuchung* oder *Versuchung des Heiligen Antonius*. Aber auch hier ist der Titel des Bildes eher ein Kommentar. Eine Figur, die man mit Antonius identifizieren könnte – und sei es mit dem aus dem Lesedrama von Flaubert –, fehlt hier ebenso wie ein Zitat christlicher Ikonographie. Das Zentralbild des suggestiven Arrangements, heute ein Glanzstück der Bayerischen Staatsgemäldesammlungen in München, macht vielmehr die ewige Faszination des Jünglings vor dem Weibe zum Angelpunkt.

Beckmann spielt auf das Thema »Maler und Modell« an, das in seinem letzten vollendeten Triptychon eine so liebenswürdige Gestaltung finden sollte. Der Jüngling im Zentrum der *Versuchung*, an den Händen und Füßen gebunden. Gebannt starrt er auf das sich abwendende Weib, dessen Reize der Maler im Stil des Rubens in den wie Glühlampen leuchtenden Spitzen der kleinen Brüste und den prallen Oberschenkeln betont. Die vielbrüstige Göttin zu ihrer Rechten ist ein anderer Aspekt ihrer selbst – und wie sie selbst nur ein Schatten des Ewig-Weiblichen.

Längst hatte Beckmann seine Privat-Ikonographie ausgebildet. Der Beckmann-Entschlüsselungsdienst hat die Vielbrüstige als jene Diana von Ephesus identifiziert, die auch in Flauberts Lesedrama *La Tentation de Saint Antoine* vorkommt. Beckmann hat das Buch in deutscher Übersetzung gelesen. Es wäre jedoch verfehlt, in seinem Triptychon eine Illustration von Flauberts Lesedrama zu sehen.

Als wäre es mit der Versuchung durch das Weibliche nicht genug, hat sich der junge Mann zwei weiteren Versuchungen ergeben: der Malerei und der Theologie. Eine Hand hält die Staffelei, das Johannesevangelium liegt aufgeschlagen neben ihm.

Eine Fülle von Versuchungen prasselt also auf den anmutigen Mann mit den ernsten Zügen ein, und er wird ihnen allen begegnen müssen, um die Klarheit und Kraft der Jünglinge auf dem letzten Triptychon, *Argonauten*, zu gewinnen. Es ist ergreifend zu sehen, mit welcher Liebe Beckmann einen jungen Mann edler, wenn nicht königlicher Abkunft gestaltet, dem schwierigere Prüfungen auferlegt sind als Herkules.

Wie schon das Innere des Bootes im Mittelteil der *Departure* schreckt das Zentralbild der *Versuchung* den Betrachter mit dem schrillen Kontrast von Rot und Gelb auf. Er verstört den Betrachter und zwingt ihn, einen gewissen Widerstand zu überwinden. Die beiden Seitenflügel sind ein paar Zentimeter höher als das Zentralbild. Im Vergleich mit dem *Departure*-Triptychon zeigt sich ein weiteres Mal, wie Beckmann mit einem Bild einen anderen Aspekt eines älteren Werkes malt.

Beckmanns Figuren *sind* und *bedeuten* zugleich. Man kann alles und das Gegenteil in ihnen sehen. Mit Hilfe der Quellenkunde kann nur ein kleiner Teil der Anstöße bestimmt werden, die den Maler zur Gestaltung führten. Die Bedeutung einzelner Figuren und Szenen kann innerhalb des Gesamtwerkes eingeordnet, nie aber restlos geklärt werden.

In der Regel hat man versucht, Beckmanns Prozeß der Bilderfindung mit Hilfe der gelehrten Ikonographie zu rekonstruieren. Eine rein formale, malerische Motiventwicklung wurde meist nicht in Betracht gezogen. Viele Kunsthistoriker können sich den Künstler nur als eine Art umgekehrten Kunsthistoriker vorstellen, der es darauf anlegt, einen Lektüreeindruck oder einen Anstoß aus der Kunstgeschichte in eine Bildvorstellung umzusetzen. Das Problem liegt oft nicht zuletzt in den Biographien der Kunsthistoriker. Sie verkehren in einem akademischen Milieu und pflegen wissenschaftliche und hermeneutische Denkweisen. Lebende Künstler, ihre Ateliers, ihr Arbeitsalltag, die Prozesse ihrer Bilderfindung bleiben ihnen meist unbekannt.

Die Kenner waren sich über die Qualität der *Versuchung* sofort einig. Selbst ein Gefolgsmann des Kubismus wie der alte Kunstkritiker Wilhelm Uhde lobte das Triptychon, das er in Lackners Apartment in Paris sah.

»Ja, sehen Sie nur, das ist peinture – ja, das sitzt, das ist richtig, hier das Zinnober neben dem Lila –.«

Max Beckmanns zweites Triptychon ist jedoch weit mehr als ein erlesenes Kunstwerk. Schon bald wurde es, wie Reinhard Spieler schrieb, »zum Symbolbild für die in Deutschland verfolgte Kunst«.

Beckmann-Ausstellungen gab es ab 1937 keine mehr. Die offizielle Rhetorik, der Ton, der Künstlern gegenüber angeschlagen wurde, war kaum noch zu ertragen.

»Die Nachtcafés des Asphaltmenschen wurden zu Ateliers«, eiferte Alfred Rosenberg, kulturkritischer Sprecher der NSDAP, mit Blick auf die Kunst der zwanziger Jahre. »Das Mestizentum erhob den Anspruch, seine bastardischen Ausgeburten, erzeugt von geistiger Syphilis und malerischem Infantilismus, als ›Seelenausdruck‹ darstellen zu dürfen. [...] In gleichem Zustande befindet sich heute unsere europäische Geistigkeit, welche durch jüdische Federn die Kokoschkas, Chagalls, Pechsteins und so weiter als die Führer der Malerei der Zukunft anbetet.«

Rosenberg griff in diesem Zusammenhang den Expressionismus scharf an und bezeichnete ihn als Spottgeburt. Er unterschlug, daß auch die nationalsozialistische Bewegung expressionistische Vorboten hatte und frühere Espressos in ihren Reihen begrüßte.

Welches Gefühl mag Beckmann bewegt haben, wenn er in jenen Jahren in Berlin durch die mit Hakenkreuzflaggen geschmückten Straßen ging?

Schon in den zwanziger Jahren hatten ihn gesundheitliche Probleme geplagt. In der Isolation des Dritten Reiches nahmen sie drastisch zu. Im April 1935 begab sich der Künstler in ein Sanatorium nach Baden-Baden. Er versuchte dort, von seinem Schlaftabletten-Konsum loszukommen.

Anfang Mai 1935 schreibt er aus Baden-Baden,»man hat vieleicht mehr das Gefühl im Ausland zu seien, wie wenn man wirklich draußen ist«. Er spricht jedoch auch von Müdigkeit und Depression. Das Problem war nun zunehmend »money und imer wieder money«. Beckmann wurde im Dritten Reich langsam ausgehungert. Wie 1933 reiste er auch in den beiden folgenden Jahren in die Sommerfrische derer von Kaulbach nach Ohlstadt und nach Zandvoort an der holländischen Nordsee. Es ist nicht ausgeschlossen, daß er bereits zu diesem Zeitpunkt zusammen mit Quappi, deren Schwester Hedda in Holland lebte, erörterte, ob es nicht besser für ihn sei, auszuwandern. Eine Postkarte an Heinrich George aus Zandvoort, datiert auf den 20. August 1935, könnte darauf hindeuten, daß die beiden Künstler über Emigration gesprochen haben. Beckmann schreibt:

Geh voran, alter Cow-boy
geh voran – – –
– – – viele Grüße
Beckmann

Dann folgt, in Quappis Handschrift: »Schade daß Sie nicht hier sind, täte Ihnen auch gut! Bleiben noch 3 Wochen. Viele Grüße Quappi Beckmann«.

Im selben Jahr malte Beckmann ein *Familienbild Heinrich George*. Der Auftritt des Schauspielers als Wallenstein hatte ihn dazu angeregt. Bei seinem ersten Auftritt war George in zinnoberrotem Habit aus der Tiefe der Bühne schnell an die Rampe gekommen. Das über zwei Meter hohe Gemälde entstand im Atelier und zeigt den Schauspieler weniger als Wallenstein, denn in der proletarischen Pose des Franz Biberkopf, den er vier Jahre zuvor im Tonfilm verkörpert hatte. Die Döblin-Verfilmung *Berlin Alexanderplatz* des Regisseurs Piel Jutzi war im Oktober 1931 herausgekommen und hatte den Schauspieler berühmt gemacht. Die Nazis schlossen George 1933 aus dem Theaterbetrieb aus, weil er in den zwanziger Jahren für die KPD aufgetreten war.

Doch wie Gründgens wurde auch ihm seine linke Vergangenheit verziehen. 1936 ernannte ihn Goebbels zum Intendanten des Schillertheaters, ein Jahr später zum »Staatsschauspieler«.

Max Beckmann, Otto Dix und der Photograph Hugo Erfurt – sie alle portraitierten Heinrich George »bigger than life«.

»Wirklicher zu sein als das Leben«, so bekannte Max Beckmann im Jahre 1939, »ist wohl das äußerste was ein Mensch machen kann und diesen [sic!] reizenden Beruf unterziehe ich mich täglich.«

Angesichts des George-Portraits erinnert man sich an Beckmanns Charakterisierung seines Vaters: »Außerdem trug er nie ein Hemd und lief zu Hause stets baarfuß.« Beckmanns Heinrich George ist eine Urgewalt, die das Bild zu sprengen droht wie die rote *Synagoge* sechzehn Jahre zuvor. Er ist Schauspieler, Proletarier, zugleich aber grimmiger Krieger, ein Hagen von heute, wie die Speere an der Wand und die schwarze Dogge bekunden.

Das Gemälde ist von der heftigen Bewegung ergriffen, die von dem Mann ausgeht – die beiden Frauen dagegen sind auf Statistenrollen reduziert.

Das *Familienbild Heinrich George* ist auch ein politisches Portrait. Es zeigt einen Mann, dessen proletaroider Gestus bereits in das cholerische und bedrohliche Gehabe der neuen Machthaber übergeht, einen Charakterdarsteller zwischen Franz Biberkopf und Hermann Göring.

Ein Fazit eigener Art zog der Künstler im selben Jahr mit dem Gruppenbild der fünf wichtigsten Frauen seines Lebens. Max Beckmann nennt das Werk in seinem eigenen Œuvre-Katalog *Großes Frauenbild (5 Frauen)*, der spätere US-Titel lautete *Party*. Auf dem lebensgroßen Hochformat erkennt man Lilly von Schnitzler, in stolzer Haltung im hermelinbesetzten Abendkleid, die verdrossen-melancholisch blickende Käthe von Porada, Quappi mit Fächer und Hildegard Melms (»Naïla«) mit Cape und Handschuhen. Eine besondere Position nimmt Minna Tube ein: Als einzige darf sie sitzen und in einen kleinen Handspiegel schauen – sie ist diejenige unter den Frauen, die ein »Doppelgesicht« hat.

Quappi hielt das Bild bis 1963 unter Verschluß und zeigte es erst 1963 in einer Ausstellung in Karlsruhe. Noch im selben Jahr ließ sie es durch eine New Yorker Galerie an die private Spiro Collection verkaufen.

25. Das Schweigen der leeren Mitternacht

... niemandem ist es leicht gemacht,
Ebenbild Gottes zu bleiben.
HERMANN BROCH,
Die Verzauberung, 1936

Es wurde einsam um Max Beckmann. Die Isolation im Dritten Reich leistete seinem Hang, sich zurückzuziehen, noch Vorschub. Am 5. Juni 1935 starb im schweizerischen Vevey Julius Meier-Graefe, einer von Beckmanns großen Anregern, Freunden und Förderern.

»Sicher hat er viel getan und hinterlassen und wir werden uns bemühen, das was man als eine Art Erbe betrachten kann verantwortungsvollst und mit erwachsener Kritik weiter zu führen«, bemerkte Beckmann in einem Brief an Benno Reifenberg.

Bei dieser Gelegenheit bekannte er, daß er die vergangenen schwierigen Jahre »mehr als je dazu benutze auf meiner Suche nach der ›Wahrheit‹ – Ein schönes Ding, aber imer wieder wert gesucht zu werden, denn es ist umhüllt vom Schleier des Geheimnisses.«

Aus seinem halb freiwilligen, halb erzwungenen Einsiedlertum im Berlin der ersten Nazi-Jahre stieß Max Beckmann malerisch mit seinem ersten Triptychon, plastisch mit seiner ersten Skulptur in neue Dimensionen vor.

In seiner Berliner Wohnung gab es neben dem Atelier einen

besonderen Raum, wo er modellieren konnte, ohne die Gemälde durch den anfallenden Staub zu gefährden.

Max Beckmann hat nur acht Skulpturen geschaffen; fünf Mitte der dreißiger Jahre in Berlin, drei im Todesjahr in New York. Seine erste Plastik, *Mann im Dunkeln*, war 1934 vollendet. Schon der Titel spiegelt die Situation des Künstlers im Dritten Reich. Die Plastik ist gerade 56 Zentimeter hoch und hält damit unter Beckmanns Skulpturen eine mittlere Größe. Mit ihrem runden Gesicht und den grotesk großen Händen und Füßen, den langgezogenen Oberarmen geht sie über eine reales Individuum hinaus und nähert sich einer mythologischen Jünglingsfigur.

Schon in einer Arbeit wie dem Aquarell *Peter, liegend* von 1931 war Beckmanns virtuos angewandte Verkürzung in Verzerrung übergegangen. Die schlafende Figur des jungen Mannes ist gestaucht, unnatürlich lange Arme rahmen Kopf und Oberkörper und schließen die Figur in sich ein.

Auch der *Mann im Dunkeln* ist auf sich zurückgeworfen. Die Skulptur straft die gelangweilte Zuversicht von Rodins monumentalem *Penseur* Lügen. Das berühmte Standbild von 1880 erscheint jetzt als entfernt verwandter Onkel, dessen Glaube an Selbstbestimmung, Optimismus und Fortschritt nur noch wehmütige Erinnerungen weckt.

Die geschlossenen Augen kennzeichnen den *Mann im Dunkeln* als Schlafwandler, geben aber auch einen Eindruck von der Dunkelheit, durch die er sich bewegt. Die Arme sind tastend und wie in Abwehr erhoben. Der rechte Fuß ist zögernd nach vorn geschoben wie die großen nackten Füße der Bürger von Calais. Abwehr, Angst, Ungewißheit, Orientierungslosigkeit und Blindheit sind in eine kleine Statue gefaßt.

Die Plastik bewegt sich zwischen optischer und haptischer Skulptur, zwischen Rodin und Maillol. Näher als mit den Figuren der zeitgenössischen Bildhauer, den kraftvoll-sensiblen Gestalten des frühen Arno Breker, den ebenmäßigen Statuen von Georg Kolbe oder den kühn in die Welt ragenden Standbildern von Wilhelm Lehmbruck, ist der *Mann im Dunkeln* mit den Figuren von Beckmanns Malerei verwandt – wie er denn auch ein halbes Dutzend Bilder mit bildhauerischen Motiven gemalt hat. Seine direkte und unprätentiöse plastische Kunst orientiert sich zudem in keiner Weise an der bildhauerischen Tradition, an außereuropäischen oder dadaistischen Vorbildern wie die Plastik der »Brücke«.

Das Pathos seiner Muskeln hilft dem *Mann im Dunkeln* ebensowenig wie dem *Abstürzenden* auf Beckmanns Gemälde von 1950 gegen die Ungewißheit einer Welt, die längst in Katastrophen zerbrochen ist.

Niemand wird bestreiten, daß Beckmanns erste Plastik eine präzise Beschreibung seiner Situation in den ersten Jahren des Dritten Reiches einschließt: Bedrohung, Abwehr, Wegsehen. Zugleich aber personifiziert der Künstler in dieser Arbeit sehr viel mehr: Den Menschen in einem Kosmos, den er nicht verstehen kann und den er nie erfassen wird.

Eine Ausnahme innerhalb von Beckmanns plastischem Werk stellt die um 1935 datierte *Tänzerin* dar. Die Skulptur, auch unter dem Namen *Spagat* bekannt, ist eine Verbeugung vor einer der berühmtesten Statuetten des neunzehnten Jahrhunderts: jener vierzehnjährigen Tänzerin von Edgar Degas, deren Imitation heute in jedem Kaufhaus zu haben ist. Beckmanns lebenslanges Desinteresse an allem Mädchenhaften ist auffällig, und auch diese junge Tänzerin ist, ganz im Gegensatz zu Degas' verschämter Elevin von 1881, mit schweren Beinen ausgestattet. Ihr Plié verleiht dem Objekt eine Länge von siebzig Zentimetern. Kraftlos und schlaff ist der rechte Arm über das rechte Bein gebreitet, und man fragt sich, ob es sich bei dieser Verbeugung nicht um einen Zusammenbruch handelt. Die Bewegung, der Tanz, die Grazie sind zu Boden gegangen.

Der Künstler soll die *Tänzerin* auf Quappis Anregung geschaffen haben. Beckmanns Frau war selbst eine kleine Artistin, die nicht nur Geige spielen, sondern auch Seiltanzen und auf einer silbernen Kugel balancieren konnte.

Als Gegenstück zu der jungen *Tänzerin* schuf Beckmann etwa zur gleichen Zeit eine *Kriechende Frau*, ein Vollweib auf allen vieren, das dem Typus der reifen, persönlich und erotisch zu sich selbst gekommenen Frau entspricht, den man bei Beckmann bevorzugt antrifft. Wie die beiden anderen Gestalten scheint auch diese nur eine eingeschränkte Sicht der Dinge gewinnen zu können. Auf Hände, Ellenbogen, Knie und Füße gestützt, schiebt sie sich mit geducktem Kopf in einer unbekannten, möglicherweise feindlichen Welt voran. Dabei fehlt es ihr nicht an Mut. Sie schaut den Betrachter an. Der nackte Leib deutet zugleich auf einen erotischen Zusammenhang hin. Doppel- und Mehrdeutigkeit kennzeichnen Beckmanns Arbeit auch in diesem Werk des ungeübten Plastikers, das formal abgeschlossen ist und gestalterisch überzeugt.

Max Beckmann mußte davon ausgehen, daß eine Ausstellung seiner Werke in Deutschland erst wieder in ferner Zukunft möglich sein würde. In dieser Situation modellierte er eine der eindrucksvollsten Skulpturen des zwanzigsten Jahrhunderts.

Beckmann gehört einem nachrevolutionären Künstlertypus an, wie er in Deutschland zuerst mit Beethoven aufgekommen war: trotzig-grimmig, zusammengerafft, prometheisch. Der napoleonische Mensch wird hier geistig überformt. Das Gehirn ist das Gewölbe, das unter sich eine neue Menschheit vereinigt. Der Kopf, den sich Beckmann im Laufe der Jahre zulegte, steigert noch den Kult um Beethovens Schädel. Tatsächlich war Max Beckmanns Kopf außerordentlich, in späteren Jahren kahl und gewaltig, in seiner blockhaften Wucht ein Gegenstück zu dem muschelförmigen Haupt Richard Wagners.

Beckmanns Selbstmonumentalisierung hatte mit dem unvollendeten Selbstbildnis von 1908 begonnen. Mit dem *Selbstbildnis auf gelbem Grund mit Zigarette* von 1923 und dem *Selbstbildnis im Smoking* von 1927 erreichte sie Höhepunkte, die der Maler selbst nicht mehr überbieten zu können schien. Die formale Kühnheit dieser Selbstbildnisse rettete die Pose des Malers vor allem Peinlichen.

Nach 1933 zeigt sich sein Selbstbild zunächst ungebrochen. Vergleicht man das *Selbstbildnis mit Saxophon* von 1930 (das 1936 beschlagnahmt wurde und das das Städel nach dem Krieg noch einmal kaufte) mit dem *Selbstbildnis mit Glaskugel* von 1936, so fällt auf, daß die vitale Pose mit Hilfe des geschuppten Bademantels und des schlangenhaften Blasinstruments aus dem früheren Bild zu einem Konterfei des Magus und Allwissenden gesteigert wird, ohne an bulliger Vitalität zu verlieren.

Auf diesem Portrait zeigt sich Beckmann einen Schritt weiter als die gefesselte Frau auf dem linken Flügel des Triptychons *Departure*: Sie ist verurteilt, in die Glaskugel zu sehen. Der Weltweise in grüner Jacke *hat* gesehen, und was er sah, war nichts Gutes. Das Gesicht mit den heruntergezogenen Mundwinkeln im *Selbstbildnis mit Glaskugel* gehört einem Fatalisten, der nicht gedenkt, sich gegen den Lauf der Welt aufzulehnen. Trotzig sieht er mit vorgeschobenem Kinn der Zukunft entgegen.

»Nothing to do«, pflegte Beckmann später in den USA in seinem German English zu sagen – da kann man nichts machen.

In einer Welt der Katastrophen sich des eigenen, unzerstörbaren Ichs zu versichern – Beckmann sprach von einem »Selbst« –, das war die Aufgabe, der sich der Künstler seit dem Ersten Weltkrieg gestellt hatte, die Aufgabe, durch die er zu überleben versuchte.

Das *Selbstbildnis mit Glaskugel* hat den kultivierten Sammler Rudolf von Simolin auf den ersten Blick begeistert. Der entfernte Verwandte von Quappi war an den Rollstuhl gefesselt und doch ein Lebensgenießer. Er kaufte das Bildnis noch 1938 und nahm es nach Deutschland mit. Die offizielle Kunstpolitik kümmerte ihn nicht.

Der monumentale, von jedem Zierat freie, fast quadratische Kopf, unter dem Titel *Selbstbildnis 1936*, im Jahr des *Selbstbildnisses mit Glaskugel*, in Berlin gestaltet, kennt keine Parallele in der bildhauerischen Tradition oder bei den Zeitgenossen. Auch mit den offiziellen Mussolini-Büsten dieser Zeit kann man die Bronze nicht vergleichen: Zu differenziert ist das Gesicht modelliert.

Dieses Haupt ist geprägt von einem Zug des Archaischen, ja Prähistorischen. Tatsächlich war Max Beckmanns ungewöhnlicher breiter Kopf Stephan Lackner wie ein »vorzeitlicher Gletscherfindling« erschienen. Das einzige bekannte Kunstwerk, das den Künstler zu diesem Monument der Selbstbehauptung angeregt haben könnte, ist das Steinidol von den Osterinseln im Musée de l'Homme in Paris.

»Jaja, das war auch mal ich«, sagte Max Beckmann, als er das Monument in Paris sah.

Der Dunkelheit des Daseins die maximale Existenz abzuringen, dem unveränderbaren Lauf der Geschichte ein »Selbst« entgegenzusetzen – und nicht zuletzt, sich im Rückgriff auf prähistorische Vorbilder in der langen Kette des Seins zu verankern: das ist die Mission, die dieses Kunstwerk für Max Beckmann zu erfüllen scheint.

26. Erstaunt, ja ratlos

Persona non grata zu sein ist zu manchen Zeiten die höchste Ehre. Längst fristete Beckmann ein Leben im Halbdunkel. Wie schon im Paris der zwanziger Jahre, setzte sich Lilly von Schnitzler auch im Berlin der Nazis für ihren Schützling ein. Wieder wollte sie die Aussichtslosigkeit der Situation nicht anerkennen. Sie soll sogar Joseph Goebbels zum Tee empfangen haben, um ihn von Beckmanns Qualitäten zu überzeugen. In ihrem Berliner Salon hing Beckmanns *Selbstbildnis mit schwarzer Kappe*. Das Bild war mit einem Vorhang versehen. Kam Nazi-Prominenz zu Besuch, wurde der Vorhang zugezogen. Kam Beckmann oder einer von Frau von Schnitzlers intellektuellen Freunden, wurde er wieder aufgezogen.

Nur für Nazis und Filmstars war es noch schön, in Deutschland zu leben. Im Jahre 1936 schrieb Max Beckmann eine Woche

Lilly von Schnitzler in ihrem Haus in Murnau vor
Beckmanns »Leiermann« anläßlich der Gründung der
Max-Beckmann-Gesellschaft am 8. Februar 1953

nach »Führers Geburtstag« aus Baden-Baden an Quappi, die gerade in Amsterdam bei ihrer Schwester weilte:

»Die Menschen hier sind mir alle nicht sehr angenehm und
ich halte mich trotz (wie ich Dir schon schrieb) mancherlei Lie-
benswürdigkeiten sehr für mich. Das ist immer noch die beste Gesellschaft.«

Das Geld wurde immer knapper. Beckmann schmiedete Emigrationspläne. Würde er im Ausland wieder unbeschränkten Zugang zum Kunstmarkt finden?

»Du vergiß auch nicht mit Deinen Leuten im̄er noch mal die Möglichkeiten einer Übersiedlung zu besprechen. Man kann ja nie wissen wie alles noch kom̄t.«

Kam Amsterdam als Exil in Frage? Beckmann hoffte immer noch auf ein Auskommen in Deutschland. Konnte Lilly von Schnitzler mit ihren Verbindungen zu einflußreichen Kreisen des Dritten Reiches den Bann brechen, den die offizielle Kunstpolitik über Beckmann verhängt hatte?

Im August 1936 reiste der Künstler nach England, wohin Heinrich Simon und seine Frau zunächst emigriert waren, um mit ihnen die Möglichkeiten einer Emigration zu erkunden und zu besprechen.

In dieser Zeit besuchte er auch Stephan Lackners Familie in Paris, die eine hübsche Villa in der Banlieu bewohnte: »er könne nicht mehr lange so weitermachen, der politische Druck werde immer unerträglicher, im Interesse seines Schaffens müsse eine neue Lösung gefunden werden.«

Lackners wollten ihm helfen. Man besprach Emigrationspläne. Stephan Lackner fiel auf, wie sehr die letzten Jahre Beckmann zugesetzt hatten:

»Seinerzeit in Frankfurt hatte er etwas Herrscherhaftes, Übermütiges gehabt. Nun wirkte er immer noch stolz und trotzig, aber ein wenig erstaunt, ja ratlos.«

Zunächst gab Lackner dem Freund einen Illustrationsauftrag und stellte ihm das Honorar dafür im Ausland zur Verfügung. Im August 1937, kurz nach seiner Emigration, schuf Beckmann in Amsterdam binnen kurzer Zeit sieben Lithographien zu Lackners Drama *Der Mensch ist kein Haustier*, in dem es um Revolution, Exil und einen Utopiestaat geht, vor allem aber um den Konflikt zwischen Trieb und Rationalität. Offenbar waren die Lithos zu Lackners Stück, in dem der Dichter auch die »Rassenlehre« und den Kollektivismus aufs Korn nimmt, für den Künstler mehr als nur eine Auftragsarbeit. Den Protagonisten, Peter Giel, gestaltete er als Selbstportrait.

Der Mensch ist kein Haustier wurde erst am 8. Juli 1993 von

Studenten der »Theatergruppe Rhetorik« im Brecht-Bau-Theater in Tübingen in der Regie von Professor Gert Ueding uraufgeführt. Ueding, der das Drama wiederentdeckt hatte, bezeichnete es als eines der wenigen Revolutionsstücke von Rang, die die deutsche Literatur zu bieten habe.

Als Stephan Lackner Beckmanns Illustrationen zu seinem Text in Händen hielt, war er beeindruckt, wieviel Welt der Künstler in wenige Striche zu bringen vermochte und wieviel er von sich selbst gegeben hatte.

»Ich war entzückt über den weiten Geist, der in jenen kleinen Blättern zum Ausdruck durchbrach. Das Weltmeer, Wolkenkratzer, ewige Wälder, die mechanisierte Zivilisationsmühle, rücksichtslose Erotik – der Beckmannsche Kosmos kam in äußerster Konzentration auf diesen sieben Blättern zur Formulierung.«

Wann begriff Beckmann, daß er in Deutschland nichts mehr zu erwarten hatte? Die politische Situation und seine ökonomische Lage setzten seiner Gesundheit immer mehr zu. Auch zu Ostern 1937 ging er wieder zur »Kour« ins Sanatorium Dr. Dengler, Baden-Baden. Er litt unter Bronchien-, Nerven- und Leberproblemen. Und wieder versuchte er, von den Schlaftabletten loszukommen.

»Glücklicherweise dauern d. Unterhaltungen im̅er nicht lange«, berichtet er seiner Frau, »aber es ist ganz angenehm nicht im̅er als großer Unbekannter zwischen lauter quakenden Wachspuppen zu sitzen, sondern als eine Art Mimikri ebenfalls kurz zu quaken u. dann zu verschwinden.«

Das Publikum des Sanatoriums begann sich zu verändern.

»Viele alte Gesichter von vorigem Jahr sieht man hier, aber auch schon Gruppen der jetzigen Zeit aus Deutschland, die ihre ramponierten Nerven oder sonstige Gebrechen wieder etwas auffrischen wollen. Es ist alles etwas, leider compli[ci]rter geworden, was hier so die Menschen anbelangt. Man muß etwas mehr lavieren und aufpassen weil überall die verschiedenen Gesinnungen leicht aufeinanderplatzen.«

Spöttisch kommentiert er eine Prozession kultureller Aushänge-schilder des Nazi-Regimes.

»Dichter Gerhard Hauptmann mit schwarzer Gattin watschelt vorbei […] langweiliger Dichterfürst, wird hier auf geführt und Furtwängler […] Interessiere mich nicht für Furtwängler, schon zu lange wängelt er in meinem Leben herum ach langweilige Welt, tremblent vor Begeisterung.«

Beckmann formulierte noch im selben Jahr seinen Abschied von jener langweiligen Welt in einem *Selbstportrait im Frack*, in dem er sich einen resignierten, gleichwohl glänzenden Abgang aus einem Land verschaffte, in dem das Leben nicht mehr zu ertragen war.

Der flächig gemalte schwarze Anzug läßt das Portrait als Gegenbild des zehn Jahre zuvor gemalten *Selbstbildnisses im Smoking* erscheinen. Der selbstverständliche Geltungsanspruch von damals macht einer Haltung des ohnmächtigen, gleichwohl noblen Verzichts Platz. Der Frack ist ein noch offizielleres Kleidungsstück als das dinnerjacket, und die Flucht aus einer gefährlich gewordenen Umgebung ist doch zugleich der feierliche Ausgang aus seinem Heimatland, in dem er auch seine größten Erfolge gefeiert hatte.

Provokante Fixierung des Betrachters gehört der Vergangenheit an; ein wehmütig-unbehaglicher Blick gilt der Welt, die der Künstler verläßt wie ein sinkendes Schiff. Der rechte Ellenbogen auf dem *Selbstbildnis im Smoking* hatte schon knapp über den Bildrand ins Dunkel gewiesen. Auf dem *Selbstbildnis im Frack* verschwindet er noch ein gutes Stück weiter. Auch das rechte Knie und die Fußspitze sind schon außerhalb des Bildes. Die Figur hat ihre Position nicht länger im Zentrum, sie ist ins linke Drittel gerückt. Die Hände hängen schlaff herunter.

Aus der Abfahrt wurde ein Abgang – gemalt für niemanden.

Und dennoch gibt es Zeichen der Hoffnung in diesem Bildnis des Abschieds. Denn die Figur geht nicht nur aus dem Bild heraus. Der Mann steigt über eine Art Geländer, als wolle er über eine Brüstung springen. Der puritanischen Zurückhaltung in den

Farben, wie das Smoking-Bild sie übt, steht hier im Bildhintergrund ein frisches Orange und Rot gegenüber. Ein Blumenstrauß und das Auftauchen neuer Figuren deuten auf eine neue Runde im Spiel des Lebens, neue Chancen, Hoffnungen und Abenteuer. Übrigens haben wir es durchaus mit einem schönen Mann zu tun. Anstelle der Selbstbehauptung des Unternehmers ist der resignierte Gestus des Aristokraten getreten.

Die Ehrenbezeichnung »Emigrant« war der einzige Adelstitel, den das kaiserlose Deutschland noch zu vergeben hatte.

So begann sich auch an Max Beckmann jenes Geschick zu erfüllen, das Thomas Mann im Tagebuch 29. Juli 1934 den Deutschen prophezeit hatte:

»Tatsächlich hat vielleicht die Geschichte ihnen die Rolle der Juden zugedacht, die übrigens auch Goethe ihnen für angemessen hielt: zerstreut zu werden in einer zukünftigen Welt und eine geistesstolze Selbstironie zu ihrem Lebensgefühl zu machen.«

Die letzten Bilder, die Beckmann in Deutschland malte, waren Seestücke. Sie entstanden nach einem Inselaufenthalt im Frühsommer auf Wangerooge: *Nordseelandschaft I*, *Nordseelandschaft II* und *Stürmische Nordsee*. Die drei Seelandschaften haben das gleiche Format und stellen, wenn man so will, ein Triptychon dar, das den krisenhaften Abschied des Malers von seiner Heimat noch einmal auf andere Weise spiegelt. Von düsterer Dynamik sind diese Meerlandschaften. In der ersten, die der Künstler auch *Gewitter* genannt hat, führte er in geradezu schroffer pastoser Malweise die Antithetik von weißlichen Quellwolken, blauem Himmel und schwarzem Meer aus.

27. Die letzte Ausstellung

Am 18. Juli 1937 eröffnete Hitler in München die »Große Deutsche Kunstausstellung«, mit der zugleich das Haus der Deutschen Kunst am Englischen Garten der Öffentlichkeit übergeben wurde. Bei der Grundsteinlegung hatte der Anstreicher den Hammer abgebrochen, aber trotz dieses Omens überstand das neoklassizistische Gebäude des bereits 1934 verstorbenen, aus Elberfeld stammenden Münchner Architekten Paul Ludwig Troost den Zweiten Weltkrieg und steht heute unter Denkmalschutz. Die »Große Deutsche Kunstausstellung« (GDK) fand bis 1944 jedes Jahr als Verkaufsausstellung statt und förderte eine »neue deutsche Kunst«; meist bürgerlich-altmodische, am Realismus des neunzehnten Jahrhunderts orientierte Arbeiten.

Sollte sich damals in den großen hellen Räumen »das deutsche Volk zu deutscher Kultur« bekennen, wie der *Völkische Beobachter* schrieb, eröffneten nach dem Zweiten Weltkrieg die neuen Machthaber das Museum unter dem Namen »Haus der Kunst«; als sei das Wort »deutsch« per se verdächtig. Sie begaben sich damit auf das Niveau der Nazi-Administration. Nun sollte es »international« sein. Indem es ihnen gelang, sich selbst mit allem Deutschen verwechselbar zu machen, hatten die Nazis einen Sieg errungen, der sie selbst noch lange überdauern sollte.

Die Qualität der Exponate in der »Großen Deutschen Kunstausstellung« von 1937 war gemischt. Die Bildhauerei war besser vertreten als die Malerei. Neben bedeutenden Bildhauern wie Arno Breker, Josef Thorak, Fritz Koelle oder Richard Scheibe, der wie Beckmann von der nazifreundlichen Administration aus der Städelschule entlassen worden war (wenn auch nur vorübergehend), hingen Gemälde, von denen man heute wünschte, man hätte sie nie gesehen.

Als 1995 die Heyward Gallery im South Bank Centre in London Werke, die die Nazis als »entartet« klassifiziert hatten, mit offiziöser Nazi-Malerei konfrontierte, bestand zum ersten Mal seit langer Zeit die Möglichkeit, diese Arbeiten zu begutachten. Süßlicher Kitsch und nachgerade pornographische Nacktheit verbanden sich da mit Prüderie und schulmäßigem Malhandwerk. Die »Große Deutsche Kunstausstellung« zeigte, daß sich noch keine nationalsozialistische Kunst herausgestaltet hatte. Trotz aller Propaganda sollte sich in den acht Jahren, die dem Dritten Reich noch blieben, auch keine mehr herausbilden. Was immer man sich unter einer nationalsozialistischen Kunst vorstellen mochte – die Nackedeis von Adolf Ziegler konnte man nur mit gutem Willen als Sinnbilder der neuen Lehre betrachten.

Dafür waren in der »Großen Deutschen Kunstausstellung« auch Meisterwerke zu sehen, wie Josef Thoraks heroisches Doppelbildnis *Kameradschaft* oder Arno Brekers Michelangelo-Paraphrase *Bereitschaft* – zwei Plastiken mit auffällig homoerotischer Komponente. Doch die Nachwelt hält an der nationalsozialistischen Einteilung bis heute fest. Die Etiketten von Gut und Schlecht, von Gut und Böse wurden einfach ausgetauscht.

Am 19. Juli 1937, einen Tag nach der »Großen Deutschen Kunstausstellung«, öffnete in den Münchner Hofarkaden in den Räumen der Abgußsammlung des Archäologischen Instituts die programmatische Gegen-Ausstellung »Entartete Kunst«. Laut Broschüre wollte die Ausstellung »am Beginn eines neuen Zeitalters für das Deutsche Volk anhand von Originaldokumenten allgemeinen Einblick geben in das grauenhafte Schlußkapitel des Kulturzerfalles der letzten Jahrzehnte vor der großen Wende«.

Die beste zeitgenössische Kunst, die damals zu haben war, wurde in enge Ausstellungsräume gepfercht und mit höhnischen, auf die Wand gemalten Kommentaren versehen. Alle Stilrichtungen waren vertreten – mit Ausnahme des Neoklassizismus. Gegenstandslose Plastik wie Hans Bellings *Dreiklang* fehlte ebensowenig wie Hauptwerke von Carl Hofer, Otto Mueller und Ernst Ludwig Kirchner. Neben weniger bekannten Künstlern der Weimarer Republik – etwa Pol Cassel, Werner Scholz, Karl Caspar oder Lothar Schreyer – stellte die propagandistisch kommentierte Schmähausstellung Hauptwerke der Prominenz an der Pranger:

Bilder des notorischen Kriegsgegners Otto Dix, Arbeiten von Oskar Kokoschka, Lovis Corinth, Wilhelm Lehmbruck, Lyonel Feininger, Oskar Schlemmer, Karl Schmidt-Rottluff, Christian Rohlfs, George Grosz oder Emil Nolde – den ein paar progressive SS-Männer einst als besonders »deutsch« eingestuft hatten. Es half Nolde nichts, daß er sich um die Mitgliedschaft in der NSDAP beworben hatte. Selbst vor ausländischen Künstlern wie Chagall und Mondrian machten die Kuratoren nicht halt. »Sie verbieten uns zu atmen«, sagte Karl Schmidt-Rottluff. »Wir sollen ersticken.«

Die Ausstellung wurde in anderen deutschen Städten gezeigt und schon 1938, dem Jahr des »Anschlusses«, in Wien, wo Stephan Lackners spätere Frau Gretl zum ersten Mal Bilder von Max Beckmann zu Gesicht bekam. Einige dieser Werke hingen später in ihrem Haus in Santa Barbara. In Wien erlebte der Kunst-Pranger nach dem Zweiten Weltkrieg übrigens eine Renaissance. 1945 wurde allen Ernstes eine »Liga gegen die entartete Kunst« gegründet, die sich vor allem damit beschäftigte, österreichische und internationale Künstler bei der Polizei zur Anzeige zu bringen.

Nach den Akten des Propagandaministeriums wurden 590 Arbeiten Beckmanns aus öffentlichen Museen in Deutschland beschlagnahmt. In München zeigte die Ausstellung »Entartete Kunst« zwölf Blatt Graphik und zehn Gemälde, darunter *Christus und die Sünderin* von 1917, *Doppelbildnis Karneval* von 1925 und *Fastnacht Paris* von 1930.

Wie Beckmann war auch Hitler einst von einer Kunstakademie abgelehnt worden. Nun betätigte er sich als Kunstrichter. Nach der Rundfunkübertragung der Rede, die er zur Eröffnung der »Großen Deutschen Kunstausstellung« hielt und in der er die künstlerische Elite der Weimarer Republik angriff und bedrohte, glaubte Beckmann keine andere Wahl mehr zu haben.

»Für uns blieb nur eines«, schrieb Quappi in ihren Memoiren, »Deutschland sofort zu verlassen.«

Am 19. Juli 1937, einen Tag nach der Rundfunkübertragung der Hitler-Rede, bestieg Max Beckmann mit seiner Frau den Zug nach Amsterdam, wo Quappis ältere Schwester lebte. Hedda Kaulbach (1900–1992) verband eine kurze Ehe mit dem Bildhauer Toni Stadler. Später heiratete sie den holländischen Organisten Valentyn Schoonderbeek.

Max Beckmann emigrierte nach Holland und wurde ein Teil von jenem großen Aderlaß, von dem sich Deutschland bis heute nicht erholt hat. Er war dreiundfünfzig Jahre alt, als er Deutschland für immer verließ. Auch Pablo Picasso hatte mit dreiundfünfzig Jahren, 1934, seine spanische Heimat zum letzten Mal gesehen.

»Ein Volk, und das muß gerade an dieser Stelle gesagt werden«, schrieb Erhard Göpel 1957 in seinem Beckmann-Aufsatz für die deutsche Nationalbiographie, »diffamiert nicht ungestraft seine großen Söhne.«

Ein Rechtsanwalt und das Berliner Hausmeister-Ehepaar Ruppelt kümmerten sich um die Möbel und Bilder, die Beckmanns bei ihrer Flucht zurücklassen mußten, weil sie den Eindruck zu erwecken suchten, sie führen in Ferien. Alles wurde gerettet und kam später in zwei Möbelwagen in Amsterdam an.

»Ich erwachte und sah mich in Holland, inmitten einer grenzenlosen Verwirrung der Welt.«

VI. Exil in Amsterdam

1937–1940

28. Visionen auf dem Tabakspeicher

Klaus Mann verfluchte jeden, der nicht am 30. Januar 1933 den Zug bestieg. Im Vorwort zu seinem Buch *Escape to Life* warf er Max Beckmann vor, Deutschland erst dann verlassen zu haben, als es für ihn wirtschaftlich allzu schwierig wurde. Tatsächlich befremdet die Ausdauer, mit der der bereits Verfemte inmitten der Gefahr verharrt und an falschen Hoffnungen festgehalten hatte. Hatte Lilly von Schnitzler ihn nicht über die Pläne in den Führungsetagen des Dritten Reiches informiert? Ihr Mann, Georg von Schnitzler, war an der Ausbeutung der Häftlinge aus den Konzentrationslagern in Betrieben der IG Farben unmittelbar beteiligt.

Auch andere Künstler verharrten lange im Land und wanderten schließlich von einem Tag auf den anderen aus. Der Stuck-Schüler Matthäus Koelz (1895–1971), ein gefragter Portraitist, erhielt im Sommer 1937 den Auftrag, Adolf Hitler zu portraitieren. Er reagierte auf diese Ehre, indem er sein Hauptwerk, das riesige Kriegstriptychon *Du sollst nicht töten,* in zwanzig Teile zersägte und mit seiner Familie nach England emigrierte.

Im August 1937 meldete sich Max Beckmann zum ersten Mal aus der Emigration und schickte eine Postkarte an Reinhard Piper.`

»Ich bin inzwischen ganz nach Holland übergesiedelt mit allen Möbeln und Bildern.«

Zuerst wohnten Beckmanns in der Pension Bank, Beethovenstrat 89, wo sich heute eine Kunsthandlung befindet. Dann fanden sie eine Wohnung in einem schmucken Giebelhaus an einer »stillen kant«, einer zugeschütteten Gracht, zehn Minuten vom Bahnhof entfernt. Die Adresse lautete: Rokin 85. Es handelte sich um die Dachwohnung in einem ehemaligen Tabakspeicher.

Erhard Göpel erinnert sich: »Die Wohnung am Rokin besteht

aus einem zweifenstrigen, zur Straße gelegenen Wohnzimmer und einem kleinen, zum Hof gelegenen Schlafraum im ersten Stock des Hauses. Auf dem schmalen Flur ist eine Kochgelegenheit installiert. Eine steile Treppe führt zum Speicher, der mit einem Oberlicht ausgestattet und als Atelier eingerichtet ist. An der Haustür ein Metallschild mit den Initialen M. B. Im Erdgeschoß befindet sich das Büro eines Tabakfabrikanten, im Rückgebäude wohnt ein holländisches Ehepaar, mit dem Beckmanns in gutem Einvernehmen stehen.«

Wie die meisten Emigranten in Amsterdam sah Max Beckmann den Aufenthalt in dieser Stadt als Übergangslösung an. Er hatte vor, nur ein paar Monate zu bleiben und dann nach Paris zu ziehen. Seine Anstrengungen, sich auf dem Pariser Kunstmarkt zu etablieren, hatte er keineswegs aufgegeben. Schon im September 1937, knapp einen Monat nachdem er in Amsterdam angekommen war, reiste er in die französische Hauptstadt. Er traf Stephan Lackner, der ihm bei dieser Gelegenheit das Triptychon *Versuchung* abkaufte.

Doch nach wie vor fehlte es dem deutschen Maler in Paris an einflußreichen Fürsprecherinnen, und seine Versuche, »(kunst) diplomatische Dinge« einzuleiten und dauerhaft durchzusetzen, blieben ohne Erfolg. Er mußte seine Pläne, nach Paris zu ziehen, aufgeben. So wurde Amsterdam, wie schon der Unterschlupf in Frankfurt, zum dauernden Refugium.

Indessen erhielt Beckmann Schützenhilfe aus den USA. Curt Valentin (1902–1954), ein Mitarbeiter von Alfred Flechtheim, hatte seit der Emigration dieses Kunsthändlers im Jahre 1933 die Galerieräume der Buchhandlung Karl Buchholz in Berlin geleitet. 1937 emigrierte auch er und eröffnete mit Kapital von Buchholz unter der Adresse 3 West 46th Street in Midtown Manhattan die »Buchholz Gallery Curt Valentin«, wo er Künstler wie Pablo Picasso vertrat. Dort fand schon im Januar 1938 eine Beckmann-Ausstellung statt. »Max Beckmann: Recent Paintings« war die erste Einzelausstellung des Künstlers in den USA. Laut Faltblatt wurden 21 Gemälde und fünf Aquarelle aus den Jahren

1930 bis 1937 gezeigt, darunter das Triptychon *Abfahrt*, nun *Departure*. Wie Curt Valentin bekannte, hatte die Ausstellung »wohl einen moralischen Erfolg, aber überhaupt keinen finanziellen«.

Erst zehn Jahre später, im Juni 1947, konnte Max Beckmann nach Amerika ausreisen und die enge Amsterdamer Bleibe hinter sich lassen. Und erst 1948 löste er Wohnung und Atelier in seinem selbstgewählten holländischen Exil auf, wo er die schwierigsten, aber auch einige der produktivsten Jahre seines Lebens verbracht hatte.

»Ja unser Holland ist ein gutes Sanatorium für uns beide«, meinte Beckmann schon zwei Monate nach der Ausreise aus Deutschland. Er ermutigte Quappi, die schon wieder zu Kräften gekommen war, weiter zuzunehmen.

Quappis Schwester Hedda gewöhnte sich langsam an ihren Schwager.

»Er konnte sehr verschieden sein, liebenswürdig, dann wieder sah er einen an, beobachtend, als wolle er einen auffressen.«

Wer Beckmann in jenen Tagen sah, konnte den Eindruck gewinnen, der Künstler sehe mit seinen hellen wasserblauen Augen mit den kleinen Pupillen durch ihn hindurch, um ihn dann wieder scharf zu fixieren.

Marie-Louise von Motesiczky gelangte auf ihrem Weg ins Exil auch nach Holland. Sie besuchte Max Beckmann und bezeugte: »das Dunkle, an dem man einige Minuten mit Beckmann mitzutragen hatte, wich, und wenn er, bei einem Gläschen, das er mir damals einschenkte, wirklich heiter wurde, so war man ganz sicher, daß es Vergebung gab in dieser Welt, und daß die Erde, mit Felsen, Tälern, blauen Seen, Städten, Menschen, Bergen, Schluchten, Krieg und Frieden, trotz alledem ein guter Ort für uns sei«.

»Ich bin oft – sehr oft allein«, berichtete der emigrierte Künstler ein Jahr später vor Londoner Publikum. »Das Atelier in Amsterdam, ein großer alter Tabaks-Speicher, füllt sich aufs Neue mit Figuren aus alter und neuer Zeit und immer spielt das Meer von Nah und weit durch Sturm und Sonne – in meine Gedanken. Dann verdichten sich die Formen zu Dingen, die mir verständlich erscheinen in der großen Leere und Ungewißheit des Raumes, den ich Gott nenne.«

Die großen nassen Himmel über Holland, die Wolkendramen begeisterten Beckmann, aber er hat dieses Land nie so geliebt wie Frankreich. Und noch im Jahr seiner Emigration malte er einen *Blick auf die Vorstädte am Meer von Marseille*, der an seine Rivierabilder aus dem Vorjahr anschließt.

Ist der Künstler noch im Jahr seiner Emigration nach Amsterdam von Paris aus nach Südfrankreich gereist? In kühner Bewegung schiebt sich in dieser Seelandschaft das Land, einer Halbinsel gleich, ins friedliche hellblaue Meer. Nur ein Felsen, der von links unten ins Bild ragt, bedroht den Spielzeugkisten-Frieden der Vorkriegslandschaft.

»Medizin der Abhärtung und der Entzückung sind meine Bilder. Sind schon etwas heroisch. Kein Beruhigungsmittel, sondern Stärkungsmittel. Kein Lehnsessel, sondern frische Luft«, hat Beckmann in den dreißiger Jahren zu Stephan Lackner gesagt.

Ob auf dem Höhepunkt seines Ruhmes Ende der zwanziger Jahre, in den Jahren der Bedrückung in einem feindlich gesinnten Deutschland, oder jetzt im Exil: Niemals schienen Beckmanns Motivation, sein Fleiß, seine Schaffenskraft nachzulassen.

Der Gemälde-Katalog von Barbara und Erhard Göpel verzeichnet zwischen 1889 und 1950 etwa 850 Werke. Beckmann muß also mehr als siebzehn Gemälde pro Jahr vollendet haben. Seine Arbeit ist jedoch schwer zu quantifizieren, denn »oft vernichte ich vieles um es noch besser zu machen«, wie er im August 1937 bemerkte.

Kaum hatte er sich in Amsterdam eingerichtet, malte der Künstler ein neues Selbstportrait. Wiederum hielt er seine Situation in gerade diesem Augenblick fest und wagte darüber hinaus eine Aussage über die Bedingung des menschlichen Lebens.

Das Selbstbildnis *Der Befreite* ist klein im Format und kon-

Max Beckmann in Amsterdam, 1938

zentriert in den bildnerischen Mitteln. Das Schwarz der Untermalung scheint nicht nur hinter dem Gitterfenster im linken Bildhintergrund, sondern auch aus dem prallen Kopf hervor, der mit
extremer Weißhöhung wie herausgemeißelt wirkt. Mit metalli-
schem Farbklang erzielt der Maler Kerkeratmosphäre. Der Mund
ist schmerzlich verzogen, nur in die Augen kann man ein befrei-
tes Lächeln hineindeuten. Die Hände ringen wie im Gebet, sie
haben Eisenketten gesprengt.

Hier ist jener stechende Schmerz zum Ausdruck gebracht, den

fühlt, wer gerade von einer lang anhaltenden Qual befreit wird. Mit den Ketten, die seine Hände gebunden hatten, sprengt der Dargestellte, als wäre er der Getreue Eckart, auch die Bande um sein Herz. Mit dem *Befreiten* hat Max Beckmann, der Meister des Vieldeutigen, bewiesen, daß er auch ein Meister des Eindeutigen sein konnte. Dieses Werk ist das Kennbild all derer, die je verfolgt worden sind und denen es vergönnt war, Bedrückung, Gefangenschaft oder Kerker hinter sich zu lassen. Seit Goya und dem Finale des *Fidelio* hatte kein Künstler mehr ein solch schmerzliches Pathos der Freiheit angeschlagen.

Max Beckmanns Werkstatt war wie eine Werft, in der die Schiffe in verschiedenen Stadien der Vollendung harrten. An manchen Bildern malte der Künstler immer wieder. Er konnte jedoch auch plötzlich Hand an ein Bild legen, das er seit Jahren nicht mehr berührt hatte, und ihm eine ganz neue Richtung geben.

Von einigen wenigen Bildern gibt es Photos früherer Zustände, so von dem mythischen Portrait *Der König*. Soweit dokumentiert, stammt die erste Fassung von 1933. Es entstand also in der Zeit der *Geschwister* und der *Reise auf dem Fisch*, denen es im Format fast genau entspricht. Beckmann bevorzugte industriell vorgeweißte Leinwände, die er gelegentlich, wie im Fall der extremen Hochformate, auch nach eigenen Angaben fertigen ließ.

Anders als die Schwesterbilder spielt *Der König* weder auf germanische noch auf christliche Mythologie an. Nicht zuletzt wegen der gelblichen Hautfarbe der Herrschergestalt und ihres rosa Gewandes hat man vermutet, es könnte sich um Cakravatin handeln, den guten König der indischen Mythologie. Doch ist nicht gesichert, ob Beckmann zu diesem Zeitpunkt die einschlägige indologische Literatur gekannt hat, etwa die Schriften von Heinrich Zimmer, der gerade mit seiner Frau Christiane von Hofmannsthal aus Heidelberg nach England emigriert war.

Durch die angedeutete Halskrause auf dem Gewand des Königs erscheint das Bild als ferner Nachhall des *Selbstbildnisses als Clown* von 1921. Damals war der Clown König, jetzt ist der König auch Clown. Doch sitzt er nicht mehr auf einem Fauteuil, sondern mit gespreizten Beinen auf dem vorderen Rand eines Sessels.

Wie im gleichzeitig begonnenen Wälsungenbild steht in beiden Fassungen des *Königs* das Schwert, auf das der Herrscher gestützt ist, im Mittelpunkt.

Beckmann hat die erste Fassung des Gemäldes *Der König* im ersten Jahr des Exils entscheidend umgestaltet. Da er die frühe Version in Pittsburgh in der »Carnegie International Exhibition« 1934 ausstellen ließ, mag er sie zunächst als vollendet betrachtet haben. Ähnlich seiner Revisionen der Bildvorwürfe von Malern wie Matisse, Picasso oder Braque (vgl. S. 218–220), reicherte er nun sein eigenes Werk mit neuen Formelementen an, die es verdichten und verkomplizieren. Die farbliche Modifikation ist nicht nachzuvollziehen, da es von der frühen Fassung nur eine Schwarzweiß-Photographie gibt.

1933, im Jahr straffer Kompositionen wie dem *Raub der Europa* und den *Geschwistern*, war der Bildhintergrund spärlich, fast leer gewesen. In der revidierten Fassung des *Königs* verschwindet die Säule rechts und damit das Prinzip, dem Raum durch die Andeutung eines Rahmens Tiefe zu verleihen, ein Prinzip, das der Maler seit fünfzehn Jahren immer wieder anwandte. Mit gespreizten Knien springt der König beinah nach vorne. Sein Gesicht ist nun verdüstert, die Augen verschattet – es sind nur noch dunkle Höhlen. Als Anspielung auf Ödipus würde das Bild auf das Unheil der Blendung hinweisen, das bereits geschehen ist. Denkt man an den blinden Seher Teiresias, kommt das Unheil in den Blick, das erst geschehen wird.

Die Komposition wird in der Überarbeitung enger verzahnt. Der Charakter des Bildes erscheint noch hermetischer. Die Frau links im Vordergrund klemmt nun hinter dem rechten Knie des Königs. Die ältliche Männerfigur hinter ihm, die in einen Umhang gehüllt ist, erscheint jetzt abgedunkelt und im Profil. Die von Gelb, Rot und Grün dominierte Leinwand wirkt gegenüber der älteren Fassung wie zugewachsen, in Fluß geraten.

Beckmann wollte nicht zu den Entwurzelten gehören, die leicht

Wurzeln schlagen – wie der eingefleischte Emigrant Klaus Mann sich selbst am 29. Juli 1933 in seinem Tagebuch nannte. Doch er suchte sich in der holländischen Welt einzurichten, so gut es ging, auch malerisch.

Kaum war er in Amsterdam angekommen, malte er ein »Meisje« in weißer Haube, roter Corsage und kurzem weißem Rock, dessen quellendes weißes Fleisch ebenso flockig gemalt ist wie die Papageientulpe in seiner Hand und der rosa Vorhang im Hintergrund. Obwohl die Parallele von Beckmanns *Holländerin mit weißer Mütze* zu Picassos *La Belle Hollandaise* von 1905 dem Betrachter sofort ins Auge springt, vertritt Karin von Maur die Auffassung, daß Beckmann dieses Bild des Spaniers wohl nicht gekannt haben dürfte. Deutlich ist dagegen die Reminiszenz an die Bordellszenen der alten Holländer des siebzehnten Jahrhunderts. So führt links eine braune Stiege in eine höhergelegene Kammer.

Allerdings ist die Miene der Holländerin verschlossen, die Arme sind verschränkt. Es scheint, als sehe das Mädchen schon 1937, daß der Maler nicht der letzte Deutsche sein würde, der in ihr Land kam.

29. Krallen, die nach dem Herzen greifen

Max Beckmann war froh, Deutschland verlassen zu haben. Hundert Jahre nach der Geburt seines Vaters erlebte er das erste Jahr der Emigration als Neugeburt, als »Ausscheiden aus dem Getriebe der Schatten«.

Wie nach dem Ersten Weltkrieg saßen ihm die überstandenen Schrecken noch in den Knochen. Aber wieder erfrischte sich sein Lebenswille – »je öfter man stirbt, desto intensiver lebt man«, wie er im Krieg geschrieben hatte.

Geburt und Tod waren für Beckmann nur Namen für Übergang. Und Übergang, Transformation sind Schlüsselbegriffe seiner Lebens- und Kunstauffassung.

Ein Kunstwerk war für ihn nie fertig; es forderte immer weitere Fortsetzung der Arbeit und Korrektur. Und jedes Bild konnte seine Antithese hervorbringen oder ein Schritt in einer großen Sequenz werden.

Im ersten Jahr seiner Emigration kam der Künstler dem Thema des großen Überganges wieder sehr nah. Er schuf das Duo *Geburt/Tod*, verdichtete darin das Prinzip der Sequenz und radikalisierte den konfrontativen Charakter des Triptychons. Man kann die beiden wie im Echo aufeinander bezogenen großen Querformate als Diptychon sehen. Der Künstler erzielt den komplementären Charakter hier jedoch nicht in jenem ergänzenden Widerspruch, in dem die Seitenflügel der Triptychen zum Zentralbild stehen, sondern in jener formalen Dualität der Seitenflügel untereinander.

Die *Geburt* von 1937 überrascht, für sich genommen, vor allem dadurch, daß sie drei von Beckmanns bevorzugten Bildorten zusammensetzt: Die Familienschachteln der Nachkriegszeit, die aus den Stilleben entwickelten Hinterbühnen-Ansichten und die Szenen aus dem Zirkusmilieu.

Wiederum wird Beckmanns Bedürfnis deutlich, Kompositionen, Sujets und Konstellationen auf anderer Stufe zu wiederholen, neu zu kombinieren und ihr Potential voll auszuschöpfen.

Das *Familienbild* von 1920 ist zwar um ein Drittel kleiner und um ein weniges länglicher als siebzehn Jahre später die *Geburt*, zeigt aber die gleiche zusammengedrängte Atmosphäre und das scheinbar rat- und zwecklose Beisammensein eines familienartigen Clans. Wird das *Familienbild* durch die Rückenansicht einer jungen Rothaarigen in Corsage und weißem Unterrock dominiert, finden wir bei der *Geburt* an ihrer Stelle eine weise Alte, in die rechte Mitte gerückt. Am runden Tisch im *Familienbild* sitzt eine alte Frau, die auffallende Ähnlichkeit mit der Mutter von Minna Tube zeigt. Der *Geburt* steht sie als übergroße Hebamme in Rükkenansicht vor, ein Berufung, die hier in ihrer geistigen Bedeutung aufgefaßt werden muß. Wie die germanische Göttin Erda kann sie einer ganzen Welt zur Geburt verhelfen.

Die Figuren sind gegenüber dem *Familienbild* stärker ineinandergeschoben und wie übereinandercollagiert. Die Personenführung ist so dicht wie einst in der Nachkriegsgraphik. Das Bild, geschaffen nach der Neugeburt, die die Emigration für Beckmann bedeutete, führt den Künstler noch einmal zurück zu der persönlichen Neugeburt nach dem großen Sterben, das er 1915, mitten im Krieg, erlebt hatte. Wie im *Familienbild* malt er auch in die *Geburt* ein Portrait von sich hinein. Während Beckmann sich im *Familienbild* als genesender Hornist zeigt, ist er in der *Geburt* wieder das, was er schon im Krieg war: Krankenpfleger – wie im *Selbstbildnis als Krankenpfleger* von 1915 um die symbolische Dimension dieses Berufes erhöht.

Die *Geburt* ereignet sich in einem Zirkuswagen, »denn wir haben hier keine bleibende Statt, sondern die zukünftige suchen wir«, wie es schon Paulus an die Hebräer geschrieben und Brahms vertont hatte. Das Neugeborene, oder, in Beckmanns Jargon, »der Embryo«, nimmt auf dem Arm der Hebamme die obere Bildmitte ein. Sein verschrumpeltes Gesicht ist seltsam altklug, ja gealtert, und man würde sich nicht wundern, hier nochmals das Antlitz des Künstlers zu erkennen, dessen Gesicht schon in einer Maske verdoppelt wird, die neben ihm an der Wand hängt.

Im ersten Jahr des Zweiten Weltkrieges variierte der Künstler das Thema in einem etwas kleineren Querformat unter dem Titel *Im Artistenwagen*. Gedachte er seines Vaters Carl Beckmann, der am liebsten im bunten Wagen herumgezogen wäre? Die spielzeughafte Szene erscheint wie eine Light-Version der *Geburt*. Der Personenaufbau in der Guckkastenbühne ist entzerrt. Die in die Mitte gebreitete Frau erscheint auch hier. Der Clou des Bildes besteht in der Andeutung eines doppelten Selbstportraits; sowohl der Mann, der sich hinter der Frau in eine Zeitung vertieft, als auch der Bajazzo, der mit der Laterne vor ihr steht, tragen Züge Beckmanns. In der Ähnlichkeit des

Zeitungslesers mit dem Baby der *Geburt* sind die beiden Zirkusszenen zusätzlich verbunden.

Von den vielen Zirkusbildern, die Beckmann gemalt hat, ist *Geburt* eines der virtuosesten und vieldeutigsten. In Konfrontation mit dem *Familienbild* zeigt die *Geburt* auch die ungemeine technische Entwicklung, die der Maler in jenen Jahren durchlaufen hatte. Bei der Frage des Pinselduktus spielt freilich auch die Größe der Leinwand eine Rolle. Hatten wir es 1920 mit einer vorsichtig ziselierten, hoch lasierten Malerei zu tun, zeigt die Leinwand nun eine großflächigere Malweise und den sicheren Einsatz von Übermalung. 1920 ging ein junger Mann altmeisterlich vor, 1937 schöpft ein Meister aus der malerischen Sicherheit eines langen Berufslebens.

Tod, 1938 gemalt, zeigt wiederum Beckmanns Willen, sich mit jedem Bild gegenüber dem vorhergehenden zu steigern – und es unterstreicht seine Anschauung von Geburt und Tod als zwei Seiten derselben Medaille.

Zu dem formal und ikonographisch komplexen Gemälde findet man am leichtesten Zugang, wenn man es sich als den zweiten Teil eines Theaterstücks vorstellt, in dessen erstem Teil, der *Geburt*, dieselben Schauspieler in anderer Maske auftreten.

Die junge Frau, eben noch gebärender Halbakt, liegt nun als grünliche Ophelia im Sarg. Der Krankenpfleger tritt in fast unveränderter Gestalt wieder auf – doch die Selbstportrait-Züge sind aus seinem Gesicht gewichen. Die Hebamme erscheint wiederum in beherrschender Vertikale, diesmal als vielfüßige schwarze Frau, die statt des Säuglings mahnend eine erloschene Kerze hält und die vor dem Sarg steht wie die Mutter des Schwarzen Grafen aus dem Märchen von Ludwig Bechstein.

So wirft der *Tod* ein Licht auf die *Geburt*. Jeder Anfang wird erst am Ende verständlich, da niemand vor seinem Tod glücklich zu nennen ist. Die Welt, in der man bei der Geburt ankommt, ist eine vernagelte Bretterbude. Die Welt nach dem Tode öffnet sich ins Unendliche. Beckmanns *Tod* spiegelt nicht nur seine *Geburt*; die untere Bildhälfte findet noch in einer auf dem Kopf stehenden Frau ihre Spiegelung. Die Mitte öffnet sich, als wollte sie sich ins All ausdehnen, und droht alle Figuren, wie auch den Betrachter, ins Blau der Unendlichkeit zu reißen.

Die Aufteilung des Bildes erweitert Piscators Zweistufenbühne ins Katholische. Die Gegenwelt besteht hier aus einem Trompeter des Jüngsten Gerichts und drei Sängern im dinnerjacket, die aus dem damals populären deutschen A-capella-Ensemble der »Commedian Harmonists« stammen könnten – das sich während der Nazi-Zeit »Meister-Sextett« nennen mußte, weil ihnen der englische Name verboten wurde. Wiederum arbeitet Max Beckmann mit dem Prinzip der Banalisierung, das seinem Humor entsprach. Gerade hier zeigt er auch die tiefere Dimension des Banalen – die Unterhaltungsmusik der drei Sänger bekommt einen eschatologischen Klang.

Beckmann pflegte die Komposition eines Bildes zu prüfen, indem er es umdrehte. Christian Morgenstern hatte die Methode schon vor dem Ersten Weltkrieg in seinem Gedicht *Bilder* erläutert:

> *Bilder, die man aufhängt umgekehrt,*
> *mit dem Kopf nach unten, Fuß nach oben,*
> *ändern oft verwunderlich den Wert,*
> *weil ins Reich der Phantasie erhoben.*

Im Gegensatz zu seinen Imitatoren, etwa Horst Antes oder Georg Baselitz, wußte Max Beckmann jedoch, daß die simple Bildumdrehung noch kein wandfüllendes Programm ist.

Und anders als Anselm Kiefer hat Max Beckmann die tragische Dimension des sogenannten »Deutschen Grußes« als der folgenreichsten Pathosformel des zwanzigsten Jahrhunderts erkannt und in einen künstlerischen Bezugsrahmen zu überführen vermocht. In zwanghaftem Querulantentum war Kiefer nach dem Zweiten Weltkrieg mit emporgerecktem rechtem Arm herumgelaufen und hat sich so auch filmen lassen. Unter dem Deckmantel dialektischer Anverwandlung verfiel er vollkommen und ohne jede ironische Einschränkung seinen Jugendphantasmagorien aus den großen Jahren des Anstreichers.

Auch in der gegenstandslosen Kunst bestand übrigens die Möglichkeit, Pathosformeln des Nationalsozialismus auseinanderzunehmen. Bereits 1933 hat Paul Klee in seiner Mischtechnik *Die Zeit* das Hakenkreuz zerlegt.

In keinem anderen Werk von Max Beckmann ist die Symbolik so deutlich politisch zugespitzt wie in dem Gemälde *Hölle der Vögel* von 1938. Schon Hieronymus Bosch hatte die bedrohliche, dämonische Dimension der Vögel herausgestrichen und die Himmelsgeschöpfe als Höllengezücht dargestellt. Alfred Hitchcock nahm das Motiv 1963 in seinem Film *The Birds* nach dem Roman von Daphne du Maurier auf. Auch Beckmanns Vögel führen, wie die Hitchcocks, das Böse schlechthin unter ihren Fittichen. Doch aus den vielfältigen Übeln, mit denen man dieses bläuliche und gelbliche Gezücht in der *Hölle der Vögel* assoziieren kann, ragt mit ihrem hochgereckten rechten Arm die Ideologie des Nationalsozialismus mehr als deutlich hervor. Das Tor links, rot wie Blut, rot wie die Flaggen der Sozialismen in Deutschland und Rußland, steht jedoch dafür, in dieser Mörderbande weniger eine gefiederte Braune Kolonne zu sehen als Abgesandte der Hölle, welcher auch immer.

Auf dem Streckbett wird ein Mensch massakriert. Die Stimmung des Bildes kündigt jedoch schon an, daß dies nur der Anfang von Schrecken ist, gegen die sich die Greuel in Octave Mirbeaus *Jardin des Supplices* oder Kafkas *Strafkolonie* wie der Aufenthalt in einem Ferienlager ausnehmen.

»Da fühlte ich es wie mit Krallen mir nach dem Herzen greifen, denn vor mir ausgebreitet lag die Stätte der Unterdrückung in ihrer vollen Schmach«, schrieb Ernst Jünger in seiner Erzählung *Auf den Marmor-Klippen* über die Schinderhütten der totalitären Staaten. Der Dichter arbeitete an seiner Erzählung zu der Zeit, als Beckmann die *Hölle der Vögel* malte. Weiter heißt es in den *Marmor-Klippen*:

»Das sind die Keller, darauf die stolzen Schlösser der Tyrannis sich erheben und über denen man die Wohlgerüche ihrer Feste sich kräuseln sieht: Stankhöhlen grauenhafter Sorte, darinnen ein auf alle Ewigkeit verworfenes Gelichter sich an der Schändung der Menschenwürde und Menschenfreiheit schauerlich ergötzt.« Diese Sätze wurden im Dritten Reich geschrieben – und veröffentlicht. Nur eine kaltblütige Spielernatur wie Ernst Jünger konnte dies wagen. Doch Himmler und seine Schergen waren ihm schon auf den Fersen.

Beckmanns *Hölle der Vögel* hing im Salon von Käthe von Porada in Paris, 89, rue de la Pompe, und erinnerte die Emigranten daran, was ihnen blühte, sollte Hitler die westlichen Länder besetzen. Und der Krieg kam immer näher.

30. Melancholie des Exils

»Alles Wesentliche geschieht abseits von dem Tagesgeschrei um trotzdem um so stärker zu wirken.«

Mit solchen Einsichten tröstete sich Max Beckmann Anfang 1938 im niederländischen Exil, während in Deutschland der Ton gegen ihn noch schärfer wurde.

»Dabei gibt es kaum ein einziges Werk des Kulturbolschewisten Beckmann, das nicht eine gemeine Zote wäre«, schrieb etwa ein Adolf Dresler im selben Jahr in seinem Buch *Deutsche Kunst und Entartete Kunst*.

Übrigens trug die Nazi-Administration auf ihre Weise zur Verbreitung deutscher Kunst im Ausland bei: Die Reichskulturkammer in Berlin verkaufte über die deutsche Botschaft in London verfemte Werke. Um Devisen zu beschaffen, bot die sogenannte »Kommission zur Verwertung der Produkte entarteter Kunst« des Propagandaministeriums einen Teil der aus deutschen Museen beschlagnahmten Werke, die als »verwertbar« eingestuft wurden, über einen kleinen Kreis ausgewählter Händler im Ausland an. Selbst innerhalb Deutschlands wurde auf diesem Wege eine Reihe von Werken privat an den Mann gebracht. Karl Buchholz, später auch Günther Franke, kauften bei dieser Gelegenheit mit Beckmanns Einverständnis mehrere seiner Bilder auf.

Unterdessen begann sich das Exil zu formieren. Zusammen mit Käthe von Porada und vielen anderen bereitete Stephan Lackner in London eine Retrospektive deutscher Kunst vor, die auch eine Demonstration gegen die Nazi-Vorführung »Entartete Kunst« sein sollte. Zunächst unter dem Titel »Banned Art« geplant, firmierte die Londoner Schau im Zuge der englischen Apeasementpolitik infolge des Münchner Abkommens schließlich als »Exhibition of 20th Century German Art«. Der Termin der Ausstellungseröffnung am 7. Juli 1938, drei Tage vor Hitlers Rede zur »2. Großen Deutschen Kunstausstellung« im Haus der Deutschen Kunst in München, war freilich Signal genug und wurde von Hitler auch so verstanden.

Ein Taschenbuch mit dem Titel *Modern German Art* mit einem Vorwort des englischen Kunsthistorikers Herbert Read, dem Chairman der Ausstellung, ergänzte die Londoner Schau. Der einflußreiche serbische Kunstschriftsteller Oto Bihalji-Merin (1904–1994), ein Mitarbeiter von Arthur Koestler und Manès Sperber, hatte das Buch unter dem Pseudonym Peter Thoene verfaßt. Es blieb für Jahre die einzige Veröffentlichung seiner Art und prägte das Bild von deutscher Kunst in der englischsprachigen Welt.

Max Beckmann hatte sich der Veranstaltung zunächst entziehen wollen. Er befürchtete, die Unternehmung könnte »von einer unangenehmen Schaar von Mitläufern – überrannt werden«.

Diese Sorge war nicht unbegründet. In allen Ländern waren die intellektuellen Handlanger der kommunistischen Parteien und Geheimdienste äußerst rührig, wenn es galt, den Widerstand gegen den »Faschismus« zu vereinnahmen – um am Ende den Teufel mit dem Beelzebub auszutreiben. Dennoch vermochten die historische Konzeption der Ausstellung und das Patronat von

Persönlichkeiten wie Thomas Mann den Maler schließlich dazu zu bewegen, seine Visitenkarte abzugeben, wie er es nannte. Auch als das Komitee Thomas Manns Namen nach einer politischen Kontroverse von der Liste strich, war Beckmann noch bereit, mitzuwirken. Zusammen mit dem in der Nähe von Paris lebenden Wassilij Kandinskij unterstützte er jedoch eine revidierte, weniger provozierende Konzeption des Komitees, die er für geschickter hielt: Dabei blieb agitatorische Anti-Nazi-Kunst ebenso ausgeschlossen wie »Neue Sachlichkeit«. Die meisten Leihgeber zogen es vor, ungenannt zu bleiben.

»Echte Kunst kann nun einmal nicht durch Lärm und Agitation im journalistischen Sinne wirken«, betonte Beckmann immer wieder. »Politik ist eine subalterne Angelegenheit, deren Erscheinungsform je nach dem Bedürfnis der Massen dauernd wechselt [...]. Worum es sich handelt ist das Bleibende, einmalige, Seiende in der Flucht der Illusion.«

Am 20. Juli 1938 schiffte sich der Künstler mit Stephan Lackner für zwei Wochen nach England ein. Er war guter Dinge.

»Jaja, so hat man sich durchgerungen durch dieses kleine Leben«, seufzte er bei dieser Gelegenheit, wie Lackner berichtet.

Die Ausstellung in den nicht-kommerziellen New Burlington Galleries in London war bereits zwei Wochen zuvor eröffnet worden. Schon zeichnete sich ein gesellschaftlicher Erfolg ab. Pablo Picasso, Axel Munthe, Virginia Woolf und andere Prominente hatten die Schirmherrschaft übernommen.

Viele Besucher fanden in die im Westend neben der Royal Academy of Arts gelegenen (heute nicht mehr existierenden) repräsentativen Räume. Die sieben Gemälde von Beckmann, darunter der *Hafen von Genua* und *Quappi mit weißem Pelz* waren Leihgaben von Lackner und Frau von Porada. Die Auswahl zeigte Beckmanns Stilentwicklung seit 1927.

Die Engländer behandelten Beckmann als VIP. Sein Triptychon *Versuchung* nahm unter den 269 Objekten, darunter Werke von Corinth, Kandinskij, Kirchner, Schwitters, Nolde, Marcks, Lehmbruck und Barlach, bei dieser Verkaufsausstellung einen zentralen Platz ein. Außer Kokoschka waren alle Künstler in England bisher unbekannt gewesen. Viele von ihnen konnten wegen der schwierigen Verhältnisse und Visabestimmungen nicht kommen.

»Es ist eine beunruhigende Show«, schrieb der *Manchester Guardian* und charakterisierte Beckmanns Triptychon *Versuchung* als »groß in der Konzeption, willkürlich in der Zeichnung, voll von wilden Übertreibungen, aber dennoch machtvoll und fesselnd«.

Am 23. Juli bildete das *Times Literary Supplement* das Triptychon auf der ersten Seite ab.

In dem Vortrag *Über meine Malerei*, den Beckmann im Juli 1938 in London als Beitrag zur Ausstellung hielt, warnte er nicht nur vor dem Sozialismus roter und brauner Couleur, sondern auch vor dem Konsumismus der westlichen Welt.

»Die größte Gefahr die uns allen Menschen droht, ist der Collectivismus. Überall wird versucht, das Glück oder die Lebensmöglichkeiten des Menschen auf das Niveau eines Termitenstaates herabzuschrauben. – – – – – – Dem widersetze ich mich mit der ganzen Kraft meiner Seele.«

Der Gedanke entsprach seit längerer Zeit einer allgemeinen Stimmung. Stefan Zweig hatte schon im Januar 1925 in der Wiener Tageszeitung *Neue Freie Presse* in einem Aufsatz mit dem sprichwörtlich gewordenen Titel *Die Monotonisierung der Welt* den Rückzug ins Innere gefordert.

»Flucht, Flucht in uns selbst. Man kann nicht das Individuelle in der Welt retten, man kann nur das Individuum verteidigen in sich selbst.« Der Aufsatz war gerade, 1937, in einer Buchausgabe erschienen.

Vor hundertfünfzig Zuhörern las Brian Howard vom *New Statesman* seine Übersetzung von Max Beckmanns Rede vor. Der Künstler saß neben ihm auf dem Podium »wie ein Bär, der seine Waldhöhle für kurze Zeit verlassen hat und nur darauf wartet, in die Einsamkeit zurückzutrotten«, wie sich Stephan Lackner fünfzig Jahre später erinnerte.

In der programmatischen Abhandlung formulierte der Maler sein künstlerisches Credo.

»Ich will eine neue Konstitution des Raumes in der Fläche realisieren.«

Sein assoziativer Stil streift jedoch auch Lebensfragen, die er mit beiläufiger Souveränität behandelt.

»Betrachten Sie Lebensgefahr als angenehmen Kitzel, Liebe als einen hochwertigen Zeitvertreib. Nicht mehr als das. Behalten Sie Ihre Augen immer auf die Hauptsache gerichtet, auf die Leitsterne. Freiheit und Gerechtigkeit sind immerhin verwirklichenswerte Ideen.«

Beckmann besuchte auch die Tate Gallery. William Blake machte ihm einen starken Eindruck, er nannte den Londoner Künstler »diese edelste Emanation des englischen Genius«. Die mystischen Gaben des Malers und Dichters fanden Widerhall in seinen eigenen Absichten jener Jahre. Die gegenstandslose Kunst stellte seine Version der gegenständlichen Malerei in Frage. So suchte er immer dringlicher nach den Ahnherrn einer modernen mystischen Gegenständlichkeit. Weit weniger irritierte ihn der totalitäre Neoklassizismus, der die moderne gegenständliche Malerei ebenfalls attackierte.

Im Londoner Vortrag betonte Beckmann, es gehe ihm in seiner Arbeit darum, »die Magie der Realität zu erfassen, und diese Realität in Malerei zu übersetzen«.

Es gelang ihm bei dieser Gelegenheit, die metaphysischen Absichten seiner virtuosen Perspektiven und ausgeklügelten Raumbehandlung zu benennen.

»Entscheidend hilft mir dabei die Durchtastung des Raumes. – Höhe, – Breite und Tiefe in die Fläche zu übertragen, sodaß aus diesen drei Raumgegebenheiten sich die abstrakte Bildfläche des Raumes gestaltet, die mir Sicherheit gibt gegen die *Unendlichkeit* des Raumes.«

Englands malerische Traditionen sind den deutschen ganz entgegengesetzt, wie denn auch die Epochen seiner Architektur quer zu den kontinentalen liegen. Das Interesse an europäischer Kunst ist gering; wenn überhaupt, interessiert sich die englische Öffentlichkeit für französische Malerei. Dennoch hatte die Ausstellung »Exhibition of 20th Century German Art« eine nachhaltige Wirkung auf britische Künstler und Intellektuelle, zumal ein musikalisches Begleitprogramm die Schau ergänzte, bei der auch die *Dreigroschenoper* zum ersten Mal in englischer Sprache aufgeführt wurde.

Niemand in London kaufte jedoch ein Bild von Beckmann. Aus dem englischen Blickwinkel wirkte seine Kunst noch fremdartiger als aus französischer Sicht. Auch die Hoffnung, die Ausstellung könnte nach Paris und New York übernommen werden, zerschlug sich.

Um dem finanziell auf schwindender Basis lebenden Emigranten dennoch zu einem Einkommen zu verhelfen, verpflichtete sich Stephan Lackner in einem Vertrag vom September 1938, ihm gegen eine regelmäßige Zahlung monatlich zwei Bilder abzunehmen. Die Vereinbarung sollte dem Maler die Konzentration auf seine Arbeit ermöglichen. Lackner gab zugleich ein Portrait in Auftrag und kaufte Beckmann zwölf Gemälde ab, darunter das Triptychon *Versuchung*.

Der Maler freute sich, daß seine Arbeit nun für einige Zeit gesichert war, drückte sich die Melone auf den Kopf und schlug im Garten der Lacknerschen Villa in Paris ein Rad, ohne dabei den Hut zu verlieren.

»Können Sie das auch?« fragte er Stephan Lackner. »Müssen Sie lernen. Sehr wichtig.«

»Mein Vater, der schließlich Kaufmann war, erwartete, daß ich einige der Bilder mit Gewinn weiterverkaufen würde«, erzählt Lackner. »Aber es war wie verhext: Diese Werte, die mir so evident waren, wurden von anderen Leuten nicht anerkannt.«

Stephan Lackner sagte über seine Situation im Exil: »Man hatte einen klar erkannten Gegner, den National-Sozialismus, und ein fest umrissenes Ideal, Max Beckmanns Kunst.«

Lackner meinte, in der École de Paris, die ebenso aus Russen, Litauern und Italienern bestand wie aus Franzosen, müsse auch

Platz für Beckmann sein. Doch es gelang ihm nicht, den Deutschen zu lancieren. Auch Max Ernst ließ ihn abblitzen. »Wie ich Ihnen schon sagte, interessiert mich die Malerei des Herrn Beckmann nur wenig«, schrieb Ernst an Lackner.

Max Beckmann behielt die Amsterdamer Bleibe bei, mietete aber im Oktober 1938 eine möblierte Wohnung im XVI. Arrondissement in Paris, 17, rue Massenet, wo er bis zum Sommer 1939 wohnte. Ein kleines Zimmer diente als Atelier. 1938 reiste der Künstler zusammen mit Lackner nach Bandol, im folgenden April wieder ans Cap Martin. Er schwärmte von der wohltätigen Wirkung, die die französische Südküste auf seine Gesundheit und seine Ideen ausübte. Als der Krieg ausbrach, konnte er nicht mehr hinfahren – er malte die Côte d'Azur jedoch weiterhin. Die fünfzehn Riviera-Bilder, die bis 1944 entstanden, sind eine Gegenwelt zur historischen Lage; dabei fern der bei diesem Thema üblichen malerischen Stimmungsmache.

Bei seinem letzten Besuch auf dem Cap Martin skizzierte Max Beckmann die soziale Umgebung. Im Spielkasino des nahen Monte Carlo hielt er Besucher und Croupiers auf Hotelpapier in einer Reihe von schnellen Zeichnungen fest. Aus diesen und anderen Skizzen entwickelte er ein Gemälde, in dem das Casino formal verdichtet und symbolisch zu einem Ort des Weltspiels gesteigert wird.

Das Gemälde *Traum von Monte-Carlo*, das den Maler zwischen 1939 und 1943 nicht losließ, führt wiederum eine undurchdringliche Alte als Zentralfigur ein. Sie hat einen kleinen Jungen dabei und wird von zwei jungen Frauen, drei Croupiers und zwei geheimnisvoll vermummten Figuren eingerahmt. Inmitten der zusammengeschobenen rechteckigen und halbrunden Formen geht eine gewisse Einsamkeit von ihr aus, und man glaubt, die alte Béatrice Ephrussi de Rothschild sei noch einmal vom Cap Ferrat herübergekommen, um ein Vermögen zu verspielen. Voll Wehmut schreibt Beckmann am 1. März 1942 in Amsterdam ins Tagebuch:

T'ja T'ja – les vielles dreams of Monte Carlo – Aber es ist alles
unnütz und das Herz klopft noch immer – aber wozu?!
Die vielen Milliarden von Lebensschicksalen – und immer geht
es weiter –

Während in Deutschland Max Beckmanns Werke weder ausgestellt noch »unter dem Anschein positiver Wertung verkauft« werden durften, gelang es Käthe von Porada und Stephan Lackner 1938, in der Schweiz eine Beckmann-Exposition zu organisieren, die in Bern, Winterthur, Zürich und Basel zu sehen war. Auch der »Kunstzaal van Lier« in Amsterdam stellte Arbeiten des in Deutschland verfemten Künstlers aus.

1938 malte Max Beckmann seinen kraftvollen Widerspruch gegen die Bedrängungen des Exils, ein gewaltiges Trotzdem. Im *Selbstbildnis mit Horn* von 1938 zeigt sich der Künstler entschlossen, der mißlichen Lage äußerste Lebensenergie abzuringen. Das fast quadratische Portrait des Vierundfünfzigjährigen ist ein triumphaler Ausbruch von Vitalität in einem düsteren Rahmen. Schwarz ist die Untermalung, schwarz die Wand und das Bild oder der Spiegel hinter der Figur, und schwarz gerippt ist auch sein Haus- oder Bademantel. In diesen Sprossen deutet sich das Gerippe und die Nähe zum Tod an.

Die dickeren hellroten Streifen lassen zugleich aber die tigerhafte Erobererpose deutlicher aufleuchten. Beckmann, dessen Ich-Tier der Tiger war, malt hier auch das Selbstportrait eines Mannes in den besten Jahren, der für Frauen unwiderstehlich ist.

Wie bei dem mythischen Bildnis *Der König* gibt es auch hier das Photo einer früheren Fassung. Überraschend zeigt sich Beckmann darauf voll strahlendem Optimismus. Von kurzen Phasen der Euphorie werden Emigranten gelegentlich heimgesucht. Tatsächlich hielt es Max Beckmann noch Anfang 1939 für möglich, daß sich die Verhältnisse in Deutschland bald ändern könnten. Träumte er von einer Rückkehr in Glanz und Gloria?

Der Optimismus der frühen Fassung erscheint grotesk. Offene runde Durchgänge im Hintergrund korrespondieren zur Öffnung

327

des Horns, eine helle Glaskugel zur Linken verheißt gute Zukunft, und der Zeigefinger ist ausgestreckt, als ginge es nun bergauf. In dieser Fassung wäre das Bild das einzige Selbstportrait geworden, auf dem Beckmann lächelt.

»Lachen – muß man – lachen«, notierte er noch Ende März 1943. »Aber auch dazu gehört Talent.«

Beckmann glaubte nicht, dieses Talent zu haben. Doch der Humor erscheint in seinem Werk als homerisches Gelächter über die armen Menschen auf Erden oder als das Lachen Byrons darüber, daß es nichts zu lachen gibt.

Die runden Formen im Hintergrund der frühen Fassung werden nun durch ein Rechteck ersetzt. Die Glaskugel ist verschwunden. Wie mit einer roten Latte oder Planke wird der Bildausschnitt rechts von einem Türrahmen eingefaßt und gewinnt damit an Raumtiefe.

Beckmanns Kopf ist plastisch gemalt, das Gesicht verschlossener, der Mund zusammengepreßt. Der Optimismus ist nicht ganz aus den Augen gewichen. Wie bei zahlreichen grimmigen Selbstportraits kann man den Eindruck gewinnen, der Künstler verkneife sich das Lachen.

Schon im *Familienbild* von 1920 hatte sich Beckmann mit Horn gezeigt. Gab er sich damals als Postillion in Rekonvaleszenz, führt er nun sein volltönendes Instrument zum Mund. Er ist Trompeter in einem Feldzug gegen den Tod, Tambour des Lebens: »Schlage die Trommel und fürchte dich nicht ...«

Um ein Selbstportrait zu finden, in dem sich ein Künstler mit ähnlicher Souveränität und Selbstherrlichkeit dargestellt hat wie Beckmann im *Selbstbildnis mit Horn*, müßte man in der Kunst des zwanzigsten Jahrhunderts lange suchen. Erst Lovis Corinth trotzt in lässiger Haltung dem Tode, etwa in seinem *Selbstbildnis mit Skelett* von 1896, das heute im Lenbachhaus hängt. Bei einem Maler wie Otto Dix dagegen ist oft die Anstrengung zu spüren, die die Selbstdarstellung gekostet hat, der Kampf, etwas Bestimmtes sein zu wollen.

In seinem *Selbstbildnis mit Horn* zeigt Max Beckmann eine

archaische Männlichkeit, die schon damals kaum noch in Mode war – und die insbesondere zu der verkrampften, latent homosexuellen Pseudo-Männlichkeit der Nazi-Propaganda in Kontrast steht.

»Liebe – in animalischem Sinne ist eine Krankheit, aber eine Lebensnotwendige, die zu überwinden ist«, bemerkte der Künstler im Jahr dieses Werkes und brachte damit aufs neue seine christlich inspirierten Ideen von Sünde, Pessimismus und Weltüberwindung zum Ausdruck. Mit Blick auf dieses Aperçu könnte man die Darstellung des Musikinstrumentes in die Nähe des Puritanismus von Hieronymus Bosch rücken. In seinem Triptychon *Das tausendjährige Reich* ist die Musik der Sünde zugeordnet.

Für sich genommen, spricht Beckmanns *Selbstbildnis mit Horn* freilich nicht dafür. Die priapische Präsentation des Blasinstruments kann musikgeschichtlich in zweifachem Zusammenhang gesehen werden: Einerseits knüpft der Maler an die betont sexuelle Selbstinszenierung der stolzen schwarzen Jazzer an, vor allem Louis Armstrongs, der Anfang der dreißiger Jahre eine große Tournee durch Nordeuropa unternommen hatte und für die Europäer zum Inbegriff des Jazzmusikers geworden war.

Auf der anderen Seite kehrt sich der Maler hier jedoch von jenem kosmopolitischen Schick ab, den er in den zwanziger Jahren mitunter dick aufgetragen hatte. Er tritt in die Welt der Romantik und Neoromantik von Eichendorff, Arnim und Gustav Mahler ein. Säulen, Schwerter, Harfen, Lauten und Mandolinen sollten nun als Reminiszenz an die romantischen Bewegungen wiederkehren, einsame Statuetten wie im *Abtransport der Sphinxe* von 1945 und im *Atelier* ein Jahr später, brennende oder umgestürzte und erloschene Kerzen wie im *Stilleben mit zwei großen Kerzen* von 1947, ein Mond, der durchs Fenster scheint, wie im *Großen Stilleben mit schwarzer Plastik* von 1949.

Neben seinen erotischen, artilleristischen und politischen Bedeutungen besitzt das Blasinstrument jedoch stets auch einen eschatologischen Charakter. Auch Kafka deutet in dem berühmten Kapitel *Das Naturtheater von Oklahoma* in seinem Roman

Der Verschollene (Amerika) eine solche Transsubstantiation der Musik an.

Karl fing zu blasen an; er hatte gedacht, es sei eine grob gearbeitete Trompete, nur zum Lärmmachen bestimmt, aber nun zeigte sich, daß es ein Instrument war, das fast jede Feinheit ausführen konnte. [...]

»Du bist ja ein Künstler«, sagte Fanny, als Karl ihr die Trompete wieder reichte. »Laß dich als Trompeter aufnehmen.«

Stephan Lackner hat fünfzig Jahre lang mit Beckmanns *Selbstbildnis mit Horn* gelebt und die große Ähnlichkeit des Selbstportraits bezeugt. Für den Schriftsteller steht selbst bei diesem Selbstportrait der schwermütige Aspekt im Vordergrund.

»Ein tief melancholischer Exilierter schaut vereinsamt aus dem Bild. Ein Horn hält er neben seinen Mund, als habe er soeben einen sehnsuchtsvollen Ton in die Ferne hinausgeschickt; jetzt lauscht er, ob nicht irgendwo ein Echo zu ihm zurückfinden möchte. Die umschatteten Augen, die aus der Dämmerung dieses Raumes schauen, wirken geisterhaft eindringlich.«

Ein Echo sollte sich indes erst nach Beckmanns Tod einstellen. Mit einem Höchstgebot von mehr als 22,5 Millionen Dollar war das Selbstbildnis das zweitteuerste Gemälde des Jahres 2001 – und zugleich das teuerste je versteigerte deutsche Kunstwerk. Nur für Cézannes *La Montagne Sainte-Victoire* von 1888/89 aus der Sammlung Berggruen wurde in diesem Jahr mehr geboten; einen Tag vor der spektakulären Beckmann-Auktion versteigerte es das Auktionshaus Phillips in New York für 35 Millionen Dollar.

»Der unumstrittene Star des Jahres 2001 heißt Max Beckmann«, schrieb die *Frankfurter Allgemeine* Ende des Jahres in ihrer Kunstmarkt-Beilage. »Das großartige Bildnis mit direkter Provenienz des Beckmann-Intimus Stephan Lackner, schon hoch auf sieben bis zehn Millionen geschätzt, brachte dem Künstler den Durchbruch zu einem absoluten, absehbar kaum einholbaren Rekord, der zugleich für ein deutsches Kunstwerk in einer Auktion überhaupt gilt.«

31. Form macht frei

Max Beckmann wollte eine Totalität gestalten. Im Zweiten Weltkrieg behauptete er gegenüber dem Dichter Wolfgang Frommel, er habe wie Balzac in der *Comédie humaine* den Gehalt einer Epoche zur Anschauung gebracht.

In den dreißiger Jahren weitete er selbst dieses Panorama noch aus.

»Einen Mythos aus dem gegenwärtigen Leben heraus zu schaffen: das ist der Sinn«, proklamierte er nun.

Entsprechend radikal definierte er jetzt die Aufgabe der Kunst.

»Kunst dient der Erkenntnis nicht der Unterhaltung – der Verklärung – oder dem Spiel«, bemerkte er in seiner Londoner Rede.

Der Künstler unterstreicht den geistigen Anspruch an seine Kunst zusätzlich durch höchstes technisches und malerisches Niveau – sowohl in der Zeichnung als auch in der Behandlung des Raumes, der Farbe und des Lichts.

Die Überwindungs- und Erlösungsphilosophie zieht sich durch Beckmanns Leben. Seit Ende des neunzehnten Jahrhunderts hatte der Wagnerianismus die christlichen Begriffe der Weltüberwindung und der Erlösung annektiert. Max Beckmann entreißt diese Begriffe dem Zusammenhang mit Wagner und ordnet sie in seine eigene moderne Kunstphilosophie ein.

Das Bedürfnis nach einem philosophischen Überbau wird um so dringender, je bedrohlicher die äußeren Umstände erscheinen. Auch die Form des Triptychons favorisierte Beckmann erst, als der Nationalsozialismus und das Ende der Weimarer Republik heraufdämmerten.

Und Anfang Juli 1939, zwei Monate vor Kriegsausbruch, kündigte er dem inzwischen nach Amerika ausgewanderten Stephan Lackner sein drittes Triptychon an:

»Bin in äußerster ARBEIT ... – LE nouveau Trois steigt aus dunklen Gewässern über Sekt, Cadaver und den kleinen Wahnsinn der Welt empor zur äußersten Klarheit. – O mon Dieu, es lohnt zu leben.«

Es war die Zeit der großen Big Bands. Sie präfigurierten die Artillerien des Zweiten Weltkriegs. Glenn Millers *Moonlight Serenade*, 1939 ungeheuer populär, wurde zum Abendlied des Friedens.

Das Panorama mit vielen Figuren war das malerische Äquivalent zur Big Band. Beckmanns drittes Triptychon, das erste, das er in Amsterdam malte, nannte der Maler *Akrobaten*. Er stellt hier wieder die Bühnenhaftigkeit der Welt heraus, wie denn auch die Theatermetaphorik sich durch die neun Triptychen zieht. Drei von ihnen sind von dieser Metaphorik gänzlich bestimmt. Auch das zehnte Triptychon, das unter dem Titel *Ballettprobe* unvollendet blieb, erhielt seine Bildidee aus der Welt der Bühne.

Bekanntlich hat Max Beckmann seine Skizze zum Südenfall-Triptychon nicht mehr umgesetzt. Das breite Zentralbild der *Akrobaten* wird jedoch von einer neuen Version des Adam-und-Eva-Themas beherrscht. Obwohl Quappi betont hat, es handele sich bei dem blau gewandeten Artisten auf der rechten Seite keinesfalls um ein verkapptes Selbstportrait, sind Beckmanns Züge in dem fast ganz verschatteten und an der Seite weiß gehöhten Gesicht schwerlich zu übersehen. Zugleich frappiert die Reminiszenz an Picassos blaue Periode, die besonders in der leichten, auswärts gedrehten Fußstellung und der fast schwebenden Haltung der Figur zu fassen ist. Dieses merkwürdige Selbstportrait könnte Picassos *Saltimbanques* von 1905 entsprungen sein, wäre da nicht die Schlange, die sich um den Körper windet, und der runde weiße Gegenstand in seiner Rechten, halb Glaskugel, halb Totenschädel.

Das *Akrobaten*-Triptychon stellt die Frage, wie der Raum mit Räumen angefüllt ist – und vor allem: wie der Mensch sich in ihnen bewegen könne.

Die Welt wird in eine Folge von Räumen aufgelöst, die man nicht durchschauen kann und die durch Klappen, Türen, Durchgänge miteinander verbunden sind. Alle diese Öffnungen haben den Charakter von Falltüren. Jeder Mensch, der sich in ihnen bewegen will, muß ein Akrobat und auf Überraschungen jederzeit gefaßt sein.

Ohne das Werk allzusehr als ein frühes Kind des Krieges zu betrachten, wird man in ihm doch die bedrängte Situation erkennen, in der sich der gebrandmarkte Künstler im engen Amsterdamer Tabakspeicher befand, während in seinem Heimatland, dem er gerade mit Müh und Not entronnen war, der Zweite Weltkrieg vorbereitet wurde.

Mit seinem dritten Triptychon hat Beckmann ein Pandämonium geschaffen, dem man nicht entrinnen kann, welche Verrenkungen man auch vollführt. Besonders fällt dies auf dem linken Flügel auf. Bei dem blauen Artisten, der sich an die Schaukel klammert wie ein Schiffbrüchiger an die Planke, arbeitet Beckmann wieder mit schroffer Verkürzung; diese ist die spektakulärste in seinem ganzen Werk. Der Betrachter schaut von oben auf eine wacklige Welt. Ihm ist, als müsse er hinunterstürzen.

Im engen Zusammenhang zum *Akrobaten*-Triptychon steht das Semi-Selbstportrait *Akrobat auf der Schaukel* von 1940. Beckmann wollte diese Darstellung eines Artisten im olivfarbenen Trikot, der sich in der Zirkuskuppel nach hinten biegt und auf den richtigen Moment zum Absprung wartet, nicht als Selbstbildnis verstanden wissen. Gleichwohl verfügt der kühne Trapezkünstler über den breiten Schädel Max Beckmanns. Die Situation des Künstlers mitten im Krieg ist hier eingefangen, der bei aller Gefahr doch durch eine schwankende Welt balancieren muß. Ein gieriges Publikum, das nur auf den Absturz wartet, kann man ebenso darin sehen wie den in die moderne Gesellschaft geworfenen Menschen des zwanzigsten Jahrhunderts. Eine Figur, die sich vor grellem, schwarz untermaltem Gelb abhebt, sollte Beckmann im Jahr darauf in einem neuen Doppelportrait mit Quappi noch einmal malen; wie im *Akrobaten*-Triptychon entsteht dort eine Atmosphäre des Ungemütlichen, Unbehausten.

Zu allem Überfluß findet der Betrachter des linken Flügels des *Akrobaten*-Triptychons sein Gegenstück in einem Kellner, der mit interessierter Miene zu dem Hängenden hinaufschaut. Nur unverbesserliche Ikonographen würden indes in diesem den Herrn am Kreuz und im Kellner mit seinem Tablett Joseph von Arimathia mit dem Gral in der Hand sehen.

Die Zeitung wird mit Füßen getreten, als wollte man die Zeit draußen halten. Nicht Angst, sondern Gleichmut beherrschen die Figuren – und irrsinnige Fröhlichkeit. Die großzügige Malweise, der großflächige und doch raffiniert durchbrochene Auftrag der leuchtenden Farben zeigen wiederum die lässige Souveränität, die Beckmann seit Ende der zwanziger Jahre gewonnen hatte. Längst war der große Regisseur zum Meister der Beleuchtung geworden. Der Rhythmus seiner Bildaufteilung war perfekt und verstörend zugleich.

»Mir dient im wesentlichen das Licht als Gliederung der Bildfläche einerseits – – – – – und zur tieferen Durchdringung des Objekts andererseits.«

Bis kurz vor Kriegsausbruch glaubte der Künstler, Paris vielleicht doch noch als Exil wählen zu können. Wenn auch 1903 sein erster Besuch in dieser Stadt eine zwiespältige Erfahrung für den Neunzehnjährigen gewesen war – er hatte dort seine entscheidenden künstlerischen Eindrücke gewonnen. Nun, wo der deutsche Kunstmarkt weggebrochen war, schien Paris um so verlockender.

»Hier in Paris inter[e]ssieren sich eine ganze Menge Menschen für mich und ich halte es nicht für ausgeschlossen daß ich zu einigem Einfluß kommen kann«, berichtete er I. B. Neumann nach New York. Doch bereits im April 1939 mußte eine Beckmann-Ausstellung in der Pariser Galerie Alfred Poyret, so bescheiden sie auch war, wegen der außenpolitischen Lage offiziell abgesagt werden und war nur auf Rendezvous zu besichtigen.

Im Sommer 1939 erhielt Max Beckmann von der französischen Regierung eine carte d'identité. Doch im Juni mußte er angesichts der drohenden Kriegsgefahr sein meublée in Passy ebenso aufgeben wie den Plan, nach Paris überzusiedeln. So scheiterte auch der zweite Versuch des Künstlers, in der französischen Hauptstadt Fuß zu fassen.

»Die letzten 5 Jahre waren eine furchtbare Anstrengung für mich«, bekannte der Künstler im August seinem New Yorker Kunsthändler Curt Valentin, »und ich hatte eigentlich nicht erwartet sie zu überleben, da sie schon ein bedenkliches Va banque spiel waren –«

Im April 1939 hatte sich auch Stephan Lackner nach den USA eingeschifft. Das Schiff *Paris*, das ihn in die neue Welt bringen sollte, brannte wenige Stunden vor der Abfahrt aus. Lackner war verzweifelt, er glaubte seine Manuskripte und einige Bilder von Beckmann verloren. Doch die Kisten mit seinem Besitz standen noch am Quai, und alles wurde gerettet.

Das Horror-Jahr 1939 brachte sogar noch weitere Lichtblicke. Max Beckmann, der nie in Spanien war, sah in Genf eine Ausstellung mit Exponaten aus dem Prado. Und im Stedelijk Museum in Amsterdam besuchte er die Ausstellung »Parijsche Schilders«, eine Retrospektive der École de Paris, die auch 28 Bilder von Picasso zeigte.

»Schade, daß heute die Kriege nicht mehr im Zweikampf entschieden werden«, meinte Beckmann angesichts der großen Kompositionen von Picasso.

Und im Juni zeichnete die Golden Gate Exposition in San Francisco das Triptychon *Versuchung* mit dem ersten Preis in der Kategorie »Contemporary European Art in American Collections« aus. Die Anerkennung bestärkt Beckmann in seinem Verdacht, die USA könnten der richtige Ort für seine Kunst sein und er selbst würde eines Tages doch noch als Amerikaner enden.

Zu Pfingsten 1939 lud die treue Lilly von Schnitzler den Künstler ein, mit ihr zusammen einige Zeit im venetischen Bad Abano Terme zu verbringen.

Gerade war der deutsch-italienische Freundschafts- und Bündnispakt geschlossen worden. In Venedig und Abano Terme wimmelte es von Deutschen in Naziuniform.

»Alles eigentlich grotesk, daß ich nun plötzlich hier bin in diesen grausamen Zeiten«, schrieb Beckmann an Quappi.
Der früh alternde Künstler wurde von Ischias-Schmerzen und trüber Stimmung geplagt.
Noch einmal schrieb er ausführliche Berichte an seine Frau. Ihnen verdanken wir einen Eindruck der Atmosphäre im faschistischen Italien kurz vor Ausbruch des Krieges.
»Die Stim̄ung ist im Grunde genau wie in Deutschland. – Unmasse Militair und scheinbar patriotische Bürger und darunter unter dieser Schicht, das alte liebe Italien von früher.«
Er fährt mit der Tram nach Padua und besucht das Amphitheater und die Arenakapelle mit den Fresken von Giotto. Er bewundert Andrea Mantegnas Freskenzyklus aus dem Leben des hl. Jacob in der Eremitenkirche, der den Krieg nicht überstehen sollte.
Die Atmosphäre war so bedrückend, daß Beckmann auch an seinen Lieblingsmalern wie Tintoretto keine Freunde mehr fand.
»Schon ein großer Mann, aber ich habe mich weit entfernt von ihm seit der Zeit.«
Am 1. September begann mit dem deutschen Überfall auf Polen der Zweite Weltkrieg. Beckmanns zitterten nun vor einer Besetzung von Amsterdam. Das Jahr 1939 endete mit Verdunkelungen und Sirenengeheul. In Amsterdam gab es nicht genug Luftschutzkeller – und alle wußten es. Holland probte für den Krieg. Wie Ernst Jünger im Ersten Weltkrieg fühlte Beckmann sich jetzt an Karl May erinnert. Er versuchte, Fatalist zu bleiben, und bestand darauf, daß es nichts Neues unter der Sonne gebe.
Der Brief, den Beckmann Lilly von Schnitzler zum Dank für die Italien-Fahrt schrieb, spiegelt in schöner Weise die tiefe Freundschaft mit seiner Gönnerin, die als Frau eines IG-Farben-Direktors inzwischen zur haute volée des Dritten Reiches gehörte. Bei Kriegsbeginn sollte sie sich als Rot-Kreuz-Helferin zur Verfügung stellen.
Der Brief ist nicht nur ein bewegendes menschliches Dokument, sondern auch eine programmatische Zusammenfassung

von Beckmanns Lebensgefühl und Privatphilosophie durch die Jahre. Unumwunden und wie immer fern jener Sklavenmoral, die einer staatlich angeordneten Rechtschreibung folgt, verleiht er wiederum seinem Essentialismus und Platonismus, seinem Schopenhauerismus Ausdruck. Über die schwere Zeit, die nun bevorsteht, gibt der Künstler sich keinen Illusionen hin. Zugleich zeigt er sich gefaßt.

Der Brief sollte Beckmanns Abschied von der Friedenszeit werden, von einer kurzen Epoche als Emigrant in einem freien Land.

A. Rokin 85 19. September 39
Viel an Sie gedacht, jedoch nicht geschrieben, da Worte schwer das ausdrücken können, was in uns vorgeht. Wie soll man ungreifbares greifbar machen, wie soll man das noch nicht bestehende in eine feste Form bringen. – Das Wesentliche ist und bleibt i̅mer wieder uns selbst zu suchen und ihn, wie wir schon manchmal besprachen. Trost ist der sichere Glaube an die Unrealität des Leben's hinter dem vielleicht die wirkliche Wahrheit liegt und um sie zu finden – das heißt Leben und Sterben. I̅mer wieder auf's neue Leben und Sterben bis wir da angelangt sind, wo es keine Erfahrung mehr giebt, nur noch absolutes Wissen – Je stärker und intensiver man zu sich selbst ko̅mt um so eher ko̅mt man ihm oder dem Absoluten näher. – Das ist das Ziel und der Trost – Ich arbeite und ein neues großes Triptychon ist fast fertig, außerdem vieles andere. – Auch meine Kraft ist wieder gewachsen seit Abano, das Ischias ist verklungen und der Blutdruck wieder auf 15 herunter dank einem sehr intensiven normalen Leben seit 4 Monaten. So sehe ich auch den ko̅menden Dingen mit Gelassenheit entgegen. Und arbeite, wie Sie. – Form macht frei. – Es ist schön das Sie sich dem roten Kreuz zur Verfügung gestellt haben. Sagen Sie allen die schwer leiden, daß alles nur ein Übergang ist und eine Prüfung für neues Leben, diesseits oder jenseits. Das kann man sich und anderen nicht genug einhä̅mern, den letzten festen Glauben an eine endliche und unendliche Verknüpfung, in der alles was vor sich geht, seine Not-

337

wendigkeit hat – Credo quia absurdum. – Wir leben still, waren neulich bei Ihren Verwandten und Sie bei uns, besten Dank. – es wird natürlich sehr schwer für uns werden. Wenn Sie Quappis gedenken, wird das gut sein. – Aber auch mein Wille ist noch ungebrochen und wird gestärkt durch den Ihrigen. Ich denke viel an Sie, lassen Sie bald von sich hören

Viele Grüße

M.

Fotos aus Italien erhalten – vielen Dank

VII. Der Gefangene

1940–1945

32. ... daß hinfort keine Zeit mehr sein soll

Der Traum von Paris war zerplatzt. Max Beckmann klammerte sich nun an die Hoffnung, wie Stephan Lackner in die USA auszuwandern. »In matter of fact, I can lern english as much as necessary in eight weeks if I want to«, versicherte er Curt Valentin Ende Februar 1940. Doch der Künstler konnte sich nicht einschiffen. Der amerikanische Konsul im Haag verweigerte das Visum mit der Begründung, es werde Krieg geben, Beckmann könne dann nicht mehr aus den USA zurückkehren und werde der amerikanischen Regierung zur Last fallen. Daß der deutsche Maler 1939 den Carnegie-Preis für sein Triptychon *Versuchung* bekommen hatte, half ihm ebensowenig wie eine offizielle Einladung aus Chicago. Daniel Catton Rich, der Direktor des Art Institute, bat Beckmann, im Sommersemester an der Art School eine Meisterklasse zu unterrichten. Stephan Lackners Vater Siegmund Morgenroth wollte die Reisekosten übernehmen.

Spielte für den Konsul auch der späte Zeitpunkt, zu dem Beckmann Deutschland verlassen hatte, eine Rolle?

Im September 1939 hatte die deutsche Wehrmacht Polen überwältigt, im April des darauffolgenden Jahres Dänemark und Norwegen besetzt, im Mai Belgien und Holland angegriffen. Von dort aus stieß sie nach Frankreich vor. Anders als im Ersten Weltkrieg respektierten die Deutschen die holländische Neutralität diesmal nicht. Ohne Kriegserklärung marschierten deutsche Truppen am 10. Mai 1940 in die Niederlande ein. Drei Tage später gingen Königin und Regierung nach London ins Exil. Am Tag darauf kapitulierte die holländische Armee. Am 15. besetzte die Wehrmacht Amsterdam.

Beckmanns Leben wurde sehr schwierig. Stephan Lackner und Curt Valentin konnten kein Geld mehr schicken. Geldanweisungen aus den USA waren nicht mehr möglich. Die letzte Geldsendung von Lackner erreichte Beckmann, zwei Tage bevor die deutsche Armee die Niederlande überfiel. 1941 riß auch die Postverbindung mit den USA ab.

Beckmanns Stellung als Deutscher in einem von Deutschen besetzten Land war zweischneidig. Das schlimmste aber: Wieder war der Künstler der Nazi-Administration ausgeliefert. Würde man ihn als Reichsflüchtling einstufen, als »entarteten Künstler« einsperren oder gar ins KZ verschleppen?

Die Niederlande wurden zum Gefängnis. Solange der Krieg dauerte, konnte Beckmann das Land nicht verlassen. Reisen waren nur in Hollands engen Grenzen möglich. Badeurlaub in Zandvoort, Besuche im Haag, Radtouren nach Hilversum, ein Aufenthalt von drei Wochen im hügeligen Ferienort Valkenburg im September 1941 – mehr war nicht drin.

Als die deutschen Truppen in Amsterdam einmarschierten, verbrannte Beckmann seine Tagebücher seit 1925 im Ofen des Ateliers. Im September begann er ein neues Tagebuch.

Der Künstler hatte allen Grund zur Vorsicht. Nach dem Einmarsch beschlagnahmten und zerstörten die Nazis etwa den deutschen Exilverlag Querido, wo kurz zuvor noch Romane wie Joseph Roths *Der Leviathan* und Feuchtwangers *Exil* erschienen waren.

So bleibt neben Max Beckmanns Jugendaufzeichnungen von 1903/04 und den Tagebüchern aus der Zeit des ersten Ruhmes 1908/09 und 1912/13 allein das Tagebuch der letzten zehn Lebensjahre. Etwa tausend Briefe sind inzwischen publiziert; viele blieben jedoch unveröffentlicht. Die Tagebücher aus den Jahren 1940 bis 1950 machen im Druck über vierhundert Seiten aus und besitzen nicht nur dokumentarischen Rang. In lakonischen Bemerkungen sind Alltag, Kunst und Weltgeschichte nebeneinandergestellt. Beckmann reflektiert hier weit weniger, als es Thomas Mann oder Paul Klee in ihren Tagebüchern getan haben, nicht zu reden von Autoren, die ihr Tagebuch von Anfang an zur Veröffentlichung bestimmten. Dafür gibt er sich prägnanter.

Der stark agogische Stil dieser Aufzeichnungen, ihr Humor und ihre Wucht sind ungewöhnlich im europäischen Tagebuch. So notiert Beckmann Ende des zweiten Kriegsjahres:

Letzter Tag 1940. – Keine Schönheit warst Du – was wird werden?
Unruhiger fusliger Tag, beim Zahnarzt.
Oben fliegen sie wieder –
nun ist Sylvester –

Die Aufzeichnungen erschienen bereits fünf Jahre nach dem Tod des Künstlers.

»Der verschollene Beckmann nahm damals für mich ganz gespenstische Dimensionen an«, bemerkte Stephan Lackner zu den Tagebüchern seines Freundes.

Von ihrem Londoner Exil aus versuchte Marie-Louise von Motesiczky ihrem Freund und Lehrer zu helfen. Sie vermittelte den Kontakt zu der Holländerin Ilse Leembruggen. Die Holländerin unterstützte Beckmann von nun an mit Bildkäufen. Er besuchte sie gelegentlich im Haag.

Selbst das schwere Jahr 1940 brachte dem Künstler einen neuen Freund: Helmuth Lütjens (1893–1987), der seit 1930 die Amsterdamer Filiale der Berliner Kunsthandlung Paul Cassirer leitete, war deutscher Herkunft, besaß aber die niederländische Staatsbürgerschaft. Er sollte Beckmanns engster Kamerad der Kriegszeit werden.

Auch Lilly von Schnitzler ließ ihren Schützling nicht allein. Noch im Oktober 1940 kam sie zu Besuch nach Amsterdam. Peter Beckmann schmuggelte seit 1941 als Truppenarzt und Hauptmann der Luftwaffe Bilder nach Deutschland, um für seinen Vater Geld zu beschaffen. Günther Franke in München verkaufte sie an die letzten Beckmann-Anhänger im Reich.

Die Lage des Malers im besetzten Amsterdam beschäftigte die Intellektuellen. Noch im letzten Brief, den Walter Benjamin an

Stephan Lackner schrieb, erkundigte er sich nach Max Beckmann. Das Schreiben ist auf den 5. Mai 1940 datiert und erreichte Lackner aus einem französischen Gefangenenlager.

Von August 1940 bis Mai 1941 tobte die sogenannte »Luftschlacht um England«. Von nun an breitete sich der Krieg immer weiter aus. Am 22. Juni 1941 überfiel Deutschland die Sowjetunion.

Rotterdam ging im Bombenhagel unter. Quappi und Max Beckmann, am Rokin auf dem ehemaligen Tabakspeicher zusammengepfercht, mußten mit dem Schlimmsten rechnen.

Im April 1941 besuchte Ernst H. Holzinger (1901–1972) den Künstler in Amsterdam. Der deutsche Kunsthistoriker war seit 1938 Direktor des Städels. Er übermittelte Beckmann einen Auftrag aus Deutschland. Der bedeutende, international erfolgreiche Unternehmer Georg Hartmann, Besitzer der Bauerschen Gießerei in Frankfurt, ließ ihn bitten, die Offenbarung des Johannes zu illustrieren. Hartmann kam aus einer alteingesessenen Frankfurter Unternehmerfamilie. Für seine Setzerei engagierte er die besten Schriftkünstler. Es gelang ihm, die Buch- und Schriftkunst weltweit zu revolutionieren.

Beckmann hatte es abgelehnt, einen Text von Lilly von Schnitzler über die Greuel des Krieges zu illustrieren.

»Wenn diese Dinge passieren, ist es schon schlimm genug. Wenn ich sie mir in Einzelheiten vorstellen muß, um sie machen zu können, werde ich verrückt.«

Die Offenbarung schien dem Künstler eher zur Illustration geeignet. Fern von jedem Realismus konnte er hier versuchen, einen indirekten bildnerischen Ausdruck für die gegenwärtige Situation zu finden – der gleichwohl Allgemeingültigkeit beanspruchte und sich nicht allein auf die historische Situation beziehen ließ. So schuf der Künstler anstelle neuer *Desastres de la guerra* von August bis Ende Dezember 27 Lithos zum geheimnisvollsten Buch der Hl. Schrift. Er zeichnete auf lithographisches Umdruckpapier, das ohne seine Mitwirkung in Frankfurt auf Stein übertragen wurde.

344

Zwei Jahre später, 1943, erschien der Band unter dem Titel *Apokalypse* mit 82 Seiten und 27 Lithos unterschiedlicher Größe als Privatdruck der Bauerschen Gießerei. Im Impressum heißt es: *Im vierten jahre des zweiten weltkrieges, als gesichte des apokalyptischen sehers grauenvolle wirklichkeit wurden, ist dieser druck entstanden.*

Die Absage an die nationalsozialistische Ideologie steht hier nicht nur zwischen den Zeilen. Um das Buch nicht der Zensurstelle des Propagandaministeriums vorlegen zu müssen, wurde die numerierte Auflage auf 24 begrenzt; insgesamt dürften es über dreißig gewesen sein.

Experten wie Christian Lenz halten die Illustrationen zur Offenbarung für bedeutsamer als manches Triptychon. In der Tat hat Max Beckmann hier eine künstlerische Kurzschrift entwickelt, in der er mit der weichen Lithokreide in vermeintlicher Einfachheit Zitate aus dem heiligen Text in Szenen von einleuchtender Aussagekraft umsetzte.

Von tiefem Pessimismus ist seine Sicht der Zeitzeugen. Das Leitmotiv des zweiten Kapitels der Offenbarung, »Wer Ohren hat, der höre, was der Geist den Gemeinden sagt« (Offb 2, 29), gestaltet er in einer kleinen Lithographie, einer länglichen und ausschnitthaften Vignette. Drei Köpfe mit großen Ohren neigen sich zur Seite. Ob diese Gemeinen das Wort verstehen? Trotz ihrer weit aufgerissenen Augen und Ohren sind auch sie blind und taub, repräsentieren sie das Thema der geistigen und geistlichen Blindheit, das Beckmann ein Leben lang beschäftigte. Sie erscheinen als jene, die nichts hören, nichts sehen, nichts sprechen; eine Parodie der drei weisen Affen des japanischen Buddhismus.

Aus dem zweiten Kapitel der Offenbarung stammen auch jene vier Törichten, die der Künstler wiederum als länglichen Bildausschnitt gestaltet. In der Schrift heißt es: »Siehe, ich stehe vor der Tür und klopfe an. Wenn jemand meine Stimme hören wird und die Tür auftun, zu dem werde ich hineingehen und das Abendmahl mit ihm halten und er mit mir.« (Offb 2, 20)

Die Verblendeten lachen und scherzen, halten sich Augen und Ohren zu und zeigen ein kollektives Wesen in seiner Ignoranz. Sie entsprechen dem Chor der Juden in Bachs Passionen. Niemand hört die Stimme, niemand wird die Tür auftun.

Eigenhändig kolorierte der Künstler eine Handvoll Exemplare der *Apokalypse* für Quappi, Lilly von Schnitzler, Erhard Göpel und Georg Hartmann in Aquarell; weitere wurden in Frankfurt zu Koloristinnen gegeben.

Es ist aufschlußreich, die unkolorierten Lithos gegen die farbigen zu halten und nachzuvollziehen, wie der Illustrator, nachdem er den Text gedeutet hat, nun sich selbst interpretiert. So zeigen die drei Lauschenden eine Sequenz zunehmender farblicher Intensität. Auch die anderen Illustrationen gewinnen in der Kolorierung stark an Ausdruckskraft und Plastizität. Ein solcher Effekt stellt sich nicht automatisch ein. Gerade eine starke Zeichnung ist schwerlich durch Farbe zu steigern, wie schon die beiden Fassungen des Holzschnittes *Totenhaus* von 1922 gezeigt hatten, dessen Wirkung ohne Farben schlagender geblieben war.

In seiner *Apokalypse* jedoch läßt der Künstler in der nachträglichen Kolorierung die psychische und geistliche Aura dieser merkwürdigen Figuren aufleuchten. Mit den cartoonhaften Menschen und Fabelwesen kehrt die vermeintliche Kindhaftigkeit der Veduten und Portraits aus der frühen Frankfurter Zeit auf anderer Ebene wieder. In Farbe strahlen sie wie im Feuerschein des apokalyptischen Glanzes.

Erstaunlich ist, wie es dem Künstler gelingt, die Komplexität einzelner Szenen in zugleich einfache und vielschichtige Skizzen zu überführen. Dabei begnügt er sich nicht damit, jene wenigen Verse zu illustrieren, denen die Abbildung zugeordnet ist. Besonders die größeren Blätter fassen ein ganzes Kapitel zu einem Bild zusammen. Das überaus heikle Sujet des Gottesthrones aus dem vierten Kapitel stellt Beckmann als ein Mobile aus Augen dar, vor dem die vierundzwanzig Weisen in zwei Reihen sitzen wie Chorherrn.

Der Künstler ließ Details weg, wenn sie der bildnerischen Um-

346

setzung einer Szene im Wege standen. So kommen Mensch, Löwe, Stier und Adler ohne Flügel aus, was ihrer suggestiven Wirkung keinen Abbruch tut. Die vier Gestalten repräsentieren die Schöpfung, und der Mensch, der hier Vernunft und Weisheit verkörpert, trägt selbstbildnishafte Züge, die in der illustrierten Fassung noch stärker zur Geltung kommen.

Wie viele Künstler seit dem späten Mittelalter zögerte auch Beckmann nicht, das eigene Antlitz in eine geistliche Szene zu integrieren. Ob er als Gefangener daliegt, dem die Krone des Lebens als Lohn winkt (Offb 2, 10b), ob er als schwertschwingender Kämpfer in einem Meer von Blut untergeht (Offb 16, 3), ob er sich vom Engel des Herrn die Tränen abwischen läßt (Offb 21, 4): Stets sind die Selbstbildnisse in der *Apokalypse* in Beziehung zu Leid und Hoffnung des Künstlers im Kriege gesetzt.

Und wieder zitiert Max Beckmann sich selbst. Der nach links weisende Zeigefinger, der 1919 in der Litho-Mappe *Die Hölle* den rechten Weg anzeigte, beendet als eines der letzten Blätter auch die *Apokalypse*. Hier ist es der Heiland selbst, der dem Leser jenen »Strom lebendigen Wassers klar wie Kristall« (Offb 22, 1) zeigt, ein trauriger Jesus wie aus den *Brüdern Karamasow*.

Georg Hartmann fand Gefallen an der bibliophilen Schöpfung. Er trat noch einmal an Beckmann heran und schlug ihm vor, den *Don Quijote* oder den zweiten Teil des *Faust* zu illustrieren. Der Künstler entschied sich für *Faust II*:
»Ich bewege mich in den gleichen Regionen, dort bin ich auch zu Hause.«

Diesmal wählte er die Feder. Von Mitte April 1943 bis Mitte Februar des folgenden Jahres fixierte er, während Bomben auf Amsterdam niedergingen, in 143 Federzeichnungen seine Sicht von Goethes ebenso vielzitiertem wie wenig bekanntem Alterswerk.

An die Stelle jüdisch-christlicher Eschatologie tritt nun die Diesseitswelt in klassisch-maßvollem Zuschnitt. Nach der intensiven Dramatik der *Apokalypse* überrascht der *Faust II* mit einer befriedeten, sparsamen Form.

Die Feder brachte zudem einen filigraneren Illustrationstypus hervor. Sie begünstigte das Anekdotenhafte, mit dem etwa die drei Gewaltigen oder die Sirenen dargestellt sind. Beckmann setzt die Schraffur sehr sparsam ein und erzielt eine luftige Atmosphäre, die sich in Darstellungen wie der »Klassischen Szene« ins Bukolische steigert. Mitten im Bombenhagel zeichnet Beckmann einen flötespielenden Jüngling aus der mediterranen Welt von Picasso und Cocteau. Nichts deutet darauf hin, daß diese glückliche Handzeichnung von 1943 stammt. Im Selbstbildnis gibt Max Beckmann sich abgeklärt. Er posiert als Faust im höchsten Alter. Das von der Schraffur umschattete Gesicht und die tiefen Augenränder deuten ebenso wie die Sterbeglocke auf den nahen Tod.

33. Den Erynnien entgeht er nicht

1941 veranstalteten die Nazis in den Niederlanden die ersten Pogrome. Die holländische Bevölkerung lehnte sich gegen die Verfolgung der Juden auf. Am 25. Februar trat sie in Streik. Im Juli 1942 begannen die Deportationen. In der Folge wurde die große jüdische Gemeinschaft so stark dezimiert, daß Amsterdam zehn Prozent seiner Einwohner verlor.

Max Beckmann litt zunehmend unter Herzproblemen. Den Sommer verbrachte er in Zandvoort, im Haag, in Hilversum und Valkenburg in der Provinz Limburg. Als er im Jahr darauf wieder in den hügeligen Urlaubsort fuhr, erreichte ihn der Musterungsbescheid der deutschen Wehrmacht.

Der Künstler kehrte nach Amsterdam zurück und suchte Erhard Göpel im Haag auf. Seit Mai 1942 stand er wieder im Kontakt mit dem Gelehrten. Bei Kriegsausbruch war Göpel zunächst Dolmetscher bei verschiedenen Wehrmachtsstäben gewesen. Dann hatte Hans Posse, »Sonderbeauftragter des Führers«, der mit großzügigem Budget in ganz Europa Kunstwerke für das geplante Linzer »Führermuseum« einkaufte, Erhard Göpel als Mitarbeiter angefordert. Eine Absage Göpels hätte seine Versetzung an die Ostfront bedeutet. Nun reiste der Kunsthistoriker durch Frankreich und in die Niederlande, um Gemälde zu inspizieren. Dabei hielt er Kontakt zu notorischen Nazigegnern wie Ernst Jünger in Paris.

Erhard Göpel, der nun im Spannungsfeld zwischen so unterschiedlichen deutschen Geistesgrößen wie Max Beckmann, Ernst Jünger und Adolf Hitler lebte, hielt eine Einberufung des achtundfünfzigjährigen Beckmann nicht für wahrscheinlich.

Am 8. Juni erlitt Beckmann am Amsterdamer Bahnhof einen Schwächeanfall. Am nächsten Tag versuchte Göpel, weitere Erkundigungen im Hinblick auf eine Einberufung Beckmanns einzuziehen, und er konnte den bettlägerigen Künstler beruhigen. Am 11. Juni erlitt Beckmann beim Spaziergang eine Herzschwäche – nicht zum ersten Mal. Am 15. Juni stellte er sich der Musterungskommission – »Tierquälerei«.

Am nächsten Tag konnte er den Rückstellungsbescheid entgegennehmen.

»›Sie sollen Ihren Lebensabend in Ruhe zu Ende leben‹, sprach die Stimme des ›Erzengels mit Breaches‹«, spottete Beckmann.

Der Maler fühlte sich »etwas zerquetscht«. Der Tag nach der Rückstellung war ein grauer und kalter Tag. Wie auf dem Selbstportrait *Der Befreite* von 1937 hielten sich nun Gefühle von Befreiung und Beklommenheit die Waage.

»Es scheint langsam besser zu werden mit meiner Existenz. – Aber? Was wird aus Deutschland?«

Erhard Göpel kam regelmäßig zu Besuch. Lilly von Schnitzler reiste wieder an und kaufte zwei Bilder. Auch Peter Beckmann und Reinhard Pipers Sohn Klaus kamen aus Deutschland.

Die folgenreichste Bekanntschaft des Jahres 1942 sollte indes die mit einem Dichter aus Karlsruhe werden.

Wolfgang Frommel (1902–1986) war ein Sproß der süddeutschen Pfarraristokratie. Dichterisch und persönlich hielt er sich

Peter Beckmann, Februar 1953

an Stefan George fest, ohne zum engeren Kreis des Dichters zu gehören. Schon 1926 verwandte er den Begriff »Das geheime Deutschland«.

Der 30. Januar 1933 stürzte Wolfgang Frommel vorübergehend in tiefe Orientierungslosigkeit. Selbst die George-Nachfolge bot ihm vorübergehend keinen Halt mehr. Der Nationalsozialismus erschien ihm als ein Abklatsch seiner eigenen Ideale: Führerkult, Ablehnung des Liberalismus und der Industrialisierung, der romantische Mythos eines Dritten Reiches. Kurze Zeit glaubte Frommel, bei dieser »deutschen Bewegung« mittun zu können, und übernahm verantwortliche Positionen beim Rundfunk.

Als der Nazi-Staat Stefan George eine Art offizieller Ehrenstellung antragen wollte, wandte sich der »Reichsminister für Wissenschaft, Erziehung und Volksbildung«, Bernhard Rust, der sich später durch eine Rechtschreibreform und andere Arten totalitärer Bevormundung hervortun sollte, an Wolfgang Frommel. Dieser verwies ihn an einen jüdischen Freund Georges, Ernst von Morwitz. Stefan George ließ durch Morwitz abwinken. Indem er ihn zum Überbringer seiner Absage wählte, gab George dem offiziellen Deutschland zu verstehen, was er von ihm hielt. Stefan George starb 1933. Frommel wußte, was der Meister von Nazis und Mitläufern dachte. Ab Mitte der dreißiger Jahre geriet seine kritische Sympathie für das Dritte Reich ins Wanken. Das Schicksal seiner jüdischen Freunde blieb ihm ebensowenig verborgen wie die zunehmend kriminelle Entwicklung des Nationalsozialismus. Um 1935 zog er sich aus der Öffentlichkeit zurück und beendete seine Aktivitäten in Rundfunk, Universität und Presse. Bald geriet er selbst in Gefahr. 1937 tat er den Schritt aus der inneren Emigration in die äußere. Er ging nach Italien und wurde 1939 bei einem Besuch in Amsterdam vom Kriegsausbruch überrascht. Er wohnte an der Heerengracht, wo zu Beginn des Jahrhunderts die Malerin Minna Tube gelebt hatte. Während des Zweiten Weltkriegs rettete er unter Lebensgefahr junge Deutsche vor der nationalsozialistischen Verfolgung und erschloß ihnen Werk und Welt Georges.

Wolfgang Frommel identifizierte sich stark mit den Argonauten, die auch im George-Kreis eine große Rolle gespielt hatten. Der Aufbruch zur großen Entdeckerfahrt, die Gemeinschaftlichkeit der Unternehmung, die Suche nach dem Goldenen Vlies waren für ihn Lebensmetaphern. Hier galt schon der Weg als das Ziel.

Frommel unterhielt in Amsterdam einen geheimen Zirkel, den er ab 1946 »Die Argonauten« nennen sollte. Die Kameraden lebten auf engstem Raum zusammen und waren aufeinander angewiesen wie Seefahrer. Wie Max Beckmann wanderten viele von ihnen später nach Amerika weiter. Mitten im Krieg stieß ein Mann aus dem Heidelberger Kreis um Wilhelm Fraenger zu ihnen: Theo Haubach, ein Freund der Hofer-Schülerin Erika von Hornstein. Haubach kam als Abgesandter des Kreisauer Kreises nach Amsterdam. Nach dem 20. Juli 1944 wurde er verhaftet und in Plötzensee hingerichtet. Auch Percy Gothein, der dem George-Kreis angehört hatte, stieß zu den Emigranten von Amsterdam. Er wurde verhaftet und gefoltert, verriet aber keinen einzigen Namen.

Im Dezember 1944 ermordeten ihn die Nazis im Konzentrationslager Neuengamme.

So gewann Max Beckmann mitten im Krieg über die Mittelsmänner Frommel und Göpel geistigen Kontakt zu zwei Repräsentanten eines anderen Deutschlands: Stefan George und Ernst Jünger.

Über Erhard Göpel stand er in indirekter Verbindung mit Jünger. Maler und Dichter ließen sich gegenseitig grüßen. Wolfgang Frommel repräsentierte die Welt Stefan Georges. Er führte mit Beckmann viele Gespräche über gemeinsame Lektüre und fand ein echtes Verhältnis zum Werk des Malers. Frommels Anregungen sollten sich Jahre später im letzten Werk von Max Beckmann niederschlagen.

Im April begann Beckmann die Arbeit an einem Gruppenportrait, das er zunächst *Vier Männer um den Tisch mit Kerze* nannte und das er im Januar 1943 unter dem ironisch-resignativen Titel *Les Artistes mit Gemüse* abschloß. Schon 1945 kaufte das kleine Museum der Washington University in St. Louis das Bild – zwei Jahre bevor Beckmann dort als Gastprofessor engagiert wurde.

Unter den vier Männern, die sich um einen runden Tisch gruppieren, ist der Maler Otto Herbert Fiedler (1881–1962) durch seine Plazierung und eine Mütze hervorgehoben. Er hat einen Fisch in der Hand, wie denn überhaupt die Szenerie auf die vier Evangelisten hindeutet, wenn auch die Attribute neue sind. Bedeutungsvoll hält neben ihm der Maler Friedrich Vordemberge-Gildewart (1899–1962) eine Karotte, Wolfgang Frommel eine Art Kohlkopf. Beckmann, am Fuße des Tisches im Seitenprofil mit Zigarette, hält einen Spiegel. Wie das Gemüse deutet auch die Kerze auf dem Tisch nicht ohne Ironie auf die ärmliche Situation. Sie steht jedoch auch für das geistige Licht dieser Konspiration, mystisch-intellektuell wie das letzte Abendmahl. Tatsächlich traf sich Beckmann in der Regel immer nur mit einer Person. Dabei wurden nicht wenige »Boreltjes« (Gläschen Genever) getrunken.

Mit dem konstruktivistischen Maler Friedrich Vordemberge-Gildewart unterhielt er sich gern über Farbe und Bildkonstruktion. Beide hatten einen Hang zur Melancholie und zur Farbe Schwarz.

»Sie sind ja auch ein Schwarzmaler«, pflegte der fünfzehn Jahre jüngere niedersächsische Landsmann zu Max Beckmann zu sagen. Max Beckmanns Verbindung mit seiner Frau Quappi hatte sich unter der äußeren Bedrohung noch gefestigt. In den Jahren 1940/41 malte er das lebensgroße *Doppelbildnis Max Beckmann und Quappi*. Wie das *Doppelbildnis Karneval* von 1925 hält es den Stand der Beziehung fest. Sie ist offenbar im Exil noch enger geworden. Quappi schmiegt sich jetzt von hinten an ihren Mann an.

»Das ist ein Engel, den man mir geschickt hat, damit ich meine Arbeit zustande bringe«, sagte der Maler in jenen Tagen über Quappi gegenüber Erhard Göpel. Mit entblößtem Haupt, fest um den Hals gewickelten Schal und in einem Anzug, der bessere Tage gesehen hat, erscheint der Künstler auf dem Doppelportrait als einer, der sein Zuhause verloren hat. Das Emigrantenschicksal, angekündigt 1932 im *Selbstbildnis im Hotel*, hatte sich längst erfüllt. Das Paar erscheint wie in eine Hausecke gedrängt.

»Habe soeben beschlossen, da jeder miese Kerl ›kranksinning‹ oder verrückt werden kann, mein Leben mit aller Energie zu Ende zu leben«, notierte der Künstler Ende September 1941. Tatsächlich vermochte er der verzweifelten Situation Werke von höchstem Anspruch und größter Schönheit entgegenzusetzen. Aus der Zeit dieser Eintragung stammt auch jenes *Selbstbildnis mit grauem Schlafrock*, in dem Beckmann eine seiner gewagtesten Selbstdeutungen verbildlicht. Das kleine Hochformat zeigt den Künstler, wie er mit einer Feile letzte Hand an eine Figurette legt, die unschwer als Selbstportrait zu erkennen ist.

»Jedermann schafft sich selbst nach eigenem Vorbild«, scheint Beckmann hier mit Stanisław Lec zu sagen.

Die schwarze Untermalung unterstreicht auch den Ernst des *Selbstbildnisses mit grauem Schlafrock*. Ganz im Gegensatz zu diesem Selbstportrait steht das delikate Bild *Ruhende Frau mit Nelken*, das der Künstler 1940 malte und zwei Jahre später überarbeitet hat. Blau untermaltes Grau verleiht diesem Werk große Lebendigkeit. Wieder haben wir es mit einem von Quappi abgeleiteten Frauentypus zu tun. Bei der hingestreckten Frau arbeitet Beckmann mit leichter Verkürzung. Mit großer Leichtigkeit wird sie von der Schräge des Diwans und den waagerechten Flächen der Wand umspielt, die wie hingeworfen ornamentiert sind. Nichts an diesem lichten Frauenportrait deutet auf die Umstände seiner Entstehung hin.

Jedes Jahr stellte Max Beckmann dem Zweiten Weltkrieg mit einem neuen Triptychon eine Welt der Klarheit und Phantasie entgegen.

Im Zentrum des *Perseus*-Triptychons aus den Jahren 1940/41 steht eine neue Fassung des Frauenraubes, ein Sujet, das er schon zu Beginn der Nazi-Zeit im *Europa*-Aquarell gestaltet hatte. Daß Perseus hier der Retter ist, der Andromeda von einem Seeungeheuer befreit, ändert nichts an der Beziehung zwischen la belle et la bête. Der Sohn des Zeus erscheint als blonder Barbar im Schuppenhemd, gegen den sich das Meerungeheuer, das er lässig über seine Schulter geworfen hat, wie eine grüne Faschingsschlange ausnimmt. Die frische, direkte Malweise und das Weiß, das das Zentralbild wie den linken Flügel beherrscht, unterstreichen den offensiven Charakter dieses Kriegstriptychons. Seiner Direktheit und Aggressivität kann man sich kaum entziehen.

Wie auf dem rechten Flügel des *Departure*-Triptychons sind Mann und Frau um hundertachtzig Grad gedreht aneinandergeschmiegt – diesmal ist es die Frau, die mit dem Kopf nach unten hängt. Die Idee kehrt bei Beckmann öfter wieder, man kann darin eine Version der Adam-und-Eva-Thematik sehen; Mann und Frau sind beisammen, finden aber nicht zueinander.

Auch von einem anderen seiner Themen kam Max Beckmann trotz des Krieges nicht los: In seinem fünften und sechsten Triptychon wandte er sich noch einmal der Welt als Bühne zu. In Not und Gefahr gewann die Frage nach der Realität der Welt für ihn eine neue Bedeutung.

Am 6. März 1943 notierte er seinen »festen Entschluß – trotz gehen oder nicht gehen – dieses Leben zu Ende zu leben. – Ich wollte ja nur Zuschauer sein in diesem Traum ...« Die plane, nah herangeholte Perspektive des *Perseus*-Triptychons ist im Triptychon *Schauspieler* zugunsten einer moderat abgerückten aufgegeben. Die drei Räume (es mag sich um denselben zu verschiedenen Zeiten handeln) sind vielschichtig aufgebaut, doch nicht so raffiniert verschachtelt wie die Welt der *Akrobaten.*

Im Zentrum der *Schauspieler* steht eine einfache Holzbühne, die an Beckmanns brillante Theater- und Kabarett-Interieurs aus der Graphik der frühen zwanziger Jahre erinnert – etwa an das Blatt *Nackttanz* aus der Litho-Mappe *Berliner Reise* von 1922. Damals bot der Künstler dem Betrachter eine Sicht wie in eine Guckkastenbühne, die auch die Zuschauer zu Darstellern machte. Auch jetzt versetzt der Maler den Betrachter in den Zuschauerraum. In einem seiner vielen angedeuteten Selbstportraits stellt er sich von der Bühne herab dem Zuschauer entgegen.

Dieses Globe Theatre ist die Welt. Auf dem Kopf trägt der Schauspieler eine Krone – und erinnert damit wiederum an das Königtum des Künstlers, hier freilich aufs Überbrettl-Niveau herabgesunken. Der Künstler-König stößt sich selbst den Dolch ins Herz: Selbst die Künstler-Metaphysik ist fragwürdig geworden.

Beckmann, der die Welt »hinter der Bühne« offenbaren wollte und 1950 ein gleichnamiges Interieur gemalt hat, bezieht in alle drei Teile des *Schauspieler*-Triptychons die Welt unter der Bühne ein. Es ist das gesellschaftliche Unterdeck: Das Reich des Chthonischen, Ungeordneten, der Sklaverei und Abhängigkeit, der Aufenthalt der Nibelungen, des Proletariats, der Galeerensklaven, der Ort, wo sich die Aufstände zusammenbrauen. Hier hausen die Alberichs, die Väter der beleidigten Klasse, aber auch der Aufrührer und Mörder. Ein Verdammter, den man auf dem Zentralbild von hinten sieht, weist nicht weniger Ähnlichkeit mit dem Maler auf als der König, der genau über ihm steht. Auf dem rechten Flügel sind unter der Bühne die Musiker zusammengepfercht. Einer hebt den Höllenschlund seines Blasinstrumentes aus der Grube. Die Empörer in der Unterwelt stellen die obere Welt in Frage. Beckmann verlieh einigen der Bühnenfiguren Ähnlichkeit mit seinen Freunden. In der Frau auf den Stufen zur Bühne hat man Fridel Battenberg, unter der Stiege ihren Mann Ugi erkennen wollen, in dem Weisen des linken Flügels sah man Wolfgang Frommel.

Keine drei Wochen nachdem er die *Schauspieler* vollendet hatte, begann Beckmann ein neues Triptychon. Von Anfang August 1942 bis Mitte November 1943 arbeitete er an diesem Werk, das er zunächst *Adam und Eva*, dann *Karneval* nannte. Mit tieferer, berückender Farbigkeit ausgestattet, ist dieses Triptychon gegenüber seinem Vorgänger räumlich vereinfacht, formal konzentriert und thematisch vereinheitlicht worden.

Immer wieder liebte es der Künstler, seinen gemalten Rätseln Szenen entgegenzustellen, in denen alles klar ist. Angesichts des *Karnevals* von Mann und Frau gibt es nicht viel zu deuten. Dieses Triptychon, das 1946 nach einer umstrittenen Ankaufsaktion seinen Platz im Museum of Art der University of Iowa in Iowa City fand, ist eine moderne mariage à la mode. Die moralisierenden Züge aus Hogarths Tagen sind verloschen. Es bleibt der Charakter einer Bilderzählung.

Der humoristische Aspekt dieses Triptychons war wie ein Heilmittel gegen die furchtbaren Umstände, unter denen der Künstler an diesem Werk arbeiten mußte. Die Tagebuchnotiz vom 27. Juli 1943 hält die inneren und äußeren Erlebnisse fest, während derer dieses ungewöhnliche Arbeit entstand.

12mal Luftalarm. – Sah die Götter auf ehernen Schildern in endlosen Höhe – zu tief meiner Qual – Am Morgen am Mittelbild von »Carnaval« (grün) gearbeitet.

Schon das Zentralbild und der linke Flügel des *Schauspieler*-Triptychons hatten Mann und Frau in Kontrast zueinander gesetzt. Dem König steht eine maskierte Sängerin gegenüber, und die Kokette links sitzt neben der Büste eines griechischen Philosophen; allerdings hindert sie sich mit ihrem Handspiegel selbst daran, der Weisheit ins Gesicht zu sehen.

Das *Karneval*-Triptychon kann man durchaus als ironische Darstellung der Ehe betrachten.

Beckmann gibt in dem einzigen Triptychon, in dem die Flügel breiter sind als das Zentralbild, dem Vorgeplänkel und der langen Knechtschaft je zwanzig Zentimeter mehr Raum als der Hoch-Zeit. Dreimal begegnen sich Mann und Frau als gleichwertige Gegenspieler. Sie sind nicht nur Narren, sondern Artisten; denn um das Weltspiel der Liebe bestehen zu können, muß man ebenso verrückt wie geschickt sein.

Auch eine antike Büste taucht auf dem linken Flügel wieder auf. Als Cäsarenkopf kann sie das Geplänkel der Flirtenden formal beleben. Jeder probt seine Waffen. Die Frau ist bukolische Flötenspielerin, der Mann führt das Schwert. Indes ist beides nicht allzu ernst gemeint, denn die schwere Blonde ist eher Wagnersängerin denn Nymphe, und der Ritter nur ein Gaukler.

Das schmale grüne Zentralbild zeigt die Geschlechter formal enger verschränkt. Der Mann steht hinter der Frau, aber er trägt ein Clownskostüm und hält sie mit der Pritsche von eigenen Schritten zurück. Die Ehe wird zur Punch-and-Judy-Show.

Der rechte Flügel schließlich enthält einen Abgesang auf den Grundsatz »Einer trage des anderen Last«. Auf dem gealterten, hart gewordenen Mann sitzt die Frau im Huckepack. Jetzt trägt er sein Narrenkostüm zu Recht. Er kann die Seine leichter tragen als ertragen.

34. Alles um euch zu unterhalten

»Human waren die Nazis nicht«, stellte der Herr und Landmann in Tirol Max von Riccabona fest, der zum monarchistischen Widerstandskreis um Erzherzog Otto in Paris gehörte. Während sich im Hotel Majestic unter dem Oberbefehlshaber General Carl Heinrich von Stülpnagel (1886–1944) der militärische Widerstand formierte, brannten am 25. Mai 1942 auf der Terrasse der Tuilerien fünfhundert bis sechshundert Kunstwerke, darunter Arbeiten von Picasso, Klee, Léger, Miró und Max Ernst. Bereits im März 1939 hatten die Nazis im Hof der Berliner Hauptfeuerwache mehr als tausend Bilder und Skulpturen und an die viertausend Zeichnungen und Drucke den Flammen übergeben.

Heinrich Heine hatte einen Scheiterhaufen für Bücher und einen für Menschen prophezeit – den für Kunstwerke hatte er vergessen.

Wie schon in Nazi-Berlin, so fürchtete Max Beckmann jetzt in Amsterdam, seine Werke könnten beschlagnahmt werden. Helmuth Lütjens versteckte ab Februar 1943 einen großen Teil der Atelierbestände in seinem Hause in der Keizersgracht 109. Beckmanns Freundschaft mit Lütjens und seiner Familie wurde enger. Immer wieder brachte der Maler neue Arbeiten ins Versteck.

Dennoch fanden die ersten Triptychen den Weg in den Kunsthandel. Curt Valentin kaufte 1942 die *Abfahrt*, Günther Franke 1943 den *Perseus*.

Beckmanns gerieten noch tiefer in Not und Isolation. Wollte der Künstler seine Bilder sehen, ging er zu Helmuth Lütjens, der das eine oder andere Werk herausholte und vor den Augen des Meisters aufstellte.

Der Weltlage zum Trotz zeigte sich Beckmann gespannt, gefaßt und souverän. Ausdruck dieses Sieges über die Verzweiflung ist das *Selbstbildnis gelb-rosa* von 1943.

»In keinem seiner Selbstportraits drängt Beckmann seinen Körper so stark in das Format hinein«, bemerkt Ortrud Westheider treffend über diese Arbeit, die zu Beckmanns besten Selbstbildnissen zählt. »Beckmann zeigt sich hier als Hüter des Bildes.«

Seit dem *Selbstbildnis auf gelbem Grund mit Zigarette* von 1923 hatte er kein Selbstportrait mehr gemalt, das von so lichten Farben bestimmt war. Zwar fällt in diesem Werk aus dem vierten Kriegsjahr von rechts oben ein Schatten auf die Gestalt und verteilt sich über das Haupt und die Figur, doch der ernste Gesichtsausdruck ist fern von Düsternis und Verzagtheit. Die gekreuzten Arme grenzen die Gestalt ab, ihre Zentrierung verleiht ihr die klassische Disposition des Maßvoll-Ausgeglichenen. Der Selbstschutz stellt die jupiterhafte Selbstpräsentation nicht in Frage. Wieder trägt der Künstler einen extravaganten Hausmantel; diesmal in hellem Ocker mit weißlichem Schalkragen.

Die linke obere Ecke zeigt ein Kreissegment, das den Schlünden und Öffnungen der Blasinstrumente und Trichter verwandt ist, die Beckmann seit den zwanziger Jahren zum Schauerpunkt vieler Kompositionen erhob. Hier ist das Loch-Motiv jedoch ganz abstrahiert und wirkt kaum mehr bedrohlich. Vielmehr dient es der runden Anlage des Kopfes als kompositorischer Widerpart.

Unter höchster Bedrohung von außen wahrt dieser Mann seine Würde.

Wie ein Paukenschlag kam ein Jahr später die Antithese. In einem fast gleich großen *Selbstbildnis in Schwarz* (95 × 60 cm) zeigt sich Beckmann erneut umschattet. Die Lippen sind zusammengepreßt, die Augen starren den Betrachter frontal an. Wieder fällt das Licht von oben links ein. Die schwarze Untermalung des hellen Hintergrundes scheint etwas stärker durch. Das flächige Schwarz des Anzuges und der gespannte Helldunkel-Kontrast verweisen auf die Selbstbildnisse im Smoking von 1927 und im Frack von 1937.

»Der schwarze Anzug entsteht aus einer Malerei des Schwarz in Schwarz, aus minimalen Differenzen zwischen matter und fetter Farbe«, betont Ortrud Westheider, die eine erschöpfende Studie über *Die Farbe Schwarz in der Malerei von Max Beckmann* unternommen hat. »Beckmann zeigt das Schwarz als Farbe, die seine Synthese von Figuration und Abstraktion entstehen läßt.«

Wiederum ist die Haltung doppeldeutig. Der Dargestellte lehnt sich über einen Sessel und wendet sich dem Betrachter zu – mit dem linken Arm und Ellenbogen grenzt er sich zugleich aber von ihm ab. Auf den ersten Blick scheint diese Geste dem Bildnis eines Mannes mit großem Hut von Frans Hals (ca. 1660–1666) entlehnt. Im Kontrast zu dem hingegossenen holländischen Bonvivant sticht der Ernst von Beckmanns tragischem Selbstbildnis jedoch um so stärker hervor. Die linke Hand, erhoben, als hielte sie eine Zigarette, sorgt jetzt für die Ausgewogenheit der Komposition und erscheint zugleich als mahnende Geste.

Ein schmerzlicher Weltverzicht spricht aus diesem Selbstbild. Er ist in Beckmanns Werk nicht neu. Als höchst bedenklich erschien bereits der aufgerissene Mund in jenem Selbstportrait, das der Student 1901 radiert hatte. Und auf dem siebenten Blatt der Kaltnadel-Mappe *Gesichter* von 1918 zeigen sich *Die Gähnenden*, eine lebensmüde Gesellschaft, die von der neuen Zeit nichts wissen will – bevor sie überhaupt angefangen hat.

In seinen Selbstportraits rafft sich Beckmann immer wieder zusammen, und es gibt kaum ein schöneres Beispiel für seinen unbesiegbaren Lebensmut als das *Selbstbildnis in gelb-rosa*. Im Jahr darauf freilich hat der Lebensekel wieder überhandgenommen. Tiefer Pessimismus schaut dem Betrachter aus dem *Selbstbildnis in Schwarz* entgegen.

Selbstbehauptung und Selbstzweifel gehen eine einzigartige Verbindung ein. Der Künstler proklamiert mit Luther: »Hier steh ich, hier bin ich, ich kann nicht anders!« und fragt mit Stanislawskij: »Woher komme ich? Wer bin ich? Wohin gehe ich?«

Tatsächlich entschlüpfte Beckmann in seiner Londoner Rede im Jahre 1938 ein Geständnis, das schon bei einem österreichischen Künstler undenkbar wäre: »Was bist Du? – – – – – Was bin ich? – – – – – Das sind die Fragen, die mich unaufhörlich verfolgen und quälen.«

Spricht hier der verunsicherte Mensch des zwanzigsten Jahrhunderts? Spricht der Bürger eines späten und forcierten Nationalstaates? Der Erbe der Hegelschen Identitätsphilosophie? Der Protestant, den geheimer Zweifel an der Legitimität seiner Konfession quält? Spricht das delphische »Erkenne dich selbst«?

Sechs Jahre vor seinem Tod wirft Beckmann im *Selbstbildnis in Schwarz* einen düsteren Blick zurück. Die Katastrophenstimmung der Espressos, die schon vor dem Ersten Weltkrieg einsetzte, der Urkatastrophe des Jahrhunderts, klingt hier noch nach. Schon um 1909 hatte Georg Trakl in seinem Gedicht *Confiteor* eine Flucht vor der Tragik des Lebens in den Ekel beschrieben. Die Verse liefern den passenden Begleittext zu Beckmanns düsterem Selbstportrait:

Und da von jedem Ding die Maske fiel,
Seh' ich nur Angst, Verzweiflung, Schmach und Seuchen,
Der Menschheit heldenloses Trauerspiel,
Ein schlechtes Stück, gespielt auf Gräbern, Leichen.

Mich ekelt dieses wüste Traumgesicht.
Doch will ein Machtgebot, daß ich verweile,
Ein Komödiant, der seine Rolle spricht,
Gezwungen, voll Verzweiflung – Langeweile!

Es war das Lebensgefühl einer Generation, und sie war nicht zu retten, wenn sie nicht die Flucht nach vorn antrat.

Beckmanns Werk entfaltet sich nicht nur in Sequenzen, sondern auch in Antithesen. So malte er 1944, im Jahr nach dem tragischen Selbstportrait, eines der strahlendsten Bildnisse, die er während des Krieges überhaupt schuf: das Portrait *Quappi in Blau und Grau*, das im Typus und in seinem offenen Ausdruck nah mit der *Ruhenden Frau mit Nelken* von 1940/42 verwandt ist. Das leicht ornamentierte blaue Hauskleid, locker auf weißen Grund gemalt, leuchtet – wie die Schönheit Quappis, die in ihrem vierzigsten Jahr noch von jugendlicher Ausstrahlung war.

Einen Blick auf die Beziehung zu seiner Frau wirft Beckmann in der Federzeichnung *Doppelbildnis Max und Quappi Beckmann*

aus dem letzten Kriegsjahr. In einem mit wenigen Strichen angedeuteten Raum vereint, lebt hier doch jeder für sich und schaut
in die eigene Richtung – wie später die Figuren auf Giacomettis
Gruppenportraits. Beckmann streift hier schon die Thematik der
Selbstentfremdung, die den Existentialismus und die Nachkriegszeit beherrschen sollte.

Ende 1944 schien es nicht nur mit der historischen Situation,
sondern auch mit Beckmanns Gesundheit weiter bergab zu gehen. Auf dem Höhepunkt der Notlage erkrankte der Künstler an
Lungenentzündung. Zudem litt er unter Schlaflosigkeit und zunehmenden Herzbeschwerden bei Angina pectoris.

Ende Mai 1944 mußte sich der Sechzigjährige erneut einer
Musterung durch die deutsche Wehrmacht stellen. Diesmal begleitete ihn Erhard Göpel. Unter dem 31. Mai notierte Beckmann
in seinem Tagebuch:

*Le grand jour. Schon um ¹/₂ 10 erschien G. Hatte nur knapp 3 Stun-
den geschlafen. Im Auto zur – »Halle der großen Fülle« – Beschreibung erspart sich. Urteilsverkündigung rechtskräftig.*

*Arme Q. mußte 1¹/₂ Stunden im Auto warten. Danach einige
Schnäpse. – Abends noch recht angestrengt gefühlt.*

Max Beckmann wurde endgültig für dienstuntauglich erklärt.
Der Winter bot Ablenkung von der größten Not. Max Beckmann
besuchte den Zirkus. Die Atmosphäre belebte und regte ihn künstlerisch an.

Am 6. Juni 1944 landeten die Alliierten in der Normandie. In
Amsterdam mußte mit Kämpfen gerechnet werden. Beckmanns
übersiedelten für eine Woche in das Haus von Helmuth Lütjens
an der Keizersgracht. Zwei Monate später, am 4. August, machte Beckmann abends um sieben noch einen Spaziergang um den
Bahnhof. Es war der Tag, an dem wenige Straßen weiter Anne
Frank und ihre Familie verraten und verhaftet wurden.

Nicht zuletzt aus Sicherheitsgründen hält sich Beckmann im
Tagebuch mit politischen Bemerkungen zurück. Die Situation der

Juden verschweigt er jedoch nicht. So findet sich etwa unter dem 29. Mai 1943 die Bemerkung:»Nachmittag durch verödete Judenhäuser-Straßen gegangen.«

Bei der Schlacht um Anaheim isolierten britische und polnische Streitkräfte im Jahre 1944 den Norden der Niederlande. Der Hungerwinter von 1944/45 kostete zahlreiche Menschen das Leben. Um heizen zu können, rissen die Leute Tausende von leeren Häusern ab – die die Juden zurückgelassen hatten. Anfang Mai 1945 zogen kanadische Truppen in Amsterdam ein. Quappi und Max Beckmann kamen wieder bei Helmuth Lüthjens unter. Am 4. Mai war der Krieg zu Ende.

! FRIEDE !

jubelte der Künstler im Tagebuch. Einen Tag später, am 5. Mai 1945, kapitulierte Deutschland. Beckmann begegnete in der Stadt »viel Besoffenheit«. Jenes schmerzliche Gefühl der Befreiung stellte sich wieder ein, dem Beckmann schon acht Jahre zuvor nach seiner Flucht aus Deutschland in dem Selbstbildnis *Der Befreite* Ausdruck verliehen hatte.

Ja, ja, wir haben einiges kennen gelernt, was nicht uninteressant war. Zum Beispiel – wer bekommt die letzte Kartoffel bei Tisch oder auch, zwei kalte zum Frühstück als besondere Auszeichnung. Platzende Bomben, dauernde Musik der Flieger und Kämpfe über meinem Atelier verbunden mit dem barbarischen Geheul der Sirenen und Luftbatterien, reizvoll unterbrochen durch abstürzende brennende Flugzeuge haben nicht wenig zu gesteigerten Daseinsgefühlen verholfen. – Dazu die bissigen und wohlgeschliffenen Zähne meiner Freunde der Nazis, die immer bereit waren, mich zu verschlingen […]

Die Verbindungen nach Deutschland brachen zusammen. Man hungerte und fror. Mangels Kohlen mußte der Künstler sein Atelier in den notdürftig beheizten Salon verlegen. Mitunter arbeitete er dort bei sechs bis acht Grad Celsius. Immerhin konnte man jetzt wieder Ausflüge unternehmen. Aus den USA kamen Briefe. Beckmann nahm Englischstunden.

Die Postverbindung nach Deutschland blieb bis April 1946 unterbrochen. Beckmann bat Heinz Berggruen, der als Angehöriger der amerikanischen Besatzungsmacht in München stationiert war, Nachrichten an die Familie in Bayern zu übermitteln. Er hat den späteren Pariser Kunsthändler nie persönlich kennengelernt.

Minna Tube war kurz vor Kriegsende vor den Russen aus Berlin nach Gauting bei München geflohen. Die Briefe von Beckmann, die sie im Haus in Hermsdorf zurückließ, gingen ebenso verloren wie die meisten ihrer eigenen Gemälde. So blieb nur ein schmales Œuvre der Künstlerin; es wurde 1998 im Haus der Kunst in München zum ersten Mal in einem Museum ausgestellt.

Dagegen erreichte Beckmann die Mitteilung aus Deutschland, daß Günther Franke seine Bilder hatte retten können. Dennoch schrieb der Künstler Ende September 1945 an Curt Valentin in New York: »Ich habe mit Europa und speziell natürlich Deutschland vorläufig (auch durch meine lange Abwesenheit aus D.) innerlich abgeschlossen und bin stärker und intensiver bereit mich mit neuen Möglichkeiten auseinander zu setzen.«

Immer wieder plante der Künstler Besuche in Deutschland und kündigte Minna Tube sein Kommen an. Insgeheim schreckte er vor einem Wiedersehen mit diesem Land jedoch zurück.

»Die vielen Überlegungen eines Besuches nach 1945, die sich in den Briefen in immer neuen Wendungen darstellen«, bemerkt Klaus Gallwitz, »täuschen gerade durch ihre Wiederholung leicht darüber hinweg, daß er selbst offenbar unüberwindliche Vorbehalte in dieser ›Sache‹ hatte. Es gab da kein Zurück.«

Seinen ersten erhaltenen Brief nach Kriegsende richtete er an Curt Valentin.

»I have worked these 5 years non stop, about 75 pictures standing here ready!«

Während der Zeit der Befreiung hatte Beckmann in dem geheimnisvollen Bild *Abtransport der Sphinxe* eine Deutung dieses welthistorischen Augenblicks gegeben. An einem Strand stehen drei Sphinxe auf zwei Karren zum Abtransport bereit. Eine andere Art der Abfahrt erwartet diese Figuren, die mit ihren Brüsten und der lebendig gemalten Haut wie verwunschene Frauen wirken. Mag die Anregung zu dieser Szene auch von den Karren ausgegangen sein, auf denen man in Amsterdam Skulpturen aus dem Vondelpark abtransportierte oder die kahlgeschorenen Frauen, die sich im Krieg mit deutschen Soldaten befreundet hatten, durch Amsterdam fuhr; die hell und frisch ausgeführte, leicht querformatige Szene zeigt nur allzu deutlich, wie sehr alteuropäische, ja voreuropäische Werte nach dem Zweiten Weltkrieg zum Abtransport bereitstanden.

Man lief damals Gefahr, das Kind mit dem Bade auszuschütten und die Zivilisation seit den Ägyptern für Nationalsozialismus und Krieg verantwortlich zu machen; ein Tabula-rasa-Effekt, von dem vor allem der Stalinismus profitieren sollte. Beckmanns Größe liegt indes auch in dem, was er *nicht* gemalt hat. Auch ein so tief vom historischen Moment inspiriertes Werk wie der *Abtransport der Sphinxe* läßt sich, wie die *Departure*, »auf alle Zeiten anwenden«. Ein Scharfrichter betont ebenso wie ein Behelmter den feierlichen Charakter der Szene; der wohl eigenartigsten Entrümpelung, die je stattgefunden hat.

Helm und Figurinen, Gitterwerk und Seelandschaft sind alte Versatzstücke aus Beckmanns Baukasten. Hier hat er sie neu kombiniert. Ungewohnt ist der entleert wirkende, blau untermalte weißliche Himmel. Schon sein Lieblingsdichter Jean Paul hatte 1796 in der Traumdichtung *Rede des todten Christus vom Weltgebäude herab daß kein Gott sei* vom »ausgeleerten Nachthimmel« gesprochen.

Der hellen Grundstimmung dieses Bildes zum Trotz fürchtete Max Beckmann nach der Befreiung Hollands ein paar Monate lang, als feindlicher Ausländer eingestuft und aus den Niederlanden ausgewiesen zu werden. Doch die aus dem Londoner Exil zurückgekehrte holländische Regierung dachte gar nicht daran, den Emigranten des Landes zu verweisen. Im Gegenteil: Auf Initiative von Helmuth Lütjens erwarb Jonkheer C.D. Ruell, der Direktor des Rijksmuseums, noch im Jahre 1945 das *Doppelbildnis Max und Mathilde Beckmann* von 1941 für das Stedelijk Museum im Haag. Das Bild hatte dort jahrelang im Magazin der Begutachtung geharrt. Im Herbst 1945 stellte Ruell ein gutes Dutzend Bilder von Beckmann aus. Um ihn vor einer möglichen Verhaftung als feindlicher Ausländer zu bewahren, vermittelte er dem Maler zudem eine vorläufige Aufenthaltsgenehmigung. Als Ausländer bekam Beckmann von den Holländern zunächst keinen Paß und konnte auch kein Visum für die Vereinigten Staaten beantragen. Als Deutscher fühlte er sich in einer schiefen Situation und betrieb um so mehr seine Immigration in die USA. In seinem Antrag erinnerte Max Beckmann an seine Brandmarkung als »Entarteter Künstler« und betonte, mit Europa und besonders mit Deutschland innerlich abgeschlossen zu haben.

Vier Monate nach Einzug der Alliierten klagte er, daß man in Holland noch immer wie im Kriege lebe. »Das arme Holland war aber auch wirklich zu sehr ausgeplündert und kom̃t sehr schwer wieder auf Touren.« Stephan Lackner und Curt Valentin schickten Care-Pakete aus Amerika, Marie-Louise von Motesiczky Leinwand und Farbe aus London. Beckmann vermalte notfalls Bettücher. Unter den Farben mangelte es ihm besonders am Kremserweiß.

Im Herbst 1945 verschlechterte sich die Lage weiter. Beckmanns ging es »außerordentlich dreckig«. Die Regierung gestand holländischen Bürgern Nahrung für etwa hundert Gulden im Monat zu, dem deutschen Maler jedoch gar nichts. Helmuth Lütjens teilte sein Brot mit ihm.

»Natürlich ist das weder Leben noch Sterben und ein furchtbarer Zustand.«

Das Triptychen-Werk der Amsterdamer Zeit schließt mit Pauken und Trompeten. Als Max Beckmann Ende 1944 sein siebentes und größtes Triptychon begann, standen die Deutschen noch im Land. Als er ein Jahr später den letzten Strich ausführte, war

Holland befreit, und Amsterdam hatte seine schlimmste Zeit hinter sich. Beckmann nannte das Triptychon *Blindekuh*.

Das mehr als vier Meter breite Werk steht als ein großes Trotzdem da: Der Maler hat es Krieg und Not entgegengestellt wie auch dem Mainstream – der längst abstrakt war. Schon die wechselnden Arbeitstitel enthüllen jene Welt, in die dieser helle und quirlige Personenauflauf den Betrachter hineinzieht: *Das Konzert, Grosses Café, Die grosse Bar, Cabaret, Ochsenfest, Grosses, grosses Ochsenfest*. Inmitten des hier stark dominierenden Zentralbildes reckt ein Pauker die Arme empor, ein Flötist liegt vor ihm hingebreitet. Die Harfe zu seiner Linken bildet wie eine große Glasscherbe das zentrale formale Element des Triptychons. Eine Harfinistin, ein liegender Halbakt, ein Mann mit Stierkopf und eine Frau, offenbar vom Theater, vervollständigen das Gruppenbild.

Wiederum ist jeder vor allem mit sich selbst beschäftigt. Und doch vermittelt die ausgewogen ineinandergeschobene Komposition, die hellen Farben und der burleske Charakter aller drei Szenen eine joie de vivre, die wie ein Triumph über die Härte der Zeit erscheint. Freilich darf man den Titel des Werkes, *Blindekuh*, nicht außer acht lassen; auch hier ist er keine realistische Bildbeschreibung, sondern ein Hinweis, der eine zusätzliche Dimension eröffnet. Auf dem rechten Flügel zeigt sich ein Mann im Tweedjackett mit verbundenen Augen und einer Kerze in der Hand. Alle Menschen laufen mit verbundenen Augen herum – aber nicht alle suchen nach dem Licht, wie dieser junge Mann.

Ein Aphorismus von Stanisław Lec liest sich wie das Motto zu diesem Triptychon: »Warum sollen nicht auch Blinde ›Blinde Kuh‹ spielen dürfen?«

Als Reisender, als Pilger auf der Suche nach der Wahrheit, die sich jederzeit offenbaren kann, als moderne Ahasverusgestalt, verdammt zu einem Dasein, das er sich nicht ausgesucht hat, gefesselt in Verknüpfungen, denen er sich nicht entwinden kann – in dieser Rolle sah Max Beckmann den Menschen und besonders den Künstler. Die Selbsttranszendierung im Kunstwerk erschien ihm als einzige Chance, den Kopf aus den Fluten des Daseins zu erheben.

Ende Juli 1944 schrieb er in Amsterdam ein Tagebuchblatt, das zu seinen lichtesten Selbstbekenntnissen gehört. Selten hat ein Künstler sein Leben so scharf in Worte gefaßt. Selbst die Verbeugung vor dem Publikum fehlt nicht.

Ad infinitum zu segeln ohne Fuß – ohne Ziel – welch merkwürdiger Einfall! Welch grausame Fantasie – immer warten, ob sich nun das Geheimnis entschleiern wird und immer mit dummem Gesicht vor dem grauen Vorhang zu sitzen, hinter dem die Geister rumoren oder auch das Nichts. – Welch grausamer Einfall, welch drolliger Witz, sich dieses alles auszudenken, und dann dem Probeexemplar die Kritik zu überlassen zu seinem eigenen Wohl und Wehe. – Glaubst Du an einen Sinn des Rummels, wirst Du selig werden – oh so weit weg – glaubst Du dem Zufall, so ist es Dein Pech. – Du mußt mir aber immerhin zugeben, daß es doch eine Leistung ist, aus dem Nichts ein Vorstellungsgeflecht zu schaffen, was immerhin alles in einer stetig gesteigerten Spannung erhält?

›*Geht aber nur durch ein Versteckspiel Deines Selbst.*‹

– Alles um Euch zu unterhalten.

VIII. Aufbruch nach Amerika

1946–1950

*Damit fängt die Welt wieder für mich
an, so wie sie im Spätherbst 1932 in
Frankfurt a/m aufhörte.*

*14 Jahre exilé
et condammné
und nun wieder frei – sehen wir was
weiter kommt*

35. Lockerungsübungen II

Schon vor Kriegsausbruch hat Max Beckmann von Amerika geträumt. Mitte März 1939 bekannte er in einem Brief aus Paris an I. B. Neumann, daß ihm »dieses Land eigentlich immer als für den letzten Teil meines Lebens als das Endgültige vorgeschwebt ist«.

Anfang Januar 1946 sah der Maler voller Hoffnung einer Ausstellung seiner Werke in New York entgegen. Man konnte wieder Bilder in die Vereinigten Staaten schicken. Bemühungen seiner Freunde, ihm in den Vereinigten Staaten einen Lehrauftrag zu verschaffen, schleppten sich hin. Auch der Verkauf seiner Bilder in den USA ließ sich nur zögernd an.

Eine Ausnahme machte die hervorragend geführte Buchholz Gallery. Die Kunsthandlung, 1938 im zehnten Stock des Hauses 32 East 57th Street in Manhattan mit einer Beckmann-Einzelausstellung eröffnet, verkaufte bei der ersten Beckmann-Schau, die nach dem Krieg in den USA stattfand (23. April–18. Mai 1946), in kurzer Zeit fast alle Bilder, auch das Triptychon *Akrobaten.*

Max Beckmann war begeistert: »– bis jetzt nicht erlebt!«

Mit Gemälden wie den *Jungen Männern am Meer* von 1943 und den *Holländerinnen* von 1945, vor allem aber dem Selbstportrait aus demselben Jahr zeigte diese Ausstellung Max Beckmanns Entwicklung während der Kriegsjahre. Auch die Presse war voll des Lobes. Valentin schickte den Katalog, der acht Abbildungen enthält, an Stephan Lackner. Der Schriftsteller freute sich über diesen Erfolg seines Freundes und notierte: »Den Alptraum hat er vorher gekannt, einbezogen. Jetzt ungeheure Bejahung. Stiller, gefaßter vielleicht. Menschen schreien nicht mehr.«

Auch in München fanden Beckmann-Ausstellungen statt. In

den großzügigen Räumen der Stuckvilla zeigte die Galerie von Günther Franke Werke des Emigrierten. Es war seit 1936 die erste offizielle Beckmann-Ausstellung, die Franke veranstalten konnte.

Doch alle Erfolge konnten Beckmanns Resignation nicht mehr besiegen. »Erfolg, nicht Erfolg, Irrsinn und Langeweile über- und unterfluten mich«, schrieb der Zweiundsechzigjährige am 2. Mai ins Tagebuch. »Vor 15 Jahren war ich amüsanter. Vor allem mir selber. Nun geht das normale Sucessleben an, was man wohl Angst hat zu verlieren – trotzdem man nur noch das Gespenst einer Kraft ist die man vor 20 Jahren repräsentierte. Mit Lorbeer wird der alte Leichnam gekitzelt den man dem strahlenden Hiloten vorenthielt.«

Curt Valentin, dessen Drucksachen technisch vorbildlich waren, hat zu Beckmanns Erfolg in den USA maßgeblich beigetragen. Mit professionellen Public Relations baute er den Künstler in den USA systematisch auf. Sein Klient war in den Jahren 1946/47 in zahlreichen amerikanischen Ausstellungen vertreten, bevor er selbst in New York an Land ging. 1946 schloß Valentin mit Beckmann einen Vertrag und verkaufte etwa zwanzig Bilder des deutschen Malers in Amerika. Auf Valentins Betreiben stellte das Museum of Modern Art im März 1947 das Triptychon *Blindekuh* aus.

»Amerika saugt alles auf.« Beckmann spürte schon die Marktsituation der Nachkriegszeit. »Das ist nicht zu ändern.«

Mit Unterstützung von Stephan Lackner sorgte Valentin auch dafür, daß die *Departure* in den Besitz des MoMA kam: Lackner verzichtete darauf, sich den Kaufpreis, den man Beckmann ausgezahlt hatte, vom Museum erstatten zu lassen. Valentin begnügte sich im Tausch mit einem kleinen Stilleben von Braque.

Curt Valentin gab bei Beckmann eine graphische Mappe in Auftrag. Aufgrund von Materialschwierigkeiten entschied man sich wieder für Umdruck-Lithos. Der Künstler spielte mit dem Gedanken, Miltons *Paradise Lost* oder den *Saint Antoine* von Flaubert zu illustrieren oder eine »Mappe mit biblischen od.

mythologischen Motiven eine Circus und Theater u. Café mappe oder auch alles zusam̅en« herzustellen.

Das Ergebnis bestand schließlich in einer Folge allegorischer Blätter, die zunächst *Time Motion* heißen sollte und 1946 unter dem Titel *Day and Dream* in Curt Valentins Verlag erschien. Der Verleger hatte ein Format von unter vierzig Zentimetern Höhe und unter dreißig Breite vorgegeben. Die fünfzehn kleinen Blätter von Beckmanns letztem graphischen Zyklus zeichnen sich durch lockere und klare Handschrift aus. Diese Illustrationen zu einem ungeschriebenen Buch des Lebens sollten zu einem lakonischen, unpathetischen Abschiedsalbum werden.

Auf dem Eingangsblatt begrüßt der Künstler das Publikum mit schwarzer Kappe und durch Schraffur plastisch herausgearbeiteten Gesichtszügen. Die Hereinspaziert!-Pose, wie sie auf dem Deckblatt des Kaltnadel-Zyklus *Der Jahrmarkt* von 1921 zu sehen ist, hat sich längst verloren. Der Blick des durchsichtigen und wie in Glas geritzten Selbstportraits geht am Betrachter vorbei; er ist leicht nach oben gerichtet. Wie im Eröffnungsportrait des *Höllen*-Zyklus von 1919 präsentiert Beckmann sich als Gezeichneten. Doch gegenüber der Panikpose der Espressos gibt sich das Selbstbildnis des zweiundsechzigjährigen Max Beckmann entzerrt, gefaßt. Hier schaut einer den letzten Dingen ins Auge.

Der Zyklus schließt mit einem überzeichneten Selbstportrait, in dem Beckmann sich als Pontius Pilatus neben einen steilen verdunkelten Christuskopf stellt. Das Begehren, an zwei Kriegen nicht schuld gewesen zu sein und sich selbst doch nicht freisprechen zu wollen, ist in diesem Blatt ebenso zu greifen wie die ewige Frage: Was ist Wahrheit?

Am 26. August dichtete Beckmann:

Langsam nähert sich das Ende
und ich wasche meine Hände
tief in Unschuld und dergleichen
und ich werde nicht erweichen
wenn das Ende naht.

373

Neben der Herbstausstellung in der Buchholz Gallery fand im Sommer 1947 auch im schwerbeschädigten Städel in Frankfurt im provisorischen Rahmen eine große Beckmann-Retrospektive statt. Der Direktor Ernst H. Holzinger war unter den Nazis eingesetzt worden – jetzt machte er sich für Beckmann stark. Der Künstler erwog, die Ausstellung zu besuchen und vierzehn Tage nach Deutschland zu reisen, fuhr dann aber doch nicht hin.

Max Beckmann hat Deutschland nicht wiedergesehen.

Auch der neue Oberbürgermeister Walter Kolb, ein ausgewiesener Anti-Nazi, lud Max Beckmann vergeblich ein, als Gast der Stadt nach dem völlig zerstörten Frankfurt zu kommen. Carl Hofer in Berlin wollte Beckmann an die Akademie der Bildenden Künste in Charlottenburg berufen – ohne Erfolg.

Einen Ruf nach Darmstadt, die spätere Werkkunstschule zu übernehmen, ließ Beckmann ebenso ungehört wie alle weiteren Angebote aus seiner früheren Heimat. Noch 1950, kurz vor seinem Tod, lehnte er eine Berufung an die Städelschule ab.

Im Juli 1946 begannen in Paris die Friedensverhandlungen, und der Künstler tat, was er in Holland immer schon gern getan hatte, auch in den Kriegsjahren: Er genoß die Nordsee. Er fuhr in die Seebäder Zandvoort und Nordwijk nahe Amsterdam.

Von April bis Mai war Max Beckmann in Laren, einem an dem Fluß Schipbeek gelegenen Städtchen, wenige Kilometer von der deutschen Grenze entfernt.

Beckmann blickt von erhöhter Position in die Welt; in seinen Gesellschaftsbildern dem Sinne nach, in seinen Landschaften meist auch in der Perspektive. Auch für die *Große Landschaft aus Laren mit Windmühle* wählte er eine Perspektive, die von einem erhöhten Punkt, einem Hügel, Fenster oder Hochsitz gedacht ist. In der Mitte dieses Hochformates kann man bis zum Horizont in flache Landschaft sehen – dort ballen sich Kugelwolken zu einem der Dramen, wie man sie oft am feuchten holländischen Himmel sieht. Die Sicht jedoch wird von beiden Seiten eingeengt, ein Prinzip, das der Maler kurz vor seinem Tod in der Fallphantasie *Abstürzender* zur Vollendung führte. In der *Großen Landschaft* schieben sich Windmühlenflügel ins Bild und verleihen dem Szenarium mit Gitterstrukturen einen starken Kontrast. Dieser Kunstgriff läßt den Raum tiefer und interessanter erscheinen. Beckmann wandte ihn mehrmals an, nicht zuletzt in dem an Picasso orientierten *Großen Stilleben Interieur (blau)* von 1949.

Die Windmühlenflügel bringen die Szene in Bewegung. Sie stehen quer zur vertikal und horizontal bestimmten Landschaft, bringen Schwung in die Ruhe und (stellt man sich ihre Bewegung vor) Vergitterung und Entgitterung zugleich.

Wie anders wirkte das von Bäumen vergitterte Winterbild aus dem Jahre 1937! Der Titel des Gemäldes, *Tiergarten im Winter*, spielt auf den gleichnamigen Berliner Stadtteil an, in dem Beckmanns die ersten vier Jahre der Nazi-Zeit wohnten. Wieder schaut der Maler von erhöhtem Standpunkt, doch diesmal führt kein Weg ins Freie. Der einsame verschneite Park ist abgeschlossen wie ein Käfig: »Bittet aber, daß eure Flucht nicht geschehe im Winter ...« (Mt 24,20) Ein Baum im Vordergrund scheint sich wie eine Schranke zu senken und den Durchgang zu versperren.

»Das Gemälde *Tiergarten* spiegelt die Gefühlslage des Malers in jenem Winter wider«, bemerkt Karin von Maur in einer ihrer subtilen Bildanalysen. »Es ist Ausdruck der bedrängenden Enge und Ausweglosigkeit. Er wußte, daß seine Emigration aus Deutschland unausweichlich sein würde. In Beckmanns Kunst scheint nichts zufällig mit der Realität verknüpft zu sein. Stets ist ein anderer, höherer Anspruch an die Malerei abzulesen, der selbst scheinbar marginalen Werken den Stempel des Bedeutungsvollen aufdrückt.«

Besser kann man es nicht sagen. Auch wenn Beckmann Dinge und Landschaften malt, scheinen menschliche Kräfte in ihnen zu walten. So sollte man auch seine Windmühlen aus der Mitte der vierziger Jahre aufmerksam betrachten. Beckmann hatte es zu dieser Zeit gerade abgelehnt, den Don Quijote zu illustrieren. Doch angesichts jener Mühlen liegt der Gedanke an den heldenhaftesten aller Ritter (und seine gar nicht immer nur eingebildeten Feinde) ebenso nahe wie die geheime Vanitas-Bedeutung dieser sich ewig drehenden Ungeheuer.

Eine kleine Federzeichnung, 1946 unter dem Titel *Die Mühlen* ausgeführt, wirft ebenso wie das Gemälde *Luftballon mit Windmühle* von 1947 ein Licht auf die *Große Landschaft*. Die Zeichnung stellt die Mühlen so menschlich vor, als sähe man sie mit den Augen des Mannes von La Mancha. Das Gemälde verwandelt die Windmühlen in teuflische Schicksalsräder. Männer und Frauen sind aufgebunden wie auf Folterbänke.

Es liegt nah, in dieser Zeichnung eine Verbeugung vor Hieronymus Bosch zu sehen, zumal der Künstler gerade in Holland einen Weltkrieg überstanden hatte. Aber soviel Romantik in der modernen Landschaftsmalerei! Nur ein sehr guter Maler konnte sich das erlauben.

»Larener Landschaft doch gut«, notierte er im August 1946. »Machte mir wieder Laune. Habe <u>doch</u> Talent.«

Noch im selben Monat, August 1946, erkannte die Regierung der USA dem Künstler den Non-Enemy-Status zu. Beckmann mußte keine Angst mehr haben, aus Holland ausgewiesen zu werden. Das amerikanische Visum rückte in greifbare Nähe. Zudem durfte man inzwischen wieder Geld aus den USA schicken. So konnte Beckmann nun auch über das Geld verfügen, das Curt Valentin aus New York überwies – wenn es auch nur in Gulden ausgezahlt wurde und der Staat die Devisen behielt. Anfang 1947 wurde Beckmann ein holländischer Paß ausgehändigt.

Innerlich war der Maler indes schon in Amerika. Mitte Januar 1947 schrieb er aus Amsterdam an seinen Sohn Peter, daß er »eigentlich hier wie in einem entfernten Vorort von New York sitze«.

Voller Vorfreude hatte er kurz zuvor eine Aufforderung zum Tanz gemalt, die er *Begin the Beguine* nannte. Das gleichnamige Musikstück hörte man damals auf allen Radiostationen. Cole Porter hatte Text und Musik dieses einschmeichelnden Liedes 1935 für sein Musical *Jubilee* geschrieben. Es wurde ein Jahrhunderthit, den alle Big Bands spielten, alle großen Swing-Sänger sangen.

»Beguine« bezeichnete einen Tanz, der angeblich von der Insel Martinique stammt – aber auch allgemein einen sinnlichen synkopierten Tanzrhythmus, mit dem man Exotik und Fernweh und Erinnerung verbindet. Auch in seinem Text hat Cole Porter diese Stimmung eingefangen:

> *When they begin the beguine*
> *It brings back the sound of music so tender,*
> *It brings back a night of tropical splendor,*
> *It brings back a memory evergreen.*

Das französische Wort »Géguin« (Betörung, Vernarrtheit) kommt möglicherweise von dem katholischen Laienorden der Schwestern von Beguine, den ein Mann namens Lambert Begue im zwölften Jahrhundert in den Niederlanden gründete und dessen Regeln nicht so streng waren wie die anderer Orden; so durften die Schwestern die Gemeinschaft verlassen und heiraten.

Je nach Betrachtung ist Beckmanns Hochformat völlig rätselhaft oder vollkommen klar. Das Bild wird von einem Grün dominiert, das hier gleichermaßen für Hoffnung und Evergreen stehen mag – für Zukunft und Vergangenheit. Die Szene kann also einen entscheidenden Moment des Lebens bezeichnen, in dem etwas zu Ende geht und etwas Neues anfängt. Die Versuchung ist groß, das Bild in Beziehung zum Ende von Beckmanns Exil und zum Aufbruch nach Amerika zu setzen.

Die Vergangenheit ist hier präsent in der Frau links am Bildrand, der die Hände abgehackt und die Arme gebunden wurden. Die befremdlich schillernden Flamingos über ihr kommen jedoch nicht mehr als Heimsuchung über die Menschen, wie die gefiederten Bestien in der *Hölle der Vögel* acht Jahre zuvor. Sie tragen vielmehr zum exotischen Charakter der Szene bei. Das tanzende Paar in der Bildmitte hat bessere, aber auch schlechtere Tage gesehen. Der halbseidene Eintänzer im lila Anzug weist statt des linken Fußes nur noch ein Stück Holz – in jenen Jahren nach dem Krieg nichts Seltenes, da Invaliden die Straßen bevölkerten. *Begin the Beguine* hat wieder den Swing von Beckmanns Tanzszenen der zwanziger Jahre. Der Vergleich zu einem Bild wie *Tanz in Baden-Baden* von 1923 zeigt indes, wie weit der Künstler sich während der dreißiger Jahre von der klassischen Bilderzählung und natürlich von der feinen Detailmalerei entfernt hat. Seine Figuren, das ist neu, sind nun grotesk in die Länge gezogen, wie bei den Barockmanieristen – etwa Alessandro Magnasco, dessen elektrisierende Szenen Beckmann im Städel studieren konnte. Groteske Größenunterschiede wie in der mittelalterlichen Malerei, improvisiert wirkende Flächen wie die blauschraffierte Pumphose der Tänzerin und nicht zuletzt sein Exotismus rücken *Begin the Beguine* in die Nähe eines wilden Stils, wie er von den Abstrakten Expressionisten noch weitergetrieben werden sollte.

Nicht weniger auffällig sind die Konstanten: Der verfremdete Raum, die dichte und verschachtelte Figurentektonik und die subtile und vieldeutige Gebärdensprache. Zwei Räume stoßen hier aneinander wie Vergangenheit und Zukunft. Der Tanzrhythmus ist den vier Menschen in die Beine gefahren, von denen jedes Bein mit seiner besonderen Stellung einen anderen Aspekt von Beschwingtheit in dieses Tableau trägt.

Aufbruch, Reisefieber, Lebenslust und Neugier auf die Gesellschaft sollten von nun an wieder Beckmanns Bilder bestimmen; jene Weltfreude, die Irving Mills und Duke Ellington schon 1932 in einem Song charakterisiert hatten:

»It don't mean a thing, if it ain't got that swing.«

36. The Spirit of St. Louis

Im Frühjahr 1947 reisten Beckmann und Quappi für drei Wochen nach Nizza. Acht Jahre waren sie aus Holland nicht herausgekommen. An der Promenade des Anglais stiegen sie zwei Häuser vom Negresco entfernt im Hotel Westminster ab. Für die lange ersehnte erste Nachkriegsreise hatte Beckmann Visa beantragen und Curt Valentin um Geld bitten müssen.

»Ich war kurz vor dem Krieg hier und manches hat sich doch verändert«, schrieb er an seinen Sohn, »aber wie überall ist auch hier alles viel ärmer geworden.« Auf der Hin- und der Rückfahrt machte er Station in Paris und besuchte zum ersten Mal seit langer Zeit den Louvre. »In Nice wars herrlich. – Paris weniger.«

Wieder zeigte sich, wie zwiespältig Beckmanns Verhältnis zu dieser Stadt war.

»Wahnsinnig teuer u. überall standen die Menschen mit vergrützten Gesichtern endlos Schlange vor Bäcker u. Lebensmittelgeschäften«, berichtete er über das Paris der unmittelbaren Nachkriegszeit.

Am 19. April traf er mit Stephan Lackner zusammen, den er seit Jahren nicht gesehen hatte. Während des Krieges war Lackner ohne Nachricht von seinem Freund geblieben, und oft hatte er fürchten müssen, Max Beckmann sei nicht mehr am Leben.

Lackner holte Beckmann nachmittags vom Louvre ab und setzte sich mit ihm auf die Terrasse des Café de la Paix.

»Er war ernster, weniger sarkastisch geworden und froh, sich auszusprechen«, erinnert sich Lackner.

»Sie glauben nicht, was für ein Druck von mir genommen ist, seit der Alptraum verpufft ist!« sagte Beckmann.

Ein Dîner bei Prunier in der rue Duphot, nicht weit von der rue Royale, in der siebzehn Jahre zuvor die Pariser Beckmann-Ausstellung stattgefunden hatte, entschädigte den Künstler für manche Härte der letzten Jahre.

»Er war schlanker und ernster geworden«, bemerkte Lackner über den Maler, »die berlinische Schnoddrigkeit war ein wenig gemildert, in seinen Augen lag die Tragik der Welt.« Lackner hatte jedoch den Eindruck, Beckmann habe »immer die gleiche gefaßte Vitalität, die federnde Spannkraft bei aller ihm eigentümlichen golemhaften Schwere«.

Beim Champagner blühte der Künstler auf. Auch seinen brummigen Humor hatte Beckmann während des Krieges nicht verloren.

Lackners Frau Gretl (»Puck«), die bei einem Besuch im Hotel ihr Baby (Peter Lackner) mitgebracht hatte, beschied er: »Na, nun nehmen Sie mal den Embryo da weg.«

Nach wie vor machten ihm Barbesuche Spaß, auch wenn ihm die Tänzerinnen nach dem Krieg zu mager schienen. Nach einem Cancan beim Bal Tabarin bemängelte er: »Es dampft noch nicht richtig.«

Eine französische Freundin von Stephan Lackner hatte während des Krieges einige Bilder von Beckmann in einem fabrikartigen Gebäude versteckt gehalten, wo die beiden Männer die Werke wiederfanden.

»Hinter Röhren und zerbrochenen Möbeln zogen wir die Leinwände hervor, deren frische Farbigkeit in der grauen Umgebung ganz unerhört wirkte«, erinnert sich Lackner an die Backstage-Atmosphäre dieser Wiederentdeckung.

In Amsterdam pflegte Beckmann verstärkt seine Freundschaften. Er traf sich häufig mit dem bewährten Kameraden Helmuth Lütjens, mit Wolfgang Frommel und mit Jan Wiegers, einem Freund und Schüler von Ernst Ludwig Kirchner. Auch aus New York und London erhielt Beckmann Besuch: Curt Valentin sagte sich ebenso an wie Marie-Louise von Motesiczky.

Schließlich kam 1947 wieder eine Einladung aus Amerika.

Henry Hope, Chairman des Department of Fine Arts der Indiana University in Bloomington, fragte an, ob der weltberühmte Künstler ein Lehramt an der traditionsreichen Universität übernehmen wolle. Beckmann entschloß sich, anzunehmen, obwohl die Bezahlung gering war und er befürchten mußte, daß die Stadt Bloomington nicht seinen Erwartungen entsprechen werde.

Bevor er sich jedoch mit Henry Hope verständigte, bot ihm Kenneth E. Hudson, Leiter der Art School der Washington University in St. Louis eine »Position of Instructor in Advanced Painting for the School Year 1947–48« an. Es handelte sich um die vorübergehend vakante Professur des Malers Philip Guston. Graham Sutherland und John Piper hatten die Vertretung schon ausgeschlagen. Curt Valentin hatte in St. Louis angeregt, Beckmann einzuladen, und der Direktor des City Art Museum (des heutigen Art Museum) Perry T. Rathbone unterstützte ihn darin. Beckmann sagte zu.

Rathbone reiste im Juli nach Amsterdam, um den Künstler zu besuchen und Bilder für eine Beckmann-Retrospektive in St. Louis auszuwählen.

»I shall take a boat with my wife and my little dog because I don't like to fly«, ließ Beckmann nach Amerika ausrichten und schiffte sich am 29. August 1947 in Rotterdam auf dem Dampfer *Westerdam* ein. Die Besorgung von Visa, Geld und Schiffsbilletts war mit vielen Scherereien verbunden und letztlich nur durch Beziehungen möglich. Und wie Marco Polo wußte Beckmann den Seinen zu berichten, welche Anstrengungen man vor Antritt einer Seereise auf sich nehmen muß. Immerhin billigte die amerikanische Regierung Beckmann ein »Non Quota Visa« zu, das VIPs vorbehalten war.

An Bord des Schiffes begegneten Beckmanns Thomas Mann und seiner Frau Katia, die gerade von einer Europa-Reise nach Pacific Palisades zurückkehrten.

»Recht nette alte Leute mit denen man gut aber wie aus einer älteren vergangenen Welt zu reden hat. – Trotzdem als Ablenkung manchmal ganz angenehm. – Sie haben es bereits zu einer Villa b. San Francisko gebracht – was ich von mir vorläufig leider noch nicht sagen kann.«

Beide Frauen wurden seekrank. Dichter und Maler sahen sich

gemeinsam Kino-Vorstellungen an und plauderten ein wenig über Kunst.

»Ja, ein sehr ordentlicher Künstler!« hatte Thomas Mann in seinem Schweizer Exil über Max Beckmann geurteilt. Er zeigte allerdings wenig Interesse für bildende Kunst und war eher Musikliebhaber. An Bord fand er mehr Gefallen an Quappi als an ihrem Mann. Dennoch lieh er sich von Beckmann Holzschnitte und Radierungen aus. Eine Lesung des Dichters mit Violineinlagen von Quappi wurde ins Auge gefaßt, fand mit Rücksicht auf Katia Mann jedoch nicht statt.

Am 8. September kam der lang ersehnte Moment. Die *Westerdam* legte in New York an.

Ankunft bei Morgengrauen, verhängte Riesen standen schläfrig im feuchten Nebel auf Manhatten – und ich vor der Badestube, auf einen langweiligen Holländer wartend und fluchend, während draußen die vernebelte Freiheits-Statue vorüber glitt. Scheußlicher Moment der Nerven – bei Paßkontrolle im überheizten Lunchroom. Schließlich wackelten wir die Landungstreppe in das scheußliche Holland-Amerika-Piergebäude und niemand war da in den endlosen Hallen.

Noch am selben Tag sah Beckmann in der Buchholz Gallery *Begin the Beguine* wieder. Schon hier traf er auch auf Werke von Picasso, und er sollte in New York noch viele Bilder des großen Gegenspielers sehen – der bis heute der beliebteste Künstler in der Park Avenue geblieben ist.

Zehn Tage wohnten Quappi und Max Beckmann im New Yorker Hotel Gladstone. Der Aufenthalt strengte den alternden Künstler sehr an. Das Ehepaar traf Freunde aus Berlin und Frankfurt, nahm an Cocktailpartys teil, besuchte bei 35 Grad Celsius Museen, erlebte Harlem und den Broadway bei Nacht, »aber die Häuser – –!! sehen alle aus als ob sie die Mammutkrankheit hätten es hört einfach nicht wieder auf und dann geht man im tiefsten Tal der Alpen spazieren«, berichtete der Künstler Minna

*Campus der
Washington
University of
St. Louis,
1948
(mit Butchy)*

Tube in seinem ersten längeren Brief aus den USA. Auch die Klimaanlage im Schnellzug versetzte ihn in Staunen. »Kein Mensch weiß davon in Europa.«

In New York traf Beckmann auch Ludwig Mies van der Rohe. Der in Aachen geborene Architekt besaß zwei Bilder von Beckmann. Seit seiner Emigration 1937 nach Chicago hatte er sich zusammen mit anderen deutschen Emigranten vergeblich um einen Lehrauftrag für den Maler bemüht. Beckmann spielte mit dem Gedanken, den Architekten zu portraitieren.

Am 17. September brach das Ehepaar mit dem Zug nach St. Louis auf.

»Prachtvolle Ausfahrt unter New York, dann dem Hudson entlang über Indianapolis, lange Nacht – immer tiefer in Amerika.«

383

St. Louis, im neunzehnten Jahrhundert letzter Posten der westlichen Zivilisation, ist eine alte amerikanische Stadt mit Museen, Galerien, einem Symphonieorchester, Kammermusikkonzerten, Theatern und Universitäten. T. S. Eliot wurde hier geboren, Tennessee Williams hat einige seiner besten Stücke in St. Louis geschrieben, darunter *The Glass Menagerie*. Für einen deutschen Besucher aber ist es vor allem die Stadt von Old Shatterhand – die populäre Reiseerzählung *Winnetou* beginnt hier.

Max Beckmann stellte fest, der »Mississippi ist ein bißchen breiter wie die Keizersgracht«. Zunächst wohnte das Ehepaar im Chase Hotel am Rande des großzügigen Forrest Park, an den die Washington University grenzt und in dessen Mitte das Art Museum auf einem Hügel steht. Anfang Oktober bezog es eine Professorenwohnung am Rande des Campus, 6916 Millbrook Drive, zweiter Stock links. Das Haus existiert heute nicht mehr.

Die Atmosphäre von St. Louis ist durchaus mit der in Frankfurt am Main zu vergleichen. Die Lage am Fluß ist beiden Städten gemein, wenn auch East St. Louis auf der anderen Seite des Flusses – im Gegensatz zu Sachsenhausen – bereits zu einem anderen Bundesstaat gehört. Auch in St. Louis bestimmt eine eindrucksvolle Eisenbrücke die Silhouette. Die Eads Bridge von 1874 war die erste Stahlbrückenkonstruktion ihrer Art. Mit einem großen Blechbogen, der Ende Oktober 1965 vollendet wurde, hat sich die Stadt später noch ein Wahrzeichen zugelegt. Der Grand Arch soll das Tor zum Westen symbolisieren.

In den Jahrbüchern der »WashU« aus den Jahren 1947 bis 1949 findet sich kein Photo von Beckmann, doch von der Atmosphäre jener Zeit ist einiges zu erraten. Die hübschen Mädchen aus gutem Hause, die in Petticoats an Tanzveranstaltungen der Universität teilnehmen, und die Jungen im Anzug und mit Haartolle unterscheiden sich stark von der heutigen, immer noch attraktiven, aber schlecht gekleideten Turnschuhjugend an der Washington University. Der amerikanische »basic style« in der Kleidung kam erst in den sechziger Jahren auf. Die Universität

384

*Mit Studenten der
Boston School of
Fine Arts, Boston
1948*

gehört heute zu den Top Ten der Vereinigten Staaten. *Les Artistes
mit Gemüse* nehmen im Museum auf dem Campus immer noch
einen Ehrenplatz ein.

Seit 1988 ehrt der »St. Louis Walk of Fame« in der Nähe der
Washington University in 250 Bronzeplaketten, die nach dem
Vorbild in Hollywood in das Trottoir eingelassen sind, Persönlichkeiten, die in der Stadt geboren sind oder in ihr gewirkt haben.
Joseph Pulitzer, Josephine Baker und Tina Turner sind ebenso
darunter wie Miles Davies oder Charles Lindbergh. Doch der
größte Künstler, der je in St. Louis gewirkt hat, fehlt bis heute.

Max Beckmann wurde ein wenig bang, als er wieder in die
Rolle des Lehrers schlüpfen sollte. Als er eine Klasse mit etwa
zwanzig Studenten übernahm, mußte Quappi am Anfang dabei-
sein und für ihn übersetzen, denn sein Englisch machte nur lang-
same Fortschritte. Am 23. September 1947 begrüßte der neue

Lehrer seine erste Klasse in St. Louis. Quappi las die Übersetzung vor.

»I hope that you won't expect me to instill in your minds at once – like a mighty magician – the spirit of a fiery genius. In my opinion you ought to learn very much, in order to forget the most of it later.«

Er verlangte von seinen Studenten, sie sollten vor allem ihr eigenes »Selbst« entdecken. Auch damit nahm er eine entgegengesetzte Position zu einem Maler wie Max Ernst ein, der meinte, ein Künstler, der sich finde, sei verloren.

Nach Beckmanns Überzeugung kann Kunst nicht gelehrt werden, wohl aber der Weg zu ihr. Mit seinem Unterricht wollte er seinen Schülern auch bei ihrer Suche nach sich selbst helfen. »Aber vergessen Sie nicht, daß die Hauptarbeit bei Ihnen liegt – und erwarten Sie nicht zuviel von mir, der ich selbst noch immer auf der Suche nach meinem wahren Ich bin.«

Das wahre Ich – für Beckmann war es auch am Ende seines Lebens keine Fabel. Eine jahrhundertealte philosophische Tradition von Platon bis zum deutschen Idealismus und Hegel erwies sich als stärker denn die Nietzsche-Lektüre seiner Jugendzeit.

Als erste Aufgabe stellte er das Thema »Stilleben mit Früchten« und mahnte die Studenten, auch bei der Arbeit nach der Natur von Anfang an auf die Raumverteilung zu achten und den Unterschied zwischen Malerei und Zeichnung zu beherzigen.

»Beim Malen muß die Komposition durch Raumdisposition und Flächenaufteilung bis in den letzten Winkel des Bildes hinein durchgeführt werden. In der Zeichnung kann der Raum improvisiert sein, manchmal durch Weglassen und manchmal durch Andeutung.«

Wie in Frankfurt verstand sich Beckmann auch in St. Louis als Geburtshelfer der Ideen seiner Studenten.

»My students in St Louis and Brooklyn have a good spirit; there is something vital here in America«, bekannte er, nach dem Unterschied zwischen seinen Frankfurter Studenten und denen in St. Louis gefragt.

Mit Studenten der Boston School of Fine Arts, Boston 1948

In einem Interview mit Dorothy Seckler (das die Zeitschrift *Art News* erst ein paar Wochen nach dem Tod des Künstlers veröffentlichte) betonte Beckmann: »das Thema ist absolut persönlich. Ich kann helfen, das Bild an die Oberfläche zu bringen. [...] Es muß einen Aufbau geben, Sie verstehen, keine Illusionen.«

»His students idolized him«, berichtet Perry Rathbone. »They discovered what all his friends discovered: that Max Beckmann the stranger had a stern, formidable, almost overpowering image – a man whom one met with some trepidation – but who, upon personal acquaintance, was a warm, generous, compassionate, deeply understanding human being with a remarkable capacity for friendship.«

William Wolff war Student von Beckmann am Mills College in Kalifornien und bestätigt Rathbones Eindruck: »He was very sick, except we didn't know it. He was Germanic and staid, one could say Prussian. Beckmann was a large man [...] like in his self-portraits, but he was also a humanist. The more you got to work around him, the more kindly he seemed.«

Auf den Faculty Meetings sagte Beckmann wenig, meistens gar

nichts, schon weil er immer noch kaum Englisch sprach und seine Frau das Reden für ihn übernehmen mußte.

»Mr. Beckmann says that ...«

Die mangelnden Sprachkenntnisse taten seinem Ruf als »the greatest living artist on campus« indes keinen Abbruch. Unter den Kollegen galt Beckmann durchaus als schwierig. Dennoch verstand er sich sehr gut mit dem langhaarigen irischen Original Fred Conway und Künstlern wie Werner Drewes und Kenneth Hudson. Außerdem freundete er sich mit seinen Schülern Warren Brandt und Walter Barker an. Unter seinen Studenten in St. Louis fand sich auch der Künstler Carl Hepp. Wie die meisten Studenten arbeitete Hepp an der St. Louis School of Fine Arts nicht nur mit Beckmann, sondern auch mit anderen Lehrern wie den in Deutschland geborenen Künstlern Werner Drewes und Siegfried Reinhardt.

Bei der 7th Annual Missouri Exhibition 1947 saß Max Beckmann in der Jury und setzte sich – was seine Toleranz gegen andere künstlerische Richtungen zeigt – für abstrakte und surrealistische Arbeiten ein. Als sein Meisterschüler Walter Barker den ersten Preis erhielt, protestierte die Presse.

Dennoch wurde der Künstler in St. Louis wie einen verlorener Sohn empfangen. Beckmann und seine Frau fanden bald einen Freundeskreis. Neben dem Museumsdirektor Perry T. Rathbone und seiner Frau Euretta, dem Kunsthistoriker Horst W. Janson, dem Architekten William Bernoudi verkehrten sie auch mit dem Zeitungsverleger und Sammler Joseph Pulitzer jr. und dem aus Deutschland stammenden hochangesehenen Experimental-Embriologen Viktor Hamburger (1900–2001).

Die große private Washington University stellte ihrem Fakultätsmitglied in der Art School ein großzügig geschnittenes Atelier mit Ober- und Seitenlicht und einem Blick auf den Park zur Verfügung.

»Es ist recht interessant hier und erstaunlich wie viele Menschen mich hier kennen und (sogar) etwas lieben«, berichtete er Helmuth Lütjens Ende September 1947 nach Amsterdam. »Aber

Mit Studenten der Boston School of Fine Arts, Boston 1948

das ist wohl nur Anfangstäuschung, das dicke Ende wird schon komen.«

Das Glück in Amerika hinderte Beckmann nicht daran, weiterhin seinen alten Pessimismus zu pflegen.

»Je mehr man auch herumkomt um so mehr sieht man auch die Wiederholung ein und des[s]elben«, schrieb er im März 1949 an den alten Bekannten Benno Reifenberg nach Deutschland, »besonders wenn der fremde Schimer der Sprache langsam abfällt. So habe ich eigentlich keinen Grund große Veränderungen in mir wahr zu nehmen. Mein Weltbild hat sich seit Frankfurt nicht geändert.«

Doch ist ein nur durch Beklommenheit beeinträchtigtes Wohlbehagen in seinen Aufzeichnungen der drei amerikanischen Jahre durchaus zu spüren.

Beckmanns mußten zunächst vom bescheidenen Professorengehalt der Washington University leben, da der Maler trotz großer Anerkennung in der ersten Zeit in den USA nichts verkaufte. Zudem war es wenig einträglich, Bilder aus Holland heranzuschaffen, denn der holländische Staat beanspruchte wei-

Minna Tube,
um 1950

terhin die Devisen für alle aus den Niederlanden ausgeführten Werke.

Dennoch tat Beckmann alles, um Minna Tube in Deutschland mit Geld und Care-Paketen zu unterstützen. Auch schrieb er ihr regelmäßig. Dabei ließ er es sich durchaus angelegen sein, seine Erfolge in Amerika ins rechte Licht zu rücken. Da er Minna nach Kräften finanziell unterstützte, mußte er jedoch zugleich allzu große Erwartungen dämpfen und wies immer wieder auf die nach wie vor schwierige materielle Situation hin. Die Familie versuchte, einen Teil der in ihrem Besitz verbliebenen Werke, darunter zahlreiche Bilder aus dem Frühwerk, mit Hilfe des Kunsthändlers Günther Franke zu verkaufen. Beckmann hatte nichts dagegen, mahnte aber zur Vorsicht, um nicht einen Markt zu überschwemmen, in dem er sich selbst gerade erst neu etablierte.

Vor allem aber zeigen die Briefe, die er Minna aus den USA schrieb, die nach wie vor innige Verbundenheit und bestätigen die Annahme, daß die beiden sich auch in den Berliner Jahren 1933 bis 1937 viel gesehen haben.

Im November 1947 stieg Beckmann auf seiner Reise nach New York im alten Great Northern Hotel ab und sah Israel Beer Neumann wieder. Mitte des Monats gab Valentin zu Ehren des Malers eine Cocktailparty und eröffnete eine Ausstellung mit seinen Werken. Der Künstler war anwesend und genoß die festliche Stimmung, den Enthusiasmus der etwa hundert Besucher und der Presse. Es war die große Zeit von Jackson Pollock – das *Time Magazine* bezeichnete den »abstrakten Expressionisten« in seiner Ausgabe vom 1. Dezember 1947 als den »most powerful painter in America«. Rechts unten auf derselben Seite findet sich ein Interview mit Beckmann, der immerhin als »Germany's greatest living artist« firmiert und seine Hochschätzung für New York ausdrückt: »I too am rough.«

Denn die Stadt machte wieder großen Eindruck auf ihn. »New York kalt und hoheitsvoll«, notierte er im Tagebuch. Bald sollte er mitten im Big Apple eine Heimat finden – seine letzte.

37. Beckmannesk

– Es giebt kein Rezept für die Kunst. Das Maas der
Intensität des Betrachters ist das Entscheidende. –
– Glücklich ist derjenige, welcher begriffen hat,
daß die uns gegebene Wirklichkeit das
größte Mysterium unserer Vorstellung ist.
MAX BECKMANN, Weihnachten 1945

Seit Beginn des Jahres 1948 war sich Max Beckmann darüber im klaren, daß er in Amerika bleiben wollte. In Europa drohte ein neuer Krieg. Wieder mußte der Künstler um die Zukunft bangen. Zeitweise mochte er überhaupt nicht mehr nach Holland zurückkehren und erwog eine kurze Ausreise nach Kuba oder Mexiko, um zur Wiedereinreise in die USA die »First Papers« zur definitiven Immigration zu beantragen und so bald wie möglich die amerikanische Staatsbürgerschaft anzunehmen. Dieses Verfahren ist heute nicht mehr möglich und war auch damals eine unsichere Angelegenheit.

Allerdings wäre er gern nach München gereist, um Minna Tube und Peter wiederzusehen und um seine Schwiegertochter Maja kennenzulernen, die ein Kind erwartete. Immer wieder kündigte er dem Sohn seinen Besuch an. Doch es sollte nicht mehr dazu kommen.

Auch in den USA befand sich Beckmann trotz aller Anerkennung stets in Geldnöten. Sein Kunsthändler Curt Valentin, der sich in der Amsterdamer Zeit mit einer Provision von einem Drittel des Verkaufspreises begnügt hatte, verlangte jetzt fünfzig Prozent auf alle Arbeiten, die die Buchholz Gallery verkaufte. Dafür bestritt die Kunsthandlung in der Regel die Werbungs- und Transportkosten. Verkaufte Beckmann direkt aus dem Atelier, beanspruchte Valentin eine gewisse, jeweils auszuhandelnde Provision.

Anfang 1948 schrieb Max Beckmann den Vortrag *Drei Briefe an eine Malerin*. Quappi übersetzte den Text zusammen mit Perry Rathbone ins Englische und verlas ihn in Gegenwart des Autors im Stephens College in Columbia, Missouri, gut hundert Meilen von St. Louis entfernt. Mit diesem Essay reisten Beckmanns anschließend durch verschiedene amerikanische Colleges und Universitäten.

Die *Drei Briefe an eine Malerin*, bei denen der Verfasser möglicherweise eine seiner Schülerinnen im Auge hatte, sind nicht länger als sieben Seiten, doch bei keiner anderen Gelegenheit hat Beckmann so ausführlich erläutert, was er unter moderner Kunst versteht.

Max Beckmann hat nie eine Theorie formuliert. Schon als Zwanzigjähriger betonte er: »bei den wirklichen Künstler[n] sind die Theorien weiter nicht's als die Summe aller Erfahrungen die sie bis jetzt in sich aufgenommen haben und die sie sofort wieder vergessen im nächsten Augenblick des Rausches.«In Amerika fügte er hinzu:»Außerdem sind gewisse letzte Dinge nur durch Kunst an sich auszudrücken, sonst bräuchten sie nicht gemalt, geschrieben oder musiziert zu werden.«

Jeder Künstler wird dieser Feststellung zustimmen. Isadora Duncan hatte eine treffende Formulierung dafür gefunden:»If I could tell you what it means, there would be no reason to dance it.«

Max Beckmann hat dennoch Momente seiner Kunstauffassung durchdacht und zu formulieren versucht – nicht kunsttheoretisch, aber technisch und philosophisch. Dabei ziehen sich zwei Überlegungen wie Leitmotive durch seine Gespräche, Briefe und Schriften:

»Die Übersetzung des dreifachen Raumes der Welt der Objekte in den Zweifachen der Bildfläche« – und die stetig wiederholte Aufforderung an sich und andere, ihr»Selbst« zu suchen.

Beides,»Raumvertiefung« und»Individualität der eigenen Seele«, ist für Beckmann eng miteinander verknüpft. Er spricht sogar von einem metaphysischen Raum. Johannes dem Evangelisten und Doktor Faust stellt Max Beckmann eine dritte Version vom Ursprung des Seins entgegen, nach der im Anfang nicht das Wort war und nicht die Kraft, sondern der Raum.

Ob der Maler damit recht behalten wird oder nicht, diesen Nachweis dürfte erst die Astrophysik eines fernen Zeitalters erbringen. Immerhin faßt auch Beckmann den Raum bereits als dynamische Größe auf. Seine Gleichung lautet: Raum = Individualität = Gott.

Oder:»*Raum* ist der Palast der Götter.«Daher lehnt er die Erfindung neuer Formen, etwa in der gegenstandslosen Malerei, ab.

Wie Richard Wagner empfand Max Beckmann sich selbst als ein Weltego. Seine Zivilisationskritik trifft»die großen Weltübel, das Auto, die Photographie, das Kino«, die den Menschen»zum Serien- und Klischeemenschen machen«. Auto, Photographie und Kino, die großen Weltübel, hat er selbst übrigens geschätzt und genutzt.

Max Beckmann, der urbane Voltairianer, war zugleich ein na-turmystischer Rousseauist – und ein Maler der Metropolen. Die »Manhattantürme«, Menschenwerk, also Natur, sagen bei ihm: »auch wir sind Natur geworden. Natur aus Menschenhänden und über den Menschen hinaus.« Dagegen sei die Aufgabe des Menschen, »uns selbst zu finden – uns selbst zu sehen im Kunst-werk«.

Beckmanns Darlegung seiner Künstlermetaphysik endet – man ahnte es schon – in der Erlösungsmetapher. Wie immer man das Leid der Welt auch aufhebe – ob man es vergesse oder gestalte: »Der Wille zur Gestalt trägt auf alle Fälle einen Teil der Erlösung in sich.«

Am 10. Mai um acht Uhr abends, auf den Tag genau acht Jahre nach dem Einmarsch der deutschen Truppen in Amsterdam, er-öffnete das City Art Museum in St. Louis die Preview der großen Beckmann-Retrospektive, die bis zum 21. Juni geöffnet blieb und anschließend in Baltimore, Cambridge MA, Detroit, Los Angeles, San Francisco, Minneapolis und Boulder gezeigt wurde.

Die Show in der großen West-Galerie wurde als »a feather in the Museum's cap« bezeichnet und galt als »the first retrospec-tive in this country devoted to one of the outstanding painters at work today«.

Der Künstler überwand seine Scheu vor Ausstellungseröffnun-gen. Bisher hatte er vermieden, an Vernissagen seiner Werke teil-zunehmen. »Wenn ich in meiner Ausstellung die eigenen Bilder sehe«, gestand er Piper schon in den zwanziger Jahren, »komme ich mir entblößt bis aufs Hemd vor.« Diesmal aber erschien er im weißen dinnerjackett und ließ es sich auch nicht nehmen, am selben Abend eine Ausstellung von Studenten der Art School zu besuchen.

Perry Rathbone hatte die Arbeiten für diese Beckmann-Werk-schau zusammengestellt. Sie zeigte über hundert Werke aus 42 Jah-ren: 45 Ölgemälde, darunter drei Triptychen, 45 Aquarelle und Zeichnungen, 41 graphische Werke und fünf illustrierte Bücher. Darunter waren Werke wie das Portrait seiner Mutter Antoinette aus dem Todesjahr 1906, *Die Straße*, kurz vor Ausbruch des Ersten Weltkriegs gemalt, *Die Barke* von 1926 und schließlich das Triptychon *Departure*. Die Retrospektive war die bisher umfassendste Schau von Beckmanns Werken in den USA. Im Katalog stellte Rathbone nach Interviews mit Beckmann den Künstler der amerikanischen Öffentlichkeit zum ersten Mal ausführlicher vor. Rathbone hielt auch die Eröffnungsrede, die beim Publikum sehr gut ankam. So schrieb *The Star Times*, eine Tageszeitung aus Kansas City, der Vortrag »conspicuously lacks the sort of double talk which has been so much a part of critical appreciations of the G e r m a n painter«.

Auch das Publikum zeigte sich freundlich, ja enthusiastisch – aber kunsthistorisch keineswegs vorbereitet. So hörte man Statements wie: »Beckmann is a leader of the expressionist movement.«

Beckmann lachte darüber.

»I am not an Expressionist.«

Immer wieder betonte er in den Interviews, wie wenig er einen Maler schätzte, der seinen eigenen Stil imitiert, und wie sehr er die Verwendung von Symbolen in der Malerei ablehnte. Statt dessen solle ein Künstler einen persönlichen Standpunkt entwickeln und auch in seinem Werk verwirklichen.

Die öffentliche Aufnahme von Max Beckmanns Werk bei dieser ersten Retrospektive ist bis heute symptomatisch für das Beckmann-Bild in den USA. So bescheinigte Reed Hynds von der *Kansas City Star Times* diesen Bildern »extraordinary vitality«, »nervous intensity« und »biting color and writhing line«. Und er fügt hinzu: »They are like super cartoons, trenchant in statement, flately in a single plane, rawly imaginative in theme.«

Auch John Updike nannte ein halbes Jahrhundert später Beckmanns Bilder »cartoonish«, als er 1996 im Guggenheim Soho die Ausstellung »Max Beckmann in Exile« sah. Diese Einschätzung spiegelt das Problem, dem sich jeder gegenständliche Maler in Zeiten der modernen Abstraktion konfrontiert sieht. In Soho freilich wurde der Eindruck des Cartoonhaften durch eine knallgelbe Wand verstärkt, auf die alle Bilder gehängt wurden.

»Generally, it seems to me, their tone is hard and cynical«, bemerkte Reed Hynds aus Kansas City bei der Retrospektive 1948 weiter zu den Bildern des europäischen Malers. »Beckmann has been called a humanist and his concern over humanity is always apparent, but there is only an oblique compassion in his pictures. Often they are vibrant with bitterness, as though the man who made them was utterly disenchanted and forlorn.«

Der Kritiker Howard Derrickson widersprach dem Mißverständnis, Max Beckmann sei ein Expressionist. Am 2. Mai 1948 veröffentlichte er in der *St. Louis Post-Dispatch*, der einzigen Tageszeitung der Stadt, unter der Überschrift *Max Beckmann, Individualist* einen vortrefflichen Artikel.

»Max Beckmann […] is a member of no school of painting except his own«, stellte Derrickson fest.

»It's a close-knit group«, berichtete Beckmann ihm im Interview über die Espressos – von denen er nach wie vor nichts wissen wollte. »I was never in it, and I don't know these men personally. I have always worked alone – by choice and intention.«

Beckmann zeigte sich in seinem ganzen Witz.

»If painting of that kind is German expressionism«, bemerkte er im Hinblick auf Emil Noldes purpur-blaue *Meeresschildkröte*, die das Art Museum gerade gekauft hatte, »then I'm a formalist.«

Howard Derrickson bemerkte sofort, wie konsequent Beckmann die Farbe der Form unterordnete.

»In the beginning, you remember, there was space«, scherzte der Maler, und Derrickson bemerkte: »he regards the individual way, an artist arranges masses and volumes as an indication of the divine gift of creation itself.«

Aber auf welchen Nenner konnte man den Stil des deutschen Künstlers bringen? Derrickson schlug »beckmannesque« vor – und der Künstler stimmte lachend zu.

»Apparently he is tired of professional smiles and ingratiating smirks on faces of persons on public view«, bezeugte Howard Derrickson.

»Me, I shall glower«, sagte Beckmann und blickte finster drein. Aline B. Louchheim von der *New York Times* faßte den Eindruck vieler Betrachter in Amerika zusammen.

Many of his paintings seem to have specific reference to the particular agonies of our time. One can find the grim world of Germany in the Twenties; the brutalities and degradations perpetrated by the Nazis; the silent closeness of underground conspirators. But his subjects and symbols have bigger meaning, voicing universal themes of terror and destruction, bewilderment and frustration, faith and belief, love and hate and the mysteries of eternity, fate and dualism.

Louchheims Artikel erschien am 12. Juni 1948. Er enthielt einige Statements von Beckmann, in denen der Künstler noch einmal seine Haltung zur anti-symbolistischen Verwendung von Symbolen, zur Pragmatik und dem kommunikativen Charakter der Malerei, zum Portrait und zur Frage der räumlichen Transformation zusammenfaßt.

Beckmann sagt – laut Alice B. Louchheim:

The Van Gogh ›Café‹ is an absolute symbol of tragedy and eternity. Sometimes the artist uses symbols as symbols: sometimes reality is a symbol. The artist makes use of these things and people with feeling respond to them. In Christian iconography the fish signified Christ. I use it – with its vapid, stupid look – as a symbol of man's bewilderment at the mystery of eternity.

When you look at a picture, first you should feel the quality of a painting; then later you can think it out. Every masterpiece has quality as painting – but it must have an idea, a meaning, too. And the elements of concrete reality, the symbols, prove and reinforce the meaning.

With portraits too, first you must make a work of art, with form and space, design and color and then you get into it as much of the personality as you can.

To make the invisible visible I have to use reality – even dreams are reality – to transform three dimensions into two, to fix figures as they appear to me. I believe there is a new feeling for nature in painting again – not the old imitation – but you have to penetrate reality deeply, not avoid it, to get at what hides behind it.

Anläßlich der großen Retrospektive gab Beckmann ein Fernsehinterview, das die Fernsehstation KSD-TV, die sich im Besitz der Tageszeitung *St. Louis Post-Dispatch* befand, am 17. Mai 1948 um 21 Uhr 45 ausstrahlte. Leider hat sich der Sender ebensowenig erhalten wie ein Band des Interviews. Von Beckmann gibt es überhaupt keine Ton- oder Farbfilmaufzeichnungen mehr.

Allein in St. Louis kamen fünfzigtausend Besucher, um die Werkschau zu sehen. Als sie anschließend in Minneapolis gezeigt wurde, wiederholte Perry Rathbone dort seinen Vortrag über die Kunst des Freundes.

Der Verfolgungswahn der McCarthy-Zeit wirkte sich nicht in der Aufnahme von Beckmanns Werk aus. Anders stand es fünfzig Jahre später, als die paranoide Ideologie der »Political Correctness« viele Bereiche des freien Amerikas knebelte und abwürgte. Anders als die Bücher von Hemingway und Fitzgerald, die aus vielen öffentlichen Bibliotheken verschwanden, wurden Beckmanns Werke nicht aus den Museen entfernt. Aber Aktdarstellungen wie *The Town* hätte er jetzt nicht mehr neu ausstellen können. Ein Kunsthistoriker, der 1996 in der Washington University einen Diavortrag über Beckmann hielt, wurde in sehr liebenswürdiger Weise von einer Vertreterin der »Women Studies« darauf hingewiesen, er habe den Fehler gemacht, »weibliche Nacktheit aus männlicher Perspektive« zu zeigen. Und wer heute im Katalog der Diasammlung des Art Museum in St. Louis liest, staunt nicht wenig über das Vorwort der Beckmann-Abteilung:

To The Teacher: Some of the work of Max Beckmann may not be appropriate for in-depth analysis with elementary school children. Slides and the information in the Beckmann kit should be previewed and offered selectively for young audiences.

Den Sommer 1948 verbrachten Quappi und Beckmann in Holland. Am 5. Juni legte der Dampfer *Nieuw Amsterdam* in New York ab. Der dreimonatige Aufenthalt diente dazu, außerhalb der offiziellen Immigrationsquote die Einwanderungspapiere in die USA zu erhalten, die nur vom Ausland aus beantragt werden konnten. Diese Papiere schlossen die Möglichkeit der Einbürgerung ein.

Der Besuch war, wie sich zeigen sollte, Beckmanns letzte Möglichkeit, seine Familie in Bayern zu sehen. Doch eine Reise nach Deutschland von Holland aus war nicht möglich. Quappi und Max Beckmann mußten die gesamte Zeit in Amsterdam für Visa- und Paßangelegenheiten aufwenden.

Sie lösten die Amsterdamer Wohnung auf, obwohl sie selbst Ende August noch nicht sicher wußten, ob sie in die USA zurückkehren konnten. Schließlich wurden ihnen die Papiere ausgestellt. Erst jetzt konnte der über Jahre von den Behörden geplagte Beckmann sicher sein, wieder in die USA zurückkehren zu dürfen. Die Freude war groß, als er endlich die Visa in Händen hielt.

»Jetzt bin ich schon halber Amerikaner«, jubelte er.

Am 14. September 1948 liefen Beckmanns mit der *Nieuw Amsterdam* aus Rotterdam aus, langten am 22. in New York an und waren am 27. wieder St. Louis. Weihnachten und Neujahr verbrachten sie in New York.

Im Januar 1949 gab der Kaufhaus-Erbe Morton D. May (1914 bis 1983) bei Beckmann ein Portrait in Auftrag. Er hatte das Werk des deutschen Künstlers anläßlich der Retrospektive für sich entdeckt. Für den unsicheren jungen Mann, der in seiner Jugend gemalt hatte, wurde die Begegnung mit Max Beckmann sehr wichtig. Die beiden freundeten sich an. May wurde Beckmanns größter Sammler und baute eine Sammlung moderner deutscher Kunst

Im Atelier,
New York
1949

auf. Heute verfügt das Art Museum in St. Louis über die umfang-
reichste Beckmann-Sammlung der Welt. In einem eigenen Beckmann-Saal hängen Hauptwerke aus allen Perioden, wie *Christus*
und die Sünderin, Der Hafen von Genua und *The Town.*

Max Beckmann nahm sich zwei Wochen Zeit, sein Modell kennenzulernen, bevor er die ersten Skizzen machte. Morton May
nahm Malunterricht bei Beckmann, der die Werke seines Schü-
lers eigenhändig korrigierte. Beckmanns Ölportrait zeigt »Buster«
May in dominierendem Blau und Grau, mit Augen, die ins Leere
blicken, gelockerter Krawatte und hilflos tastenden Händen. Es
ist das Bild eines leidenden Menschen. Der Industrielle litt als

Erwachsener unter Polio. Der Vergleich mit Photographien aus derselben Zeit zeigt die große Ähnlichkeit dieses Portraits. Die Einfühlung, die der fünfundsechzigjährige Maler für den vierunddreißigjährigen Unternehmersohn zeigt, ist außerordentlich. »Er ist die Wiedergabe einer emotional verwirrten Person, was auch mein Zustand damals war«, kommentierte »Buster« May später das Portrait, das Beckmann von ihm gemalt hatte.

38. Ein aristokratischer Mythos

> Beckmann zog dann zuletzt in ein fernes großes
> Land – und langsam sahen wir seine Gestalt
> undeutlicher werden. – Schließlich verschwand sie
> ganz in unbestimmten Weiten – – – – – – – – – –
> MAX BECKMANN, Februar 1949

Wie lange würde Beckmann in St. Louis bleiben können? Ob Philip Guston zum Herbstsemester wieder an seine Stelle zurückkehren wollte, war auch Anfang 1949 noch nicht klar. Allerdings fehlte es nicht an anderen Angeboten. Der mexikanische Muralist Rufino Tamayo, den Beckmann im November 1948 kennenlernte, schlug dem Leiter der Brooklyn Museum Art School, August Peck, vor, dem prominenten Emigranten ein Lehramt anzubieten. Tatsächlich galt der Deutsche in den USA als gesuchter Lehrer für Malerei. Fred Zimmermann behauptete sogar: »He is number one on every list.«

Anfang Januar 1949 stattete Beckmann der Brooklyn School einen Besuch ab. Trotz des Angebotes aus St. Louis, Gustons Stelle bis September 1950 zu behalten, entschloß sich der Künstler, die Position in Brooklyn anzunehmen und im September nach New York zu übersiedeln. Auch die Art School in Brooklyn, die heute zum Pratt Institute gehört, zahlte nicht sehr gut. Beckmann wollte jedoch die Nähe zum New Yorker Kunstmarkt nutzen und dort

St. Louis 1949

stärker präsent sein. Was ihm in Paris nicht gelungen war, strebte er nun in der anderen Hauptstadt der westlichen Kunstwelt an. Zusammen mit seinem Kunsthändler Curt Valentin wollte er versuchen, »einen anständigen Markt aufzubauen«.

Zuvor jedoch sah er sich vom Mittleren Westen aus noch einmal im Süden um. Im Februar fuhr er nach Memphis, Tennessee, und Anfang April erfüllte sich Beckmann einen alten Wunsch. Drei Tage lang besuchte er New Orleans und schipperte mit einem alten Steamer auf dem Mississippi.

Am 15. Juni gaben Beckmanns die Wohnung am Millbrook Drive auf und sagten St. Louis, dem »Tor zum Westen«, adieu.

Bevor er aber endgültig nach New York übersiedelte, hielt Beckmann in Boulder, Colorado, einen Sommerkurs an der Art School der University ab.

New York
1949

»Das ist ungefähr so als wenn man in Europa in eine Kunst-schule in St. Moritz eingeladen wird.«

Der amerikanische Maler, Komponist und Videokünstler Jack Bice, der 1949 an der University of Colorado bei Beckmann studierte, erläutert die Faszination, die Max Beckmann auf die jungen Künstler ausübte: »it was because artists were feeling the great intensity of the moment when the Nazis had been defeated and Max Beckmann, a main target of Hitler's ruthlessness, had been brought to the United Staates [...]

403

New York 1949

Having returned at the time from combat in Germany, I, as a young graduate student, was personally overwhelmed by Max Beckmann's vigorous philosophy, his iconography, grand scope and lush paint.«

Die Art, wie Jack Bice Beckmanns Œuvre begegnete, ist symptomatisch für die Generation der jungen Kriegsheimkehrer unter den amerikanischen Künstlern. Bice hatte von Beckmanns Werk, das die Amerikaner damals gelegentlich zum »German Expressionism« zählten, bereits eine Vorstellung, bevor er dem Maler persönlich begegnete.

I had been relatively naïve regarding Expressionism before that summer, but seeing the exhibit of his works which had been brought to the University had profound, emotional effect, and

404

New York 1949

*immediately charged my mind and my work with strange ener-
gies, attitudes and images. His paintings reflected for me the
serious business I had recently experienced in the war; and his
forceful, sensuous iconography, with its mystical overtones and
Gothic directness, stripped away all of the meaningless plati-
tudes of the day.*

Jack Bice hatte als GI in Deutschland gekämpft und war gerade
mit Kinderlähmung aus dem Militärhospital entlassen worden.
Seinen linken Arm und sein linkes Bein konnte er nicht mehr bewegen. Er rechnete es seinem Lehrer hoch an, daß ihn dieser
nicht anders behandelte als die anderen Studenten.

*Max Beckmann, regarded, as I did, my work – not any annoying
physical struggles – as the supremely important factor to recon-
cile. He paid me no exceptional deference but was always clearly
tuned in to my expressive intentions, and often added amazingly
elucidating brush strokes as well as comments through Quappi.*

405

Quappi
bei einem
Interview in
Bad Nauheim,
Juli 1965

Max Beckmann sprach immer noch wenig Englisch, so gab er nur knappe Kommentare. Viele Studenten hatten aber Ausstellungen seiner Bilder gesehen und wußten, was er meinte. Quappi ging in der Klasse immer hinter ihm her und trug dabei den Pekinesen Butchy auf dem Arm, den Perry Rathbone einmal das Westentaschenmonster nannte.

Brauchte Beckmann seine Frau als Dolmetscher, pfiff er nach ihr. Die Studenten waren entsetzt. Die Klasse erschien ihnen wie ein Zirkus und Quappi wie ein kostümiertes Modell mittendrin.

Wie schon an der Städelschule in Frankfurt pflegte der Maler des öfteren mit dem Pinsel in die Arbeiten seiner Studenten einzugreifen. In einer Malklasse am Mills College schlenderte Beckmann einmal durch den Saal und kam an einem alten Frauchen vorbei, das seit zwei Wochen an einem kleinen Ölbild pinselte. Sie wußte nicht, was für ein bedeutender Maler ihr Lehrer war, und es schien ihr auch egal zu sein. Dennoch hoffte sie, als er endlich einmal bei ihr stehenblieb, er werde ihr Bild mit einem magischen Strich vollenden.

Beckmann nahm den dicksten Pinsel, den er in ihrem schmutzigen Terpentinfaß finden konnte, und drückte eine Menge schwarzer Farbe aus der Tube auf die Palette, zog dicke schwarze Striche um das Haus mit dem Rosengarten. Die kleine Frau fiel beinah in Ohnmacht. Beckmann warf den Pinsel hin, ging weiter und sagte zu ihr:

»More Blek!«

Dagegen war er von Flo Allen, dem Modell, sehr angetan und verlangte von ihr, sie solle in der Klasse in blauen Pumps posieren.

Beckmanns Einfluß auf die junge Generation amerikanischer Maler wurde, wie John Seed schrieb, zu einer Zeitbombe. An der University of Colorado gehörten neben Jack Bice auch Bill Farmer, Robert Propst, Ray Jacobsen und Dirk Wagner zu seinen Studenten, am Mills College waren Seymour Lockes, Mari Lyons, Robert S. Neuman, Nathan Oliveira, Roy Puchinelli und William Wolff unter seinen Studenten.

Oliveira erinnert sich: »He came to me, and because I was painting the figure, he would simply say ›Goot‹ and then encouraged me to press forward.«

Beckmann hat in Amerika auch zahlreiche Künstler beeinflußt, die nicht bei ihm studiert haben, so den Maler David Park aus San Francisco. Park war der gegenstandslosen Malerei überdrüssig und entwickelte, nachdem er Ausstellungen von Beckmann gesehen hatte, seinen »Bay Area Figurative Style«.

Auch Philip Guston, in dessen Vertretung Beckmann in St. Louis lehrte, hatte schon als junger Mann Wanderausstellungen des deutschen Malers gesehen. In den fünfziger Jahren begründete er seinen Ruf mit gegenstandsloser Malerei. Als jedoch Ende der Sechziger der Vietnamkrieg die USA erschütterte, kehrte Guston zu seinen figurativen Anfängen zurück und malte gruselige Visionen, als habe Beckmanns Vorbild ihn davon überzeugt, daß der Künstler die dunklen Bereiche des Lebens erhellen kann. Seine Abkehr vom »Abstrakten Expressionismus« wurde zunächst als Verrat angesehen – zehn Jahre später jedoch galt Philip Guston als Schlüsselfigur der figurativen Malerei an der Ostküste.

Jack Bice lehrte später Malerei am State University of New York College in Buffalo, wo Cindy Sherman und Robert Longo zu seinen Schülern gehörten. An der Westküste wurden unter anderem die Beckmann-Schüler Nathan Oliveira, Elmer Bishoff und Joan Brown zu einflußreichen Lehrern der figurativen Malerei, die sie stets als Ausdruck eines inneren Zustandes betrachteten. Oliveira gesteht, daß er auch fünfzig Jahre nach der Begegnung mit Beckmann immer noch seinen Einfluß spüre. Eine Kunst ohne Prätention und Heuchelei war »reiner Sauerstoff« für die jungen Studenten, wie John Seed schrieb.

»With his gravity, his pride, and his ability to dream«, so Seed, »Max Beckmann was America's most powerful teacher of Art, and in a remarkable way his poor grasp of English was part of his power.

He didn't have to tell his students who he was. His paintings, his presence, and a few choice words could say it all.«

Und Mari Lyons, Beckmann-Schülerin am Mills College, sagt: »Once you saw him, you could never forget him.«

Zwar kam Max Beckmann in den sechs Wochen seines Aufenthaltes in Colorado nur zum Zeichnen, doch inspirierte ihn die ungewöhnliche Gegend zu seinem letzten großen Landschaftsbild, *Boulder-Felslandschaft*, das er im selben Jahr in New York ausführte. Das Hochformat stellt den »Garden of the Gods« dar, steil aufragende Felsformationen in Colorado Springs, die wie die Landschaft eines entfernten Planeten wirkten. Das Gemälde mit den monumentalen gezackten Bergen ist von suggestiver Wirkung. Das flächige Bild ist stark zeichnerisch bestimmt und zeigt

einen bei Beckmann ungewöhnlichen erdigen Braunton. Wiederum gibt der Maler eine Draufsicht von erhöhtem Standpunkt, von dem aus sich die Landschaft zum Horizont staffelt.

»Ein in'[s] gigantische gesteigerte Partenkirchen mit dem Grab von Buffalo Bill«, nannte Beckmann die Gegend. »Aber sonst sehr bürgerlich und friedlich bis auf einen unbekannten Mörder der alle ¼ Jahr jemand umbringt und hier viel Gänsehaut erweckt.«

Ausgepumpt von der Arbeit am *Beginning*-Triptychon und von Schmerzen in der Brust geplagt, unternahm er mit Quappi dennoch jeden Tag zwei- bis dreistündige Kletterpartien in die Rocky Mountains, »diese versteinerten Wutausbrüche d. Natur« – bei einer Hitze von 35 bis 40 Grad Celsius.

Der Künstler war müde. »Längst ist meine Zeit abgelaufen und wird nur künstlich verlängert«, notierte er am letzten Tag in Boulder.

Beckmanns reisten mit der Eisenbahn weiter, machten Zwischenstation in Denver und Chicago und kamen am 30. August in New York an. Curt Valentin hatte ihnen eine große Wohnung in einem Haus aus dem frühen neunzehnten Jahrhundert besorgt. Die Adresse 234, East 19th Street liegt nah am Gramercy Park und am Union Square, zu Fuß zwanzig Minuten vom East River entfernt. Der Maler erkundete die Umgebung in vielen Spaziergängen.

»Ich wohne in einer rein italienisch, jüdischen Gegend und meistenteils hört man nur 8–10 Sprachen durcheinander, wenn man auf d. Straße ist.«

Und drei Wochen nach seinem Einzug in Manhattan: »New York ist übrigens keine Stadt es ist ein Riesenurwald, den kennen-[zu]lernen und zu erforschen eigentlich ein ganzes Leben gehört.«

Etwas später meinte er: »Es ist wie ein verhundertfach[t]es Berlin der Vorkriegszeit.«

Das Brooklyn Museum zeigte eine kleine Retrospektive mit Zeichnungen und Graphik, die Buchholz Gallery 21 Gemälde, darunter das Triptychon *The Beginning*, auf dem die Welt der Kindheit wie in einem riesigen Bilderbuch wiederkehrt, in das der Betrachter hineingezogen wird. Beckmann war auch auf der Faculty Show des Brooklyn Museum vertreten. Das Geld war jedoch so knapp, daß der alternde, an Angina pectoris leidende Künstler seit dem 20. August 1950 zusätzlich an der American Art School am Broadway unterrichten mußte.

Im September begann Max Beckmann seinen Unterricht an der Art School des Brooklyn Museum. Die Stelle war geringer dotiert als in St. Louis, die Tätigkeit erschien dem Lehrer jedoch als viel interessanter. Unter seinen Studenten waren Lorenzo Homar, Richard Mayhew und Danny Pierce.

Anerkennung erhielt er aus den USA und aus Deutschland. Die Carnegie Foundation zeichnete sein Gemälde *Fischerinnen* mit dem »First Prize in Painting in the United States, 1949« aus, der mit fünfzehnhundert Dollar dotiert war, und die Landeskunstschule in Hamburg bot dem Emigranten die Stelle eines Direktors an. Zugleich veranstaltete die Kestner Gesellschaft in Hannover eine Ausstellung seiner Werke.

Brooklyn Museum Art School, New York 1950

Im Piper Verlag in München erschien eine neue Monographie von Benno Reifenberg und Wilhelm Hausenstein.

Bei der Biennale in Venedig 1950, die nicht als Jahresüberblick, sondern als Retrospektive der Kunst seit dem Ersten Weltkrieg konzipiert war, zeigte der Pavillon der Bundesrepublik Deutschland neben Werken von Carl Hofer, Karl Schmidt-Rottluff, Emil Nolde u. a. vierzehn Bilder des großen Ausgewanderten, darunter die Triptychen *Perseus* und *Schauspieler*. Die Jury der Biennale sprach Beckmann den nicht nennenswert dotierten Conte-Volpi-Preis für ausländische Künstler zu.

»Ich persönlich kann mich hier in Amerika über mangelndes Interesse nicht beklagen«, resümierte Max Beckmann am Ende seines Lebens die zweieinhalb Jahre in den USA, »wenn gleich es neben mir auch ausreichend andere Götter giebt.«

Tatsächlich wurden in New York neben den Gegenstandslosen vor allem van Gogh und die École de Paris sehr geschätzt. »Noch stehen die modernen Franzosen wie steile Mauern«, hatte Beckmann schon 1948 geklagt. Nun sah er auf dem New Yorker Kunstmarkt seine Befürchtungen bestätigt. Die Mehrzahl der Pariser und New Yorker Kunsthändler nach dem Krieg waren Juden. Deutschen Malern blieb der internationale Markt lange versperrt.

»Du glaubst nicht <u>wie</u> sehr das Ansehen dieses Landes in d. Welt gesunken ist und wie stark selbst ich noch im̄er und noch für <u>lange</u> damit zu tun haben werde«, hatte Beckmann im November 1947 an Minna Tube nach Deutschland geschrieben.

»Ich habe durch den verfl. II Krieg entsetzlich viel Terrain verloren«, so schrieb Beckmann am 8. Oktober 1949 aus New York an Minna Tube, »und muß 10–15 Jahre einholen in denen die Gegenseite (Frankreich ect) ungestört eine <u>ungeheure</u> Propaganda entfalten konnte.«

Schon lange fochten Museen, Galerien und Publikationen in New York und der westlichen Welt jene Querele aus, die Beckmann den »Kampf zwischen mir und den non objectivs« nannte.

Max Beckmann hielt sich für den Führer der figurativen Malerei und erkannte selbst Otto Dix neben sich nicht an. Das Establishment war auf der Seite der Gegenstandslosen. Die Salomon Guggenheim Foundation hatte bereits seit 1939 in ihrem »Museum of Non-Objective Painting« Werke von Léger, Klee und Moholy-Nagy gezeigt.

Alles Figürliche war obsolet. Es erinnerte an Nazi-Kunst und Sozialistischen Realismus. Kaum jemanden interessierte noch, daß auch die figurative Moderne in den sozialistischen (darunter auch den nationalsozialistischen) Diktaturen Europas Repressionen ausgesetzt war. Die USA taten alles, um gegenstandslose Kunst als »amerikanisch« in Europa zu lancieren. Als scheinbar freiheitliche Kunst leistete sie technokratischen Interessen ideal Vorschub. Mit neuen politischen Akzenten wurde hier eine Fehde fortgesetzt, die mit dem Aufkommen der gegenstandslosen Malerei im Jahre 1911 begonnen hatte.

»Abstract oder nicht abstrakt ist mir gänzlich gleichgiltig«, bekannte Beckmann noch drei Wochen vor seinem Tod. »Es koṁt darauf an daß das Bild genügend innere Substanz hat, aber keinesfalls nur irgend einer Modeströmung angehören darf.«

Anfang 1950 verlängerte die Brooklyn Museum Art School Beckmanns Vertrag um sechs Jahre. Auch das Englisch des Emigranten machte Fortschritte. Ende Februar ging er zum ersten Mal ohne seine dolmetschende Frau zur Schule.

Das *Time Magazine* brachte einen Artikel über Beckmann mit dem Titel *Der Mann mit dem Regenbogen in der Tasche*. Als der Maler Stephan Lackner davon berichtete, spähte er dabei scherzhaft in seine Rocktasche und meinte: »Aha, der Regenbogen, da ist er ja.«

Dennoch ist die Erschöpfung des alternden Herrn dem Freund, der ihn seit fast zwanzig Jahren kannte, nicht entgangen. »Beckmann wirkte nicht krank, wenn auch ein bißchen müde. Mich beunruhigte lediglich, daß er angestrengt seine Augenbrauen hochwölbte, als müsse er mit einer gewissen Bemühung die Lider heben, die er lieber schließen wollte.«

Das *Selbstbildnis mit blauer Jacke*, das Max Beckmann in den ersten drei Monaten des Jahres 1950 malte und Anfang Mai überarbeitete, wurde sein Abschiedsportrait. Beckmanns Selbstbildnisse sind wie eine große Familie, aber auf kein anderes antwortet der Künstler hier so unmittelbar wie auf das inzwischen 23 Jahre alte *Selbstbildnis im Smoking*. Mit der abstrahierten Fläche des Hintergrundes werden die beiden Bekenntniswerke direkt verbunden.

Auf dem Höhepunkt seines Ruhmes hatte der Künstler im

dinnerjacket vor einer weißen, halbgetäfelten Wand gestanden. Der alte Herr lehnt sich in leuchtender blauer, sehr amerikanischer Jacke vor einer umgedrehten Leinwand auf einen Sessel. Die abgewandte Leinwand zeigt hier mehr als Beckmanns alte Gewohnheit, Bilder im Atelier umzudrehen. Auch der dunkle Streifen links findet sich auf beiden Bildern. Hier wie dort deutet er auf eine bevorstehende Abreise hin.

Anfang April 1950 reiste Beckmann für drei Tage nach Bloomington, Indiana. Am 1. Mai zogen er und seine Frau an den Central Park West 38 West 69. Street. Wieder schlug der Künstler in einem Zimmer der Wohnung sein Atelier auf. Das neue Apartment im Mezzanin mit seinen hohen Decken sagte ihm sehr zu.

Am 2. Juni 1950 fuhr Max Beckmann zum letzten Mal nach St. Louis. Am 6. nahm er die Ehrendoktorwürde der Philosophischen Fakultät der Washington University entgegen. Beckmanns waren Gäste von Morton D. May. Quappi verlas einige Tage später die *Ansprache für die Freunde und die philosophische Fakultät der Washington University* in einem Studentinnenhaus.

Der Künstler reagierte auf eine Kunstszene, die nach dem Zweiten Weltkrieg immer mehr zersplitterte und unübersichtlich wurde. Über den Zuordnungen, Moden und Trends verlor man aus den Augen, was das einzig entscheidende Kriterium eines Kunstwerkes ist: die Qualität. So forderte Beckmann, Schluß mit den »Ismen« zu machen. Wieder gab er sich als »geschworener Feind aller Rubrizierungen« zu erkennen. Die Rede klingt, als riefe er der Nachwelt mit ihren vielen Kunsttheoretikern eine letzte Botschaft zu.

»Nicht mit den Ohren sollt Ihr sehen, sondern mit den Augen!«

Seine letzte Reise führte den Künstler in die Sommerfrische. In New York herrschte Hitze von 35 bis 40 Grad. Beckmanns flohen in das etwas kühlere Kalifornien. Vom 11. Juni bis 4. Juli genoß er das Städtchen Carmel und unternahm mit Quappi Ausflüge an der Küste.

Seit 1938 hatte Alfred Neumeyer, der aus Deutschland geflohene und sehr angesehene Direktor des 1925 gegründeten Mills College Art Museum in Oakland, Kalifornien, vertriebene Künstler als Gastdozenten an die Summer School eingeladen. Das Programm endete 1950 mit Max Beckmann, der für seinen Unterricht ein Honorar erhielt, von dem er gerade Reise und Aufenthalt bestreiten konnte. Doch er hoffte, auch mit diesem Besuch seinen Namen in Amerika bekannter zu machen. Von Anfang Juli bis Mitte August hielt er seinen Sommerkurs ab. Immerhin fand am College auch eine kleine von Vorträgen und einer Broschüre begleitete Ausstellung seiner Arbeiten statt.

Am 20. Juli 1950 schrieb der Direktor Fred Neumeyer nach einem Treffen mit Beckmann in sein Tagebuch:

He has only three teeth in the middle, and his descending, rather rough features give him the air of a sad bulldog. Under this shell one feels concentration, fatigue, impatience: an egocentric sensitivity. His eyes are wide-awake and alive. Strangely enough, in spite of this reserve, he doesn't appear cold, but rather sluggish and good-natured.

Neumeyer nennt den alternden Künstler »an immensely complex man« und schreibt: »It was the face of a suffering man, with deep shadows under his eyes, with the expression of tired nervousness on his head whose brutal proportions made this expression unbelievable and touching.

The defensive attitude, his second nature, was probably augmented by the fatal illness (heart disease) which he already carried inside.«

Auch Darius Milhaud war zu dieser Zeit Gast am Mills College. Beckmann und seine Frau wohnten »on campus« und nahmen die Mahlzeiten zusammen mit den Studenten ein.

Auch hier beschränkt sich seine eigene künstlerische Tätigkeit auf die Zeichnung.

Sein Ruf als deutscher Meister im Exil hatte etwa dreißig Studenten in den Sommerkurs gezogen. Für sie hatte die Gegenstandslosigkeit der amerikanischen Kunst seit dem Krieg an Anziehungskraft verloren. Sie suchten einen modernen Weg der figurativen Malerei, und Beckmann, der gegenstandslose Bilder als »nail polish« bezeichnete, machte großen Eindruck auf sie. In seiner Klasse zu sein hieß, sich den vorherrschenden Trends entgegenzustellen.

Auch hier wartete eine bizarre Landschaft auf ihn. Am 8. Juli 1950 schrieb er aus Mills an Minna:

ansonsten sitze ich nun in einem Eucalyptus-Palmenwald wo aller Floks hellblau ist und eine Klätterpflanze – Vollkomen meschugge, daß große gelbe Laternenblumen an Eigenartigen bäumen wachsen und riesenhafte Kastanienblüthen an Eptonbäumen – doch man gewöhnt sich an alles auch daß die Hauptstraßen von Frisco so steil sind, daß man bequem auf dem Popo herunterutschen kann

Beckmanns letzte Fahrt führte ihn nach San Francisco, den Highway No. 1 entlang und am Lake Tahoe vorbei nach Carson City, Virginia City und Reno, Nevada. Den Plan einer Europa-Reise mußte er wegen der Korea-Krise aufgeben. Am 24. Juli 1950 sagte er Minna schweren Herzens von Oakland aus ab.

Amerika marschierte auf den Höhepunkt des Kalten Krieges zu. Ende Juni hatte Präsident Truman die siebente Flotte der US-Marine in den Krieg zwischen Süd- und Nordkorea geschickt, womit ein Jahr zuvor noch niemand gerechnet hatte. Die Atmosphäre in den USA war von Hysterie bestimmt. Beckmann hatte Angst, wie im Ersten Weltkrieg als Spion verhaftet zu werden. Da sein Antrag auf Einbürgerung lief, befürchtete er Schwierigkeiten bei der Wiedereinreise. Deshalb verzichtete er auf die Reise. Seine Befürchtungen waren nicht aus der Luft gegriffen. Namhafte deutsche Emigranten waren schon vor das »House Commitee on Un-American Activities« des republikanischen Senators Joseph R. McCarthy aus Wisconsin zitiert und peinlich befragt worden.

Max Beckmann war sechsundsechzig Jahre, zehn Monate und fünfzehn Tage alt, als er zu seinem letzten Spaziergang aufbrach. Er verließ die Wohnung im Hochparterre des später berühmten Hauses in der 69. Straße westlich des Central Park, stieg die enge Treppe hinunter, die direkt auf die Haustür zugeht, und trat in einen kalten New Yorker Vormittag hinaus. Wenige Stunden zuvor hatte er wieder ein Triptychon vollendet, sein neuntes.

Zum ersten Mal seit seiner Jugend, zum ersten Mal mithin seit einem halben Jahrhundert, stellte er hier nackte Männerkörper in den Mittelpunkt, die vollkommen dem griechischen Ideal der Kalokagathia entsprechen. Diesmal ist das Zentralbild ein paar Zentimeter höher als die Flügel, die in heiterer und doch ernster Art die Künste beschwören. Links greift Beckmann das auch von Picasso oft variierte Thema Maler und Modell auf. Der rechte Flügel ist der Musik eines Lebens gewidmet, in dem stets die Frauen für die Melodie gesorgt haben.

Die *Argonauten* sind eine neue *Abfahrt*. Der Aufbau des Triptychons ist beinah so straff wie der seines Vorgängers.

Im violetten Licht der sich verfinsternden Sonne zeigt das Zentralbild Jason und Orpheus, kurz bevor sie auf das Schiff Argo (»die Schnelle«) hinabsteigen. Bei dem Modell des Mannes rechts handelt es sich um ein Mitglied der amerikanischen Aristokratie, einen Schüler Beckmanns, der heute in Venedig lebt.

Auf einer Leiter geht ihnen ein eingeweihter Alter voraus. Er ist der Stalker, ein Medium, ohne das sich die Helden nicht der Erkenntnis nähern können.

Mit den *Argonauten* gab Max Beckmann der Moderne einen aristokratischen Mythos. Die Gespräche mit Wolfgang Frommel in Amsterdam zeitigten eine späte Frucht. In seinem Gedicht *Gefährten* gab Frommel eine eigene Version des Argonauten-Mythos, der im George-Kreis und in Georges Dante-Übersetzung eine große Rolle gespielt hatte. Frommels Werk beginnt mit den Worten:

Vor diesem auszug prüft ich lang
Wen ich zur grossen fahrt mir dang

In Beckmanns Triptychon sind die Gefährten zur Fahrt längst erwählt. Mit diesem Werk brach jener Zyklus der großen Triptychen ab, den der Maler fünfzehn Jahre zuvor, kurz nachdem er in Deutschland den Höhepunkt seines Ruhmes schon überschritten hatte, mit der *Departure* aufnahm. Wie der »Schriftsteller« in Andrej Tarkowskijs Film *Stalker* von 1975 formulierte Max Beckmann mit seinem letzten Triptychon die Künstlermetaphysik des zwanzigsten Jahrhunderts.

Die Figur in Tarkowskijs Film sagt:

Auf jeden Fall ist eure ganze Technologie ... diese Hochöfen und all diese Räder ... und der ganze Rummel ... [...] – das ist nichts als Krücken und Prothesen. Die Menschheit existiert, um zu erschaffen. Kunstwerke zu erschaffen. Und das bringt ihr gar nichts ein, im Gegensatz zu den anderen menschlichen Leistungen. Die großen Illusionen! Bilder der absoluten Wahrheit.

Am Abend des 27. Dezember, dem Tag vor seinem Tode, sah Max Beckmann sein Triptychon *Argonauten* als vollendet an.

Nach einem stillen Weihnachtsfest 1950 war in Manhattan das kulturelle Leben wieder in vollem Gange. Der »Dramatic Workshop« in der 48. Straße spielte eine englische Bearbeitung des Stückes *Als der Krieg zu Ende war* von dem jungen Schweizer Autor Max Frisch. Roberto Rossellinis zweiteiliger Kurzfilm *L'Amore* blieb seit dem Weihnachtsabend wegen angeblicher Blasphemie in New York City verboten.

»Die Melancholie der Weihnachtstage bin ich im Begriff zu überstehen«, schrieb Beckmann, »ein großer Spaziergang durch die leere Stadt bei wüsten Schneetreiben mit blitzartig beleuchteten New Yersy u. Hudson stärkt die empfindsamen Nerven.«

Der Tod kam plötzlich, aber nicht unerwartet. Am Abend des zweiten Weihnachtstages 1950 ging er mit den Worten ins Bett: »Ich fühle mich wie eine ausgepreßte Zitrone.«

Am 27. Dezember frühstückte Max Beckmann mit Quappi. Er fühlte sich besser als sonst. Gegen zehn Uhr kam der Steuerberater. Beckmann begrüßte ihn und verließ mit Hut, Mantel und Schal das Haus, um einen Spaziergang durch den Central Park zu machen und im Metropolitan Museum die Ausstellung »American Painting Today« zu besuchen, wo sein *Selbstbildnis mit blauer Jacke* hing.

Die Temperatur betrug minus acht Grad Celsius. Kälte ist für Patienten mit Angina pectoris besonders gefährlich, weil sie die Gefäße plötzlich zusammenzieht und zur Apoplexie führen kann.

Schon Ende der zwanziger Jahre hatte ein Arzt in Frankfurt bei Beckmann hohen Blutdruck und eine Vergrößerung des Herzens und der Leber diagnostiziert. Chronische Müdigkeit plagte den Künstler seit Mitte Dreißig. Kurz vor dem Umzug nach New York hatte sie drastisch zugenommen, dabei stellten sich Brustschmerzen auf der linken Seite ein, so daß Beckmann kaum noch einen Schritt tun konnte. Jede Aufregung führte zu Herzschmerzen. Quappi trug stets Nitroglyzerinpillen bei sich, da bei dem über Sechzigjährigen jederzeit Schwächeanfälle auftreten konnten. Beckmann hatte selbst vermutet, Angina pectoris zu haben, und fragte sich, ob es sich bei den Schmerzen um psychosomatische Folgen des Ersten Weltkrieges handeln könnte.

Ein Artikel, der 1949 in der deutschen Wochenzeitung *Die Zeit* erschien (die nach Beckmanns Tod das *Argonauten-Triptychon* abbilden sollte), beleuchtet das damalige Verständnis von Angina pectoris.

In ganz ähnlicher Weise wie die Magengeschwürskrankheiten ist anscheinend auch die Angina pectoris – mindestens in der Mehrzahl aller Fälle – körperlicher Ausdruck einer abnormen Erlebnisreaktion. Jene Menschen, die an Angina pectoris erkranken, unterscheiden sich aber in ihrem Charakter ganz deutlich von den Geschwürskranken. Die »Angina-pectoris-Persönlichkeit« ist vitalkräftiger, gefühlstiefer, ausdrucksstärker, vielseitiger und in sich harmonischer. Sie überfordert sich nicht wie die »Ulcus-

persönlichkeit«. Zwei in wesentlichen Zügen polare Persönlichkeitsstrukturen stehen sich hier gegenüber. Für das Erlebnis, in dem es zur Angina pectoris kommt, ist kennzeichnend die ständig würgende Angst, das In-die-Enge-getrieben-Sein (als unmittelbare Reaktion auf die Umwelt), die Verzweiflung an der eigenen Kraft. All das kann sich in »akuten« Erlebnissen zeitweise zuspitzen.

Max Beckmann litt seit längerer Zeit unter schweren Herzstörungen. Man mußte jederzeit mit dem Ende rechnen. Es hatte keinen Sinn mehr, ihm das Rauchen zu verbieten. Seit Kriegsende hatte der Künstler zweihundert Zigaretten im Monat geraucht. Inhalierte er auch seine Zigarren?

Am 28. Dezember 1950 gegen elf Uhr morgens fiel Max Beckmann an der Ecke 61st Street und Central Park West nach einem Gehirnschlag tot um.

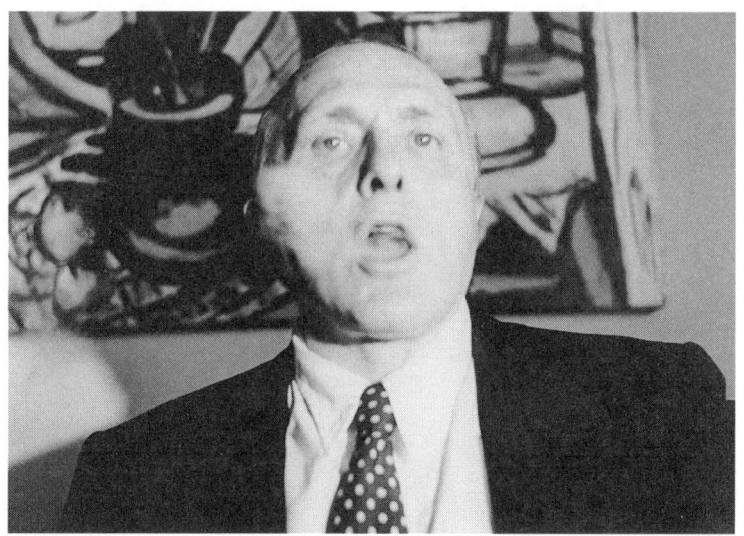

New York 1949

Zeittafel

1884 Max Carl Friedrich Beckmann am 12. Februar in Leipzig geboren.

1892 Schulbesuch im pommerschen Falkenburg.

1895 Umzug nach Braunschweig. Tod des Vaters. Schulbesuch in Braunschweig und Königslutter.

1896 Erstes überliefertes Aquarell.

1897 Erstes überliefertes Selbstbildnis.

1899 Besucht ein privates Internat in einem Pfarrhaus in Ahlshausen bei Gandersheim, Niedersachsen. Erste überlieferte Briefe und Zeichnungen. Läuft im Winter aus der Anstalt davon.

1900 Beginn des Studiums an der Kunstakademie Weimar.

1901 Eintritt in die Naturklasse von Frithjof Smith. Bekanntschaft mit Ugi Battenberg. Erste Radierung.

1902 Belobigungsdiplom für Zeichnen. Bekanntschaft mit Minna Tube.

1903 Belobigungsdiplom für Malerei. Studienabschluß. Reisen nach Paris, Amsterdam, in den Haag und nach Scheveningen. Vor allem Landschaftsmalerei.

1904 Reisen durch das Burgund, das Elsaß und die Schweiz. Sommer am Meer. Atelier in Berlin-Schöneberg.

1905 Berlin. Sommer in Dänemark an der Nordsee.

1906 Ehrenpreis des Deutschen Künstlerbundes. Ausstellung in der Berliner Secession. Portrait-Aufträge. Tod der Mutter. Heirat mit Minna Tube. Hochzeitsreise nach Paris. Villa-Romana-Stipendium in Florenz.

1907 Frühjahr in Florenz. Bezug des Atelierhauses im Norden von Berlin. Beitritt zur Berliner Secession. Beginn zahlreicher Ausstellungsbeteiligungen

1908 Reges gesellschaftliches Leben in Berlin. Reise nach Paris. Geburt des Sohnes Peter.

1909 Bekanntschaft mit Julius Meier-Graefe und Emil Nolde. Sommer auf der Nordsee-Insel Wangerooge. Zunehmende graphische Arbeit.

1910 Wahl in den Vorstand der Berliner Secession. Austritt aus dem Vorstand im Herbst. Zusätzliche Atelierwohnung am Nollendorfplatz im Berliner Westen. Großformatige Kompositionen.

1911 Bekanntschaft mit dem Kunsthändler Israel Beer Neumann.

1912 Erste Ausstellung im Ausland: Stedelijk Museum, Amsterdam. Bekanntschaft mit dem Verleger Reinhard Piper. Öffentliche Auseinandersetzung mit Franz Marc.

1913 Höhepunkt von Beckmanns Vorkriegs-Ruhm. Erste Retrospektive und erste Beckmann-Monographie. Erste US-amerikanische Ausstellung: Art Institute, Chicago. Austritt aus der Berliner Secession. Reisen in die Schweiz, nach Südtirol und Venedig.

1914 Mitgliedschaften in der neugegründeten Freien Secession in Berlin und der neuen Secession in München. Freiwilliger Sanitätshelfer an der Ostfront.

1915 Freiwilliger Sanitätssoldat in Flandern. Zusammenbruch. Atelier in Frankfurt am Main.

1916 Wieder zunehmende graphische Arbeit. Nur ein Gemälde.

1918 Besuche bei Versammlungen des Spartakusbundes. Beschäftigung mit Geheimlehren.

1919 Öffentliches Bekenntnis zur »Transzendenten Sachlichkeit«. Wohnung im Hause von Heinrich Simon.

1920 Beginn der langjährigen Zusammenarbeit mit dem Kunsthändler I. B. Neumann. Betätigung als Dramatiker.

1921 Sanatoriumsaufenthalt in Dresden. Bekanntschaft mit dem Schriftsteller Wilhelm Hausenstein, dem Kunsthändler Günther Franke und dem Schauspieler Heinrich George.

1922 Reise nach München. Umfangreiche graphische Arbeit.

1923 Bekanntschaft mit Alfred Kubin. Reise nach Baden-Baden. In Wien Bekanntschaft mit Mathilde (»Quappi«) Kaulbach.

1924 Reise nach Italien und nach Österreich.

1925 Spitalsaufenthalt in Wien. Scheidung von Minna Tube. Heirat mit Mathilde Kaulbach. Reisen nach Italien und Paris. Beschäftigung mit gnostischen, altindischen und theosophischen Lehren. Ruf an die Kunstschule des Städel-Museums in Frankfurt am Main.

1926 Reisen nach Berlin, in die Schweiz, an die Riviera und nach Paris.

1927 Sommerfrische in Rimini.

1928 Höhepunkt von Beckmanns Ruhm in Deutschland. Reichsehrenpreis Deutscher Kunst. Beckmann-Retrospektive in Mannheim. Reisen nach Scheveningen, Paris und Berlin.

1929 »Fourth Honorable Mention« der Carnegie Foundation, Pittsburgh. Reisen nach Italien, der Schweiz und Paris.

1930 Bekanntschaft mit Stephan Lackner. Reisen nach Südfrankreich und Österreich. Längerer Aufenthalt in Paris. Die Biennale in Venedig zeigt sechs Bilder von Beckmann. Angriffe von seiten der nationalsozialistischen Presse.

1931 Winter in Paris. Von März bis April Beckmann-Ausstellung in der Galerie de la Renaissance, Paris. Reisen nach Bayern, Südfrankreich und Österreich.

1932 Bekanntschaft mit Erhard Göpel. Aufgabe der Pariser Wohnung. In Frankfurt Hetzkampagne der Nationalsozialisten gegen Beckmann. Beginn der Arbeit am ersten Triptychon.

1933 Einrichtung eines Beckmann-Saales der Berliner Nationalgalerie im Kronprinzenpalais. Entlassung aus der Städelschule. Umzug nach Berlin. Schließung des Beckmann-Saales. Sommerfrische in Ohlstadt, Obb.

1934 Reisen nach Ascona, Zandvoort und an den Chiemsee.

1935 Reisen nach Ohlstadt, Baden-Baden und Zandvoort.

1936 Reisen nach Paris, Hamburg, Zandvoort und Baden-Baden. Erste Skulpturen.

1937 Kur in Baden-Baden. Ausstellung »Entartete Kunst«. Im Juli Ausreise aus Deutschland. Exil in Amsterdam.

1938 Vortrag bei der Ausstellung »Twentieth Century German Art« in London. Reisen nach Bandol, Paris und in die Schweiz. Ab Oktober Aufenthalt in Paris.

1939 Bis Mai in Paris. Reisen an die Côte d'Azur und nach Oberitalien. Vergebliche Versuche, Einreisevisum für die USA zu erhalten. Erster Preis in der Golden Gate International Exposition of Contemporary Art in San Francisco für das Triptychon *Versuchung*.

1940 Einmarsch der deutschen Truppen in Amsterdam. Beckmann vernichtet seine Tagebücher und weitere Aufzeichnungen.

1941 Reisen in den Haag, nach Zandvoort, Hilversum und Valkenburg. Herzprobleme.

1942 Frühling in Valkenburg. Musterung durch die deutsche Wehrmacht, Beckmann wird als untauglich eingestuft. Zusammenbruch. Kontakte zu deutschen Widerstandskreisen.

1943 Versteck der meisten Bilder im Haus von Helmuth Lütjens. Aufenthalt in Laren. Besuch des zerstörten Rotterdam.

1944 Höhepunkt der Notlage. Lungenentzündung. Schlaflosigkeit. Herzbeschwerden. Neuerliche Vorladung zur Musterung. Endgültige Ausmusterung.

1945 Ausflüge in Holland. Englischstunden.

1946 Non-Enemy-Status. Reisen in Holland. Ablehnung von Berufungen aus Deutschland.

1947 Drei Wochen in Nizza. Reisen durch Holland und nach New York. Begegnungen mit Thomas Mann und Ludwig Mies van der Rohe. Lehrauftrag an der Art School der Washington University in St. Louis.

1948 Reisen nach Columbia in Missouri, Chicago, Boston, New

York und Bloomington, Indiana. Beckmann-Retrospektive in St. Louis. Sommer in Amsterdam. Ausflüge in Holland. US-Einwanderungsvisum. Auflösung der Amsterdamer Wohnung. Rückkehr nach St. Louis. Weihnachten und Neujahr in New York.

1949 Januar in New York. Reisen nach Minneapolis und Memphis, Tennessee, und New Orleans. Sommerkurs in Boulder, Colorado. Ausflüge in die Rocky Mountains. Umzug nach New York. Professur für Malen und Zeichnen an der Art School des Brooklyn Museum.

1950 Reise nach Bloomington, Indiana. Ehrendoktorwürde der Philosophischen Fakultät der Washington University, St. Louis. Sommer in Carmel, Kalifornien. Sommerkurs in Oakland, Kalifornien. Reisen nach San Francisco, an den Lake Tahoe, nach Carson City, Virginia City und Reno, Nevada. Tod am 27. Dezember in New York City.

Nachwort

Um Bilder von Max Beckmann zu sehen, muß man nicht zu den Löwen reisen. Die meisten hängen in den öffentlichen Sammlungen der großen amerikanischen und deutschen Städte. Doch nicht allein die etwa 850 Gemälde, dreitausend Zeichnungen, tausend graphischen Blätter und acht Plastiken, auch der schriftliche Nachlaß ist Zeugnis eines großen Lebens und Bestandteil eines großen Werkes.

Rudolf Pillep hat unter dem Titel *Die Realität der Träume in den Bildern* eine Sammlung von Beckmanns Worten zur Kunst herausgegeben. Klaus Gallwitz, Uwe M. Schneede und Stephan von Wiese haben unter Mitarbeit von Barbara Goltz und vielen anderen eine vorbildliche dreibändige Ausgabe von Beckmanns etwa tausend hinterlassenen Briefen veranstaltet. Von den oft in mühevoller Kleinarbeit gewonnenen Transkriptionen konnte ich als Leser und Biograph ebenso profitieren wie von vielen der gelehrten und auf umfangreichen Recherchen fußenden Kommentaren.

Ähnliches gilt für die drei Bände von Beckmanns Tagebüchern. Mit Leidenschaft und Sachkenntnis haben Doris Schmidt, Hans Kinkel und Erhard Göpel drei sehr unterschiedliche Ausgaben besorgt. Jede für sich bietet ein außergewöhnliches Leseerlebnis.

Beckmanns Werk hat die Kunst der Kunstgeschichte zu einigen ihrer herausragenden Leistungen inspiriert. Der Katalog der Gemälde von Barbara und Erhard Göpel und der Catalogue raisonné der Graphik von James Hofmaier sind als Orientierungshilfe in diesem Riesen-Werk unentbehrlich.

Stephan von Wieses Studie und Katalog *Max Beckmanns zeichnerisches Werk 1903–1925* gehört zu den herausragenden

Leistungen der formalen Analyse. Jeder, der sich ernsthaft mit bildender Kunst beschäftigt, sollte dieses Buch studieren.

Hans Beltings Monographie *Max Beckmann – Die Tradition als Problem in der Kunst der Moderne* dagegen ist nicht nur eine der aufregendsten Schriften zur modernen Kunst- und Geistesgeschichte, es ist möglicherweise sogar eines der besten Bücher des großen Belting.

Als Rückgrat der Beschäftigung mit Beckmann kann die Studie *Max Beckmann und die Alten Meister – »eine ganz nette Reihe von Freunden«* von Christian Lenz angesehen werden. Das schöne, ungewöhnlich gut zu lesende Buch zeigt, wie sehr man auch moderne Kunst auf dem Hintergrund der kunsthistorischen Tradition verstehen muß.

Eine Untersuchung der Bedeutung älterer und neuerer Vorbilder für Beckmanns Bilderfindung hat Barbara C. Buenger unter dem Titel *Max Beckmann's Artistic Sources* im Jahre 1979 der Columbia University als gründliche, scharfsinnige Dissertation vorgelegt.

Der hohe literarische und dokumentarische Rang von Beckmanns eigenen Schriften macht sie über das kunsthistorische Interesse hinaus zu einer faszinierenden Lektüre. Vor allem der Illusionslosigkeit und bulligen Wucht der späten Tagebücher von 1940 bis 1950 wird sich niemand entziehen können. Sie gehören zu den bedeutendsten Tagebüchern der europäischen Literatur und bestätigen wiederum das Wort der österreichischen Dichterin Ulrike Längle:

»Max Beckmann konnte besser schreiben als die meisten Schriftsteller.«

Quellenverzeichnis

5 *Auf der Suche* ... Tagebücher III, S. 58

Vorbemerkung

11 *Übrigens sind Beckmann* ... Briefe I, S. 238

I. Kindheit und Jugend
1884–1905

1. Geburt und Familie

17 »Die Beckmanns waren ...« vergl. Heinz-Bruno Krieger: Die Ahnen des Malers Max Beckmann. Göttingen 1959
18 *Daß ich am* 12. 2. ... Briefe I, S. 299; s. a. Schriften, S. 30 *Bauern und Landschaft* ... Schriften, S. 22
19 *Trotzdem da viel gräßlich* ... Briefe I, S. 197 *Er war ein recht vernünftiger* ... Briefe I, S. 198

2. Ein schlechter Schüler

20 *In Braunschweig zeichnete* ... Briefe I, S. 230f.; s.a. Schriften, S. 31 *In der Religionsstunde* ... Thomas Mann: *Die Erzählungen.* Frankfurt a. M. ²1975, Bd. 1, S. 33
22 *Hier war allgemeine Freude* ... Briefe I, S. 9

22 *Wenn einer seiner sieben Söhne* ... zit. nach: Ann Claire Richter: *Der grausame Pfarrer, der Beckmann zur Flucht trieb.* In: *Braunschweiger Zeitung,* 18. April 2001 *Leere Tonnen geben* ... ebd
23 *Worin besteht die Genialität* ... *Genial ist ein junger Mann* ... ebd
24 *Ich glaube, das Bild* ... Briefe I, S. 9 *Kinder in Schaukeln* ... Schriften, S. 28
26 *Niedersächsische Poeten* ... Ernst Jünger: *Autor und Autorschaft.* Stuttgart 1984, S. 28 *Ein großes Werk* ... Göpel, Katalog der Gemälde, Bd. I, S. 13

3. Ein ausgezeichneter Student

29 *Sie hatte ihn nie verstanden* ... Minna, S. 171 *Mal mir mal!* zit. nach: Vortrag von Peter Beckmann in: Sek-

tion Kunstwissenschaft des Verbandes Bildender Künstler der DDR (Hg.): *Max Beckmann Colloquium 1984. 6. Jahrestagung der Sektion Kunstwissenschaft des VEB-DDR. Bearbeitetes Protokoll.* Leipzig (Selbstverlag) 1984, S. 150

30 *Übrigens habe ich ...* Briefe I, S. 231
»... lehnte jedes Dogma ab« Zu Beckmanns Verhältnis zu Kunstakademien s. Mitteilung von Quappi Beckmann in: Max Doerner: *Malmaterial und seine Verwendung im Bilde.* ¹¹1960, S. 360
He is a very fine ... Walter Barker zit. nach: *PBS Online Hour,* May 24, 1999
Ich bin durch die Natur ... Briefe II, S. 30

31 *Die Ansätze zum Rhythmus ...* Schriften, S. 58
Lernen Sie die Formen ... Schriften, S. 70
etwas festgefahren Minna, S. 161
Frithjof Smith war ... ebd

32 *There's a great ...* Walter Barker zit. nach: *PBS Online Hour,* May 24, 1999
Zu Beckmans Wohnungen in Weimar vergl. Rudolf Pillep: »*Manchmal habe ich doch Sehnsucht nach Weimar«.* In: Hans-Dieter Mück: *Max Beckmann und Thüringen.* Stuttgart u. a. 1997, S. 10

33 *Alte Tanten waren ...* Briefe I, S. 13

34 *Es lebe der ...* ebd

35 *Maler-Academie ...* Arthur Schopenhauer: *Die Reisetagebücher.* Zürich 1988, S. 18

35 *sehr idealistischen ...* Minna, S. 157
ausgesprochene Hochachtung Minna, S. 159
Ja, ja. ... Tagebücher I, S. 9
Er bekam die Nachricht ... Minna, S. 159

36 *Mit einer heftigen Ruhe ...* Tagebücher I, S. 10

4. Der Einsame vom Montparnasse

37 *Ich glaube, daß ich alles ...* Tagebücher I, S. 10
1903 ging ich ... Briefe I, S. 232
Links von mir brennt ... Briefe I, S. 16

38 *Les Indépendantes, die mich ...* Briefe I, S. 30
Aus meinem ersten Aufenthalt ... Briefe I, S. 178
Wenn ich nicht im Café ... Briefe I, S. 17

39 *weibliche Hüften ...* Briefe I, S. 30
Pflichtjahr in Paris ... Briefe I, S. 25

40 *Was meinen malerischen ...* Briefe I, S. 22

5. Die dunklen, wilden Jahre

41 *weil es mich langweilt ...* Briefe I, S. 31
wenn man sich des eigentümlichen ... Briefe I, S. 27
Nur wenn man nichts ... Briefe I, S. 30
Selbstportraits mit mehr oder weniger ... Briefe I, S. 32
Mich selbst in einem ... Briefe I, S. 31 f.

43 *So ziemlich mein ...* Briefe I, S. 24
Ach, ich kenne Sie ... zit. nach:
Minna, S. 165
44 *Bilderfabrik errichten* Briefe 1,
S. 24; *vollständig allein ...* Brie-
fe I, S. 25 f.; *Lebenshoffnungs-
losigkeit* Briefe I, S. 26; *s[t]olzer
Besitzer ...* Briefe I, S. 32; *ange-
samelten ...* Briefe I, S. 26
die dunkelste und wildeste ... zit.
nach: Minna, S. 168
wie ein Berserker ... Minna,
S. 168
Frl. MT. Ja ... Briefe I, S. 34
Ich habe mein äußerliches ...
Briefe I, S. 39
45 *Man muß eben ...* Briefe I, S. 36;
Denn nur im Gefühl ... Briefe I,
S. 38
46 *Jedenfalls soll meine ...* Briefe I,
S. 36

46 *meine größte Liebe* Briefe I,
S. 178; *Ich halte jedenfalls ...*
Briefe I, S. 36; *tiefer, dramati-
scher ...* ebd
47 *Die Leistung Cézannes ...* Chri-
stian Lenz: *Max Beckmann in
seinem Verhältnis zu Picasso.*
In: *Niederdeutsche Beiträge zur
Kunstgeschichte* 16 (1977),
S. 236 f.
*doch auch einiges Intellek-
tu[e]lle ...* Briefe I, S. 36
Ich habe ein großes ... Briefe I,
S. 34
48 *ganz auch auf das gegenständ-
lich ...* Tagebücher II, S. 7
49 *Je stärker der Wille ...* Briefe I,
S. 36
Über das Ziel ... Tagebücher II,
S. 7

II. Frühe Meisterschaft
1906–1914

6. Der erste große Erfolg

53 *Das war ein fabelhaftes ...*
Minna, S. 168
Ich habe schwer ... Briefe I, S. 15;
Briefe I, S. 15 f.
54 *Deutsche haben keinen ...* zit.
nach: Johann Wolfgang von
Goethe: *Faust.* Hg. von Albrecht
Schöne. Frankfurt a. M. 1994,
Bd. II (Kommentare), S. 501
Du weißt wohl nicht ... Faust II.
V. 6770 f.
56 *Seine ungewonten ...* Minna,
S. 167
Beckmann hat in Weimar ...
Schriften, S. 34

57 *Eine gewisse aristokratische ...*
Lackner, S. 30
So etwas unglaublich ... Briefe I,
S. 27
58 *der Lümel ... Petrus zum Cassi-
rerschen* Briefe I, S. 44
Das Bild ist jroßartig ... zit. nach:
Minna, S. 169
60 *Er sprach von der Romantik ...*
zit nach: Rudolf Pillep: »*Manch-
mal habe ich doch Sehnsucht
nach Weimar*«. In: Hans-Dieter
Mück: *Max Beckmann und
Thüringen.* Stuttgart u. a. 1997,
S. 16
Ich kann Ihnen auch sagen ...
Briefe I, S. 46

61 *Ich will Ihnen offen gestehen ...*
Briefe I, S. 47

7. **Zwischen Paris und Florenz**

62 *Sachen, die innerliche Ähnlich-keit ...* Briefe I, S. 44
63 *der mir als reines Kunstwerk ...*
Briefe I, S. 45
bei den französischen Primitiven
Briefe I, S. 49
64 *Das ist einfach unglaublich ...*
ebd
einzigen, aber nachhaltigen Ein-druck ... Benno Reifenberg, Wil-helm Hausenstein: *Max Beck-mann.* München 1949, S. 13 f.
65 *Florenz ist wunderschön ...*
Briefe I, S. 49
66 *Mir persönlich ist ...* Briefe III,
S. 348
68 *Manet ist Luftreinigend ...*
Briefe I, S. 27

8. **Secessionen und Katastrophen**

69 *Das damalige Berlin ...* Friedrich
Engels: *Marx und die »Neue
Rheinische Zeitung«.* (1884)
In: Marx/Engels: *Ausgewählte
Schriften in zwei Bänden.* Berlin
1971, Bd. II, S. 304 f.
70 *Ist es nicht schön ...* Briefe I, S. 52
Ich kann diese materielle ...
Briefe I, S. 50
71 *Eine sehr merkwürdige ... eine
starke Begabung ... Die Kunst*
XXII/15 (1907), S. 246; s. a.
Briefe I, S. 411
*Ein starkes Talent ... Kunst und
Künstler,* 5, Februar 1907, S. 211;
s. a. Briefe I, S. 411

71 *Verkauft habe ich auch nichts ...*
Briefe I, S. 54
Nach meinem Debut ... Briefe I,
S. 231
74 *Schließlich arbeitet man ...* Brie-fe I, S. 56
Blödsinnige Arbeit ... Briefe I,
S. 57
75 *wieviel Ähnliches ich ... Beson-ders die Vorliebe ...* Briefe I, S. 74
Wir sind eben Droschkengäule ...
Briefe I, S. 58
76 *Eine Kunst die uns im ...* Tage-bücher II, S. 22
Die Welt ist ja ... Briefe I, S. 57
Heiße helle Luft ... Briefe I,
S. 59
77 *Ich betonte im Verhältnis ...*
Tagebücher II, S. 6
78 *Es interessiert mich ...* Tage-bücher, II, S. 31 f.
Die Richtigkeit der Entfernun-gen ... Tagebücher II, S. 38; *Es
zerfällt jetzt ...* Tagebücher II,
S. 40; *würdig, zum Plakat ... Die
Kunst* (19) 1909; s. a. Tage-bücher II, S. 58; *alles von letztem
Ernst ... Die Neue Rundschau*
1909, S. 906 f.; s. a. Briefe I,
S. 414; *Was die Menschen ...*
Briefe I, S. 59
Große dramatische Aktionen ...
Briefe I, S. 66
79 *Der Eindruck des Erschüttern-den ...* Curt Glaser in: *Kunst und
Künstler* (27) 1913, S. 464; s. a.
Briefe I, S. 422
Große Themen ... Hans Belting:
Max Beckmann. München 1984,
S. 13
80 *Ich habe es immer verstanden ...*
Briefe II, S. 36
Wie können die Leute ... zit.
nach: Minna, S. 176
Tagebücher II, S. 27

82 *Nie von dem Verkauf spre-chen* ... Tagebücher I, S. 114
84 *für ein Genie hält* ... Tagebücher II, S. 39
eine mutige Entwicklung ... *Die Neue Rundschau* 1910, S. 862; s. a. Briefe I, S. 415

9. Am Vorabend des Krieges

86 *in einer konservativen* ... Minna, S. 177
Die Verehrung für die kritische ... Briefe II, S. 77
87 *obligaten Secessionskrach* ... Briefe I, S. 82
Damit ein bedeutendes Geistes-produkt ... Thomas Mann: *Der Tod in Venedig*. Frankfurt a. M. 1993, S. 23
89 *Ja malen will ich* ... Tagebücher I, S. 110
90 *daß wir Jungen hier in Berlin* ... *Im Kampf um die Kunst. Die Antwort auf den »Protest deutscher Künstler«*. München 1911, S. 38
Ich finde, daß die besten Wer-ke ... Briefe I, S. 66f.; s. a. Schriften, S. 11
91 *Die Entlassung wurde* ... Photomechanischer Nachdruck in: Hartmut Zelinsky: *Richard Wagner – ein deutsches Thema*. Berlin, Wien ³1983, S. 195
91 *Ich liebe solche* ... Briefe I, S. 67
92 *so geräumig und hell* ... Reinhard Piper: *Mein Leben als Verleger. Vormittag – Nachmittag*. München 1964, S. 315
Meine Sammlung ... ebd, S. 322
Meine Erscheinung sollte ... s. Briefe I, S. 455
94 *Gaugintapeten* ... Schriften, S. 52
Die Gesetze der Kunst ... Schriften, S. 15
Prinzip Byzanz ... Schriften, S. 17
Kunst gibt nicht ... Paul Klee zit. nach: Heinz Berggruen: *Hauptweg und Nebenwege*. Berlin 1996, S. 88; *Sachlichkeit den inneren* ... Schriften, S. 20
95 *Die Tintorettos* ... Briefe I, S. 79; *Ich habe ihn* ... Briefe II, S. 129
daß seine Begabung ... Schriften, S. 12
Transzendente Sachlichkeit s. Schriften S. 22; *individuelles organisches* ... Schriften S. 13
Die Mystik eines Picasso ... Tagebücher I, S. 124
96 *Schon in Beckmanns frühen* ... s. Heinz Berggruen: *Hauptweg und Nebenwege*. Berlin 1996, S. 76

III. Der Krieg des Künstlers
1914–1924

10. Sanitäter an der Ostfront

99 *In Berlin war große* ... Minna, S. 178
Es ist mir ganz recht ... Briefe I, S. 131; *großartige Katastrophe* Briefe I, S. 90
99 *Ich bin Lan[d]sturm* ... Briefe I, S. 131
100 *Auf die Franzosen schieße* ... zit. nach: Lackner, S. 96

101 *Ich hoffe noch viel* ... Briefe I,
S. 91
Ich habe sie fast alle ... zit. nach:
Lili von Braunbehrens: *Gestal-*
ten und Gedichte um Max
Beckmann. Dortmund 1969,
S. 43
102 *Unsere Autofahrt* ... Briefe I,
S. 100
Einen andern, auch heute ...
Briefe I, S. 92 f.
103 *Die meisten mit den roten* ...
Briefe I, S. 94
Hier herrscht absolute ... *Er er-*
zählte ... Briefe I, S. 95
104 *Ich habe in dieser kurzen* ... ebd
Fürchten ist nicht das ... zit.
nach: Lili von Braunbehrens:
Gestalten und Gedichte um
Max Beckmann. Dortmund
1969, S. 43
Dem Füsilier Stölter ... Ernst
Jünger: *In Stahlgewittern.* Stutt-
gart 1996, S. 27 f.
105 *Es ist ein wildes* ... Briefe I,
S. 96
mein Lebenswille ... Briefe I,
S. 97

11. **Der Tod in Flandern**

106 *Courtray ist eine reizende* ...
Briefe I, S. 101
Essen in einem großen ...
Briefe I, S. 102 f.
Schön sind die Ansammlun-
gen ... ebd, S. 103
107 *Aber erst wer die Hieroglyphen-*
schrift ... zit. nach: Stephan von
Wiese: *Max Beckmanns zeich-*
nerisches Werk 1903–1925.
Düsseldorf 1978, S. 15
108 *schaurigen Weltenbrand* Briefe I, S. 103

108 *Man blickte von einer Anhö-*
he ... Briefe I, S. 106
Das Leben ist reizend ... ebd
109 *Alle Ziele sind vergänglich* ...
zit. nach: Heimo Schwilk: *Ernst*
Jünger. Stuttgart 1988, S. 78
110 *Anstatt nun irgendeinen* ...
Briefe I, S. 106 f.
Nun habe ich mir noch ... Briefe I, S. 108
111 *Ich werde das Bad* ... ebd
Ich beschäftige mich viel ... Briefe I, S. 112 f.
112 *Eines meiner schönsten* ... Briefe I, S. 118
113 *Ich glaube, daß ich* ... Briefe I,
S. 110
ob Freund oder Feind ... Briefe I, S. 112
Gerade ins Herz ... Briefe I, 114
Wie fern ist ... Briefe I, S. 115
114 *Die Züge hier vorn* ... Briefe I,
S. 114
zu Hause in Feindesland Briefe I, S. 117
Und überall das Heulen ... Briefe I, S. 118
115 *Ich stieg aufs Dach* ... Briefe I,
S. 119
Ich habe eine solche Passion ...
Briefe I, S. 131
Fabelhafte Sachen sah ich ...
Briefe I, S. 128
Beim Nachhausegehen ... Briefe I, S. 126
116 *Morgen früh wollen* ... ebd
die richtigen Schützengräben ...
Briefe I, S. 134; *Diese feuerspei-*
ende ... Briefe I, S. 120
Zähne zusammenbeißen ... Briefe I, S. 142

12. Der Krieg geht weiter

117 *Ausdrücke giebts überhaupt ...* Briefe I, S. 162

118 *Ich bin nach vielen ...* Briefe I, S. 436
Benutze jede freie Minute ... Briefe I, S. 146

119 *Kaltblütig ... examens de conscience* Philippe Soupault: *Max Beckmann*. In: *La Renaissance* 14, 1931. Hier zit. nach: Michael V. Schwarz: *Philippe Soupault über Max Beckmann*. Freiburg 1996, S. 10
Es ist doch so ... Briefe I, S. 144

121 *Ich muß mich immer erst ...* Briefe I, S. 139
Die Radirung dem Styl ... Briefe I, S. 157
Spezialbehandlung ... Briefe I, S. 149

122 *Für mich ist jeder Tag ...* Briefe I, S. 144
Ja – das Heldische ... Briefe I, S. 143
Ich werde wohl in Frankfurt ... zit. nach: Reinhard Piper: *Mein Leben als Verleger. Vormittag – Nachmittag*. München 194, S. 392; s. a. Briefe I, S. 438

123 *In Frankfurt ist alles ...* ebd

124 *lieben alten Frankfurt* Briefe I, S. 311
daß es mir noch immer ... Briefe I, S. 132

128 *Es handelt sich ...* Briefe I, S. 162
»expressionistisch[«] geschmakvolle ... Briefe I, S. 173
die expressionisti[sche] Angelegenheit ... Briefe I, S. 165

129 *Es wird sich auch noch ...* Schriften, S. 28

130 *da unsere Zeit so schwer ...* Briefe I, S. 179

131 *Von Farben liebe ich ...* Briefe I, S. 231
Der Krieg geht ja nun ... Schriften, S. 21 f.

132 *Im Ausland ...* Briefe II, S. 32
Wilhelm II. wird ja ... Schriften, S. 19

133 »Der Kaiser war Schöpfer seines eigenen Kunstwerks.« s. a. Nicolaus Sombart: *Wilhelm II.* Berlin 1996

134 *ziemlich unabhängige ...* Briefe I, S. 76
Es war keine leichte Arbeit ... Briefe I, S. 199

136 *Ich gehöre keiner Partei ...* zit. nach: Gisela Hofmann-Schott: *Erinnerungen einer Frankfurter Familie an Max Beckmann*. Frankfurt a. M. 1984, S. 20
Es muß schon ein wahnwitziger Druck ... zit. nach: Reinhard Piper: *Mein Leben als Verleger. Vormittag – Nachmittag*. München 194, S. 496; s. a. Briefe I, S. 468 f.

137 *Beckmann hat ein phantastisches ...* Hans Belting: *Max Beckmann*. München 1984, S. 9
Dieses Bild stellt Beckmann ... Günter Busch: *Max Beckmann*. München 1960, S. 54

138 *Nicht wahr? ...* Schriften, S. 27
Die Rundheit in der ... Briefe I, S. 177
Ich habe fast ein Jahr ... Briefe I, S. 180
ich brauche diesen Fetisch ... Briefe I, S. 181

13. Die berüchtigten zwanziger Jahre

139 *Das war die ungesunde ...* Schriften, S. 22
Frankfurt ist eine wunderbare ... zit. nach: Gisela Hofmann-Schott: *Erinnerungen einer Frankfurter Familie an Max Beckmann.* Frankfurt a. M. 1984, S. 20
140 *die Graphik wird mich ...* Briefe I, S. 160
141 *Ich will eine neue Konstruktion ...* zit. nach: Lackner, S. 32; *Laß dich nicht in die ...* Briefe III, S. 105
142 *Ich habe unterdessen ...* Briefe I, S. 186 f. *Wir stechen im Grund ...* Schriften, S. 28
143 *Wir leben von heute ...* Briefe I, S. 233; *So muß ich ...* Briefe I, S. 224; *Hoffentlich werde ich nun ...* Briefe I, S. 241
144 *ich muß jedoch diesmal ...* Briefe I, S. 246 *Ich schreibe auch Dramen ...* Briefe I, S. 231 *Es ist ein moderner ...* Briefe I, S. 235
145 *Klabautermann mit seiner ...* zit. nach: Reinhard Piper: *Mein Leben als Verleger. Vormittag – Nachmittag.* München 194, S. 339; s. a. Briefe I, S. 471 *Extrem-Radikalen* Briefe I, S. 229

14. Lockerungsübungen I

147 *Ich male eine schöne ...* Briefe I, S. 198
148 *großen alten Freund ...* Schriften, S. 55
149 *Ich will jetzt mal wieder ...* Schriften S. 28
151 *Freitagnachmittagtisch* vergl. Briefe II, S. 280 *Ich stehe nicht an ...* zit. nach: Stephan Lackner: *Selbstbildnis mit Feder.* Berlin 1988, S. 54
152 *Simonhausschlüssel* Briefe I, S. 273; *Daß Simon und die Kunstkritiker ...* Stephan von Wiese, in Briefe II, S. 281 *Versuchen Sie mal ...* zit. nach: Lili von Braunbehrens: *Gestalten und Gedichte um Max Beckmann.* Dortmund 1969, S. 29
153 *Blumen stehen ...* ebd, S. 93 *wenn Sie gut sehen ...* zit. nach: ebd, S. 46 *Plötzlich stand ein Mann ...* ebd, S. 27 *Wenn Beckmann in einem Zimmer ...* ebd, S. 29 *Beckmann in seinem alten ...* Berta Drews: *Heinrich George. Ein Schauspielerleben.* Hamburg 1959, S. 38 f.; s. a. Briefe I, S. 454
154 *Sie wissen, daß ich Sie ...* Briefe I, S. 273
155 Briefe I, S. 254 *Als ich 1823 ...* Günther Franke, in: Doris Schmidt (Hg.): *Briefe an Günther Franke. Porträt eines deutschen Kunsthändlers.* Köln 1997, S. 38; s. a. Briefe I, S. 476 f. *Aber so sind alle Kunsthändler ...* Briefe III, S 276
157 *Die andern haben mich ...* zit. nach: Brief von Ingeborg Baier-Fraenger an Stephan von Wiese; vergl. Briefe I, S. 468 *der Zimmermann der neuen ...* zit. nach: Briefe I, S. 465 f.

158 M. Beckmann besuchte uns ...
Kubin-Archiv, Städtische Galerie im Lenbachhaus, München.
Hier zit. nach: Briefe I, S. 467
*Sie schwanken zwischen Paß-
foto* ... Briefe I, S. 226
*Beckmannmaxe war 'ne Art
Einsiedler* ... zit. nach: Stadt-
galerie Klagenfurt (Hg.): *Starke
Sprüche. Künstlerzitate von Arp,*
Beuys, Chagall & Co. Klagenfurt 2001, S. 97
160 *Denn näher betrachtet beruht* ...
Arthur Schopenhauer: *Die Welt
als Wille und Vorstellung.* Zürich
1988, Bd. II, S. 118
161 Zu Beckmanns Maltechnik s. a.
Max Doerner: *Malmaterial und
seine Verwendung im Bilde.*
[11]1960, S. 369 f.

IV. Jahre des Ruhmes
1925–1933

15. La belle et la bête

165 *Ich bin nur noch* ... Briefe II,
S. 31
Meine Form ist dauernd ...
Briefe II, S. 30
167 *Picasso und Beckmann haben* ...
Christian Lenz: *Max Beckmann
in seinem Verhältnis zu Picas-
so.* In: *Niederdeutsche Beiträge
zur Kunstgeschichte* 16 (1977),
S. 249
168 *Malen kann ich nur* ... Briefe I,
S. 251
Ich male Port[r]aits ... Briefe I,
S. 254
169 zu Marie-Louise von Motesiczky
s. a. Ingrid von der Dollen: *Ma-
rie-Louise von Motesiczky.* In.
Weltkunst 15/16 1997, S. 1594
Ich sah nichts als eine große ...
Marie-Louise
171 *Ich fühlte mich sofort* ...
Quappi, S. 10
Ich habe die Quappi ... privat
172 *Irgendetwas in Deinen Augen* ...
Briefe I, S. 344
Du bist die Ruhe ... Briefe I,
S. 267
172 *Mein Süßes, was für schöne* ...
Briefe I, S. 272
173 *Fremd warst Du* ... Briefe I,
S. 265 f.
Es ist sehr schön ... Briefe I,
S. 269; Briefe II, S. 247
Hast Du keine Angst ... Brie-
fe I, S. 342
mein Tiger zit. nach: Gisela Hof-
mann-Schott: *Erinnerungen ei-
ner Frankfurter Familie an Max
Beckmann.* Frankfurt a. M.
1984, S. 12
*Aus Quappi ist Cynthia gewor-
den* ... Briefe I, S. 323
daß das Element was Du ...
Briefe I, S. 285
174 *Um 7 1/2 Uhr morgen* ... Briefe I,
S. 267 f.
daß die große Freude ... Brie-
fe I, S. 322; Briefe I, S. 342
Die Arbeit war für mich ...
Briefe I, S. 315
Ja, also, Kiind ... Quappi,
S. 140 f.
175 *Ich weiß auch* ... Briefe I,
S. 306 f.
Meine Liebe zu Dir ... Briefe I,
S. 313

175 *Hörst Du den Taumel* ... Briefe I, S. 287
176 zu Hildegard Melms vergl. Stephan von Wiese, in: Briefe I, S. 493
Was für eine wahnsinnige Kraft ... Briefe I, S. 313
Meine eigentliche Arbeit ... Briefe I, S. 340; *Meine Hauptwerke* ... Briefe I, S. 387
– Weißt Du warum ich ... Briefe I, S. 323
177 *von vielen Menschen* ... Briefe I, S. 384
Komischer Weise ... ebd
Meine Form ist heiterer ... Briefe I, S. 273
Ich habe eine furchtbare ... Briefe I, S. 308
mein Werk vollenden ... Briefe I, S. 307
178 *daß wieder mal was ganzes* ... Briefe I, S. 308
Du, ich glaube ... Briefe I, S. 311
Das Bild wird ... Briefe I, S. 368
Unheimlich stark wirkt ... Briefe I, S. 340
Viele Seelen stehen herum ... Briefe I, S. 322
180 *4 singende Italiener* ... Briefe I, S. 257
Das ganze ist teils ... Briefe I, S. 305
Mein Gott was sind die Menschen ... Briefe I, S. 301
Da fehlt nur noch ... Briefe I, S. 289
181 *Dans peu dira faucé* ... Nostradamus I, 12; s. Helmut Werner (Hg.) *Nostradamus, der vollständige Text seiner Prophezeihungen.* Bindlach 1999, S. 46
182 *Meine Quappi müßte* ... Briefe II, S. 19 & 22

182 *Für mich giebts nur* ... Briefe I, S. 320
183 *Max Beckmann, ich bin* ... zit. nach: Gisela Hofmann-Schott: *Erinnerungen einer Frankfurter Familie an Max Beckmann.* Frankfurt a. M. 1984, S. 6
Selbstverständlich können Sie ... zit. nach: ebd, S. 7
Die großen dunkeln Augen ... ebd, S. 7 f.
Alle Menschen wollen wieder ... Briefe II, S. 27
184 *Eigentlich mag mein Mann* ... zit. nach: Gisela Hofmann-Schott: *Erinnerungen einer Frankfurter Familie an Max Beckmann.* Frankfurt a. M. 1984, S. 8
die unergründliche Bahnhofs-Atmosphäre ... ebd, S. 10
Jetzt schläft der Maler ... ebd
185 *Künstler sind nun einmal* ... ebd
Herr Beckmann ... ebd, S. 14 & 16

16. Die Neue Klassik

185 *Die Gegenständlichkeit* ... Briefe II, S. 34
186 *zu realisiren, was zu realisiren* ... Briefe II, S. 76
Das wird jetzt Mode ... Briefe I, S. 343
Anstelle des wesentlichen Gefühls ... Briefe II, S. 34
187 zur Mannheimer Ausstellung 1925 s. a. Briefe I, S. 495
188 *Beckmann, der vor Jahren* ... zit. nach: Briefe I, S. 495
ein großer Senf Briefe I, S. 343
Eine gewisse Begabung ... Briefe II, S. 34
189 *Bei aller Robustheit* ... Briefe II, S. 324 f.

189 *Discussionen zwischen* ... Briefe II, S. 75
Vor 2 Jahren 3 Klasse ... Briefe I, S. 351
*Schauerlich wie die Zustände
jetzt* ... ebd
190 *habe mit Zufriedenheit constatirt* ... Briefe I, S. 351
meine pecuniäre Nährmutter
Briefe I, S. 204
undbedingt zu den Größten ...
Dokument nachgedruckt in:
*Max Beckmann. Frankfurt 1915
bis 1933.* Katalog der Ausstellung in der Städtischen Galerie
im Städelschen Kunstinstitut
Frankfurt a. M., S. 342
Diese Bilder ... Personalakte
Wiechert, Stadtarchiv Frankfurt a. M., zit. nach: Briefe II,
S. 281
192 *Das ist ein Ministereinkomen* ...
Briefe I, S. 302
193 *Ich finde daß die alten Ägypter* ... Tagebücher I, S. 15
195 *Ich will das alleräußerste* ...
Briefe I, S. 361
Hier zum ersten Mal taucht ...
zit. nach: Briefe I, S. 498
vergl. Briefe II, S. 310
196 *Während dieses runde* ... Lackner, S. 29
197 *Soweit ein Maler der Lehrer* ...
Lackner, *Selbstbildnis mit Feder.* Berlin 1988, S. 116
Mir schien, daß den Maler ...
Lackner, S. 9
Zeitungsleute waren da ... Stephan Lackner: *Selbstbildnis mit
Feder.* Berlin, 1988, S. 23
198 *Ich liebe den Jazz* ... Briefe I,
S. 231
199 *Beckmanns Ikonographie* ...
Günter Busch: *Max Beckmann.*
München 1960, S. 64 f.

200 *hörst Du den Lärm* ... Briefe II,
S. 56
Der Lärm des gelben ... ebd

17. Der große Beckmann

201 *mit radioerleuchteten Buchstaben* ... Briefe II, S. 76
bewusst zu sein, dass er nur ...
Briefe II, S. 77
Ausser Dix interessiert ... I. B.
Neumann Archive, zit. nach:
Briefe II, S. 336
203 *»van Gogh wäre wohl entsetzt
gewesen* ...« Beckmanns Äußerung zu van Gogh nach Quappi,
in: Max Doerner: *Malmaterial
und seine Verwendung im Bilde.*
[11]1960, S. 360
204 *die Epiphanie eines autonomen* ... Hans Belting: *Max Beckmann.* München 1984, S. 47
Es gelingt mir doch ... Briefe II,
S. 34
205 vergl. Briefe II, S. 146 und S. 360
206 *die entgültige Vergottung* ...
Schriften, S. 38
Die Eitelkeit des kollektiven ...
Schriften, S. 45
*auf für München überraschend
großes* ... Franke-Korrespon-
denz, zit. nach: Briefe II, S. 356
208 *Wahrheit muß das Werk* ...
Schriften, S. 74
209 *Reine Lokalfarbe* ... Schriften,
S. 54
Farbe als Ausdruck ... Briefe II,
S. 107; s. a. Schriften, S. 43
210 *As the blackest sky* ... Lord
Byron: *Don Juan,* c. 4, st. 79
213 *Die Abaenderung* ... Briefe II,
S. 107; s. a. Schriften, S. 43

18. Pariser Lehrjahre

213 *das schönste Mädchen von Berlin* Marie-Louise von Motesiczky, zit. nach: Briefe II, S. 295

214 *Bin eben mit einem großen* ... Briefe I, S. 246

215 *Mensch, ein Mal auf den Buhlewar!* ... Kurt Tucholsky: *Panter, Tiger & Co.* Reinbek 1998, S. 113

219 *Als ob nicht in jedem guten* ... Schriften, S. 13

222 vergl. Hans Belting: *Max Beckmann.* München. 19884, S. 20 f.
Die Schnitzlerin hat ... Briefe II, S. 169

224 *Max Beckmann est un peintre* ... Philippe Soupault: *Max Beckmann.* In: *La Renaissance* 14, 1931. Hier zit. nach: Michael V. Schwarz: *Philippe Soupault über Max Beckmann.* Freiburg 1996, S. 11
Beckmann répresente aujourd'-hui ... zit. nach: Tobia Bezzola & Cornelia Homburg (Hg.): *Max Beckmann und Paris.* Köln u. a. 1998, S. 197

225 *Das wird Auswirkungen* ... Briefe II, S. 192

226 *öden Professorengewinsel* ... Briefe II, S. 34
die Schnitzlerin erscheint 10 Tag vorher ... Briefe II, S. 187; *ganz Paris wird* ... Briefe II, S. 191; *Soupault ist ganz außer sich* ... Briefe II, S. 191
In Paris wird Beckmann ... zit. nach: Briefe II, S. 404
Aber in Anbetracht ... Briefe II, S. 201
Sollte diese brutale ... zit. nach: Briefe II, S. 406

227 *Wir haben noch mal* ... zit. nach: Tagebücher II, S. 56
Il est très fort. zit. nach: Christian Lenz: *Max Beckmann in seinem Verhältnis zu Picasso.* In: *Niederdeutsche Beiträge zur Kunstgeschichte* 16 (1977), S. 238
quelque-chose comme un Picasso ... zit. nach: Briefe II, S. 370
im Gegensatz zu der ... Briefe II, S. 175

228 *cette grandeur-là* ... zit. nach: Göpel, Katalog der Gemälde, Bd. I, S. 21
Il demeura comme une des plus grandes ... zit. nach: Lackner, S. 37 f.

19. Linie und Schatten

229 *Ich bin natürlich* ... Briefe II, S. 123

230 *Von Paris hab ich* ... Briefe II, S. 126

231 *Wollen Sie's mit oder ohne* ... Briefe I, S. 164

232 *Alle diese Dinge* ... Schriften, S. 50

233 *Das echte Selbst* ... Schriften, S. 67

234 *Non ha l'ottimo artista* ... Michelangelo: *Rime.* Milano 1998, S. 151

20. Die Uhren gingen schon anders

234 *Es ist doch eigentlich* ... Briefe II, S. 177
Professor und repräsentativer ... Hans Reimann, zit. nach: Lackner, S. 9

235 *Beckmann steht mitten* ... zit.
nach: Briefe II, S. 361
237 *Dass Meier-Graefe* ... Günther
Franke am 14. Januar 1929; zit.
nach: Briefe II, S. 361
the big break ... I. B. Neumann,
zit. nach: Briefe II, S. 327
Beckmann has shown ... Henry
McBride, zit. nach: Briefe II,
S 327
erhielt mit derain zusammen ...
zit. nach: Briefe II, S. 327
239 *Ein Lieblingsmotiv* ... Karin
von Maur (Hg.): *Max Beckmann, Meisterwerke 1907 bis
1950.* Stuttgart 1994, S. 96
240 *Rundheit der Fläche* Briefe I,
S. 177
241 *Beckmann wird immer mehr* ...
zit. nach: Briefe II, S. 385 f.
242 *Mir das Wichtigste war* ... Briefe II, S. 180
Ich laufe hier heftig Ski ... Briefe II, S. 187
243 *Traurige Stadt* ... Irmgard Keun:
Gilgi, eine von uns. München,
1989, S. 66
gemalte Kinderein von Klee ...
zit. nach: Göpel, Katalog der
Gemälde, Bd. I, S. 21

244 *Ich sagte Mussolini* ... zit.,
nach: Jürg Stenzl: *Luigi Nono.*
Reinbek 1987, S. 11
245 *Das Delirium* ... zit. nach: Briefe II, S. 393
246 *Vergessen Sie nicht* ... Briefe II,
S. 178
vergl. Briefe II, S 413 f.
Die Tätigkeit des Malers ... Dokument nachgedruckt in: *Max
Beckmann. Frankfurt 1915 bis
1933.* Katalog der Ausstellung
in der Städtischen Galerie im
Städelschen Kunstinstitut Frankfurt a. M., S. 333
247 »*Doch der Antrag* ... scheiterte ...« Erhard Göpel behauptet
hingegen, 1929 sei Max Beckmann die Amtsbezeichnung
»Professor« verliehen worden;
s. Göpel, Katalog der Gemälde,
Bd. I, S. 21
*dieses ganze politische Gang-
stertum* ... Briefe II, S. 212
Gerade jetzt sind wir nötiger ...
Briefe II, S. 209
Machwerk, Grimasse ... zit.
nach: Lackner, S. 12

V. Persona non grata
1933–1937

21. Eine Welt der Klarheit und
des Friedens
253 *Stellen Sie das Bild* ... Briefe III,
S. 29
254 *Über das Triptychon etwas* ...
Briefe III, S. 23
256 *Wieder mußte ich mich* ... Rein-

hard Piper, zit. nach: Briefe II,
S. 452
259 *Das Gegenwärtige zeitlos* ...
Schriften, S. 78
Als ob nicht unsere ganze Welt ...
Aleksandr Solschenizyn: *Archi-
pelag GULAG,* Bd. I, Teil I,
Kap. 11

261 *heroischen und harmonsichen*
... zit. nach: Briefe II, S. 434
Das Triptychon von Max Beck-
mann ... Stephan Lackner:
Selbstbildnis mit Feder. Berlin
1988, S. 98

22. Wie von einer Bombe getroffen

263 *die Kunstgewerbeschule nach*
dem Grundsatz ... Dokument
nachgedruckt in: *Max Beck-*
mann. Frankfurt 1915–1933.
Katalog der Ausstellung in der
Städtischen Galerie im Städelschen Kunstinstitut Frankfurt
a. M., S. 336
Seine Art ist urdeutsch ... zit.
nach: Christian Lenz: *Anmer-*
kungen zu dem Triptychon
Abfahrt. In: Ders. (Hg.): *Max*
Beckmann Aufsätze. Hefte des
Max Beckmann Archivs 6. o. O.
o. J. [München 2002], S. 69
dass öffentliche Gelder ... zit.
nach: Briefe II, S. 431
264 *Mit Trauer gedenken wir* ...
Briefe II, S. 235
s. Tina V. Samii: *J. B. Neumann:*
The Dealer and His Relation-
ship with Max Beckmann. Ma-
ster Thesis, CUNY, New York
2001, S. 124; s. a. Jonathan Pe-
tropoulus: *Art as Politics in the*
Third Reich, London 1996,
S. 297
s. Göpel, Katalog der Gemälde,
Bd. I, S. 22
265 *Wir sind persönliche Freunde* ...
Lackner, S. 5
266 *In katakombenhafter Anord-*
nung ... Stephan Lackner: *Selbst-*

bildnis mit Feder. Berlin 1988,
S. 28
266 *Es hat mich sehr gefreut* ...
Briefe II, S. 236
Ihr Ankauf war die einzige ...
zit. nach: Stephan Lackner:
Selbstbildnis mit Feder. Berlin
1988, S. 29
267 *meine nächsten Ausstellungen* ...
Briefe II, S. 237
Und es muß zugegeben wer-
den ... Tagebücher III, S. 139
268 *Ich arbeite sehr viel* ... Briefe II,
S. 238
269 *den Kunstsinn verschiedener* ...
zit. nach: Briefe II, S. 434
Seine Kunst war wahrhaft ...
Lackner, S. 14
möglichst zu unterlassen ...
Briefe II, S. 239

23. Er haßte die Tyrannei

270 *Die Griechen sind mir* ... Schriften, S. 28
271 *Und nun Beckmann!* Gottfried
Benn, zit. nach: Briefe II, S. 368
272 *zwiespältige Träume* ... Schriften, S. 49 f.
Ein Schlager von Klasse ...
Gottfried Benn: *Gesammelte*
Werke. Wiesbaden 1959–1961,
Bd. I, S. 518
Keine Angst, keine Angst ...
Briefe III, S. 350
273 *Kunst ist nach der einen* ... Benn
a. a. O., S. 561
275 *endgültigen Sieg der Demokra-*
tien Briefe III, S. 68
276 *die neuen Beckmänner* ... Hans
Belting: *Max Beckmann*. München 1984, S. 15
277 *Das Wesen der fragwürdigen*
Friedenszeit ... wieder in: Er-

hard Göpel: *Max Beckmann. Berichte eines Augenzeugen.* Frankfurt a. M. 1984, S. 11
278 *In mir wütet noch immer* ... Briefe II, S. 241

24. Alle meine Frauen

278 *Nein ich kann ihn nicht mehr hören* ... Briefe II, S. 26
279 *Sie kauerten auf dem* ... Thomas Mann: *Die Erzählungen.* Frankfurt a. M. ²1975, Bd. I, S. 306
281 *Nun stellen die unseligen Hälften* ... Robert Musil: *Der Mann ohne Eigenschaften.* Reinbek 1981, Bd. I, S. 903 f.
286 *Ja, sehen Sie nur* ... Wilhelm Uhde, zit. nach: Lackner, S. 38
zum Symbolbild ... Reinhard Spieler, zit. nach: Briefe II, S. 458
Die Nachtcafés ... zit. nach: Stephan Lackner: *Selbstbildnis mit Feder.* Berlin 1988, S. 98
287 *man hat vielleicht mehr* ... Briefe II, S. 247; Briefe II, 249
Geh voran, alter Cow-boy ... Briefe II, S. 250
288 *Wirklicher zu sein* ... Briefe III, S. 43
Außerdem trug er nie ... Briefe I, S. 198

25. Das Schweigen der leeren Mitternacht

289 *... niemandem ist es leicht gemacht* ... Kap. IV. Erste Veröffentlichung: Frankfurt a. M. 1969, hg. von Paul Michael Lützeler

289 *Sicher hat er viel getan* ... Briefe II, S. 249
mehr als je dazu benutzte ... Briefe II, S. 250
293 *Nothing to do* zit. nach: Perry T. Rathbone: *Max Beckmann in Amerika. Persönliche Erinnerungen.* In: Karin von Maur (Hg.): *Max Beckmann. Meisterwerke 1907–1950.* Stuttgart 1994, S. 41
294 *vorzeitlicher Gletscherfindling* Lackner, S. 29
Jaja, das war auch ... zit. nach: Lackner, S. 34

26. Erstaunt, ja ratlos

294 »*Das Bild war mit einem Vorhang versehen.*« Lilly von Schnitzler hat das immer wieder gern erzählt.
295 *Die Menschen hier sind* ... Briefe II, S. 261
296 *Du vergißt auch nicht* ... ebd *er könne nicht mehr lange* ... Lackner, S. 17
Seinerzeit in Frankfurt ... Stephan Lackner: *Selbstbildnis mit Feder.* Berlin 1988, S. 98
297 *Ich war entzückt* ... Lackner, S. 25
Glücklicherweise dauern ... Briefe II, S. 271
Viele alte Gesichter ... Briefe II, S. 257
298 *Dichter Gerhard Hauptmann* ... Briefe II, S. 260

27. Die letzte Ausstellung

301 *am Beginn eines neuen Zeitalters* ... *Entartete Kunst.* Ausstellungsführer. München o. J. [1938], S. 2

302 *Sie verbieten uns ...* Karl
Schmidt-Rottluff, zit. nach: Eri-
ka von Hornstein: *So blau ist
der Himmel.* Berlin 1999, S. 44
Für uns blieb nur eines ...
Quappi, S. 20

303 *Ein Volk, das muß ...* wieder in:
Erhard Göpel: *Max Beckmann.
Berichte eines Augenzeugen.*
Frankfurt a. M. 1984, S. 26
Ich erwachte und sah ... Schrif-
ten, S. 55

VI. Exil in Amsterdam
1937–1940

28. Visionen auf dem Tabakspeicher

307 *Ich bin inzwischen ganz ...*
Briefe III, S. 18
Die Wohnung am Rokin ... Göpel, Katalog der Gemälde, Bd. I,
S. 24
308 *(kunst)diplomatische Dinge ...*
Briefe III, S. 21
309 *wohl einen moralischen Er-
folg ...* Göpel, Katalog der Ge-
mälde, Bd. I, S. 23 f.
Ja unser Holland ... Briefe III,
S. 22
Er konnte sehr verschieden ...
zit. nach: Briefe I, S. 495 f.
das Dunkle, an dem man ...
Marie-Louise
Ich bin oft – sehr oft ... Schrif-
ten, S. 49
310 *Medizin der Abhärtung ...*
Lackner, S. 32; s. a. Schriften,
S. 57
oft vernichte ich vieles ... Briefe III, S. 18 f.
314 »vertritt Karin von Maur die
Auffassung ...« s. Karin von
Maur (Hg.): *Max Beckmann.
Meisterwerke 1907–1950.* Stuttgart 1994, S. 124

29. Krallen, die nach dem Herzen greifen

314 *Ausscheiden aus dem Getriebe ...* zit. nach: Lackner, S. 123
je öfter man stirbt ... Briefe I,
S. 97
318 *Bilder, die man aufhängt ...*
Christian Morgenstern: *Bilder.*
In: Maria Maser-Friedrich (Hg.):
Laß nur die Sorge sein. München 1964, S. 247

30. Melancholie des Exils

320 *Alles Wesentliche ...* Briefe III,
S. 28
321 *von einer unangenehmen
Schaar ...* Briefe III, S. 23
322 »Visitenkarte«, s. Briefe III, 25
Echte Kunst kann ... Briefe III,
S. 28
Jaja, so hat man sich ... zit.
nach: Stephan Lackner: *Selbst-
bildnis mit Feder.* Berlin 1988,
S. 106
323 *Es ist eine beunruhigende ...* ebd
*Die größte Gefahr die uns al-
len ...* Schriften, S. 53
Flucht, Flucht in uns ... Stefan
Zweig: *Zeit und Welt.* Frank-
furt a. M. 1981, S. 70

323 *wie ein Bär, der seine* ... Stephan
Lackner, zit. nach: Briefe III,
S. 379
324 *Ich will eine neue Konstruk-*
tion ... Schriften, S. 57; s. a. Lackner, S. 32
Betrachten Sie Lebensgefahr ...
ebd
diese edelste Emanation ...
Schriften, S. 55
die Magie der Realität erfas-
sen ... Schriften, S. 48
Entscheidend hilft mir dabei ...
Schriften, S. 49
325 *Können Sie das auch?* ... Lackner, S. 31
Mein Vater, der schließlich ...
Stephan Lackner: *Selbstbild-*
nis mit Feder. Berlin 1988,
S. 102
man hatte einen klar erkann-
ten ... Lackner, S. 36
326 *Wie ich Ihnen schon sagte* ... zit.
nach: Stephan Lackner: *Selbst-*
bildnis mit Feder. Berlin 1988,
S. 104
327 *T'ja T'ja* ... Tagebücher III,
S. 43
unter dem Anschein positiver ...
zit. nach: Göpel, Katalog der
Gemälde, Bd. II, S. 24
328 *Lachen – muß man – lachen* ...
Tagebücher III, S. 61
329 *Liebe – in animalischem Sin-*
ne ... Schriften, S. 51

330 *Ein tief melancholischer* ... Stephan Lackner: *Selbstbildnis mit*
Feder. Berlin 1988, S. 294
Der unumstrittene Star ... *Frank-*
furter Allgemeine, 29. Dezember 2001

31. Form macht frei

331 *Einen Mythos aus dem* ... zit.
nach: Lackner, S. 32
Kunst dient der Erkenntnis ...
Schriften, S. 50
Bin in äußerster ARBEIT ...
Briefe III, S. 58
334 *Mir dient im wesentlichen* ...
Schriften, S. 53
Hier in Paris ... Briefe III, S. 42 f.
335 *Die letzten 5 Jahre* ... Briefe III,
S. 60
Schade, daß heute die Kriege ...
zit. nach: Christian Lenz: *Max*
Beckmann in seinem Verhältnis
zu Picasso. In: *Niederdeutsche*
Beiträge zur Kunstgeschichte 16
(1977), S. 238
336 *Alles ziemlich grotesk* ... Brie-
fe III, S. 51
Die Stimung ist im Grunde ...
Briefe III, S. 55
Schon ein großer Mann ...
Briefe III, S. 51
337 *A. Rokin 85 19. September* ...
Briefe III, S. 61 f.

VII. Der Gefangene
1940–1945

32. ... daß hinfort keine Zeit mehr sein soll

341 *In matter of fact* ... Briefe III, S. 69 & 71

343 *Letzter Tag 1940* ... Tagebücher III, S. 27
Der verschollene Beckman ... Lackner, S. 97

344 *Wenn diese Dinge passieren* ... Schriften, S. 58 f.

347 *Ich bewege mich in* ... Schriften, S. 61

33. Den Erynnien entgeht er nicht

349 *Tierquälerei* Tagebücher III, S. 47
»Sie sollen Ihren Lebensabend ... ebd

353 *Sie sind ja auch* ... zit. nach: Karin von Maur (Hg.): *Max Beckmann. Meisterwerke 1907 bis 1950*. Stuttgart 1994, S. 144
Das ist ein Engel ... zit. nach: Göpel, Katalog der Gemälde, S. 61; s. a. Schriften, S. 61
Habe soeben beschlossen ... Tagebücher, S. 35

355 *festen Entschluß* ... Tagebücher III, S. 60

356 *12mal Luftalarm* ... Tagebücher III, S. 66 f.

34. Alles um euch zu unterhalten

358 *In keinem seiner Selbstporträts* ... Ortrud Westheider in: *Max Beckmann – Selbstbildnisse*. Stuttgart 1993, S. 104

359 *Der schwarze Anzug entsteht* ... ebd, S. 106

360 *Was bist Du?* ... Schriften, S. 54

362 *Le grand jour* ... Tagebücher III, S. 90

363 *Nachmittag durch verödete* ... Tagebücher III, S. 64
!FRIEDE! Tagebücher III, S. 119
Ja, ja, wir haben einiges ... Briefe III, S. 97 f.

364 *Ich habe mit Europa* ... Briefe III, S. 95 f.
Die vielen Überlegungen ... Klaus Gallwitz, in: Briefe III, S. 12
I have worked these 5 years ... Briefe III, S. 92

365 *auf alle Zeiten anwenden* Briefe III, S. 29; vergl. S. 253 dieses Buches

366 *Das arme Holland war aber* ... Briefe III, S. 95
außerordentlich dreckig Briefe III, S. 99
Natürlich ist das weder Leben ... Briefe III, S. 100

368 *Ad infinitum zu segeln* ... Tagebücher III, S. 94

VIII. Aufbruch nach Amerika
1946–1950

369 *Damit fängt die Welt* ... Schriften, S. 62

35. Lockerungsübungen II

371 *dieses Land eigentlich immer* ...
Briefe III, S. 43
– bis jetzt nicht erlebt! Tagebücher III, S. 164
Den Alptraum hat er vorher ...
Lackner, S. 106
372 *Erfolg, nicht Erfolg* ... Tagebücher II, S. 164
Amerika saugt alles ... Briefe III, S. 159
Mappe mit biblischen od. mythologischen ... Briefe III, S. 116
373 *Langsam nähert sich* ... Tagebücher III, S. 215
375 *Das Gemälde Tiergarten* ... Karin von Maur (Hg.): *Max Beckmann. Meisterwerke 1907 bis 1950.* Stuttgart 1994, S. 120
376 *Larener Landschaft doch gut* ...
Tagebücher III, S. 175
eigentlich hier wie in einem ...
Briefe III, S. 145

36. The Spirit of St. Louis

379 *Ich war kurz vor dem Krieg* ...
Briefe III, S. 159; *In Nice wars herrlich* ... Briefe III, S. 163
Wahnsinnig teuer ... Briefe III, S. 168
Er war ernster ... zit. nach:
Lackner, S. 110
Sie glauben gar nicht ... ebd
380 *Er war schlanker und ernster geworden* ... Stephan Lackner: *Selbstbildnis mit Feder.* Berlin 1988, S. 220
380 *immer die gleiche gefaßte Vitalität* ... Lackner, S. 110
Na, nun nehmen Sie mal ... zit. nach: Stephan Lackner: *Selbstbildnis mit Feder.* Berlin 1988, S. 220; s. a. Lackner, S. 111
Es dampft noch nicht ... zit. nach: Stephan Lackner: *Selbstbildnis mit Feder.* Berlin 1988, S. 220
Hinter Röhren und zerbrochenen ... ebd
381 *I shall take a boat* ... Briefe III, S. 168
Recht nette alte Leute ... Briefe III, S. 179
382 *Ja, ein sehr ordentlicher* ... Thomas Mann, zit. nach: Stephan Lackner: *Selbstbildnis mit Feder.* Berlin 1988, S. 220
Ankunft bei Morgengrauen ...
Tagebücher, III, S. 218
aber die Häuser – –!! ... Briefe III, S. 184
383 *Kein Mensch weiß davon* ... ebd
Prachtvolle Ausfahrt ... Tagebücher III, S. 222
384 *Mississippi ist ein bißchen breiter* ... Briefe III, S. 182
386 *I hope that you won't expect* ...
in: Quappi, S. 198
Aber vergessen Sie nicht ...
Schriften, S. 64
Beim Malen muß ... Schriften, S. 65
387 *das Thema ist absolut* ... Schriften, S. 79 f.
His students idolized ... zit.

nach: John Seed: ›More Blek‹ –
*How the Powerful Presence
of Max Beckmann Made an
Indelible Mark on a Generation of American Artists.* In:
artsiteguide.com/beckmann/
387 *He was very sick* ... ebd
388 *Es ist recht interessant hier* ...
Briefe III, S. 182
389 *Je mehr man auch* ... Briefe III,
S. 248
391 *New York kalt* ... Tagebücher
III, S. 233

37. Beckmannesk

391 – *Es giebt kein Rezept* ... Briefe III, S. 51
392 *bei den wirklichen Künstler[n]* ...
Briefe I, S. 30
393 *Die Übersetzung des dreifachen* ... Briefe II, S. 107; s. a.
Schriften, S. 43
Raum ist der Palast ... Schriften, S. 67
die großen Weltübel ... Schriften, S. 66
394 *Manhattantürme* ... Schriften,
S. 75; *uns selbst zu finden* ...
Schriften, S. 67
Der Wille zur Gestalt ... Schriften, S. 70
*Wenn ich in meiner Ausstel-
lung* ... Schriften, S. 33
399 *Jetzt bin ich schon* ... zit. nach:
Lackner, S. 114; s. a. Briefe III,
S. 223
401 *Es ist die Wiedergabe* ... zit.
nach: Karin von Maur (Hg.):
*Max Beckmann. Meisterwerke
1907–1950.* Stuttgart 1994,
S. 184

38. Ein aristokratischer Mythos

401 *Beckmann zog dann zuletzt* ...
Tagebücher III, S. 314
402 *einen anständigen Markt* ...
Briefe III, S. 284
403 *Das ist ungefähr so* ... Briefe III,
S. 244
it was because artists ... Jack
Bice: *Graduate Students with
Max Beckmann, 1949.* In: *vir-
tualgalleries.com*
404 *I had been relatively* ... zit.
nach: John Seed: ›More Blek‹ –
*How the Powerful Presence
of Max Beckmann Made an
Indelible Mark on a Generation of American Artists.* In:
artsiteguide.com/beckmann/
405 *Max beckmann, regarded* ...
ebd
407 *More Blek!* ebd
He came to me ... ebd
408 *reiner Sauerstoff* ... *With his
gravity* ... *He didn't* ... ebd
Once you saw him ... ebd
409 *Ein in'[s] gigantische* ... Briefe III, S. 274 f.
*diese versteinerten Wutausbrü-
che* ... Briefe III, S. 269
*Längst ist meine Zeit abgelau-
fen* ... Tagebücher III, S. 346
410 *Ich wohne in einer rein* ... Briefe III, S. 280
New York ist übrigens keine ...
Briefe III, S. 297
412 *Ich persönlich kann mich hier* ...
Briefe III, S. 348
Du glaubst nicht wie sehr ...
Briefe III, S. 226; Briefe III,
S. 190
*Ich habe durch den verfl. II
Krieg* ... Briefe III, S. 284
Kampf zwischen mir und den ...
Briefe III, S. 289

413 *Abstract oder nicht* ... Briefe III,
S. 348
Aha, der Regenbogen ... zit.
nach: Stephan Lackner: *Selbst-*
bildnis mit Feder. Berlin 1988,
S. 232
Beckmann wirkte nicht ... ebd
414 *geschworener Feind aller* ...
Nicht mit den Ohren ... Schriften, S. 74
415 *an immensely complex* ... zit.
nach: John Seed: ›*More Blek*‹ –
How the Powerful Presence
of Max Beckmann Made an
Indelible Mark on a Genera-
tion of American Artists. In:
artsiteguide.com/beckmann/
416 *ansonsten sitze ich* ... Briefe III,
S. 332

418 *Vor diesem auszug* ... münd-
liche Überlieferung
Auf jeden Fall ist eure ganze ...
Arkadij Strugatzkij & Boris
Strugatzkij: *Stalker*. UdSSR
(Mosfilm) 1979. Regie: Andrej
Tarkowskij. Szene 85
Die Melancholie der Weih-
nachtstage ... Briefe III, S. 352
Ich fühle mich wie eine ausge-
preßte ... zit. nach: Lackner,
S. 125
419 *In ganz ähnlicher Weise* ...
Hans Glatzel: *Seelische Span-*
nungen als Ursache des Magen-
geschwürs. In: *Die Zeit* No. 35
vom 1. September 1949, S. 10

Literatur

Bibliographien

Göpel, Barbara, und Göpel, Erhard: *Kritische Bibliographie*. Bearbeitet von Ingeborg Wiegand-Uhl. In: Göpel, Bd. 2, S. 1–129
Billeter, Felix u. a.: *Max Beckmann. Bibliographie 1971–1993*. München (*Hefte des Max Beckmann Archivs* 1) 1994

Werkverzeichnisse

Erffa, Hans Martin Freiherr von (Hg. i. A der Max Beckmann Gesellschaft): Barbara und Erhard Göpel: *Max Beckmann. Katalog der Gemälde*. (2 Bde) Bern (Schriften der Max Beckmann Gesellschaft 3) 1976
Hofmaier, James: *Max Beckmann. Catalogue raisonné of his Prints*. (2 Bde) Bern 1990
Wiese, Stephan von: *Max Beckmann. Das zeichnerische Werk 1903 bis 1925*. Düsseldorf 1978

Illustrationen

Guthmann, Johannes: *Euridikes Wiederkehr in drei Gesängen. Mit neun Lithographien von Max Beckmann*. Berlin 1909
Beckmann, Max: *Sechs Lithographien zum Neuen Testament*. Berlin 1911
Sieben Originallithographien von Max Beckmann zu Dostojewskijs »Aus einem Totenhaus«. Das Bad der Sträflinge. In: *Kunst und Künstler* 11 (1912), S. 289–296
Die erste Kriegswoche in Berlin nach Mitteilungen Berliner Tageszeitungen mit sieben Zeichnungen von Max Beckmann. In: *Kunst und Künstler* 11 (1914/15), S. 53–60
Kriegslieder des XV. Korps/1914–1915 / von den / Vogesen bis Ypern. Berlin o. J. (1915)

Edschmidt, Kasimir: *Die Fürstin*. Mit 6 Originalradierungen von Max Beckmann. Weimar 1917. Neuausgabe Frankfurt u. a. 1972

Braunbehrens, Lili von: *Stadtnacht*. Sieben Lithographien von Max Beckmann zu Gedichten von Lili von Braunbehrens. München 1921

Brentano, Clemens: *Das Märchen von Fanferlieschen Schönefüßchen*. Mit 8 Radierungen von Max Beckmann. Berlin 1924; Reprint Leipzig 1977

Lackner, Stephan: *Der Mensch ist kein Haustier. Drama. Mit 7 Original Lithographien von Max Beckmann*. Paris 1937. Neuausgabe Worms 1977; Uraufführung: Tübingen 1993

Apokalypse. Mit 27 Lithographien von Max Beckmann. Frankfurt 1943. Neuausgaben Frankfurt u. a. 1974; Leipzig 1989

Goethe, Johann Wolfgang von: *Faust. Der Tragödie zweiter Teil. Mit Bildern von Max Beckmann*. Frankfurt 1957. Neuausgaben München 1970; Frankfurt 1982; Leipzig 1982

Schriften

1. Erstveröffentlichungen

Beitrag in: *Im Kampf um die Kunst. Die Antwort auf den »Protest deutscher Künstler«*. München 1911, S. 37

Gedanken über zeitgemäße und unzeitgemäße Kunst. Eine Erwiderung von Max Beckmann. In: *Pan* 2 (1912), S. 499–502

Beitrag zu: *Das neue Programm.* In: *Kunst und Künstler* 12 (1914), S. 301

Feldpostbriefe aus Ostpreußen mit zehn Zeichnungen von Max Beckmann. Zusammengestellt von Frau Beckmann-Tube. In: *Kunst und Künstler* 13 (1914/15), S. 126–133

Feldpostbriefe aus dem Westen von Max Beckmann. Zusammengestellt von Frau Beckmann-Tube. In: *Kunst und Künstler* 13 (1914/15), S. 461–467

Vorwort zu: *Max Beckmann. Graphik.* Graphisches Kabinett I. B. Neumann. Berlin 1917, S. 3

Beitrag in: *Schöpferische Konfession. (Tribüne der Kunst und Zeit. Eine Schriftensammlung.* Hg. v. Kasimir Edschmidt, Bd. 13) Berlin 1918; 1920, S. 61–67

Beitrag zu: *Über den Wert der Kritik (Eine Rundfrage an die Künstler).* In: *Der Ararat* 2 (1912), S. 132

Das Hotel. Drama in vier Akten. (geschrieben 1921) München 1984; Uraufführung: München 1984

Ebbi. Komödie von Max Beckmann. Wien (Zweiter Druck der Johannespresse) 1924; Reprint Berlin 1973; Uraufführung: Paderborn 1980

Autobiographie. In: *Dem Verlag R. Piper & Co. zum 19. Mai 1924. o. O.* o. J., (Magdeburg 1924) S. 10–11

Der Künstler im Staat. In: *Europäische Revue* 3 (1927), S. 288–291

Die soziale Stellung des Künstlers. Vom Schwarzen Seiltänzer. (geschrieben 1927) In: *Sonderdruck für die Teilnehmer des Pirckheimer-Jahrestreffens vom 25. bis 27 Mai 1984 in Cottbus.* Leipzig 1984

[Sechs Sentenzen]. In: *Max Beckmann. Das gesammelte Werk. Gemälde, Graphik, Handzeichnungen aus den Jahren 1905 bis 1927.* Städtische Kunsthalle Mannheim 1928, S. 3 f.

Beitrag zu: »*Nun sag', wie hast Du's mit der – Politik?*« In: *Frankfurter Zeitung,* Weihnachtsausgabe 1928

On my painting. New York (Buchholz Gallery Curt Valentin) 1941

Speech, Given to his First Class in the United States at Washington University, Saint Louis (gehalten 1947). In: Quappi, S. 198–200

Letters to a Woman Painter. In: *College Art Journal* 9 (Fall 1949), S. 39–43

Ansprache für die Freunde und die Philosophische Fakultät der Washington University in Saint Louis 1950. In: *Süddeutsche Zeitung* 8./9. Juni 1951

Can Painting be Taught? Beckmann's Answer. In: *The Art News* 50 (1951), Nr. 1, S. 39 f.

Beckmann, Peter; Schaffer, Joachim (Hg.): *Die Bibliothek Max Beckmanns. Unterstreichungen, Kommentare, Notizen und Skizzen zu seinen Büchern.* Worms 1992

2. SAMMLUNGEN

Beckmann, Peter (Hg.): *Sichtbares und Unsichtbares.* Stuttgart 1965

Pillep, Rudolf (Hg.): *Die Realität der Träume in den Bildern. Schriften und Gespräche 1911–1950.* München u. a. 1990 (zit.: **Schriften**)

BRIEFE UND TAGEBÜCHER

Briefe im Kriege. Gesammelt von Minna Tube. Berlin 1916
Briefe. Hg. von Klaus Gallwitz, Uwe M. Schneede und Stephan von
  Wiese unter Mitarbeit von Barbara Goltz.
Band I: 1899–1925. München 1993 (zit.: **Briefe I**)
Band II: 1925–1937. München 1994 (zit.: **Briefe II**)
Band III: 1937–1950. München 1996 (zit.: **Briefe III**)
Frühe Tagebücher. 1903/04. 1912/13. Hg. von Doris Schmidt. München
  1985 (zit.: **Tagebücher I**)
Leben in Berlin. Tagebuch 1908–1909. Hg. von Hans Kinkel. München
  1966; Neuausgabe München 1983 (zit.: **Tagebücher II**)
Tagebücher 1940–1950. Zusammengestellt von Mathilde Q. Beckmann.
  Hg. von Erhard Göpel. München 1955. Neuauflage München 1979
  (zit.: **Tagebücher III**)

Sekundärliteratur (Auswahl)

ERINNERUNGEN UND BIOGRAPHICA

Beckmann, Mathilde Quappi: *Mein Leben mit Max Beckmann.* Aus
  dem amerikanischen Manuskript übersetzt von Doris Schmidt. Mün-
  chen 1983. Hier: München 1985 (zit.: **Quappi**)
Beckmann-Tube, Minna: *Erinnerungen an Max Beckmann.* In: Tage-
  bücher I, S. 157–186 (zit.: **Minna**)
Braunbehrens, Lili von: *Gestalten und Gedichte um Max Beckmann.*
  Dortmund 1969 (enthält auch Braunbehrens' *Stadtnacht* von 1919)
Gallwitz, Klaus: *Max Beckmann in Frankfurt.* Frankfurt 1984
Göpel, Erhard: *Max Beckmann. Berichte eines Augenzeugen.* Frankfurt
  1984
Lackner, Stephan: *Ich erinnere mich gut an Max Beckmann.* Mainz
  1967 (zit.: **Lackner**)
Motesiczky, Marie-Louise von: *Max Beckmann als Lehrer. Erinnerun-
  gen einer Schülerin des Malers.* In: *Frankfurter Allgemeine,* 11. Januar
  1964; wieder in: *Marie-Louise von Motesiczky.* Katalog der Österreichischen Galerie im Oberen Belvedere. Wien 1994 (zit.: **Marie-
  Louise**)

MONOGRAPHIEN

Belting, Hans: *Max Beckmann. Die Tradition als Problem in der Kunst der Moderne.* München 1982
–: *Max Beckmann: Tradition as a Problem of Modern Art.* New York 1989 [erweiterte Ausgabe von Belting 1984 mit einem Vorwort von Peter Selz]
Beckmann, Peter: *Max Beckmann.* Nürnberg 1955
–: *Max Beckmann, Leben und Werk.* Stuttgart u. a. 1982
Buchheim, Lothar-Günther: *Max Beckmann. Holzschnitte, Radierungen, Lithographien.* Feldafing 1954
–: *Max Beckmann.* Feldafing 1959
Buenger, Barbara Copeland: *Max Beckmann's Artistic Sources. The Artist's Relation to Older and Modern Traditions.* Unveröffentlichte Dissertation, Columbia University, New York 1979. Dissertationsdruck Ann Arbor 1992
Busch, Günter: *Max Beckmann. Eine Einführung.* München 1960; Taschenbuchausgabe München 1989
Fischer, Friedhelm W.: *Max Beckmann. Symbol und Weltbild.* München 1972
–: *Der Maler Max Beckmann.* Köln 1972; Taschenbuchausgabe Köln 1990
Glaser, Kurt; Meier-Graefe, Julius; Fraenger, Wilhelm; Hausenstein, Wilhelm: *Max Beckmann.* München 1924
Göpel, Erhard: *Max Beckmann, der Zeichner.* München 1954
–: *Max Beckmann. Berichte eines Augenzeugen.* Frankfurt a. M. 1984
Kaiser, Hans: *Max Beckmann.* Berlin (Künstler unserer Zeit 1) 1913
Lackner, Stephan: *Max Beckmann 1884–1950.* Berlin 1962
–: *Max Beckmann.* Bergisch Gladbach 1968
–: *Max Beckmann.* New York 1977
–: *Max Beckmann.* München 1982
Lenz, Christian: *Max Beckmann und Italien.* Frankfurt 1976
–: *Max Beckmann und die Alten Meister – »eine ganz nette Reihe von Freunden«.* Heidelberg 2000
Reifenberg, Benno; Hausenstein, Wilhelm: *Max Beckmann.* München 1949
Schneede, Uwe M.: *Max Beckmann.* Stuttgart 1992
Selz, Peter: *Max Beckmann.* New York (Museum of Modern Art) o. J. (1964)

Simon, Heinrich: *Max Beckmann*. Berlin u. a. 1930
Spieler, Reinhard: *Max Beckmann*. Köln 1994
–: *Max Beckmann – Bildwelt und Weltbild in den Triptychen*. Köln
1998

Photonachweis

Sämtliche Photos stammen aus dem Max-Beckmann-Archiv der Bayerischen Staatsgemäldesammlung, München – mit drei Ausnahmen. Die Photos auf Seite 403, 404, 405 stammen vom Deutschen Literaturarchiv, Marbach.

Danksagung

Marie-Louise von Motesizcky, Stephan Lackner und Walter Barker haben mich ermutigt, dieses Buch zu schreiben, und mir noch vor Beginn der Arbeit viele Hinweise gegeben.

Manchen Wink verdanke ich auch Gesprächen mit Erika von Hornstein, Barbara Göpel, Mayen Beckmann, Wolfgang Koeppen, Christian Lenz, Thomas Döring, Hermann Wiesler, Wilhelm Genazino, Jacques Koerfer und Heinz Berggruen.

Zahlreiche Gespräche über Beckmanns Maltechnik und Ikonographie führte ich mit Ernst Fuchs und mit Manuela Fürstenau, die seit fast zwanzig Jahren meine konservatorische Beraterin ist.

Hella Tiedemann, Gesine Schwan und Gert Mattenklott danke ich langjährige wissenschaftliche Betreuung. Auf meinen Exkursionen nach Deutschland und Österreich erhielt ich für dieses Buch zahlreiche kunstgeschichtliche und bibliographische Hinweise in Gesprächen mit Eva Uhlemann, Irina von Morzé, Imke Büsching, Hartmut Zelinsky, Nicolaus Sombart, Liselotte und Ernst Jünger.

Christiane Zeiller vom Max Beckmann Archiv in München machte mir seltene Materialien zugänglich und besorgte die Bildauswahl. Ulrike Längle hat mir die deutsche Literatur nahegebracht. Uwe Heldt und der Agentur Mohrbooks danke ich für ihr außergewöhnliches Engagement.

Mit großem Gewinn habe ich 1984 an der Beckmann-Vorlesung von Hans Belting in München und im selben Jahr an der Beckmann-Übung von Wolf Dieter Dube teilgenommen, die in der Berliner Neuen Nationalgalerie stattfand. Von nicht minder großem Wert war für mich die Beckmann-Vorlesung von Michael V. Schwarz an der Universität Wien im Winter 1999/2000.

Das Max-Beckmann-Archiv der Washington University in St. Louis suchte ich häufig auf. Ich war dort seit sieben Jahren der erste Besucher. Außerdem danke ich der Biblioteca Herziana und der Bibliothèque Nationale, dem National Gallery Research Center in Washington D. C., der kunstgeschichtlichen Abteilung der New York Public Library und nicht zuletzt den Mitarbeiterinnen des Deutschen Forums für Kunstgeschichte in Paris, die bereitwillig meinen Wünschen entsprachen.

Paul Michael Lützeler danke ich die Einladung, den Winter 1996/97 als Fellow-in-Residence an der Washington University zu verbringen. Joe Ketner stellte für mich die gesellschaftlichen Kontakte in St. Louis her, wo Max Beckmann auch heute noch als der größte Künstler gilt, der je auf dem Campus gelebt hat.

Personenverzeichnis

Kursive Seitenzahlen verweisen auf Abbildungen

Aeschylos 231
Allen, Flo 407
Altdorfer, Albrecht 203
Antes, Horst 318
Armstrong, Louis 329
Arnim, Achim von 329
Auguste Viktoria, Deutsche Kaise-
rin, Königin von Preußen 80

Bach, Johann Sebastian 203, 346
Baker, Josephine 385
Balthus (Graf Balthazar Klossowski
de Rola) 24, 240
Balz, Bruno 272
Balzac, Honoré de
– *la Comédie humaine* 331
Barker, Walter 30, 32 f., 388, 458
Barlach, Ernst 37, 87, 104, 248,
276, 323
Baselitz, Georg 318
Battenberg, Fridel 32 f., 120 f., *120*,
122, 187, 356
Battenberg, Ugi 32, 34, 72, 120,
120, 122, 151 f., *356*, 423
Baumeister, Willi 191, 263
Beach, Sylvia 213
Bechstein, Ludwig 35
Beckmann, Antoinette (Mutter) 17,
20, 23 f., 26, 29, 34, 40, 46, 62,
394, 423
Beckmann, Carl (Vater) 17–21,
288, 314, 316, 423
Beckmann, Friedrich (Onkel) 20 f.,
29
Beckmann, Heinrich (Großvater) 17

Beckmann, Margarethe (Schwester)
17–19, 30, 70
Beckmann, Maja (Schwiegertochter)
392
Beckmann, Mayen (Enkelin) 392,
458
Beckmann, Peter (Sohn) 72 f., 73, 80,
85, 89, 121, 155, 174, 179, 343,
349, *350*, 376, 379, 392, 424
Beckmann, Quappi *siehe* Kaulbach,
Mathilde
Beckmann, Richard (Bruder) 17, 26
Beckmann-Tube, Minna *siehe* Tube,
Minna
Begue, Lambert 377
Beethoven, Ludwig van 53, 292
– *Fidelio* 312
Belling, Hans
– *Dreiklang* 301
Belling, Rudolf 222
Bellini, Giovanni 36
Belting, Hans 79, 137, 204, 222,
276, 458
– *Max Beckmann* 137, 429
Bendermann Eduard von 152
Benjamin, Walter 343 f.
Benn, Gottfried 82, 182, 271–273
– *Drohung* 272 f.
– *Teils – teils* 82, 182
Berggruen, Heinz 96, 330, 364, 458
Bernoudi, William 388
Berta 280
Berthold, Direktor 263
Bice, Jack 403–405, 407 f.
Bie, Oscar 78, 84

Bihalji-Merin, Oto (Peter Thoene)
321
– *Modern German Art* 321
Binding, Rudolf 151
Bishoff, Elmer 408
Bismarck, Otto von 23, 46, 62
Blake, William 324
Blaukopf, Kurt 272
– *Hohes C zu vermieten* 272
Bleyel, Fritz 65
Böcklin, Arnold 68, 77
Böhme, Jakob 175
Börne, Ludwig 122
Bode, Wilhelm von 40
Bonnard, Pierre 37 f., 190
Bosch, Hieronymus 138, 157, 166,
319, 329, 376
– *Das tausendjährige Reich* 329
Boswell, James 59
Brahms, Johannes 316
Brandt, Warren 388
Braque, Georges 218 f., 221, 253,
313
– *Nature morte avec compotier,
bouteille et mandoline* 219
Braunbehrens, Carl von 122, 152
Braunbehrens, Lili von 152 f.
– *Stadtnacht* 152 f.
Brecht, Bertolt 215
– *Dreigroschenoper* 325
Breitbach, Joseph 196
Breker, Arno 273 f., 290, 300
– *Bereitschaft* 301
Brentano, Clemens
– *Das Märchen von Fanferlieschen
Schönefüßchen* 176
Breton, André 223
Brill, Carla 191
Broch, Hermann 289
– *Die Verzauberung* 289
Brown, Joan 408
Brueghel, Pieter d. Ä. 114, 166,
186
– *Engelssturz* 114
– *Sturz des Ikarus* 114

Buchholz, Karl 308, 321
Buddha 175
Buenger, Barbara C. 430
– *Max Beckmann's Artistic Sources*
429
Büsching, Imke 458
Busch, Günter 61, 137, 199
– *Max Beckmann. Eine Einführung*
137, 199
Busch, Wilhelm 25 f.
– *Max und Moritz* 25
Byron, Lord George Gordon 210,
328
– *Don Juan* 210

Cäsar, Gaius Iulius 195
Cagli, Corrado 225
Cakravatin 312
Callot, Jacques 141
Cameron, James 79
– *Titanic* 79
Canaletto, Giovanni Antonio
Canale, gen. 138, 148, 190
Canetti, Elias 169
Capogrossi, Giuseppe 225
Carl Alexander, Großherzog von
Sachsen-Weimar 30
Carrà, Carlo 225
Caspar, Karl 301
Cassel, Pol 301
Cassirer, Bruno 57, 100, 103, 105
Cassirer, Paul 57 f., 70–72, 82 f.,
88, 191, 343
Cavalli, Emanuele 225
Cervantes Miguel de C. Saavedra
– *Don Quijote* 347, 375 f.
Cézanne, Paul 12, 37, 46 f., 53, 57 f.,
60, 64, 90, 94 f., 168, 217 f.,
222
– *la Montagne Sainte-Victoire*
330
Chagall, Marc 159 f., 241, 268,
286
– *Die Gefährten Charlots* 241
Chavannes, Puvis de 257

Chirico, Giorgio de 3, 188, 224 f.
Christus 63 f., 75, 115, 120 f., 126,
  129, 133, 145, 159, 347, 365,
  373, 397
Clair, René
– *Un chapeau de paille d'Italie* 221
Clouzot, Henri-Georges 282
– *le Mystère Picasso* 282
Cocteau, Jean 348
Colette, Sidonie-Gabrielle 220
Conway, Fred 388
Commedian Harmonists 318
Corinth, Lovis 37, 82, 84, 205,
  302, 322, 328
– *Selbstbildnis mit Skelett* 328
Courbet, Gustave 58, 90, 94, 227
Cranach, Lucas d. Ä. 26, 90, 92,
  142
– *Portrait des Dr. J. Scheyring*
  114
Cranach, Lucas d. J. 26
Croce, Benedetto 13

Dante Alighieri 417
Darwin, Charles 80
Daub, Ellen 184
Daumier, Honoré 90
Davies, Miles 385
Dehmel, Willy 272
– *Sterne über Colombo* 272
Degas, Edgar 37, 62, 239
– *Kleine vierzehnjährige Tänzerin*
  291
Delacroix, Eugène 70 f., 90
Delaunay, Robert 38
Dengler, Dr. 297
Derain, André 237
Derrickson, Howard 396 f.
Diestelmann, Dieter 22
Diestelmann, Ilse 22
Diestelmann, Pastor Richard 22 f.
Dinand, Inge 191
Dix, Otto 91, 155, 186, 201, 203,
  257, 268, 275, 288, 302, 328,
  412

– *Der Krieg* 114
– *Flandern* 114
– *Großstadt* 257
– *Schützengraben* 257
Döblin, Alfred
– *Berlin Alexanderplatz* 287
Doerner, Max 90
– *Malmaterial und seine Verwen-
  dung im Bilde* 90
Dornhöfer, Friedrich 205
Dostojewskij, Fjodor Michailo-
  witsch 55, 92, 100, 133 f.
– *Aus einem Totenhaus* 134
– *Die Brüder Karamasow* 145,
  347
– *Ein kleiner Held* 133 f.
Dresler, Adolf 320
– *Deutsche Kunst und Entartete
  Kunst* 320
Drewes, Werner 388
Drews, Berta 153 f.
Düber, Heinrich Jacob Elias
  (Urgroßvater) 18
Düber, Johann Heinrich (Groß-
  vater) 17
Döring, Thomas 22, 458
Dube, Wolf Dieter 458
Duchamp, Marcel 37, 94
– *Bicycle Wheel* 94
Duncan, Isadora 393
Dürer, Albrecht 28, 74, 198, 203,
  257
– *Selbstbildnis* (1500) 74
Durieux, Tilla 72

Ebert, Friedrich 134
Edschmidt, Kasimir 151
Eichendorff, Joseph von 329
Einstein, Albert 272
Einstein, Carl 186, 188 f., 222,
  234
– *Kunst des 20. Jahrhunderts* 188
Eisner, Kurt 135
Eliot, Thomas S. 384
Ellington, Duke 378

Endres, Franz 132
- *Die Tragödie Deutschlands* 132
Engels, Friedrich 69 f.
Ephrussi de Rothschild, Béatrice 326
Erda 316
Erfurt, Hugo 288
Ernst, Max 188, 326, 358, 386

Färber, Lisbeth 44
Farmer, Bill 407
Feininger, Lyonel 302
Feistel, Bettina 247
Feith, Beate *120*
Feith, Eva *120*
Feith, Hermann *120*
Feuerbach, Anselm 68, 90
Feuchtwanger, Lion
- *Exil* 342
Fiedler, Otto Herbert 352
Fiedler, Konrad 93
Fischer, Otto 242
Fitzgerald, Francis Scott 398
Flaubert, Gustave 64
- *la Tentation de Saint Antoine* 284, 372
Flechtheim, Alfred 201, 222, 227, 308
Fontane, Theodor 86 f.
Fraenger, Wilhelm 155–157, 351
Frank, Anne 362
Franke, Günther 155, 206, 237, 246, 268 f., 321, 343, 358, 364, 372, 390, 424
Franzi 240
Franz-Joseph, Kaiser von Österreich, König von Ungarn usw. 184
Freud, Sigmund 199
Fried, Erich 169
Friedrich Wilhelm, Herzog von Braunschweig 18
Frisch, Max
- *Als der Krieg zu Ende war* 418

Frommel, Wolfgang 349–352, 356, 380, 417 f.
- *Gefährten* 417 f.
Fürstenau, Manuela 458
Fuchs, Eduard 136
Fuchs, Ernst 458
Furtwängler, Wilhelm 298

Gainsborough, Thomas 82, 204
Gallwitz, Klaus 364, 428
Gauguin, Paul 60, 94
Garve, Theo 191
Genazino, Wilhelm 458
George, Heinrich 151–152, 287 f., 424
George, Waldemar 222, 224 f.
- *Beckmann et le problème de l'art européen* 224 f.
George, Stefan 247, 278, 350–352, 417
Géricault, Théodore 90
Giacometti, Alberto 362
Giese, Wilhelm 32, 34, 72
Giorgione, Giorgio Barbarelli gen. 36
Giotto di Bondone 94
- *Fresken in der Arenakapelle, Padua* 336
Giraudoux, Jean
- *Amphitryon 38* 220
Glaeser, Ernst 132
- *Jahrgang 1902* 132
Glaser, Curt 79, 155 f.
Goebbels, Joseph 274, 288, 294
Göpel, Barbara 277, 310, 428, 458
Göpel, Erhard 117, 264, 271, 276 f., 303, 307 f., 310, 346, 348 f., 352 f., 362, 425, 428
- *Der Weg eines deutschen Künstlers* 277
Göring, Hermann 288
Goethe, Johann Wolfgang von 36, 54, 93, 124, 281, 299
- *Faust. Der Tragödie Zweiter Teil* 347

- *Ginkgo Biloba* 281
- *Urfaust* 124, 128
- *West-Östlicher Diwan* 197
- *Wilhelm Meister* 63
Gogh, Theo van 39
Gogh, Vincent van 39, 44, 46 f., 57,
    84, 90, 217, 257, 412
- *Caféterrasse bei Nacht* 397
- *la Berceuse* 257
- *Mohnfeld* 89
Gombrich, Sir Ernst 169
Gothein, Percy 351 f.
Goya, Francisco de G. y Lucientes
    12, 69, 90, 94, 158, 186, 312
Greco, Domenicos Theotokopoulos,
    gen. el 78, 90, 155, 214
Grimm, Herman
- *Leben Michelangelo's* 27
Grimm, Jakob & Wilhelm 35
- *Das Hirtenbüblein* 21, 269
- *Der getreue Eckart* 312
- *Die Gänsemagd* 24
Grosz, George 145, 158, 186, 268,
    275, 302
Gründgens, Gustav 288
Grünewald, Matthias, Mathis
    Gothart Nithart gen. 78, 90, 94,
    166, 203, 257
- Isenheimer Altar 40, 129
Gubler, Friedrich T. 152
Guayasamín, Oswaldo 64
- *Piedad de Quito* 64
Gurlitt, Hildebrand 268
Guston, Philip 381, 401, 407 f.
Guthmann, Johannes 88, 140,
    432
- *Euridikes Wiederkehr* 88, 108,
    140

Hagen, Gräfin Augusta von 101
Hahn, Albert 229
Hals, Frans 39, 69
- Bildnis eines Mannes mit großem
    Hut 360
Hamburger, Viktor 388

Hanfstaengl, Eberhard 248 f.
Hanfstaengl, Franz 143
Hartlaub, Gustav Friedrich 138,
    187
Hartmann, Georg 344, 346 f.
Haubach, Theo 351
Hauptmann, Gerhard 298
Hausenstein, Wilhelm 152, 155,
    195 f., 424
- *Max Beckmann* 411
Heck, Georg 191
Heckel, Erich 61, 65, 109, 196,
    205, 234, 247
Hegel, Georg Wilhelm Friedrich
    146, 255, 361, 386
Heldt, Uwe 458
Hepp, Carl 388
Heidegger, Martin 241
Heine, Heinrich 122, 151, 173,
    328, 358
Heisenberg, Werner 272
Heisig, Bernhard 80, 274–276
- *Faust I* 275
- *Selbstbildnis als Puppenspieler*
    275
Hemingway, Ernest 112, 189,
    398
Henze, Hans Werner 278
Herder, Johann Gottfried von 36
Hergenhahn, Walter 191, 263
Hesiod 199
Hesse, Hermann 158
Heym, Georg 102
Heyse, Paul von 27
Himmler, Heinrich 320
Hindenburg, Paul von Benecken-
    dorff und von H. 103, 248
Hirsch, Karl Jakob 26
- *Kaiserwetter* 26
Hirsch, Paul 229
Hitchcock, Alfred 319
- *The Birds* 319
Hitler, Adolf 248, 262, 264, 276 f.,
    300, 302, 320 f., 403
Hodler, Ferdinand 40, 59, 84 f., 132

Hoesch, Leopold von 226, 229
Hofer, Carl 196, 206, 243, 301,
  251, 374, 411
Hoffmann, Ernst Theodor Amadeus
  141
– Phantasiestücke in Callots
  Manier 141
Hofmann, Ludwig von 59, 124
Hofmannsthal, Christiane von
  312
Hofmannsthal, Gerti von 72
Hofmannsthal, Hugo von 59, 72,
  105, 169
– Josephslegende 59
– Der Rosenkavalier 59
– Der Schwierige 59
Hofmaier, James 428
Hogarth, William 141, 186,
  356
Holbein, Hans 166
Holzinger, Ernst H. 344, 374
Homar, Lorenzo 410
Homer 199
Hope, Henry 380 f.
Hornstein, Erika von 160, 351, 458
Howard, Brian 323
Hudson, Kenneth E. 381
Hynds, Reed 395 f.

Ibsen, Henrik 278
Ingres, Jean Auguste Dominique
  166, 198
Irroy, Ernest 172
Ivory, James
– Surviving Picasso 282

Jacobsen, Ray 407
Jakob 121
Jaloux, Edmond 228
Jandl, Ernst 125
Janson, Horst W. 388
Jary, Michael 272
Jason 417
Jean Paul Friedrich Richter 36, 44,
  62 f., 71, 75, 365

– Flegeljahre 71
– Rede des todten Christus vom
  Weltgebäude herab daß kein Gott
  sei 365
– Titan 63, 75
Johannes 63
Johannes der Evangelist 393
Johst, Hanns 276
– Schlageter 276
Joseph 254
Jouvet, Louis 220
Joyce, James 213
Jünger, Ernst 26, 101, 104, 109,
  112, 182, 258, 277 f., 319 f., 336,
  349, 352, 458
– Auf den Marmor-Klippen 182,
  258, 278, 319 f.
– Der Kampf als inneres Erlebnis
  109
– In Stahlgewittern 100, 104 f.
Jünger, Liselotte 458
Jung, Carl Gustav 199
Justi, Carl
– Velázquez und sein Jahrhundert
  27
Justi, Ludwig 72, 234, 248
Jutzi, Piel 287

Kafka, Franz 159, 199
– Der Verschollene (Amerika)
  329
– In der Strafkolonie 319
Kahnweiler, Henri 201
Kaiser, Hans 88
Kandinskij, Wassilij Wassilijewitsch
  81, 93 f., 155, 322
– Über das Geistige in der Kunst
  93
Kant, Immanuel 36
Karl der Große 280
Kaulbach, Frida von 173
Kaulbach, Friedrich August von
  (Schwiegervater) 89, 171, 266
Kaulbach, Hedda 287, 295, 303,
  309

Kaulbach, Mathilde »Quappi«
(Ehefrau) 56, 89, 121, 170,
170–184, 191–194, 200, 209,
211, 215, 216, 220, 230, 235,
242, 242, 264–266, 270,
287–289, 291, 293, 295, 302 f.,
309, 336 f., 344, 346, 353, 361,
363, 379, 381 f., 385, 388, 392,
399, 402, 405 f., 406, 409, 414,
419, 425
Kaulbach, Wilhelm von 21
Kaumann, Jeanne 87
Kaesbach, Dr. 109
Kempner, Franz 45
Kempner, Robert 45
Kessler, Graf Harry von 45, 56,
58–60
Ketner, Joe 459
Keun, Irmgard 243
– Gilgi, eine von uns 243
Kiepenheuer, Gustav 132
Kiefer, Anselm 318 f.
Kinkel, Hans 428
Kirchner, Ernst Ludwig 61, 65, 96,
106, 117, 178, 205, 247, 258 f.,
301, 322, 380
– Das Paar vor den Menschen
178
– Das Soldatenbad 106
– Selbstportrait als Soldat 259
Klee, Paul 12, 94, 243, 319, 342,
358
– Die Zeit 319
Kleist, Heinrich von 80
Klimt, Margarethe 151
Klinger , Max 59, 65, 282
– Ein Leben 282
– Verführung 282
Koelle, Fritz 300
Koelz, Matthias 307
– Du sollst nicht töten 307
König, Leo von 84
Koeppen, Wolfgang 458
Koerfer, Jacques 458
Koestler, Arthur 321

Koklowa, Olga 167
Kokoschka, Oskar 61, 169, 226,
234, 286, 302, 323
Kolb, Walter 374
Kolbe, Georg 72, 290
Kollwitz, Käthe 38, 104
Kracauer, Siegfried 152
Kraus, Karl 78, 86, 105
– Die Fackel 86, 105
– Dritte Walpurgisnacht 258
Kubin, Alfred 136 f., 158, 425
– Die andere Seite 158
Kuhn, Philaletes 111, 117 f.
Kunwald, Caesar 33, 39 f., 44, 47,
62, 64

Lackner, Gretl 302, 380
Lackner, Peter 380
Lackner, Stephan 11, 57, 141,
196–198, 261, 265 f., 269, 281,
286, 294, 296 f., 302, 308, 310,
321 f., 323, 325–327, 329, 335,
341–344, 366, 371 f., 379 f.,
413, 425, 458
– Der Mensch ist kein Haustier
296 f.
– Selbstbildnis mit Feder 197
Längle, Ulrike 428, 458
Landauer, Gustav 72
Landmann, Ludwig 246
Lao-tzu 208
– Tao te king 208
Lauder, Ronald 12
Lec, Stanisław 200, 256, 353, 367
Ledebour, Georg 135
Léger, Fernand 37, 201, 221 f.,
358
– la Femme au chat 221
Leembruggen, Ilse 343
Lehmbruck, Wilhelm 291, 302,
322 f.
Leibl, Wilhelm 25, 31, 62, 90,
277
Lenbach, Frank von 21 , 26–28,
202

Lenin, Wladimir Illitsch Uljanow
gen. 195
Lenz, Christian 47, 167, 345, 458
– Max Beckmann in seinem Ver-
hältnis zu Picasso 47, 167f., 429
Leonardo da Vinci 26
Levi, Ernst 196f., 246, 265
Leyden, Lucas van 114
Lichtwark, Alfred 61
Liebermann, Max 22, 25, 57, 71,
80, 83 f., 87, 104, 106, 128, 202,
205, 277
Liebknecht, Karl 134–136
Lincker, Ernst 184
Lindbergh, Charles 385
Lippmann, Peter 184
Liszt, Franz von 36
Lockes, Seymour 407
Longo, Robert 408
Louchheim, Aline B. 397
Ludwig II., König von Bayern
133
Ludwig, Pater 80
Luedecke, Carl (Schwager) 19
Lütjens, Helmuth 343, 358, 362f.,
366, 380, 388, 426
Lützeler, Paul Michael 459
Luther, Martin 142, 166, 170, 232,
360
Luxemburg, Rosa 134–136
Lyons, Mari 407f.

Macke, August 96, 124
Mäleßkircher, Gabriel 155
Maeterlinck, Maurice 36
Magnasco, Alessandro 62, 378
Mahler, Gustav 75, 329
Maillet, Leo (Leo Mayer) 191, 263f.
Maillol, Aristide 59f., 224, 290
Makart, Hans 28
Malraux, André 222
Malvinni-Malvezzi, Graf 195
Manet, Edouard 28, 57f., 68f., 74,
227, 239
Mann, Katia 381f.

Mann, Klaus 307, 314
– Escape to Life 307
Mann, Thomas 23, 68, 87f., 90f.,
159, 179, 199, 278, 299, 322,
342, 381f., 426
– Buddenbrooks 23, 62
– Der Tod in Venedig 68
– Der Wille zum Glück 20
– Leiden an Deutschland 258
– Mario und der Zauberer 179
– Wälsungenblut 279f.
Mantegna, Andrea
– Leben des hl. Jacob, Fresken-
zyklus in der Eremitenkirche,
Padua 336
Marées, Hans von, 57, 68, 77, 225,
257
– Männer am Meer 48
Maria 63
Maria Magdalena 63
Marinetti, Fillipo Tommaso 244
Marc, Franz 96, 124, 205, 219,
248, 424
Marcks, Gerhard 323
Mascagni, Pietro 78
Matisse, Henri 38, 94, 190, 192,
216, 218, 225, 230, 313
Mattenklott, Gert 458
Maur, Karin von 239, 314, 375
Maurier, Daphne du
– The Birds 319
May, Ernst 191
May, Karl 336
– Winnetou 384
May, Morton D. »Buster«
399–401, 414
Mayer, Friedrich Wilhelm 263
Mayhew, Richard 410
McBride, Henry 237
McCarthy, Joseph R. 398, 416
Meid, Hans 32
Meidner, Ludwig 84
Meier-Graefe, Frau 236
Meier-Graefe, Julius 45, 58, 64,
101, 130, 143, 152, 156, 156,

196, 214, 227, 234–237, 236,
240, 424
– *Auguste Renoir* 92
– *Entwicklungsgeschichte der
modernen Kunst* 45
– Vorrede zu Beckmanns *Gesichter*
156
Melms, Hildegard (Naïla) 175 f.,
288
Menzel, Adolph von 90
Metternich, Fürst Clemens von
54
Messerschmidt, Franz Xaver
166
Michel, Max 246
Michelangelo Buonarotti 26 f., 234,
269
Mies van der Rohe, Ludwig 136,
383, 426
– Revolutionsdenkmal 136
Milhaud, Darius 415
Miller, Glenn
– *Moonlight Serenade* 332
Mills, Irving 378
Milton, John
– *Paradise Lost* 372
Minne, Georg 71
Mirbeau, Octave
– *le Jardin des supplices* 319
Miró, Juan 358
Modersohn-Becker, Paula 37
Moissi, Alexander 72
Monet, Claude 37, 47, 57 f., 90
Monzie, Anatole de 223
Morgenroth, Sigmund 265, 325,
341
Morgenstern, Christian 92, 318
– *Bilder* 318
Morgner, Wilhelm 124
Morwitz, Ernst von 350 f.
Morzé, Irina von 458
Motesiczky, Graf von 169
Motesiczky, Carl von 169
Motesiczky, Henriette von 168,
171

Motesiczky, Marie-Louise von
169–172, 191, 309, 343, 366,
380, 458
– *Portrait of Elias Canetti* 169
Mueller, Otto 56, 301
Munch, Edvard 38, 43 f., 59, 61 f.,
74
– *Badende Männer* 62
Munthe, Axel 322
Murillo, Bartolomé Esteban 27 f.,
69
Musil, Robert 204, 281
– *Der Mann ohne Eigenschaften*
281
Mussolini, Benito 179, 181 f., 205,
225, 244, 293

Napoléon Bonaparte 195
Nestroy, Johann 76
Netter, Carola 187
Neugass, Fritz 226
Neumann, Israel Beer 143, 154 f.,
168, 176 f., 180, 189–191, 201,
227, 237, 265, 334, 371, 391,
424
Neumann, Robert S. 407
Neumeyer, Alfred 414 f.
Nierendorf, Karl 155
Nietzsche, Friedrich 36, 40 f., 55 f.,
91, 117, 119, 261, 386
– *Über Wahrheit und Lüge im
außermoralischen Sinne* 261
Nirenstein, Otto 144
Nolde, Emil 84, 205, 247, 276,
302, 322, 411, 424
– *Meeresschildkröte* 396
Noske, Gustav 135
Nostradamus 181
– *les Centuries* 181
Nungesser, Alfred 191
Nussbaum, Jakob 241

Oberg, Emy 87
Ödipus 313
Olde, Hans 37 f., 124

Oliveira, Nathan 407 f.
Orpheus 417
Otto, Erzherzog von Österreich
358
Ovid, Publius Ovidius Naso gen.
199
– Metamorphosen 282

Pauli, Gustav 61, 89
Park, David 407
Paulus 316
Payern, Arthur von 60 f.
Pechstein, Max 87, 96, 206,
286
Peck, August 401
Perseus 354
Pétain, Henri-Philippe 223
Petersen (Däne) 43
Pfitzner, Hans 90
Picasso, Pablo Ruiz 12, 22, 30, 47,
64, 94–96, 159 f., 167, 190, 193,
216, 218 f., 223 f., 227, 232, 237,
253, 282, 303, 308, 313, 322,
332, 335, 348, 358, 382
– Anguilles de mer 219
– Au lapin agile 160
– Guernica 137
– la Belle Hollandaise 314
– les Saltimbanques 160, 332
– Nu dans un fauteuil rouge
218 f.
– Plant de tomates 218
– Portrait d'Olga 167
Pierce, Danny 410
Pietsch, Richard 65
Pillep, Rudolf 428
Piper, John 381
Piper, Klaus 349
Piper, Reinhard 75, 91–93, 99, 118,
127, 133 f., 136, 140, 140,
142–144, 149, 151, 154 f., 158,
175, 195 f., 214, 231, 256, 278,
307, 349, 394, 411, 424
– Mein Leben als Verleger. Vormit-
tag – Nachmittag 92

Pirandello, Luigi 180
Platon 233, 256, 267, 281, 386
– Symposion 281
Planck, Max 272
Pollock, Jackson 391
Polo, Marco 381
Pomaret, Charles 223
Pomaret, Marie-Paule 223, 226
Pontius Pilatus 373
Poppe, Georg 263
Popper, Sir Karl Raimund 169
Porada, Käthe von 213 f., 217, 220,
223, 228, 271, 273, 276, 288,
320–322, 327
Porter, Cole 376 f.
– Begin the Beguine (aus Jubilee)
376 f.
Posse, Hans 348 f.
Poyret, Alfred 334
Prévost, Abbé Antoine-François 36
Propst, Robert 407
Puccini, Giacomo 78
Pucchinelli, Roy 407
Pulitzer, Joseph 385
Pulitzer jr., Joseph 388
Purrmann, Hans 47, 66

Quarton, Enguerrand
– Coronation de Marie 63
– Pietà 63 f.

Raabe, Wilhelm 26
Raffaelo Santi 26
Raimund, Ferdinand 76
Ratgeb, Jörg (Jerg) 157, 166
Rathbone, Euretta 388
Rathbone, Perry T. 381, 387 f., 392,
394 f., 398, 406
Rathenau, Walther 59, 72
Read, Herbert 321
Reber, Gottlieb Friedrich 212
Reger, Max 131
Reifenberg, Benno 64, 152, 195,
289, 389
– Max Beckmann 411

Reimann, Hans 234
– *Frankfurt – was nicht im Baedecker steht* 234
Reinhardt, Franz 92
– *Simson* 92
Reinhardt, Siegfried 388
Remarque, Erich Maria
– *Im Westen nichts Neues* 102
Rembrandt van Rijn 12, 26, 30, 39, 77, 78, 94
– *Selbstbildnis (1629)* 34
Renoir, Auguste 47, 90, 239
– *la Loge* 238
Renoir, Claude 282
Renoir, Pierre 220
Reuter, Fritz 26
Ribbentrop, Joachim von 264
Riccabona, Max von 358
Rich, Catton 341
Rilke, Rainer Maria 72
Robert, Carl 83
Rodewald, Prof. 109
Rodin, Auguste 59, 240, 290
– *le Penseur* 290
– *les Bourgeois de Calais* 290
Rohan, Prinz Karl Anton 201
Rocco, Emanuele 181
Rösler, Oda 124
Rösler, Waldemar 85, 90, 124
Roger-Marx, Claude 227 f.
Roh, Franz 188
– *Nach-Expressionismus* 188
Rohlfs, Christian 36, 302
Roland 280
Rosenberg, Alfred 286
Rosenberg, Paul 227
Rossellini, Roberto
– *l'Amore* 418
Roth, Joseph
– *Der Leviathan* 342
Rouault, Georges 223 f.
Rousseau, Henri gen. R. le douanier 37, 148, 217, 222
Rousseau, Jean-Jacques 54–56, 229, 394

Rühmann, Heinz 272
Rubens, Peter Paul 12, 26, 74, 77, 95, 202, 284
Ruell, Jonkheer C. D. 366
Ruppelt, Hausmeister 303
Rust, Bernhard 350

Saalfeld, »Bibi« 184
Saint-Saëns, Camille 92
– *Samson et Dalila* 92
Samii, Tina V. 264
Sarfatti, Margherita 205, 244
Sauerbruch, Ernst Ferdinand 111
Sauerland, Max 82
Savinio Alberto 225
Schad, Christian 186
Schard, Alois 248 f.
Schaukal, Richard von 158
Scheffler, Karl 100
Scheibe, Richard 300
Scheidemann, Phillipp 134
Schiller, Friedrich von 36, 93
– *Wallenstein* 287
Schinkel, Karl Friedrich
– *Morgen – Mittag – Abend* 257
Schlemmer, Oskar 392
Schlittgen, Hermann 65
Schlichter, Rudolf 145
Schmidt, Doris 428
Schmidt-Rottluff, Karl 65, 160, 206, 302, 411
Schmitt, Carl 182
Schneede, Uwe M. 117, 119, 428
Schnitzler, Georg von 206 f., 307, 336
Schnitzler, Lilly von 206–208, 222 f., 226, 261, 264, 268 f., 294, 295, 296, 307, 335–338, 343 f., 346, 349
Schönberg, Arnold 81, 212, 278
Schott, Frau 185, 215
Schott, Gisela 183–185, 215
Schott, Helly 183, 215
Schott, Wilhelm 183 f., 215
Scholz, Georg 185 f.

– *Sitzender Akt mit antiker Büste*
185
Scholz, Werner 301
Scholz, Wilhelm von 36, 124
Schoonderbeek, Valentyn 303
Schopenhauer, Arthur 35, 92, 160
– *Die Welt als Wille und Vorstellung* 160 f.
Schreyer, Lothar 301
Schröder, Rudolf Alexander 72
Schumann, Robert 173
Schwarz, Michael V. 458
Schwarzschild, Leopold 265
Schwan, Gesine 458
Schwitters, Kurt 171, 322
Seckler, Dorothy 387
Seed, John 407 f.
Seidl, Gabriel von 177
Shakespeare, William 159, 260
– *Macbeth* 260
Sherman, Cindy 408
Signorelli, Luca 57 f., 78, 90
– *Educazione di Pan* 48
Simms, Henry 82 f.
Simolin, Rudolf von 95, 222, 293
Simon, Heinrich 151 f., 213, 234,
246, 296, 424
– *Max Beckmann* 152
Simon, Irma 168
Sisley, Alfred 47
Sitte, Willi 276
Slevogt, Max 80, 84, 87, 96, 205
Smith, Frithjof 30–32, 124, 232,
423
Sperber, Manès 321
Spieler, Reinhard 286
Solschenizyn, Aleksandr 259
Sombart, Nicolaus 458
Sonnemann, Leopold 150 f.
Sontag, Susan
– *Against Interpretation* 254
Soupault, Phillipe 119, 223 f.,
226
– *Paolo Uccello* 224
– *Un grand homme* 224

Spiro, Paul 183
Sprick, Eve 32
Stadler, Toni 303
Stanislawskij, Constantin Sergejewitsch 360
Steinhausen, Wilhelm 183
Steinidol von den Osterinseln 294
Sterl, Robert 124
Sternberger, Dolf 151
Stockhausen, Karlheinz 278
Strauss, Richard 75, 90, 230, 278
– *Der Rosenkavalier* 133
– *Elektra* 231
– *Tod und Verklärung* 75
Stülpnagel, Carl Heinrich von
358
Stuck, Franz von 21, 25, 201 f.
Strawinskij, Igor Fjodorowitsch
187, 244
Stresemann, Gustav 204
Strindberg, August 21, 278
Sutherland, Graham 381
Swarzenski, Georg 151 f., 183, 227,
246
Swarzenski, Maria 187

Tamayo, Rufino 401
Tamm, Helmut 184
Tarkowskij, Andrej 418
– *Stalker* 418
Terborch, Gerard 39
Terragni, Giuseppe 244
– *Casa de Fascio* 244
Tessier, Valentine 220 f.
Theiresias 313
Thorak, Josef 300
– *Kameradschaft* 301
Tiedemann, Hella 458
Tintoretto, Jacopo Robusti, gen. il
78, 90, 94 f., 155, 336
Tiziano Vecellio 26, 90
– *Junges Mädchen mit Spiegeln* 263
Toller, Ernst 135
– *Eine Jugend in Deutschland*
135

Tolstoj, Graf Lev Nikolajewitsch
  55
Toulouse-Lautrec, Henri de 160,
  227, 232, 239
Tratt, Karl 191
Trakl, Georg 361
– Confiteor 361
Troost, Paul Ludwig 300
– Haus der Deutschen Kunst 300
Trübner, Wilhelm 96
Tube, Annemarie (Schwägerin)
  74
Tube, Else (Schwägerin) 104
Tube, Martin 103 f.
Tube, Minna (Schwiegermutter)
  55 f., 72, 74, 173
Tube, Minna (Ehefrau) 17 f., 29, 31,
  34 f., 39, 44, 46, 53, 55 f., 63, 67,
  67, 70, 72, 73, 74, 76, 86, 89,
  92, 99 f., 103 f., 117, 118, 119,
  121, 124, 165, 167, 174 f., 179,
  229, 264, 280, 289, 351, 364,
  390, 390, 392, 412, 416, 423,
  425
Tube, Paul (Schwiegervater) 34
Tucholsky, Kurt 215
Turner, Tina 385

Uccello, Paolo 111
Ueding, Gert 297
Uhde, Wilhelm 222, 227, 286
Uhlemann, Eva 458
Unruh, Fritz von 213
Updike, John 395
Utrillo, Maurice 220
– Rue Chevalier-de-la-Barre 220

Valentin, Curt 254, 267, 308 f.,
  335, 341 f., 358, 364, 366,
  371 f., 376, 379–381, 391 f.,
  402, 410
Velázquez, Diego Rodriguez de
  Silva 26 f., 69, 74, 90
Velde, Henry van der 59 f.
Vermeer, Jan V. van Delft 26, 39

Vinnen, Carl 89
– Protest deutscher Künstler 89
Vollard, Amboise 64, 227
Voltaire, François-Marie Arouet
  gen. 55, 229, 394
Vordemberge-Gildewart, Friedrich
  352 f.
Voszberg, Dr. 45
Vuillard, Edouard 37

Wagner, Dirk 407
Wagner, Richard 84, 90 f., 133,
  230, 246, 278, 292, 393
– Die Meistersinger von Nürnberg
  67
– Der Ring des Nibelungen 279
– Die Walküre 279 f.
– Thannhäuser 119
Walser, Robert 160
Weber, Max 135
Wedekind, Frank 72, 171
Weißgerber, Albert 124
Welles, Orson
– The Lady From Shanghai 263
Werner, Anton von 25
Westheider, Ortrud 358–360
– Die Farbe Schwarz in der Malerei
  von Max Beckmann 359
Westheim, Paul 227
Westhoff, Clara 72
Weyden, Rogier van der 114
Wichert, Fritz 138, 190, 246, 263
Wilhelmina, Königin der Nieder-
  lande 341
Wiegers, Jan 380
Wieland, Christoph Martin 36
Wiese, Stephan von 111, 246, 264,
  428
– Max Beckmanns zeichnerisches
  Werk 111 f., 429 f.
Wiesler, Hermann 213, 458
Wilhelm II., Deutscher Kaiser, König
  von Preußen 59, 132 f., 139
Wilhelm, Richard 208
Willemer, Marianne von 197

Williams, Tennessee 384
– *The Glass Menagerie* 384
Wölfflin, Heinrich 188
Wolff, William 387, 407
Woolf, Virginia 322
Worringer, Wilhelm
– *Abstraktion und Einfühlung* 127 f.
– *Formprobleme der Gotik* 92

Zech, Gerd (Neffe) 85
Zech, Paul (Schwager) 70
Zeiller, Christiane 458
Zeiss, Carl 128
Zelinsky, Hartmut 458

Zeretelli, Nikolaj Michailowitsch
195
Zeus 354
Ziegler, Adolf 301
Zimmer, Heinrich 312
Zimmermann, Frederick 401
Zingler, Peter 152, 157
Zola, Emile
– *l'Œuvre* 53
Zuckmayer, Carl 157
– *Als wär's ein Stück von mir* 157
Zweig, Stefan 323
– *Die Monotonisierung der Welt*
323

473

Verzeichnis der im Buch genannten Werke Max Beckmanns

G = Göpel, Katalog der Gemälde
W = Wiese, Verzeichnis der Zeichnungen 1903–1925
H = Hofmaier, Catalogue raisonné der Druckgraphik

Kursive Seitenzahlen verweisen auf Abbildungen

Abend auf der Terrasse 1928 (G 296) *211*

Abstürzender 1950 (G 809) 241, 282 f., 291, *375*, *409*

Abtransport der Sphinxe 1945 (G 702) 329, 364 f.

Adam und Eva 1917 (G 196) 129, *282*

Akrobat auf der Schaukel 1940 (G 574) *333*

Akrobaten Triptychon 1939 (G 536) 159, 331–334, 337, *355*, 371

Amazonenschlacht 1911 (G 146) *81*

Ansprache für die Freunde der Philosophischen Fakultät der Washington University 1950 414

Apokalypse Litho-Mappe 1943 (H 330–356) 344–347

Argonauten Triptychon 1949–50 (G 832) 199, 285, *417*

Atelier 1946 (G 719) 219, 329, 417–419

Atelier mit Tisch und Gläsern 1931 (G 340) *219*

Auferstehung 1909 (G 104) 33, 45, 74 f., 78, *101*, 129, *130*, 256

Auferstehung II 1916 unvollendet (G 190) *75*

Aus einem Totenhaus Lithographien zu dem Roman von Dostojewskij 1912 (H 40–48) *134*

Backstage (auch *Hinter der Bühne*) 1950 (G 830) *29*, 355

Badekabine (grün) 1928 (G 297) *63*

Ballettprobe (auch *Amazonen*) Triptychon 1950 unvollendet (G 834) *332*

Begegnung in der Nacht Pastell 1928 260, *283*

Begin the Beguine 1946 (G 727) 376–378, *381*

Berliner Reise Litho-Mappe 1922 (H 212–222) 145, *355*

Bildnis der Mutter 1906 (G 56) *394*

Bildnis des verwundeten Schwagers Martin Tube Lithographie 1914 (H 76) *104*

Bildnis Frau Tube 1919 (G 201) *72*

Bildnis Fridel Battenberg 1920 (G 205) *187*

Bildnis Fridel Battenberg Bleistift 1916 (W 339) *121*

Bildnis Heinrich Simon 1927, 1945, 1949 (G 706) *151*

Bildnis Käthe von Porada 1924 (G 229) 214 f.

Bildnis la Duchessa »di Malvedi«
1926 (G 259) 193f.
Bildnis Lilly von Schnitzler-
Mallinckrodt Bleistift 1931 208
Bildnis Marie-Paule Pomaret
(verschollen) 223
Bildnis Marie-Paule Pomaret 1939
(G 515) 223
Bildnis Max Reger 1917 (G 191)
131
Bildnis meiner Frau mit rosaviolet-
tem Grund 1906 (G 63) 67
Bildnis Minna Beckmann-Tube
1924 (G 233) 165–167
Bildnis Minna Beckmann-Tube
1930 (G 337) 167, 230f.
Bildnis Morton D. May 1949
(G 785) 400
Bildnis N. M. Zeretelli 1927 (G 277)
159
Bildnis Quappi im Strandcafé
Aquarell 1935 270
Bildnis Quappi in Blau 1926 (G 256)
193f.
Bildnis Reinhard Piper 1920 (H 163)
92f.
Bildnis Rudolf Binding 1935
(G 425) 151
Bildnis Stephan Lackner 1939
(G 519) 325
Bildnis Valentine Tessier 1930
(G 314) 221, 402
Blick auf den Nollendorfplatz 1911
(G 150) 88f.
Blick auf die Vorstädte am Meer
von Marseille 1937 (G 477) 310
Blindekuh Triptychon 1944–45
(G 704) 366–368, 372
Boulder-Felslandschaft 1949
(G 802) 408f.
Briefe im Kriege 1914/1915, 1916
100–117, 124

Christus und die Sünderin 1917
(G 197) 130, 215, 302, 400

Claridge I 1930 (G 335) 219
Claridge II 1930 (G 336) 219

Das Bad 1930 (G 334) 167, 230f.
Das Nizza in Frankfurt am Main
1921 (G 210) 147f., 213
Das Trapez 1923 (G 219) 24, 165
Day and Dream Umdrucklitho-
Mappe 1946 (H 357–371) 373
Departure siehe *Die Abfahrt*
Der Abend (Selbstbildnis mit Batten-
bergs) Kaltnadel 1916 (H 90) 121
Der Befreite 1937 (G 476)
310–312, 349
Der Damenfreund (Komödie,
verschollen) 144f.
Der Eiserne Steg 1922 (G 215)
149f., 210, 223
Der Hafen von Genua 1927 (G 269)
208–210f., 232f., 241, 322, 400
Der Jahrmarkt Kaltnadel-Mappe
1921 (H 191–200) 373
Der kleine Fisch 1933 (G 373) 227,
240
Der König 1933/1937 (G 470)
312f., 327
Der Künstler im Staat 1927 206
Der Leiermann 1935 (G 414) 295
Der Mensch ist kein Haustier Litho-
graphien zu Stephan Lackners
Drama 1937 (H 323–329) 296
Der Raub der Europa Aquarell
1933 270, 313, 354
Der Strand 1927 (G 267) verschol-
len 244f.
Der Traum 1921 (G 208) 198–200
Der verlorene Sohn 1949 (G 780)
133
Die Abfahrt (auch *Departure*)
Triptychon 1932–1938 (G 412)
241, 253–262, 278, 283–285,
289, 293, 309, 354, 358, 365,
372, 395, 417f.
Die Barke (auch *Spiel der Wellen*)
1926 (G 253) 180, 248f., 395

Die Enttäuschten (aus der Um-
drucklitho-Mappe *Berliner Reise*)
1922 (H 214) 148
Die Gähnenden (aus der Kaltnadel-
Mappe *Gesichter*) 1918 (H 129)
360
Die Hölle Umdrucklitho-Mappe
1919 (H 139–149) 132, 136 f.,
146, 148, 347, 373
Die Ideologen (aus *Die Hölle*) 1919
(H 144) 146
Die Loge 1928 (G 287) 237–239,
241, 248
Die Mühlen Federzeichnung 1946
376
Die Nacht (aus der Litho-Mappe *Ber-
liner Reise*) 1922 (H 215) 145 f.
Die Nacht (aus der Litho-Mappe
Die Hölle) 1919 (H 145) 137 f.
Die Nacht 1918–19 (G 200)
137–139, 148, 198 f., 258
Die Nacht 1928 (Zeichnung,
schwarze Kreide) 260, 283
Die Nacht Kaltnadel (1. und 2. Zu-
stand) 1914 (H 77) 137
Die Schlacht 1907 (G 85) 79 f.
Die Schlittschuhläufer 1932 (G 358)
240 f.
Die soziale Stellung des Künstlers
Satire 1927 86, 201
Die Straße 1914 (G 180) 96, 233
Die Synagoge 1919 (G 204) 33,
149–151, 201, 288
*Doppelbildnis Frau Swarzenski und
Carola Netter* 1923 (G 222) 187
Doppelbildnis Karneval 1925
(G 240) 152, 178, 302, 353
*Doppelbildnis Max Beckmann und
Minna Beckmann-Tube* 1909
(G 109) 81 f.
*Doppelbildnis Max Beckmann und
Quappi* 1941 (G 564) 353, 366
*Doppelbildnis Max und Quappi
Beckmann* Federzeichnung 1945
361 f.

*Doppelbildnis Minna Beckmann-
Tube und der Sohn des Künstlers*
1911 (W 89) 89
Dostojewski I Kaltnadel 1921
(H 186) 134
Dostojewski II Kaltnadel 1921
(H 187) 134
Drei Briefe an eine Malerin Vortrag
1948 233, 392

Ebbi Komödie 1924 144
Ein Bekenntnis Essay 1918 131 f.
Eisgang 1923 (G 224) 124, 150
Entwurf zu einer Kreuzstich-Tapis-
serie mit Tiger, zwanziger Jahre
173

Familienbild 1920 (G 207)
315–317, 328
Familienbild Heinrich George 1935
(G 416) 287 f.
Fanferlieschen Schönefüßchen
Radierungen zu Clemens Brenta-
nos Märchen 1923 (H 291–298)
176
Fastnacht Paris 1930 (G 322) 148,
302
Federzeichnungen zu *Faust. Der
Tragödie Zweiter Teil* 1957 347 f.
Fischerinnen (auch *Großes Frauen-
bild*) 1948 (G 777) 410
Frauenbad 1919 (G 202) 24, 198
Frühlingslandschaft 1824 (G 230)
215

Galleria Umberto 1925 (G 247)
181 f., 223
Geburt 1937 (G 478) 315–317
*Gedanken über zeitgemäße und un-
zeitgemäße Kunst* Essay 1912 94
Gelbe Lilien und grünes Meer
Aquarell 1949 270
Geschwister 1933 (G 381) 279–283,
312 f.
Gesellschaft 1911 (G 140) 124

Gesellschaft Paris 1925/1931/1947
(G 346) 228 f.
Gesichter 1919 (H) 143, 156
Gesichter Kaltnadel-Mappe
1914–1918 (H 81 ff.) 121
Große Landschaft aus Laren mit
Windmühle 1946 (G 726)
374–376
Große Sterbeszene 1906 (G 61)
62
Großes Fisch-Stilleben 1927 (G 276)
219, 239
Großes Frauenbild (5 Frauen) 1935
(G 415) 288 f.
Großes Stilleben Interieur (blau)
1949 (G 801) 218, 375
Großes Stilleben mit Fernrohr 1927
(G 275) 63, 187
Großes Stilleben mit Musikinstru-
menten 1926 (G 257) 152, 196,
200, 223
Großes Stilleben mit schwarzer
Plastik 1949 (G 797) 329

Holländerin mit weißer Mütze 1937
(G 482) 314
Hölle der Vögel 1938 (G 506) 319 f.,
377

Im Artistenwagen (auch Zirkuswagen) 1940 (G 552) 316
Im Kampf um die Kunst. Die Antwort auf den Protest deutscher
Künstler Essay 1911 90
Italienische Fantasie 1925 (G 238)
179 f.

Junge Männer am Meer 1905 (G 18)
36, 39, 47–49, 53, 57 f., 60–62,
91, 225
Junge Männer am Meer 1943
(G 629) 371

Karneval in Neapel Zeichnung
1925/1944 (W 562) 179, 259

Karneval Triptychon 1942–43
(G 649) 356 f.
Kleine Sterbeszene 1906 (G 62)
62
Kopf eines Kranken, en face Bleistift
1914 (W 208) 101 f.
Kreuzabnahme 1917 (G 192) 129 f.,
215
Kriechende Frau Bronce um 1935
292
Kriegslieder des XV. Korps Federskizzen zu einer Soldatenfibel
1915 105
Künstler am Meer 1930 (G 332)
231

Landschaft bei Frankfurt mit Fabrik
1922 (G 214) 146 f.
Landschaft mit Luftballon 1917
(G 135) 146
Leichenhaus Radierung 1915 (H 83)
142
Les Artistes mit Gemüse 1943
(G 626) 352, 385
Lido 1924 (G 234) 187
Lithograpien zu Euridikes Wieder-
kehr von Johannes Guthmann
1909 (H 7–16) 88, 108, 140
Loge II 1944 (G 680) 239
Löwenpaar Kaltnadel 1921 (H 184)
273
Luftballon mit Windmühle 1947
(G 749) 376

Mädchen mit Hunden spielend
1933 (G 382) 240
Mann im Dunkeln Bronce 1934
289–291
Mann und Frau 1932 (G 363)
266–268, 282
Martyrium (aus der Litho-Mappe
Die Hölle) Umdrucklithographie
1919 (H 142) 136
Mond über einem Gebirgssee
Aquarell 249

477

Nackttanz (aus der Litho-Mappe
Berliner Reise) 1922 (H 216)
355

Neues Testament Lithographien
1911 (H 18–23) 88

Nordseelandschaft I (Gewitter)
1937 (G 464) 299

Nordseelandschaft II 299 1927
(G 465) 299

Orthogonal liegender Toter Bleistift
1915 (W 285) 103

Perseus Triptychon 1940/41 (G 570)
354f., 358, 412

Peter, liegend Aquarell 1931 290

Pitzchen und Quappi Zeichnung in
Lithokreide 1924 (W 549) 171f.

Place de la Concorde bei Nacht
1939 (G 523) 220

Place de la Concorde bei Tag 1939
(G 524) 220

Portrait Fridel Battenberg, mit auf
beide Hände aufgestütztem Kopf
Bleistift 1916 (W 339) 121

Portrait Philaletes Kuhn Zeichnung
1915 111

Quappi in Blau und Grau 1944
(G 673) 361

Quappi mit Kopfputz Feder, Pinsel,
Aquarell, Tempera 1927 192f.

Quappi mit weißem Pelz 1937
(G 481) 322

Quappi, Patience legend Kreidezeichnung 1926 192

Reise auf dem Fisch 1934 (G 402)
282f., 312

Reiter in der Schlacht (Monumentalbild, nicht bekannt) 38

Reiter mit Lanze, schräg von vorn
1915 (W 252) 111

Reiter mit Lanze, Seitenansicht
1915 (W 255) 111

Ruhende Frau mit Nelken 1940/42
(G 611) 354, 361

Sacré-Cœur im Schnee 1939 (G 513)
220

Scene aus dem Untergang Messina's
1909 (G 106) 78

Schauspieler Triptychon 1941
(G 604) 33, 355, 357, 412

Scheveningen, fünf Uhr früh 1928
(G 293) 210f.

Schlafende 1924 (G 227) 165f.

Selbstbildnis etwa 1899 (G 61)
21

Selbstbildnis mit Seifenblasen um
1900 (G 3) 21

Selbstbildnis Radierung 1901 (H 2)
33f., 360

Selbstbildnis 1904 (nicht bekannt)
41

Selbstbildnis Florenz 1907 (G 66)
67f., 74

Selbstbildnis 1908 unvollendet
(G 99) 74, 126, 292

Selbstbildnis (lachend) 1911 (G 138)
86

Selbstbildnis mit Krankenpflegeruniform und Autobrille 1915
(W 258) 113f.

Selbstbildnis als Krankenpfleger 1915
(G 187) 119, 125f., 158, 316

Selbstbildnis mit rotem Schal 1917
(G 194) 125f.

Selbstbildnis mit Sektglas 1919
(G 203) 131

Selbstbildnis als Clown 1921
(G 211) 158–160, 248, 312

Selbstbildnis Holzschnitt 1922
(H 226) 142f., 170f.

Selbstbildnis auf gelbem Grund
1923 (G 221) 166, 292, 359

Selbstbildnis im Auto 1923 (H 275)
189

Selbstbildnis vor rotem Vorhang
1923 (G 218) 168

Selbstbildnis im Smoking 1927
(G 274) 126, 202–206, 209, 241,
292, 298 f., 359, 413 f.
Selbstbildnis mit Saxophon 1930
(G 320) 293
Selbstbildnis im Hotel 1932 (G 359)
262 f., 353
Selbstbildnis mit Glaskugel 1936
(G 434) 293
Selbstbildnis im Frack 1937 (G 459)
241, 298 f., 359
Selbstbildnis Bronce 1936 293 f.
Selbstbildnis mit schwarzer Kappe
1934 (G 391) 294
Selbstbildnis mit Horn 1938 (G 489)
327–330
Selbstbildnis mit grauem Schlafrock
1941 (G 578) 353 f.
Selbstbildnis gelb-rosa 1943 (G 643)
358–360
Selbstbildnis in Schwarz 1944
(G 655) 359–361
Selbstbildnis mit blauer Jacke 1950
(G 816) 209, 413, 419
Simson und Delila 1912 (G 155)
90
Simson und Delila Lithographie
1911 (H 28) 92
Soldaten vor Wervik Wandgemälde
1915 (G 186) 112
Soldatenbad – duschende Soldaten
Zeichnung, Tusche mit Feder,
laviert 1915 (W 244) 106
Stadtnacht Lithographien zu Gedich-
ten von Lili von Braunbehrens
(H 146–170) 1921 152 f.
Stilleben mit zwei großen Kerzen
1947 (G 755) 329
Strandlandschaft 1904 (G 16) 43
*Strandlandschaft mit blauem Him-
mel* 1910 (G 130) 76
Szene aus dem Märchen *Das Hirten-
büblein* Aquarell 1896 20 f.,
269

Tanz in Baden-Baden 1923 (G 223)
165, 378
Tänzerin (auch *Spagat*) Bronce um
1935 291 f.
The Beginning Triptychon 1946–49
(G 789) 20, 24, 409 f.
The Town (auch *City Night*) 1950
(G 817) 209, 398, 400
Tiergarten im Winter 1937 (G 465)
375
Tod 1938 (G 497) 281, 314, 317 f.
Totenhaus Holzschnitt 1922
(H 252) 142, 346
Toter Russe Zeichnung 1914
(W 191) 101
Traum von Monte Carlo
1940–1943 (G 633) 326

Über meine Malerei Vortrag 1938
232, 271 f., 309 f., 323 f., 360
Untergang der Titanic 1912 (G 159)
78, 81
Unterhaltung (auch *Gesellschaft I*)
1908 (G 88) 74

Varieté 1921 (G 213) 159
Versuchung (auch *Versuchung des
hl. Antonius*) Triptychon
1936–37 (G 439) 284, 308,
322 f., 325, 341
Vor dem Kostümfest (auch *Drei
Frauen*) 1945 (G 696) 371

Waldlandschaft mit Holzfäller 1927
(G 237) 217, 226
Weiblicher Kopf in Blau und Grau
1942 (G 606) 133, 194

Zigeunerin 1928 (G 289) 221 f.
Zwei Damen am Fenster 1928
(G 281) 172
Zwei hackenschwingende Bauern
und zwei kartoffellegende Frauen
Zeichnung 1915 (W 268) 115 f.